KB155956

새롭고 위대한 신시대 당 건설 프로젝트 심층 추진

SHEN RU TUI JIN XIN SHI DAI DANG DE JIAN SHE XIN DE WEI DA GONG CHENG
深入推進新時代黨的建設新的偉大工程
by 王京清 WANG JING QING

Original Chinese edition published by China Social Sciences Press

시진핑 신시대
중국 특색
사회주의 사상
학습 총서

새롭고 위대한 신시대 당 건설 프로젝트 심층 추진

왕징칭(王京清) 지음

최경화(崔京花) 옮김

우진훈 감수

역락

차례

서론 • **중국화 마르크스주의 당 건설 이론의 최신 성과** — 7
1. 새로운 위대한 공정은 '위대한 4가지' 에서 결정적 역할을 한다 — 10
2. 신시대 당 건설의 선명한 주제는 '전면적 종엄치당' — 12
3. 신시대 당 건설의 총체적 요구를 과학적으로 파악하다 — 21
4. 중국화 마르크스주의 당 건설 이론의 최신 성과를 성실히 학습해야 — 26

제1장 • **모든 업무에 대한 당의 영도를 견지** — 33
1. 당은 시종일관 중국 특색 사회주의 사업의 견고한 영도 핵심임을 확보 — 35
2. 당의 선진성과 순결성을 유지하고 집정능력과 영도수준을 부단히 제고해야 — 44
3. '4가지 의식' 강화와 '4가지 자신감'을 견지하며 '2가지 수호'를 실행해야 — 57

제2장 • **정치건설은 당의 근본적 건설** — 71
1. 정치건설을 당 건설의 수위 두는 것은 전면적 종엄치당의 성공경험에 대한 심층적 총결 — 73
2. 당의 정치건설은 당의 근본적 건설로 당 건설의 방향과 효과를 결정 — 76

3. 정치건설로 당 건설의 임무와 요구를 통령 — 79
4. 과감한 자기혁명과 당을 엄히 관리하고 다스리는 선명한 품격의 견지와 선양 — 93

제3장 • 이상과 신념은 공산당원의 정신적 '칼슘' — 103
1. 공산당원이 안신입명하는 근본을 명심해야 — 106
2. 하늘보다 높은 혁명이상의 견지 — 117
3. '금강불괴지신'의 단련 — 129

제4장 • 당의 조직 업무를 더욱 충실하게 — 139
1. 당의 민주집중제를 진지하게 집행해야 한다 — 141
2. 기층을 잡고 기초 다지는 업무를 내실 있게 수행해야 — 149
3. 대중단체 업무는 당 업무의 중요 구성부분 — 162

제5장 • 천하의 영재를 모아 활용해야 — 173
1. 혁신적 사업은 혁신적 인재를 부른다 — 176
2. 인재발전 기제 개선에 진력해야 — 184
3. 인재자원을 집결해야 — 196
4. 우수 청년인재를 대담하게 사용해야 — 204
5. 중국은 영원한 학습대국이 되어야 — 213

제6장 • 기풍건설은 영원한 진행형 — 223
1. 기풍건설을 전면적 종엄치당의 착안점으로 삼아야 — 225
2. 대중노선교육 실천 활동은 기풍문제를 해결하는 전략적 조치 — 231
3. 기풍건설의 관건은 '상시화, 세부화, 장기화'의 관리 — 238
4. 인민의 입장은 중국공산당의 근본적 정치입장 — 257

제7장 • 기율건설을 전면에 세워야 — 269

1. 기율건설 강화는 전면적 종엄치당의 근본 책략 — 272
2. 당 기율을 엄명히 하려면 우선 정치기율을 엄명히 해야 — 286
3. 당 조직 기율을 엄명히 하고 조직의 기율성을 증강해야 — 297

제8장 • 제도건설을 당 건설에 시종일관 관통시켜야 — 309

1. 사상적 당 건설과 제도적 치당의 긴밀한 결합을 견지해야 — 311
2. 권력을 제도의 울타리에 가두어야 — 325

제9장 • 반부패 투쟁의 심화 추진 — 339

1. 반부패 청렴제창에 항시 긴장을 늦추지 말아야 — 342
2. 부패 징벌과 예방체계를 부단히 건전히 해야 — 350
3. '호랑이'와 '파리'를 함께 때려잡는 것을 견지해야 — 365
4. 반부패 청렴제창 교육과 염정문화 건설 강화 — 371
5. 반부패 체제기제의 혁신을 추진 — 379

요지 • 전면적 종엄치당의 근본 지침 — 387

1. 시진핑 총서기의 당 건설에 대한 중요 논술과 선명한 실천 특색 — 389
2. 시진핑 총서기의 당 건설에 대한 중요 논술과 독특한 정치 품격 — 393
3. 시진핑 총서기의 당 건설에 대한 중요 논술과 과학적 방법론 — 398
4. 과학적 사상의 지도 하에 위대한 사업을 추진 — 402

참고문헌 — 405
찾아보기 — 409
맺는말 — 412

서론

중국화 마르크스주의 당 건설 이론의 최신 성과

시진핑 총서기는 중국 공산당 제19차 전국대표대회 보고에서, 신시대 중국 특색 사회주의 사상의 깊은 내면을 과학적으로 논술했다. 이중에는 당의 영도 및 건설을 어떻게 강화하고 개선할 것인가에 대한 풍부한 내용이 담겨 있다. 시진핑 총서기는 "중국 특색 사회주의의 가장 본질적 특징은 중국공산당의 영도이고, 중국 특색 사회주의 제도의 최대 강점도 중국공산당이 영도이며 당은 최고의 정치 지도 역량이다. 신시대 당 건설에 대한 총체적 요구를 제기하고 당 건설 과정에 대한 정치 건설의 중요 지위를 돌출시켜야 한다."[1]고 명확히 제기했다. 현재 우리는 신시대 시진핑 총서기를 핵심으로 하는 당중앙이 전면적 종엄치당의 풍부한 실천 경험과 이론혁신 성과를 심층 연구하여 전면 총결하고 중국화 마르크스주의 당 건설 이론체계 고도 구축에 입각하여 시진핑 총서기의 당 건설에 대한 중요 논술의 정신적 실질을 심층적으로 이해하고 파악해야 한다.

---

1 시진핑(習近平): 『샤오캉사회를 전면적으로 실현하는데서 결정적인 승리를 이룩하고 신시대 중국특색의 사회주의의 위대한 승리를 이룩하자—중국공산당 제19차 전국대표대회에서 한 보고(決勝全面建成小康社會 奪取新時代中國特色社會主義偉大勝利—在中國共産黨第十九次全國代表大會上的報告)』, 인민출판사, 2017, 20면

1. 새로운 위대한 공정은 '위대한 4가지'에서 결정적 역할을 한다

중국 공산당 제19차 전국대표대회 보고에서 시진핑 총서기는 '위대한 투쟁, 위대한 공정, 위대한 사업, 위대한 꿈'을 핵심으로 하는 '위대한 4가지'라는 중요 논단을 제기하고 신시대 중국 공사당의 역사적 사명 및 실현의 길을 체계적으로 설명했다. '위대한 4가지'는 유기적 총체이다. 위대한 투쟁은 문제 중심이고 위대한 공정은 정치적 보장이며, 위대한 사업은 이념적 노선선택과 실천 경로이고, 위대한 꿈은 이상과 목표이다. "위대한 투쟁, 위대한 공정, 위대한 사업, 위대한 꿈은 긴밀한 연결과 상호 관통, 그리고 상호 작용하는 것으로, 이중 결정적 역할을 하는 것이 바로 당 건설의 위대한 공정이다. 위대한 공정을 추진하려면 위대한 투쟁, 위대한 사업, 그리고 위대한 꿈이 결합된 실천을 통해 나아가, 당이 급변하는 세계 정세의 역사의 흐름 속에서 시종일관 시대를 앞서 가고 국내외 각종 리스크와 시련에 대응하는 역사 과정에서 시종일관 전국 인민의 기둥이 되며 중국 특색 사회주의를 견지하고 발전시키는 역사의 여정에서 시종일관 굳건한 지도 핵심이 되는 것을 보장해야 한다."[2]

위대한 공정의 추진은 굳건한 정치 영도력을 제공한다. 당의 영도는 주요하게 정치적 영도이다. 당의 정치 영도력은 정치적 영도의 승패와 득실에 직접적인 영향을 미친다. 당 건설에서 당 간부의 정치적 역량 제고는

---

2 시진핑: 『샤오캉사회를 전면적으로 실현하는데서 결정적인 승리를 이룩하고 신시대 중국특색의 사회주의의 위대한 승리를 이룩하자—중국공산당 제19차 전국대표대회에서 한 보고』, 인민출판사, 2017, 17면.

물론 집정당의 정치 영도력도 제고해야 한다. 이는 당의 국가 정치생활 영도역량을 확실하게 제고해야 할뿐더러 전체 국면을 총괄하고 제어하는 능력을 향상시켜야 한다. 현재 관건은 바로 과거에 걸었던 길과 잘못된 길을 걷지 않는 것을 보장하는 것으로 우리의 사업이 혁신의 길로 나아가고 세상의 정도(正道)를 걸어가는 것을 보장하는 것이다. 이렇게 해야만 우리가 신시대 중국 특색 사회주의의 정확한 정치방향을 따라 활보하며 전진해 나가는 것을 확보할 수 있다.

위대한 공정의 추진은 정확한 사상적 인솔 역량을 제공한다. 반드시 사상 건설을 시종일관 당 건설의 중요 위치에 놓아 마르크스주의의 지도적 지위를 강화해야만 '좌'와 '우'의 착오를 범하는 것을 피할 수 있어 마르크스주의의 사상 노선을 지속적으로 견지해 나가야 한다. 또한 이와 같은 사상적 방법에 의해서만 전 사회적으로 중국 특색 사회주의에 대한 노선 자신감과 제도 자신감을 증강시키는 동시에 사람들의 이론 자신감과 문화 자신감도 강화할 수 있고 이렇게 해야만이 우리 사업의 건강한 발전을 선도해 나갈 수 있다.

위대한 공정의 추진은 효과적인 대중 조직력을 제공한다. 대중을 조직해야만 가는 곳마다 승리할 수 있다. 대중과 괴리되는 위험은 바로 최대의 위험이다. 그러므로 당 건설 과정에서 반드시 광범위한 당원을 대상으로 마르크스주의의 대중 관점과 당의 대중 노선에 대한 교육을 강화하고 당이 긴밀하게 대중과 연계하는 양호한 기풍을 적극 발휘하여 대중 생활에 관심을 갖고 그 어려움을 해결하며 당 전체의 대중업무 능력과 기량을 높여야 한다. 이렇게 해야만 대중을 효과적으로 동원하여 조직하고 그들로 하여금 중국 특색 사회주의의 위대한 사업에 적극 참여하게 하고, 이렇게 해야만 우리 사업에 대한 광범위한 대중 기초와 탄탄한 대중 지원을 확보할 수 있다.

위대한 공정의 추진은 유력한 사회 호소력을 제공한다. 개체의 호소력은 인간적 매력에서 나오고 집정당의 호소력은 정책의 매력과 정치 업적의 매력에서 비롯된다. 그러므로 당 건설 중에 반드시 인민을 중심으로 하는 발전사상을 견지하고 각종 정책을 개선하고 최적화하여 인민을 위한 행복 조성 능력을 확실히 제고해야 한다. 특히 실질 행동을 통한 실질적 업적으로 대중의 보편적 획득감을 높여주어야 한다. 당의 호소력 역시 핵심적 영도와 영수의 감화력에서 시작된다. 그러므로 우리는 반드시 시진핑 총서기를 핵심으로 하는 당중앙 주위에서 긴밀히 단결하여 시련을 이기고 앞으로 나아가야만 민족 전체의 힘을 결집할 수 있다.

결국 중국공산당의 영도는 중국 특색 사회주의의 가장 본질적 특징이자 중국 특색 사회주의 제도의 최대 강점이다. 위대한 공정을 추진해야만 비로소 위대한 승리를 보장할 수 있다. 때마침 신시대 위대한 공정을 영도하고 추진하는 과정에서 시진핑 총서기는 일련의 당 건설에 대한 중요한 맞춤형 논술을 발표하여 당 건설 이론과 실천의 발전을 최대 한도로 추동하였다.

2. 신시대 당 건설의 선명한 주제는 '전면적 종엄치당'

18차 당대회 이후 시진핑 총서기는 전면적 종엄치당(從嚴治黨, 당을 엄하게 다스리다)이라는 선명한 주제를 단단히 틀어쥐고 형세 변화와 위업 개척, 그리고 인민의 기대에 부응하며 개혁 및 혁신 정신으로 당 건설에 대한 새로운 위대한 공정을 전면 추진하고 당 건설의 과학적 수준을 전면 향상시켜 나갔다.

첫째, 전면적 종엄치당의 기초는 '전면적(全面的)'에 있다. '전면적'이란 당 건설이 정치, 사상, 조직, 기풍, 기율, 제도건설과 반부패 투쟁 등 각 영역을 포함하고 당 건설의 체계성 및 일체성을 체현하여 완정된 이론 체계를 형성하는 것이다. 시진핑 총서기가 '전면적'임을 강조하고 당 건설의 각종 업무를 종합적으로 추진하는 직접적 이유는 당 건설의 각 방면에 존재하는 문제들을 깊이 통찰하고 있기 때문이다. 정치건설 방면에서, 당 내부에는 많은 문제점이 존재하고 있는데 그 원인은 모두 당 정치 건설이 단단하고 내실 있게 추진되지 않고 있기 때문이다. 사상건설 방면에서, 일부 당원 및 간부들은 정신적 방향성을 잃어 이상 및 신념이 견고하지 못해 금전지상과 명리지상, 그리고 향락지상 등 잘못된 사상을 신봉하고 있다. 조직건설 방면에서는 인재를 선발하고 활용함에 있어 부정기풍이 있고 간부관리 방면에서 지나친 관용과 무기력한 경향이 존재하여 일부 당 조직이 나약하고 기강이 풀어졌다. 기풍건설 방면에서는 비록 '4풍'(형식주의, 관료주의, 향락주의, 사치풍조)이 다소 위축되었으나 아직 그 뿌리는 남아있다. 기율건설 방면에서는 정치기율과 정치규율의 집행에 있어 중앙의 요구와 어느 정도 거리가 있는 실정이다. 제도건설 방면에서는 당내 법규체계가 여전히 건전하고 개선되지 못해 제도 운영의 규범성이 떨어지고 제도 집행의 강화가 필요한 상황이다. 반부패 투쟁 상황은 여전히 엄중하여 감히 부패도 할 수도, 생각도 없게 하는 목표를 달성하려면 지속적인 노력이 필요한 실정이다.

당 건설은 하나의 체계적 공정으로, 각종 건설은 상호 연결되어 서로 제약하며 촉진한다. '전면적'의 의의는 당 건설의 각종 당무에서 체현될뿐더러 당 건설의 각 영역에 존재하는 구체적 문제를 해결하는 것에서도 체현된다. 즉 사상과 조직, 그리고 기풍과 제도 등 방면의 전체적 추진을 통해 종합적으로 관리하는 것이다. 예로, 기풍 문제 해결 시, 기풍 건설에만 의존해서는 부족하고 반드시 이상 및 신념에 대한 교육과 당성 수양을 강화하여 마르크스주의의 대중 관점을 확고히 수립하고 인민을 위해 봉사하는 취지를 수립해야 하며 공적 사적 관계를 정확히 처리해야 한다. 또한 제도건설 측면에서, 기풍건설 상시화 제도를 건전히 개선하고 제도의 울타리를 든든히 조여 제도집행을 강화해야 한다. 일부 기풍 문제는 부패 문제와도 관련된 것으로 반부패 청렴제창 건설을 강화하고 부패와 관련된 부정기풍을 엄히 조사하여 처리해야 한다.

당의 각종 건설을 총체적으로 추진하려면 전체 국면을 고려하여 단계의 우선 순위와 현상 및 근본, 그리고 중점 돌파 및 총제적 추진에 대한 관계를 잘 처리해야 한다. 18차 당대회 이후, 시진핑 총서기는 전면적 종엄치당을 '4풍'을 바로잡는 착안점과 돌파구로 삼고, 이를 바탕으로 다른 사안의 해결도 이끌어가는 것을 추진하였다. 시진핑 총서기는 '8항규정'은 하나의 착안점이자 동원령으로, 최고 기준도, 최종 목적도 아닌, 단지 우리가 기풍을 개선하는 첫걸음에 지나지 않는다고 제기했다. 이는 당중앙의 '8항규정' 관철과 시행을 통해 기풍을 쇄신하고 당 전체를 진작시켜 전면적 종엄치당의 양호한 출발을 시작한 것이다. 종엄치당은 당원 전체를 대상으로 하는 것을 강조하고 있는데 이는 중점이 없다는 것이 아니라 그 중점을 영도간부에 두고 그 작용점을 관료 및 권력을 엄히 다스리는 데 두는 것이다. 시진핑 총서기는, 전면적 종엄치당은 영도간부라는 '관건적 소수'를 틀어 잡고 이들에게 엄한 기준을 적용하고 엄한 조치로 관리하며 엄한 기율로 단속해야 한다고 지적했다. 또한 사상교육과 제도 설계 및 집행을 더욱 엄격히 하여 전면적으로 관리하고 엄격한 기준을 적용하며 연결고리와 부대적 조치가 따르고 책임은 분명하게 함으로써 간부로 하여금 두려움을 알고 언행에서 절제가 있도록 해야 한다는 것을 요구했다. 이에 대해 중앙정치국은 몸소 체험하고 실천하면서 당 전체를 위한 모범을 보여 주었다. 부정기풍을 바로 잡고 반부패 투쟁을 진행하는 과정에도 치중할 부분이 있는데, 18차 당대회 이후에도 공공연히 기율을 어기는 자와 대중의 반응이 강렬하고 악영향이 큰 사안을 조사하여 처리하고 나아가 당풍염정(黨風廉政, 당의 기풍과 청렴정치)건설, 그리고 반부패 투쟁을 견인하며 추진해 나가야 한다.

둘째, 전면적 종엄치당의 관건은 '종엄(從嚴)'에 있다. '종엄'은 18차 당대회 이후 추진한 당 건설의 최대 특징이다. 시진핑 총서기는, 당에 대한 관리가 있어야만 당을 잘 운영할 수 있고 종엄치당만이 당을 잘 다스릴 수 있다고 지적했다. "우리는 약 8,500만명의 당원을 보유하고 13억 인구의 대국을 장기 집정해온 당으로서 당을 관리하고 다스리는 노력은 한시도 게을리 할 수 없다. 만약 관리가 부족하고 다스림이 엄하지 못하면 우리는 인민대중의 불만이 강렬한 당 내부의 돌출된 문제를 해결할 수 없어 언젠가는 집정 자격을 잃고 역사에 의해 도태되는 것을 피할 수 없을 것이다."[3]

---

3 시진핑: 「전국 조직업무회의에서 한 연설(在全國組織工作會議上的講話)」, 『18대 이후 중요문헌선집(十八大以來重要文獻選編)』(상), 중앙문헌출판사, 2014, 349~350면.

당을 엄하게 관리하고 다스리려면 반드시 정치건설을 우선 순위에 놓아야 한다. 19차 당대회는 당 건설에 대한 총체적 요구를 재확립했고 당의 정치건설, 사상건설, 조직건설, 기풍건설, 기율건설을 전면 추진하고 제도건설을 그 과정에 관통시켜 반부패 투쟁을 심층적으로 추진할 것을 강조했다. 이중 당의 정치건설은 가장 중요한 것으로 통령(統領)과 최핵심의 위치에 있다. 당의 기타 건설의 최종적 착안점과 입각점은 반드시 정치건설에 있어야 한다. 정치건설의 '영혼'과 '기초'가 없다면 기타 건설 모두 헛수고가 된다. 정치건설을 잘 틀어쥐고 정치방향과 정치입장, 그리고 정치국면을 장악한다면 당의 정치능력은 제고되어 당 건설 영혼을 주조하고 기초를 다지게 될 것이다. 정치건설을 잘 틀어쥐면 당의 기타 건설에 대해서도 핵심을 파악해 다른 것은 저절로 해결되는 것과 같은 효과를 일으킬 수 있다. 그러므로 당의 정치건설은 당의 근본적 건설인 것이다.

당을 엄히 관리하고 다스림에 있어 우리는 반드시 이상과 신념을 견지해야 한다. 시진핑 총서기는, 당 건설 강화의 가장 근본은 확고한 이상과 신념으로 '주개폐기'문제를 확실히 해결해야 함을 제시했다. 시진핑 총서기는, 이상과 신념을 "공산당원의 정신적 '칼슘'"에 비유했다. 시진핑 총서기는, "이상과 신념이 확고하면 기골이 강하고 이상과 신념이 없거나 확고하지 못하면 정신적 칼슘 결핍으로 골연화증을 얻게 된다."[4]고 반복해서 강조했다. 일부 간부가 각종 유혹을 이겨내지 못해 부패의 나락으로 떨어지는 것에 대해 시진핑 총서기는, "세계관 개조와 사상도덕 수양을 게을리

4 시진핑: 「전국조직업무회의에서 한 연설(在全國組織工作會議上的講話)」, 『18대 이후 중요한 문헌 선집(十八大以來重要文獻選編)』(상), 중앙문헌출판사, 2014, 339면.

하고 공산당원의 이상과 신념을 버린 것"이 그 근본원인이라고 지적했다. 그러므로 "사회가 어떻게 발전하던 경제가 어떻게 번영하던, 숭고한 이상과 신념에 대한 추구를 포기한다면 우리 나라와 민족은 세계에 우뚝 솟을 수가 없다. 이 같은 진리를 각급의 영도 간부들은 시종일관 인식해야 한다."[5]고 강조했다.

당을 엄히 관리하고 다스림에 있어 반드시 당 조직건설을 강화해야 한다. 한 방면으로 당의 자기조직 건설을 강화하려면 우선 간부를 잘 관리하는 것인데 관건은 엄히 관리(官吏)를 다스리는 것이다. 새로운 형세 하의 간부 대오 건설과 관련하여 시진핑 총서기는 다음 세가지 문제에 치중하여 해결할 것을 주문했다. 어떤 간부가 좋은 간부인지에 대하여 시진핑 총서기는, 훌륭한 간부는 부동의 신념이 있고 인민을 위해 봉사하며 충실하고 근면하게 정무에 힘쓰며 과감히 책임지고 청렴정직해야 한다고 했다. 둘째, 어떻게 좋은 간부로 성장할 것인지에 대하여, 시진핑 총서기는 훌륭한 간부로 성장하는 데는 자신의 노력을 바탕으로 조직 육성에 의지해야 한다고 말했다. 간부 개인은 반드시 스스로 노력해야 하는데 이는 간부가 성장하는 내적 요인이자 결정적 요소이다. 셋째, 어떻게 좋은 간부를 잘 활용할 것인가? 이에 시진핑 총서기는, 각급 당위원회 및 조직부문은 당이 간부를 관리하는 원칙을 견지하고 간부를 정확히 활용하는 방향을 견지해야 한다고 말했다. 다른 한 방면으로는 당의 자기조직 건설을 강화하고 기층을 틀어쥐고 기초 업무를 잘 수행해야 한다. 시진핑 총서기는, 기층 당조

---

5 『새로운 사상 새로운 관점 새로운 논단 새로운 요구(新思想 新觀点 新論斷 新要求)』, 중공중앙당교출판사, 2014, 194면.

직은 정치 및 봉사기능을 잘 발휘하고 "당을 관리하고 엄하게 다스리는 방침을 관철하고 기층을 확실하게 틀어쥐고 기초 업무를 잘 다져, 각 기층의 당조직 모두 튼실한 전투의 보루로 되어야 한다."[6]고 강조했다. 당원 대오 건설은 당 건설의 기초 공정이라는 것에 대해 새로 출범한 당중앙은, "당을 관리하고 엄히게 다스리는 것을 견지하고 총량 통제와 구조 개선, 그리고 질적 향상과 역할 발휘에 대한 총체적 요구를 견지하고", "각 방면의 선진 모범 인사와 우수 인재를 적극 흡수하여 적당한 규모와 합리적 구조, 그리고 우수한 자질과 엄정한 기율로 그 역할이 뛰어날 수 있는 당원 대오를 적극 건설하고 당 집정의 조직 기반을 다져 전면적 샤오캉 사회의 건설과 중국 특색 사회주의의 신 승리 쟁취를 위해 강력한 조직적 보증을 제공해야 한다."[7]는 것을 강조했다.

당을 엄히 관리하고 다스림에 있어, 반드시 기풍 건설을 착안점과 돌파구로 삼아야 한다. 18차 당대회 이후, 당 전체는 중앙정치국을 통과한 업무기풍 개선과 긴밀한 대중관계 관련 8항 규정을 성실히 집행해 왔다. 중추절(한국의 추석) 및 국경절 기간 동안 공금 선물 등 부정 풍조부터 '개인 클럽 풍조' 단속, 그리고 '음식 낭비'와 호화 파티 금지 등을 통해 당풍 및 정풍이 쇄신하여 당심(黨心)과 민심이 크게 진작되었다. 이를 바탕으로 시진핑 총서기는, "업무 기풍 개선 임무는 매우 막중하고 8항 규정은 이를 위한 착안점이자 동원령이다. 8항 규정은 최고 기준이 아닐뿐더러 최종 목적

---

6 시진핑: 「전국조직업무회의에서 한 연설」, 『18대 이후 중요한 문헌 선집』(상), 중앙문헌출판사, 2014, 351면.

7 「새로운 형세 하에에서 당원 발전과 관리를 강화할 데 대한 연구 배치(研究部署加强新形勢下黨員發展和管理工作)」, 『인민일보』, 2013년 1월 29일, 제1면.

도 아니다. 이는 우리가 기풍을 개선하는 첫걸음에 불과한 것으로 공산당원으로서 반드시 수행해야 하는 기본 요구이다."[8]라고 제시했다.

당을 엄히 관리하고 다스림에 있어, 반드시 기율 건설을 강화해야 한다. 정치기율과 정치규칙은 당중앙의 권위와 집중통일 영도를 견지하기 위한 근본적 보증이다. 시진핑 총서기는, "정치기율과 조직기율을 중점 강화하여 청렴 기율과 대중관계 기율, 그리고 업무 기율과 생활 기율을 엄하게 이끌어야 한다."[9]고 제시했다.

당을 엄히 관리하고 다스림에 있어, 반드시 무관용의 태도로 부패를 처벌해야 한다. 18차 당대회 이후, 시진핑 총서기는 반부패 청렴제창에 대해 비교적 체계적인 논술을 제기했다. 예로, 사상인식 측면에서 반부패 투쟁을 당과 국가의 생사존망 차원으로 인식했다. 반부패의 핵심은 당이 시종 긴밀하게 인민에 의지하고 인민대중과의 혈육 관계를 견지하는 것에 있다. 조치 측면에서는 반부패 청렴제창 교육과 염정(廉政, 청렴한 정치)문화 건설을 강화하고 의법치국과 도덕치국의 상호 결합을 견지해야 한다. 사상도덕 측면에서는 간부의 청렴정치를 위한 사상도덕적 기초를 다져야 한다. 부패 처벌과 예방 시스템 건설을 전면 추진한다. 개혁의 심화를 통해 부패현상이 자생 및 만연되는 토양을 계속해서 제거해 간다. 부패자에 대한 발본색원과 관련, 시진핑 총서기는 "호랑이와 파리를 함께 때려 잡을

---

8 시진핑: 「권력이 제도의 범위 안에서 행사되도록 하자(把權力關進制度的籠子里)」, 『시진핑 국정운영을 논함(習近平談治國理政)』, 외문출판사, 2014, 387면.

9 시진핑: 『샤오캉사회를 전면적으로 실현하는데서 결정적인 승리를 이룩하고 신시대 중국특색의 사회주의의 위대한 승리를 이룩하자—중국공산당 제19차 전국대표대회에서 한 보고』, 인민출판사, 2017, 66면.

것"을 분명히 제기했다. 이는 부패에 대한 무관용 태도일뿐더러 반부패를 위한 정치적 지혜이자 유효한 책략이다. 실천 기초 측면에서 시진핑 총서기는, 제도를 통해 권력과 사무, 그리고 사람을 관리하는 것을 견지하고 감히 부패도, 할 수도, 생각도 없게 하는 효과적 기제를 서둘러 형성하며 인민이 권력을 감독하게 하여 권력이 양지에서 운영되고 권력을 제도의 울타리에 가두어야 한다고 제기했다.

당을 엄히 관리하고 다스림에 있어 반드시 당내 법규와 제도 건설을 중시해야 한다. 당내 법규는 당을 관리하고 다스리는 중요한 근거일뿐더러 사회주의 법치국가를 건설하는 유력한 보장이다. 당내 법규제도의 건설 방면에서 시진핑 총서기는 많은 중요한 사상적 관점을 제기했다. 예로, 사상으로 당을 건설하고 제도로 당을 다스리는 것을 긴밀히 결합해야 한다. 제도건설은 권력의 과학적 배치와 규범적 운행을 보증하는 것으로 인민이 부여한 권력을 정확히 행사하는 데 근본적 목적을 두고 있다. 제도건설의 경로 목표는 과학적 의사결정과 흔들림 없는 집행, 그리고 효과적 감독의 권력운영체계를 구축하는 것이다. 제도건설의 기본 원칙은 가장 엄격한 제도, 가장 치밀한 감독으로 업무 효과를 보장하고 공고히 하는 것으로 절대 "소 우리에 고양이를 가두는 식"이 되어서는 안되고 규칙은 구속의 역할을 일으킴을 강조하면서 엄격해야 한다. 제도의 집행은 강제성 요구가 필요하고 법 앞에서는 모두가 평등하고 제도 앞에서는 특권이 없으며 제도 제약에는 예외가 없다는 관념을 확고히 수립하여 진지하게 학습하고 엄격히 집행하며 자각적으로 제도를 지켜야 한다. 당내 법규제도의 건설을 중시하는 것은 신시대 당 건설을 강화하는 가장 중요한 내용 중의 하나임을 명백히 알 수 있다.

셋째, 전면적 종엄치당의 핵심은 다스릴 '치(治)'에 있다. 소위 핵심이 '치'에 있다는 것은 바로 전당적으로 당을 관리하고 다스리는 것에 대한 의식을 강화하여 당을 관리하고 다스리는 책임을 실행하고 각 급 각 부문의 당위원회(당조)는 반드시 당 건설의 원만한 추진을 최대의 정치업적으로 삼아 종엄치당에 대한 책임을 훌륭히 수행하고 시행하며 당 건설 업무와 중요 당무를 함께 기획하고 배치하여 평가하는 것을 견지하고 당서기는 당 건설을 본분에 속하는 일로 삼아 반드시 그 직책을 담당하고 각급 기율위원회는 감독 책임을 맡아 과감하게 기율을 집행하고 책임을 물어야 한다. 각급 당 조직과 영도 간부들은 반드시 '4가지 의식'을 강화하여 전면적 종엄치당이 영원히 진행될 것임을 명심하고 당을 관리하고 다스리지 않는 것은 엄중한 실직이라는 관념을 수립하여 당을 관리하고 다스리는 것을 느슨하고 무기력한 것에서 부터 엄격하고 강하게 시행하는 것을 확실히 하고 당 내부의 양호한 정치 생태계를 형성하여 지속적으로 당의 창조력과 응집력, 그리고 전투력을 제고해 나가야 한다.

3. 신시대 당 건설의 총체적 요구를 과학적으로 파악하다

신시대 당 건설의 위대한 공정을 전면 강화하는 것에 있어 반드시 신시대 당 건설의 총체적 요구를 관철하고 실천해야 한다. 시진핑 총서기는 19차 당대회 보고서에서, 신시대 당 건설의 총체적 요구는 "당의 전면적 영도를 견지 및 강화하고 당에 대한 관리와 전면적 종엄치당을 견지하며 당의 장기적 집정능력 건설과 선진성 및 순결성 건설 강화를 기본 축으로, 당의 정치건설을 통령으로, 이상과 신념의 취지를 확고히 하는 것을 기반으로 당 전체의 적극성과 능동성, 그리고 창조성 동원을 작용점으로 당의 정치건설, 사상건설, 조직건설, 기풍건설, 기율건설을 전면 추진하는 가운데 제도건설을 그 전반적 과정에 관통시켜 반부패 투쟁을 깊이 있게 추진하고 당 건설의 질을 끊임없이 향상시킴으로써 당 건설이 시종일관 시대를 앞서가고 인민의 진심어린 지지를 바탕으로 과감한 자기혁명을 통해 각종 풍파와 시련을 견뎌내고 생기 넘치는 마르크스주의 집정당으로 변모해야 한다."[10]고 제기했다.

—당의 전면적 영도를 견지하고 강화해야 한다. 당은 당정군민학(黨政軍民學)과 동서남북을 망라한 모든 것을 영도한다. 당의 전면적 영도를 견지하고 강화하는 것은 신시대 당 건설의 목적과 근본 원칙을 명시했고 당의 영도는 일체의 어려움과 위험을 이겨내는 보물이다. 당의 영도는 반드시 전면적이고 총체적이며 어떤 영역과 어떤 방면, 그리고 어떤 단계에서도 부족하거나 약화되면 당의 역량이 약해지고 당과 인민의 사업에 피해를 줄 수 있다. 당의 영도를 견지하는 것은 당대 중국의 최고의 정치원칙으로 중화민족의 위대한 부흥을 실현하는 관건이다. 공산당의 굳건하고 강력한 영도가 없다면 중화민족은 오합지중으로 되어 버릴 것이다.

—당의 당 관리와 전면적 종엄치당을 견지해야 한다. 전면적 종엄치당은 당의 장기 집정의 근본적 요구일뿐더러 중화민족의 위대한 부흥을 실현하는 근본 보증이다. 시진핑 총서기는, 당 내부와 대중의 기대에 답하

---

10 시진핑: 『샤오캉사회를 전면적으로 실현하는데서 결정적인 승리를 이룩하고 신시대 중국특색의 사회주의의 위대한 승리를 이룩하자—중국공산당 제19차 전국대표대회에서 한 보고』, 인민출판사, 2017, 61~62면.

며, 19차 당대회 이후 전면적 종엄치당을 한시도 늦추지 말고 한 걸음도 후퇴하지 말 것을 주문했다. 우리 당은 인민을 단결시켜 이끌며 위대한 투쟁을 진행하고 위대한 사업을 추진하며 위대한 꿈을 실현하기 위해 단결하여 흔들림없는 당 건설을 위한 굳센 힘을 반드시 얻어야 한다. 전면적 종엄치당은 영원한 진행형이다.

—당의 장기 집정능력 건설과 선진성 및 순결성 건설을 기본 축으로 삼아야 한다. 정치를 단단히 다지는 것은 물론 뛰어난 능력도 갖추어야 한다. 집정 수준과 영도 능력 제고는 당 건설을 강화하는 주요 목적이자 당 건설의 전체 과정을 관통하고 있다. 우리는 무산계급 정당으로 반드시 시시각각으로 선진성과 순결성을 유지해야 하는데 이는 당이 생존하고 강대해 질 수 있는 자연적 요구이자 당의 자기속성에 따른 결정이다. 우리 당은 과감히 자기 혁명에 나서고 당을 엄히 관리하고 다스리는 품격과 선진적이고 순결한 정치 본색을 시종일관 유지해야 한다.

—당의 정치건설을 통령으로 삼아야 한다. 당의 정치건설은 당의 근본적 건설이다. 당의 정치건설은 당 건설의 방향과 효과를 결정한다. '당의 정치건설 강화'라는 이와 같은 관점은 당 대표 대회 보고에서 처음으로 제기된 것으로 시진핑 총서기의 당 건설 사상을 풍부하게 발전시킨 것이다. 당의 정치건설을 통솔로 삼는다는 것은 "당 전체가 중앙에 복종하는 것을 보증하고 당 중앙의 권위와 집중통일 영도를 견지"하는 것을 당 정치건설의 최우선 임무로 하여, '4가지 의식(정치의식, 전체국면 의식, 핵심의식, 일치의식)'을 강화하고, '4가지 자신감(이념자신감, 이론자신감, 제도자신감, 문화자신감)'을 견지하여 '2개의 수호(시진핑 총서기의 당중앙 핵심과 당 전체의 핵심 지위, 당 중앙의 권위와 집중통일 영도)'를 실천하는 것을 말한다.

—이상과 신념, 그리고 취지 견지를 기반으로 해야 한다. 신시대 중국 특색 사회주의 사상으로 당 전체를 무장해야 한다. 이상과 신념의 견지를 당 사상건설의 최우선 임무로 삼고 당 전체 이 당의 취지를 이끌며 교육하여 공산당원의 정신적 중추를 세우고 세계관과 인생관, 그리고 가치관이라는 '주개폐기' 문제를 잘 해결하여 스스로 공산주의의 원대한 이상과 중국 특색 사회주의의 공동 이상을 위한 굳건한 신앙 추종자와 충실한 실천자가 되어야 한다.

—당의 적극성과 능동성, 그리고 창조성 동원을 작용점으로 삼아야 한다. 신시대에 따른 어려움을 극복하고 새로운 과업을 완수하기 위한 당 전체의 적극성과 능동성, 그리고 창조성은 극히 중요하다. 엄한 관리와 깊은 배려의 결합을 견지하고 격려와 제약을 병행하며 인재관리 문제를 잘 해결해야 한다. 당원 간부, 특히 영도 간부에 대한 일상적 관리감독을 강화하고 간부가 관리를 통해 성장하고 관리가 간부의 일생을 수반하는 제도적 기제를 건전히 하며 초기에 작은 것에서부터 예방하는 것을 견지하고 흉금을 터놓고 얘기하며 서신과 자문, 그리고 경계와 격려 등의 일깨우는 수단을 활용하고 친근하고도 상시적인 근거리 관리 감독행위와 문제를 미연에 예방하고 바로 잡을 수 있는 업무를 많이 해야 한다.

—당 건설을 전면 추진하고 당 건설의 '총체적 배치'를 굳건히 장악해야 한다. 이른바 당 건설의 전면적 추진이란 당의 정치건설, 사상건설, 조직건설, 기풍건설, 기율건설, 제도건설, 그리고 반부패 투쟁을 포함한다. 이와 같은 전면건설 중에서 정치건설은 근본적 건설이고 사상건설은 기초적 건설이며 제도건설은 정치건설과 사상건설, 그리고 조직건설과 기풍건설, 그리고 기율건설 등 전 과정을 관통해야 한다. 반부패는 이미 압도적 분위

기를 조성했으나 아직까지 그 형세는 심각하고 복잡하다. 이에 반부패 투쟁을 더욱 심도있게 추진하여 압도적 승리를 획득해야 한다. '총체적 배치'는 신시대 당 건설을 틀어쥐는 핵심으로 정치건설의 통령 지위와 기율건설이라는 당 관리와 종엄치당의 근본 대책을 부각시켰다.

—반부패 투쟁에서 압도적 승리를 거두어야 한다. 위대한 부흥을 실현하는 장도에서 위험과 도전이 곳곳에 존재하는 가운데전면적 종엄치당의 '엄격함'은 반드시 장기적으로 견지해야 한다. 냉정하고 분명함을 항상 유지하며 여전한 심각하고도 복잡한 형세는 오랜 시간 동안 형성된 것인바 이를 단기적으로 바꿀 수 없다는 것을 깊이 인식하고 징벌이라는 수단은 어떤 시기를 막론하고 느슨해 질 수 없으며 일단 조금이라도 느슨해 지면다시 악화될 수 있다. 당 내부 정치생활을 강화하고 규범화하려면 반드시 탁한 물을 흘려보내는 것과 맑은 물을 끌어들이는 것을 함께 틀어쥐고 사상이 변질되는 사상적 방어선과 제도적 방어선을 구축하고 감히 부패도 할 수도, 생각도 없게하는 체제적 기제를 구축하는 데 진력하고 부패는 거부하고 탐욕은 추방하여 당 내부에 긍정적 에너지가 충만하고 부조리 풍조는 자리잡지 못하도록 해야 한다.

—당 건설의 총체적 목표는, 당이 시종일관 시대를 앞서는 가운데 인민의 진심어린 지지를 바탕으로 과감하게 자기 혁명에 나서서 각종 위험을 이겨내고 생기 넘치는 마르크스주의 집정당으로 건설하는 것이다. 이는 당의 성격과 취지, 그리고 강령을 집중 체현하고 신시대 중국 공산당원의 가치 취향과 정치적 정력(定力), 그리고 사명 담당을 체현한다.

결국, 신시대 당 건설에 대한 총 요구는 신시대 당 건설의 과학적이고 유기적인 총체를 구성하고 있다. 신시대 당 건설의 목적, 방침, 기본축,

총체적 배치, 목표는 긴밀히 연결되어 상호 작용하며 촉진한다. 목적은 근거이자 근본으로 당 건설은 이 목적을 바짝 둘러싸고 전개되어 시시각각 유리(遊離)되거나 편차가 있어서는 안 된다. 방침은 원칙이자 준수해야 하는 것이며 당 건설이 정확한 방향으로 전진하도록 이끈다. 기본축은 강령과 영혼으로, 사물의 핵심을 파악하면 다른 것은 이에 따라 해결된다. 총체적 배치는 중점이자 경로로 총체적 배치가 제대로 세워지면 당 건설은 실체적 버팀목과 효과적 수단을 얻게 된다. 목표는 지향 및 입각점으로 당 건설에 대한 일체의 당무는 모두 이 목표를 향해 강화되고 또한 이 목표에 따라 점검하는 것이다. 우리는 총 요구의 기본적 내포와 상호관계를 심도 있게 이해하고 파악해야 하며 조화롭고 통일적이며 일체적인 추진을 견지하여 당 건설의 질을 지속적으로 제고하고 당 관리에 대한 방향과 당을 다스리는 역량, 그리고 당을 건설하는 효과를 발휘해야 한다.

4. 중국화 마르크스주의 당 건설 이론의 최신 성과를 성실히 학습해야

마르크스주의에는 풍부한 당 건설 이론이 있다. 중국공산당은 마르크스주의 중국화를 추진하는 과정에서 어떤 당을 건설하고 어떻게 건설할 것인가 하는 문제를 둘러싸고, 사상으로 당을 건설하고 제도로서 당을 다스리며 당 건설에 대한 새로운 위대한 공정과 당의 선진성과 순결성 등을 유지하는 주요 이론 관점을 창조적으로 형성하여 중국화 마르크스주의의 당 건설 이론 체계를 구축했다. 18차 당대회 이후, 당 전체와 전국, 그리고 각 소수민족을 영도하여 수 많은 새로운 역사적 특징을 가진 위대한 투쟁을 진행했으며 중국 특색 사회주의의 위대한 사업을 견지하고 발전시키고 당 건설의 새로운 위대한 공정을 위한 신 장정(長征)을 전면 추진하는 가운데, 시진핑 총서기는 전면적 종엄치당이라는 선명한 주제를 놓고 당 건설에 대한 일련의 중요한 논술을 발표했다. 중요한 논술은 당 건설에 대한 일련의 새로운 이념과 사상, 그리고 전략을 형성했고 마르크스주의 정당의 건설 및 학설을 더욱 풍부히 하고 발전시켰는데 이는 중국화 마르크스주의 당 건설 이론에 대한 최신 성과이다.

첫째, 중국 특색 사회주의의 위대한 사업을 견지하고 발전시키는 것은 시진핑 총서기의 당 건설에 대한 중요한 논술의 실천적 근원이다. 중국 특색 사회주의 발전은 하나의 장기적이고 어려운 역사적 임무로 반드시 '위대한 4가지'를 과학적으로 총괄해야 한다. 이는 우리 당이 중대한 도전에 대응하고 위험을 억제하며 저항을 극복하고 모순을 해결하기 위해 시시각각으로 준비하고 있을 것을 요구하는 것으로 반드시 보다 큰 역량으로 당 건설의 새롭고 위대한 공정을 추진하고 전면적 종엄치당을 흔들림없이 추진하며 당 건설을 확실하게 잘 관리하고 당의 선진성과 순결성을 유지하여 당의 영도 수준과 집정 수준을 제고하고 당이 시종일관 중국 특색 사회주의 사업에 대한 굳건한 영도의 핵심 지위를 확보하여 중국 특색 사회주의의 실천특색, 이론특색, 민족특색, 시대특색을 지속적으로 풍부히 하도록 해야 한다. 이는 시진핑 총서기의 당 건설 관련 중요 논술을 연구하는 논리의 출발점이자 핵심이다.

둘째, 당이 시종일관 위대한 사업에 대한 굳건한 영도 핵심을 확보하는 것은 당 건설과 관련된 시진핑 총서기의 중요 논술의 근본적 핵심이다.

중국 특색 사회주의의 가장 본질적 특징은 중국공산당의 영도이고 중국 특색 사회주의 제도의 최대 강점은 중국공산당의 영도이다. 중국공산당의 영도는 당과 국가가 각 항목의 업무를 잘 수행할 수 있는 근본적 보증으로 중국의 정치안정과 경제발전, 그리고 민족단결과 사회안정의 근본이다. 당의 영도를 견지하고 개선하는 것은 당과 국가의 근본과 명맥이자 전국 각 민족 인민의 이익과 행복이다. 중국의 사무를 잘 처리하는 데 있어 그 핵심은 바로 당에 있고 당을 관리해야 하고 엄격히 관리하는 것이 관건이다. 새로운 역사적 조건하에서 당 건설의 새롭고 위대한 공정을 전면 추진하는 것은 당의 영도적 지위와 집정적 지위를 견고하고 공고하게 다지는 것으로, 당이 시종일관 위대한 사업의 굳건한 영도 핵심 지위를 확보하는 것은 전체 국면을 총괄하고 각 방면을 조율하여 당과 국가, 그리고 인민으로 하여금 영원한 불패의 기초 위에 서있도록 하는 것이다.

셋째, 당 건설 이론의 혁신에 대한 지속 추진은 당 건설에 관한 시진핑 총서기 중요 논술의 기본적 추구이다. 시진핑 총서기의 당 건설에 대한 중요 논술은 전면적 종엄치당이라는 주제를 놓고 위대한 사업과 위대한 공정을 통일적으로 이끌며 '6위 1체'(사상건설, 조직건설, 기풍건설, 제도건설, 반부패 청렴제창 건설, 순결성 건설의 일체화)의 당 건설 구도를 전면 추진하여 사상의 깊이와 풍부한 함의, 그리고 치밀한 논리로 형성된 과학적 이론 체계이다. 정치건설 방면에서 강조하는 것은, 정치적 입장을 분명히 하여 정치를 논하는 것으로 이는 마르크스주의 정당으로서의 근본적 요구이다. 당의 정치건설은 당의 근본적 건설이자 당의 건설 방향과 효과를 결정한다. 당 전체는 '4가지 의식'을 증강하고 '4가지 자신감'을 견지하며 '2가지 수호'를 실행해야 한다. 당의 정치노선을 결연이 집행하며 정치기율과 정치규칙을 엄수하여 정치적 입장과 방향, 그리고 원칙과 노선 상에서 당 중앙과 고도로 일치해야 한다. 사상건설 방면에서 강조하는 것으로, 사상건설은 당 건설의 최우선 임무로 마르크스주의 신앙을 확고히 하여 이상과 신념은 안신입명(安身立命)의 근본임을 명심하고 혁명적 이상은 하늘보다 높게 견지하고 금강불괴지신(파괴되지 않는 신체와 정신)의 몸을 만들고 정치적 영혼을 안정시키며 정신적 지주를 튼튼히 세우고 정신적 '칼슘'을 보충해야 한다. 조직건설 방면에서 강조하는 것은, 반드시 당의 조직건설 강화를 시종일관 돌출되는 위치에 두어 간부를 관리하고 관리를 엄히 다스리는 것으로, 기층을 틀어잡고 기초를 다지는 것을 장기적 계획과 뿌리를 단단히 하는 대책으로 삼아 당원 자질을 쇄신하고 규모가 적당하고 구조가 합리적이며 소질이 양호하고 기율이 엄정하여 역할이 뛰어난 당원 대열을 육성해야 한다. 기풍건설 방면에서 강조하는 것은, 당의 기풍은 당의 이미지로 인심의 향배와 당의 생사존망에 관계된다는 것으로, 기풍건설은 영원한 진행되고 종엄치당은 반드시 당 내부의 정치생활부터 엄히 다루고 당 내부 정치생활의 정치성과 시대성, 그리고 원칙성과 전투성을 제고하여 당 내부 정치생활이 당원 및 당간부를 교육하고 쇄신할 수 있는 확실한 역할을 하도록 해야 한다. 기율건설 방면에서 강조하는 것은, 기율을 선두에 두고 당은 당을 관리해야 하고 종엄치당하는 엄정한 기율에 의존해야 한다는 것으로, 당면하고 있는 형세가 복잡할수록 짊어진 임무가 막중할수록 기율 건설을 강화해야 한다. 반부패 투쟁 방면에서 강조하는 것은, 당의 건전성을 유지하는 것은 시종일관 우리 당이 일관되게 견지하는 선명한 정치적 입장이라는 것으로, 당 전체가 기율을 지키고 규칙을 따르는 분위기를 조성하는 가운데 반드시 무관용의 태도로 부패를 징벌하고 '호랑이와 파리를 함께 때려 잡는 것'을 견지하며 권력을 제도의 틀 안에 가두고 반부패 청렴제창 교육과 염정문화 건설을 강화해야 한다. 제도건설 방면에서 강조하는 것은, 전면적 종엄치당은 반드시 굳건한 제도적 보장이 필요하다는 것으로, 제도를 통해 당을 다스리는 과정이 사상으로 당을 건설하는 과정이 되게 하고, 또한 사상을 통한 당 건설을 강화하는 과정이 제도로 당을 다스리는 과정으로 변모되게 해야 한다. 이와 같은 일련의 새로운 사상은 집정당 건설의 목표와 내용, 그리고 방법 등의 방면에서 중대한 이론적 혁신을 형성했다.

넷째, 당 건설의 새로운 위대한 공정을 전면 추진하는 것은 당 건설에 대한 시진핑 총서기의 중요 논술의 근본적 요구이다. 당 건설 관련 시진핑 총서기의 중요 논술은 당의 역사적 사명과 현실적 임무에 대한 인식을 심화시켰고 당 건설과 국정운영의 내적 통일을 깊이 제시하여 당의 집정 이념을 승화하고 당의 집정 방략을 풍부하게 했다. 수 많은 역사적 특징을 새롭게 갖춘 위대한 투쟁을 진행하는 가운데 당 건설 관련 시진핑 총서기의 중요 논술을 지도이념으로 삼아 당 건설을 적극적으로 강화하여 당 전체의 입장을 확고히 하고 시종일관 정확한 정치적 방향을 유지해야 한다. 집정과 개혁개방, 그리고 시장경제와 외부환경으로 비롯된 시련을 견디고, 정신적 해이와 능력부족, 그리고 인민과 괴리되고 소극적 부패로 인한 위험을 극복하며, 지속적으로 진리를 견지하며 과오를 바로잡고 정신을 집중하여 당 건설에 매진하고 일심으로 발전을 도모하여 중국 특색 사회주의의 위대한 사업을 밀고 나가야 한다.

실천을 통해 이미 충분히 증명했듯이, 시진핑 총서기의 당 건설에 관련된 중요 논술은 당 건설을 강화하고 당과 국가의 각종 사업을 추진하는

데 있어 행동지침과 고갈되지 않는 동력을 제공했으며 당이 각종 위험과 도전에 대응하여 시종일관 불패의 자리에 설 수 있도록 강력한 사상적 무기를 제공하고 새로운 형세 속에서 당의 건설을 강화하는 데 정확한 방향을 지시하고 있다. 현재 우리는 강대한 정치적 열정과 역사적 사명감으로 시진핑 동지를 핵심으로 하는 당중앙 주변에 긴밀하게 단결하고 시진핑 총서기의 당 건설 관련 중요 논술을 깊이 연구하고 관철하며 전면적 종엄치당이라는 주제를 단단히 장악하여 당 건설에 대한 새롭고 위대한 공정을 전면추진하고 당 건설의 새로운 국면을 계속해서 개척하여 중국 특색 사회주의의 위대한 장도(壯途)를 견지하고 발전시키는 과정에서 보다 새로운 눈부신 미래를 써 나가야 한다.

제1장

모든 업무에 대한 당의 영도를 견지

모든 업무에 대한 당의 영도를 견지하는 것은 19차 당대회에서 제기된 중요한 기본방략이다. 전면적인 종엄치당의 핵심목표는 모든 업무에 대한 당의 영도를 견지하고 강화하는 것이며 중국 특색 사회주의 실천속에서 당의 영도적 핵심을 보장하는 것이다. 이 목표는 당의 선진성과 순결성을 유지하고 발전시키며 당의 '4가지 자아'(자기정화, 자기개선, 자기혁신, 자기향상) 능력을 증강하고 당의 국정운영 능력과 영도 수준을 전면 향상시키는 과정을 통해 실현된다.

1. 당은 시종일관 중국 특색 사회주의 사업의 견고한 영도 핵심임을 확보

"당은 당정군민학(黨政軍民學)과 동서남북을 망라하는 모든 것을 영도한다."[1] 당의 영도는 중국 특색 사회주의의 가장 본질적 특징이자 중국 특

1 시진핑(習近平): 『샤오캉사회를 전면적으로 실현하는데서 결정적인 승리를 이룩하고 신시대 중국 특색 사회주의의 위대한 승리를 이룩하자—중국공산당 제19차 전국대표대회에서 한 보고(決勝全面建成小康社會 奪取新時代中國特色社會主義偉大勝利—在中國共産黨第十九次全國

색 사회주의 제도의 최대 우세점이다. 동 목표는 당의 장기집정능력 건설과 선진성, 그리고 순결성 건설을 통해 강화되고 당의 '4가지 자아'능력과 '4가지 의식'을 증강하여 당의 영도 수준과 국정운영 능력을 전면 제고하는 과정에서 실현된다.

(가) 당의 영도는 중국 특색 사회주의의 가장 본질적 특징

중국 특색 사회주의 제도는 바로 인민대표대회 제도라는 근본적 정치제도와 중국공산당이 영도하는 다당합작정치협상제도, 민족구역자치제도, 기층대중자치제도 등 기본적 정치제도를 포함한다. 또한 중국 특색 사회주의 법률체계이고 공유제를 주체로 한 여러 소유제 경제가 공동으로 발전하는 기본경제제도이며, 이와 같은 제도를 기반으로 세워진 경제체제와 정치체제, 그리고 문화체제와 사회체제 등과 관련된 각종의 구체적 제도이다. 중국 특색 사회주의 제도는 비교할 수 없는 우월성을 갖고 있어 "당대 중국이 발전하고 진보하는 근본적인 제도적 보장이다."[2] 중국 특색 사회주의 제도의 창립과 발전, 그리고 개선과 위대한 성과는 중국공산당 영도의 핵심적지위와 떼어놓을 수 없다.

당의 영도는 중국 특색 사회주의 정치제도 우월성의 돌출된 특징이다. 2015년 2월 2일, 성(省)·부(部)급 주요 영도간부의 18기 4중전회 정신 관철 학습과 의법치국의 전면 추진에 관한 주제 토론반을 대상으로, 시진

代表大會上的報告)』, 인민출판사, 2017, 20면.

2 시진핑: 『샤오캉사회를 전면적으로 실현하는데서 결정적인 승리를 이룩하고 신시대 중국 특색 사회주의의 위대한 승리를 이룩하자—중국공산당 제19차 전국대표대회에서 한 보고』, 인민출판사, 2017, 17면.

핑 총서기는 중국 사회주의 정치제도 우월성의 돌출된 특징은 당이 전반적 국면을 총괄하고 각 방면의 영도에 대한 핵심적 역할을 조율하는 것으로 이를 형상적으로 말하자면 "뭇 별들이 달을 받드는 모습으로, 이 달이 바로 중국공산당이다. 국정운영체계라는 장기판에서 당중앙은 중앙의 '장군'으로 '차(車)', '말(馬)', '포(砲)'가 각자 능력을 발휘할 수 있도록 지휘하여 대국을 분명히 한다. 각자 제멋대로 움직이고 흩어진 모래알처럼 된다면 우리의 확정 목표를 실현할 수 없을뿐더러 참담한 결과를 맞이할 수 있다. 그러므로 "당 전체는 더욱 자각적으로 당의 영도와 우리 나라의 사회주의 제도를 견지하고 당의 영도와 우리 나라 사회주의 제도를 약화시키고 왜곡하고 부정하는 언행을 일절 반대해야 한다."[3]고 말했다.

당의 영도는 중국 사회주의 시장경제 체제의 중요한 특징이다. 당대 중국공산당 당원은 장기적인 탐색을 통해 사회주의 제도의 우월성과 시장경제 체제의 강점을 유기적으로 접목시킨 사회주의 시장경제 체제를 창건하고 사회주의 제도의 우월성을 발휘하는 기본경로를 탐색했는데 이는 중국공산당 당원의 위대한 시도이다. 창조적 의의를 지닌 사회주의 시장경제 체제의 선명한 특징은 바로 당 영도의 핵심 역할을 충분히 발휘하는 것이다. 시진핑 총서기는 "당의 영도를 견지하고 전체 국면을 총괄하며 각 방면을 조율하는 당의 핵심역할을 발휘하는 것은 중국 사회주의 시장경제 체제의 중요한 특징이다. 개혁개방 30년간, 중국의 경제사회발전이 세계적으로 보기 힘든 거대한 성과를 거두고 인민의 생활수준이 대폭 향상된 것

---

3 시진핑: 『샤오캉사회를 전면적으로 실현하는데서 결정적인 승리를 이룩하고 신시대 중국특색 사회주의의 위대한 승리를 이룩하자—중국공산당 제19차 전국대표대회에서 한 보고』, 인민출판사, 2017, 15면.

은 당의 영도를 변함없이 견지하고 각급 당조직과 전체 당원의 역할을 충분히 발휘한 것과 떼어놓고 말할 수 없다. 중국에서 당의 강건한 영도는 정부가 역할을 발휘할 수 있는 근본적 보증이다. 전면적 심화개혁의 과정에서 우리는 정치적 우세성을 견지하고 발전시켜 우리의 정치적 강점으로 개혁을 이끌고 추진해야 하며 각 방면의 적극성을 동원하여 사회주의 시장경제 체제의 지속적 개선과 사회주의 시장경제의 보다 더 훌륭한 발전을 추동해야 한다."[4]라고 특별히 강조했다.

당의 영도는 사회주의 법치의 근본적 요구이자 보증이다. 당의 영도와 법치의 상호 관계는 사회주의 법치건설의 핵심적 사안이다. 의법치국의 전면적 추진의 성공 여부는 방향의 정확성과 정치보증의 튼튼함 여부가 관건으로 여기서 말하는 핵심사안이란 바로 사회주의 법치건설의 근본적 요구에 적응하고 법치건설의 근본적 보증을 확립하여 당의 영도를 견지하고 중국 특색 사회주의 제도를 견지하는 것이다. 시진핑 총서기는 "당의 영도를 견지하는 것은 사회주의 법치의 근본적 요구이자 당과 국가의 근본과 명맥이 존재하는 곳으로 전국의 각 민족 인민의 이익 및 행복과 연결되어 의법치국의 전면적 추진에 반드시 포함되어야 하는 의제이다. 당의 영도와 사회주의법치는 일치된 것으로 사회주의 법치는 반드시 당의 영도를 견지해야 하고 당의 영도는 반드시 사회주의 법치에 의지해야 한다."[5]고 지적했다, 이는 우리에게 당의 영도는 중국 특색 사회주의법치의

4 「시장의 역할과 정부의 역할을 정확히 발휘하여 경제사회의 지속적이고 건전한 발전을 추진한다(正確發揮市場作用和政府作用 推動經濟社會持續健康發展)」, 『인민일보』, 2014년5월 28일,제1면.

5 시진핑: 「'의법치국의 전면 추진에 대한 중공중앙의 중요한 결정'에 대한 설명(關於<中共中

영혼으로 우리의 법치와 서방 자본주의 국가의 법치와 가장 크게 구별되는 차이점이라 말하고 있어 "반드시 당의 영도를 의법치국의 전체 과정과 각 방면에 관철시켜 중국 특색 사회주의법치의 길을 동요없이 걸어가야 한다."[6]라고 지적했다. 의법치국의 전면적 추진은 절대로 당의 영도에 대한 유명무실화와 약화, 심지어 동요와 부정을 말하는 것이 아니라 당의 집정지위를 한층 공고히 하고 집정방식을 개선하며 능력을 제고하여 당과 국가의 장기적 통치 안정을 보증하기 위함이다. 공산당은 인민을 이끌고 사회주의 법치건설을 진행하는 역사적 과정에서 당의 영도를 견지하고 인민이 나라의 주인으로 되어 의법치국하는 유기적 통일의 기본경험을 형성하였다. 당의 영도를 떠나서는 중국 특색 사회주의 법치체계와 사회주의 법치국가는 건설할 수 없어 사회주의 법치건설은 방향을 잃게 되어 정상적이고 건전한 발전을 할 수 없다. 일각에서 부르짖는 3권분립과 다당제는 중국의 국정에 전혀 부합하지 않아 중국의 사회주의 법치건설을 잘못된 길로 이끌 수 밖에 없다.

(나) 중국공산당은 당대 중국의 모든 발전과 진보를 영도하는 핵심

19차 당대회 보고에서 시진핑 총서기는 중국공산당의 중화민족의 위대한 부흥이라는 역사적 사명을 실현하는 것에 대한 중요한 공헌을 심층

央關於全面推進依法治國若干重大問題的決定〉的說明)」, 『18대 이후 중요문헌선집(十八大以來重要文獻選編)』(중), 중앙문헌출판사, 2016, 146면.

6 시진핑: 『샤오캉사회를 전면적으로 실현하는데서 결정적인 승리를 이룩하고 신시대 중국특색 사회주의의 위대한 승리를 이룩하자—중국공산당 제19차 전국대표대회에서 한 보고』, 인민출판사, 2017, 22면.

분석했다. 시진핑 총서기는, "96년 동안 중화민족의 위대한 부흥이란 역사적 사명을 실현하기 위해 약할 때나 강대할 때, 혹은 순조로울 때나 역경을 겪을 때나 우리 당은 초지일관 인민을 단결시켜 이끌고 온갖 어려움을 뚫고 나왔고 막대한 희생을 치르면서도 곡절에 맞서고 착오를 바로잡고 넘기 어려운 난관을 극복하며 역사에 길이 빛날 인간세상의 기적을 창조했다."[7]고 말했다.

중국공산당은 중국인민을 단결시켜 이끌며 28년 간의 혈전 끝에 신민주주의 혁명을 완성했고 중화인민공화국을 건립하여 구 중국의 반식민지 반봉건사회의 역사를 철저히 종식시키고 흩어진 모래알과 같은 국면에 종지부를 찍었으며 열강의 강압하에 체결된 불평등조약과 제국주의가 중국에서 누리던 모든 특권을 폐지하면서 지난 수천년 동안 유지해 왔던 봉건전제주의 정치제도에서 인민민주주의로 향하는 위대한 비약을 실현했다. 이와 같은 위대한 역사적 공헌으로 인해 중국공산당은 세계에서 인구가 가장 많은 국가의 집정당이 되었고 국가사업발전 중의 영도적 지위를 확립했다.

중화인민공화국 성립 이후, 중국공산당은 인민을 단결시켜 이끌어 사회주의혁명을 완성하고 사회주의 기본제도를 확립했으며 모든 착취적 제도를 소멸하고 사회주의건설을 추진했다. 중국공산당은 중화민족의 유사이래 가장 광범위하고 깊은 사회적 변혁을 완성했고, 당대 중국의 모든 발전과 진보를 위한 근본적 정치적 전제와 제도적 기초를 마련했고, 중국

---

7 시진핑: 『샤오캉사회를 전면적으로 실현하는데서 결정적인 승리를 이룩하고 신시대 중국특색 사회주의의 위대한 승리를 이룩하자—중국공산당 제19차 전국대표대회에서 한 보고』, 인민출판사, 2017, 14~15면.

의 발전과 부강, 그리고 중국인민의 부유한 생활을 위한 견실한 기반을 다져주었고, 중화민족의 지속적 쇠락 운명을 근본적으로 전환하여 번영과 부강의 위대한 비약으로 나아갈 수 있도록 하였다. 이와 같은 위대한 역사적 공헌은 중국공산당의 집정지위를 강화시켰고 사회주의사업 발전 중의 영도적 지위에 대한 입지를 공고히 했다.

개혁개방의 역사적 진전 속에서 중국공산당은 인민을 단결시켜 이끌어 개혁개방이란 새로운 위대한 혁명을 진행하고 있고 광범위한 인민대중의 창조력을 최대한 분발시켜 사회 생산력을 해방 및 발전시키고 사회발전에 대한 활력을 최대한 끌어올렸다. 인민의 생활은 뚜렷이 개선되고 종합국력은 강해지고 국제적 지위는 현격히 상승하면서 중국 특색 사회주의의 길을 열었고 중국 특색 사회주의의 이론체계를 형성하면서 중국 특색 사회주의 제도를 확립하고 중국으로 하여금 큰 걸음으로 시대를 따라잡을 수 있게 했다. 시진핑 총서기는 하이난(海南)성 경제특구 건설 30주년을 축하하는 자리에서, “당의 영도를 견지하고 전면적으로 종엄치당하는 것은 개혁개방이 성공을 쟁취하는 관건이자 근본이다.”[8]고 지적했다. 작금의 중국은 이미 새로운 역사적 방위에 진입했고 중국 특색 사회주의는 신시대에 진입하여 개혁개방과 사회주의 현대화 건설은 역사적 성과를 거두었다. 이와 같은 위대한 역사적 공헌은 중국공산당의 집정지위를 한층 강화하고 다져주었으며 중국 특색 사회주의사업 발전과정 중의 핵심적 영도지위를 굳건하게 확립시켰다.

---

8 「하이난성 성급 경제특구 설립 30주년 기념대회에서 한 연설(在慶祝海南建省辦經濟特區30周年大會上的講話)」, 『인민일보』, 2018년 4월 14일, 제2면.

(다) 반드시 개혁과 혁신정신으로 당의 영도를 견지하고 개선해야

시진핑 총서기는 다음과 같이 강조했다. 당은 중국 특색 사회주의 신시대가 직면하고 있는 '4대 시련'(집정의 시련, 개혁개방의 시련, 시장경제의 시련, 외부환경의 시련)은 장기적이며 복잡하고 엄중하며 '4대 위험'(정신적 해이의 위험, 능력부족의 위험, 인민과의 괴리 위험, 소극적 부패의 위험)은 당 전체의 면전에 첨예하게 놓여져 있다. 당의 영도 수준과 집정 능력, 그리고 부패자정과 위험대응 능력의 지속적 제고는 당이 집정 지위를 공고히 하고 집정 사명을 실현함에 있어서 반드시 해결해야 하는 중대 과제이다. "초심을 잊지 않고 계속 전진하려면 당의 선진성과 순결성을 유지하고 집정능력과 영도수준 향상에 힘써야 하며 위험예방과 부패자정 능력을 강화하여 당 건설의 새로운 위대한 공정을 계속해서 밀고 나가야 한다."[9], "당 내부에 존재하는 돌출 문제 해결에 진력하고 당의 자기정화와 자기개선, 그리고 자기쇄신과 자기향상 능력을 제고하며 '4대 시련'을 이겨내고 '4대 위험'을 극복하여 당이 시종일관 중국 특색 사회주의사업의 굳건한 영도 핵심이 되는 것을 확보한다."[10] "형세의 발전과 사업의 개척, 그리고 인민의 기대는 모두 개혁과 혁신의 정신으로 당 건설의 새로운 위대한 공정을 전면 추진하고 당 건설의 과학화 수준을 전면 제고할 것을 요구한다. 나라를 다스리려면 반드시 우선적으로 당을 다스리고, 당을 다스리려면 반드시 엄격해야 한다."[11] 이는 우리에게, "중국 특색 사회주의가 신시대에 들어선 가운

---

9 시진핑: 『중국공산당 창당95주년 경축대회에서 한 연설』, 인민출판사, 2016, 22면.

10 같은 책, 22~23면.

11 시진핑: 「중국 특색 사회주의를 견지하고 발전시키는 것을 중심으로 당의 18대 정신을 학습선전하고 관철하자—18기 중공중앙정치국 제1차 집체학습에서 한 연설(緊緊圍繞堅

데 우리 당은 새로운 기상과 역할을 필요로 한다. 쇠를 벼리려면 쇠메가 단단해야 한다. 당이 인민을 단결시키고 이끌어 위대한 투쟁을 진행하고 위대한 사업을 추진하며 위대한 꿈을 실현하려면 반드시 추호의 동요도 없이 당의 영도를 견지하고 보완하고 추호의 동요도 없이 당 건설을 더욱 강력하게 추진해야 한다."[12]는 것을 명확히 말하고 있다. 반드시 개혁과 혁신의 정신으로 당 건설의 새로운 위대한 공정을 전면 추진하고 당의 영도를 흔들림없이 견지하고 개선해 나가야 하는 것이다.

현재 중국 특색 사회주의 사업의 발전은 새로운 발전 기회와 더불어 새로운 문제와 도전에 직면하고 있어 우리 당은 인민을 이끌고 전면적 샤오캉사회를 건설하여 중화민족의 위대한 부흥을 실현하는 역사적 사명을 짊어지고 있다. "우리 당은 시종일관 시대의 선봉과 민족의 중추이자 마르크스주의 집정당으로 반드시 스스로 탄탄함을 유지해야 한다. 당 전체는 보다 자발적으로 당성 원칙을 견지하고 용감하게 문제를 직면하고 뼈를 깍아 독을 치료하듯 당의 선진성과 순결성에 해가 되는 요소를 모두 제거하고 당의 신체를 침식하는 바이러스를 철저히 없애 당의 정치 영도력과 사상 인솔력, 그리고 대중 조직력과 사회적 호소력을 부단히 증강하고 당의 왕성한 생명력과 강력한 전투력을 확실히 보장해야 한다."[13] 이는 우리

持和發展中國特色社會主義 學習宣傳貫徹黨的十八大精神—在十八屆中共中央政治局第一次集體學習時的講話)」, 『18대 이후 중요문헌선집(十八大以來重要文獻選編)』(상), 중앙문헌출판사, 2014, 79~80면.

12 시진핑: 『샤오캉사회를 전면적으로 실현하는데서 결정적인 승리를 이룩하고 신시대 중국특색 사회주의의 위대한 승리를 이룩하자—중국공산당 제19차 전국대표대회에서 한 보고』, 인민출판사, 2017, 61면.

13 같은 책, 16면

당이 반드시 자체 건설을 부단히 강화하고 집정능력을 제고하고 당 건설의 과학화 수준을 전면적 향상을 통해 시종일관 자신의 선진성과 순결성을 지키고 왕성한 생명력과 창조력을 유지하는 것에 대한 요구이다. 이는 시진핑 총서기가 강조하며 지적한, "전진의 길에 있는 위험과 도전에 대응하여 승리를 거두는 관건은 바로 당이다. 우리는 당 건설에 정신을 집중하여 ……우리 당이 날로 성숙하고 강대하며 전투력을 갖도록 해야 한다."[14]는 것과 같은 것이다.

2. 당의 선진성과 순결성을 유지하고 집정능력과 영도수준을 부단히 제고해야

당의 영도를 실천하고 당이 시종일관 중국 특색 사회주의 사업의 굳건한 영도적 핵심이 되는 것을 보장하기 위해 시진핑 총서기는 당의 영도 수준과 집정능력을 확실히 제고하고 당의 선진성과 순결성을 영원히 간직할 것을 특별히 강조하고 있다.

(가) 당의 선진성과 순결성을 유지하고 발전시켜 당의 집정사명을 실현해야

당의 선진성과 순결성은 당의 존재와 발전의 근본 근거이자 당이 순

14 「종엄치당을 견지하고 당을 관리하고 관리하는 책임을 실천하며 당풍 건설요구를 당의 제도건설에 융합시킨다(堅持從僞治黨落實管黨治黨責任 把作風建設要求融入黨的制度建設)」, 『인민일보』, 2014년 7월 1일, 1면.

조롭게 집정할 수 있는 근본 조건이다. 우선, 당의 선진성과 순결성 건설은 당의 집정능력 건설의 기초이자 근본으로 시종일관 당의 선진성과 순결성을 유지해야만 당의 집정능력을 제고하여 정확한 방향과 목표를 제시할 수 있다. 선진성과 순결성을 갖춘 집정당만이 자발적으로 그리고 숭고한 가치 추구 차원에서 당의 집정능력 건설을 중시하고 확실하게 강화할 수 있다. 그러므로 선진성과 순결성을 떠나서는 창조력과 결집력, 그리고 전투력을 가질 수 없고 집정의 자격과 조건을 잃게 된다. 당의 선진성과 순결성을 유지하는 것은 당의 집정지위을 공고히 하고 집정의 합법성을 강화하여 당이 중국 특색 사회주의 사업 건설의 굳건한 영도적 핵심이 될 수 있는 근본적 요구이다. 다음, 공산당원의 선진성과 순결성 유지여부는 당의 집정기초에 직접적인 영향을 미친다. 인민대중의 집정정당에 대한 지지와 인정 수준의 높고 낮음은 많은 요소에 달려 있지만 집정당의 선진성과 순결성의 지속성 유지여부 즉, 시종일관 선진 생산력에 대한 발전요구와 선진문화의 전진 방향, 그리고 가장 광범위한 인민의 근본이익을 대표하는가 여부가 결정적 요소이다. 당의 선진성과 순결성 건설을 전개하는 것은 사상건설, 조직건설, 당풍건설, 제도건설, 반부패 건설의 전면적 추진을 통해 당의 리더십을 충분히 발휘하고 기층 당조직의 전투 보루 역할을 발휘하며 광범위한 당원의 선봉적 모범 역할을 발휘하여 당의 이론과 노선 방침 정책이 시대발전의 트렌드와 중국의 사회발전 진보 요구에 순응토록 하고 전국의 각 민족인민의 이익과 소망을 반영하여 우리 당이 시대와 더불어 발전하는 품질을 유지하고 시종일관 시대를 앞서가며 집정능력을 부단히 제고하고 집정지위를 다지며 당의 집정사명을 완성하는 것이다.

18차 당대회 이후 시진핑을 핵심으로 한 당 중앙은 전면적 종엄치당으로 당의 선진성과 순결성 건설을 힘껏 강화하고 중국 특색 사회주의 사업의 순조로운 발전을 위한 굳건한 조직적 보장을 제공했다. 첫째, 사상교육 착수를 통해 '사상건설은 당의 기초적 건설', '신시대 중국 특색 사회주의사상으로 당 전체를 무장'[15]하여 당원 및 간부의 사상이론과 도덕적 소양을 적극 향상시키며 사상 및 정치적 측면에서 당의 선진성과 순결성 건설을 강화했다. 둘째, 지도 간부 대열 건설을 통해 지도 간부의 모범적 역할을 발휘토록 하고 지도 간부의 소질 제고 차원에서 당의 선진성과 순결성 건설을 강화한다. 셋째, 기층의 기초업무를 튼튼히 하고 기층 당조직의 전투보루 역할과 당원의 선봉모범 역할을 충분히 발휘하도록 하여 조직의 기반을 다지는 차원에서 당의 선진성과 순결성 건설을 강화한다. 넷째, 대중과의 연계를 건전히 하고 대중에게 봉사하는 장기효과 기제건립을 통해 당과 인민대중의 혈육적 관계를 긴밀히 하고 당의 계급기반과 대중기반을 강화하는 측면에서 당의 선진성과 순결성 건설을 강화한다. 다섯째, 무관용의 태도로 부패를 척결하고 엄히 권력을 다스리는 차원에서 당의 선진성과 순결성 건설을 강화한다. 여섯째, 당의 자기관리와 종엄치당 견지를 통해 자기정화와 자기개선, 그리고 자기혁신과 자기능력 제고를 강화하고 당 내부 제도 및 업무기제를 건전히 하고 개선하는 측면에서 당의 선진성과 순결성 건설을 강화한다.

당의 지위가 중요할수록 책임도 커지고 당 건설 강화가 필요할수록 당은 더욱 성숙하고 전투력이 강해진다. 그러나 중국 특색 사회주의 신시

---

15 시진핑: 『샤오캉사회를 전면적으로 실현하는데서 결정적인 승리를 이룩하고 신시대 중국 특색 사회주의의 위대한 승리를 이룩하자—중국공산당 제19차 전국대표대회에서 한 보고』, 인민출판사, 2017, 63면.

대에 있어 "당 전체는 우리가 직면하고 있는 집정환경의 복잡성과 당의 선진성에 영향을 미치고 순결성을 약화시키는 각종 요소 또한 복잡하다는 것과 당 내부에 존재하는 불순한 사상과 조직, 그리고 당풍 등 아직까지 근본적으로 해결하지 못한 돌출된 문제들을 분명히 인식해야 한다. 또한 당이 직면한 집정의 시련과 개혁개방의 시련, 그리고 시장경제의 시련과 외부환경의 시련에 관한 장기적이고 복잡한 것들에 대해서도 깊이 인식하고 당이 직면한 정신적 해이와 능력부족, 그리고 인민과 괴리되는 위험과 소극적 부패로 인한 위험의 첨예성과 심각성도 깊이 알아야 하는 가운데 시종일관 문제 해결 지향을 견지하고 전략적 정력(定力)을 유지하며 전면적 종엄치당이 종심으로 발전시켜 나가는 것을 추진해야 한다."[16] 각급 당조직과 영도간부들은 정치의식과 전반 국면에 대한 의식, 그리고 핵심의식과 일치의식을 확고히 수립하고 전면적 종엄치당은 영원히 진행될 것임을 명심하는 가운데 전면적 종엄치당의 주체적 책임을 지고 당을 관리하지 않는 것은 바로 엄중한 실직이라는 관념을 확고히 수립하여 업무의 각 방면에서 당의 영도가 체현되고 실제 상황에도 적용해야 한다. 기율건설을 보다 부각된 위치에 두고 제도를 건전하게 개선하고 당내 규칙체계를 건전히 하며 당기율과 당규칙이라는 울타리를 단단히 붙들어 매야 한다. 기율교육을 심층 추진하고 기율의식을 강화하여 당장(黨章)존중과 당기율 준수라는 양호한 습관을 형성하도록 해야 한다. 기율집행 감독을 엄히 추진하고 기율 집행력을 제고하여 기율의 엄숙함을 지켜야 한다. 자각적 기율

16 시진핑: 『샤오캉사회를 전면적으로 실현하는데서 결정적인 승리를 이룩하고 신시대 중국특색 사회주의의 위대한 승리를 이룩하자—중국공산당 제19차 전국대표대회에서 한 보고』, 인민출판사, 2017, 61면.

을 양성하고 당장 표준에 따라 스스로를 엄히 다루고 타율적 요구를 내재적 추구로 전화해야 한다. 지도 간부의 경각성과 정치적 감별력을 강화하는 데 있어서는 반드시 정치 요구를 중시하고 정치 기율을 엄하고 명확히 해야 하는데, 특히 각급 지도 간부는 시시각각으로 정치기율의 끈을 꽉 꼭 잡고 이를 최우선 위치에 놓아 잠재된 위험을 없애고 후환을 근절해야 한다. 고 수준 견지와 마지노선 수호를 상호 결합하고 규범적 징벌하고 기율의 마지노선을 분명히 하여 선(善)을 지향하며 발전하도록 이끌고 이상과 신념, 그리고 도덕과 지조의 통솔 역할을 발휘하며 기본을 다지는 데 집중하여 바르지 못한 기풍에 물드는 것을 방지하고 공산당원의 정신적 추구를 지키고 부패를 차단하기 위한 사상과 도덕적 방어선을 구축해야 한다. 이와 같은 노력을 통해 당을 관리하고 다스리는 것이 진정으로 느슨하고 부드러운 것에서부터 엄하고 강해지며 당 내부의 양호한 정치적 생태계를 조성하여 당의 창조력과 응집력, 그리고 전투력을 부단히 제고하고 강화하여 당이 영원히 중국 특색 사회주의의 위대한 사업의 굳건한 영도적 핵심이 되는 것을 확보해야 한다.

결국, 전면적 종엄치당을 통해 사상건설, 조직건설, 기풍건설, 반부패 청렴제창 건설, 제도건설을 추진하고 "우리 당은 과학적 이론으로 무장하고 선진성 특징이 분명한 정당으로 모든 것은 인민을 위하고 전심전력으로 인민을 위해 봉사하는 당이며 각종 시련을 이겨내고 끊임없이 성숙하는 자신감 있는 당으로 시종일관 전국의 각 민족 인민들을 영도하며 중국 특색 사회주의를 견지하고 발전시키는 핵심 역량이다."[17]는 사실을 확보했다.

---

17 「종엄치당을 견지하고 당을 관리하고 관리하는 책임을 실천하며 당풍 건설요구를 당의

(나) '4가지 전면적' 전략 배치의 조화로운 추진과 당의 영도수준 및 집정능력 제고

'4가지 전면적'(샤오캉 사회의 전면적 실현, 개혁의 전면적 심화, 전면적인 의법치국, 전면적인 종엄치당)의 전략적 배치에 대한 조화로운 추진은 당중앙이 '2개의 100년'이라는 분투 목표와 중화민족의 위대한 부흥의 중국몽을 실현하는 전략적 고도에서 국내외 두 개의 큰 국면을 총괄하고 중국 발전의 새로운 특징을 장악하는 국정운영의 새로운 전략으로 당의 국정운영 법칙에 대한 인식을 새로운 높이로 끌어 올렸다. 시진핑 총서기는 '4가지 전면적'의 전략적 배치의 높이와 폭을 조율하여 추진하는 측면에서 전면적 종엄치당의 중요한 지위를 심도있게 논술했다.

'4가지 전면적'의 본질은 바로 전략적 배치이다. 이중 전면적 샤오캉 사회 건설은 전략적 목표로, 모든 분투를 이것에 집중하는 가운데 전면적인 심화개혁과 전면적 의법치국, 그리고 전면적 종엄치당이라는 3대 전략적 조치는 전면적 샤오캉사회 건설이란 전략 목표를 실현함에 있어 어느 하나도 간과할 수 없어 반드시 각각의 '전면적'을 모두 총체적 배치 과정에서 장악하여 "'4가지 전면적'이 상호보완과 상호촉진, 그리고 상부상조의 시너지 효과를 낼 수 있도록 해야 한다."[18] 당을 관리하고 엄히 다스리는 것은 당 건설의 일관적 요구이자 근본방침이며 '4가지 전면적'이라는 전략적 배치를 조화롭게 추진하는 근본 보증이다.

당의 영도는 당과 국가의 각종 업무를 잘 수행하는 근본적 보증으로

제도건설에 융합시킨다」, 『인민일보』, 2014.7.1, 제1면.

18 시진핑: 「'4가지 전면적' 전략배치를 조율추진(協調推進 "四個全面"戰略布局)」, 『18대 이후 중요문헌 선집(十八大以來重要文獻選編)』(중), 중앙문헌출판사, 2016, 249면.

중국의 정치안정과 경제발전, 그리고 민족단결과 사회안정을 위한 근본이며 당중앙이 각각의 '전면적'을 제시할 때 모두 당의 영도 강화를 극히 중요한 위치에 놓아야 한다. 당중앙이 전면적 샤오캉사회 건설이란 총목표를 제정할 때 다음과 같이 제기했다. 당은 인민을 단결시키고 이끌어 전면적 샤오캉사회를 건설하고 사회주의 현대화를 추진하며 중화민족의 위대한 부흥을 실현하는 중임을 책임져야 한다. 당이 굳건하게 힘이 있고 당과 인민의 혈육관계가 유지되면 국가는 안정적으로 번영하고 인민은 행복하고 평안하며 건강한 삶을 누릴 수 있다. 형세 발전과 사업 개척, 그리고 인민의 기대는 모두 개혁 혁신의 정신으로 당 건설의 위대한 신 공정을 전면 추진하고 당 건설의 과학화 수준을 전면 제고할 것을 요구하고 있다. 전면적 심화 개혁 배치와 관련하여, 전면적 심화 개혁는 반드시 당의 영도를 강화하고 개선해야 하며 당이 전체 국면을 파악하고, 각 방면을 조율하는 영도의 핵심 역할을 충분히 발휘하도록 하여 당의 영도수준과 집정능력을 제고하고 개혁이 성공을 거두는 것을 확보해야 한다. 전면적 의법치국을 배치하면서는, 당의 영도를 견지하는 것은 사회주의 법치의 근본 요구로 의법치국을 전면 추진하는 의제에 반드시 포함되어야 하고 당의 영도는 의법치국을 전면 추진하고 사회주의 법치국가 건설을 가속하는 가장 근본적 보증으로 당의 영도 하에 의법치국과 법치를 엄격히 시행해야만 비로소 인민이 주인이 되는 것을 충분히 실현할 수 있고 국가와 사회 생활의 법치화가 질서있게 추진될 수 있다.

'전면적 종엄치당'은 특수하고도 중요한 지위 역할을 구비하고 있어 다른 세 개의 '전면적'을 위한 확고부동한 리더십을 만들어 줄 수 있고 사상, 정치, 조직의 차원에서 정확한 방향을 보증하며 강력한 결집력을 형성해 줄 수 있다. 전면적 샤오캉사회 건설과 전면적인 심화개혁, 그리고 전면적 의법치국은 모두 당의 영도를 떠날 수 없고 당이 동원하는 조직에 있는 각 방면의 자원역량을 필요로 하고 당이 구비한 상응하는 영도수준과 집정능력을 필요로 하고 있어 전면적 종엄치당은 당의 지위를 확립하고 당의 집정능력을 제고하는 필연적 요구이자 반드시 가야만 하는 길이다. 오직 전면적 종엄치당을 견지해야만 당은 전면적 샤오캉사회를 건설하는 과정에서 전체 국면을 총괄하고 각 방면을 조율하는 영도의 핵심 역할을 충분히 발휘할 수 있어 경제사회 발전이 새로운 진전을 거듭할 수 있다. 당은 개혁개방의 위대한 사업을 시작하여 전면적 심화개혁의 새로운 단계를 추진하고 있는데 전면적 종엄치당을 견지해야만 진정한 개혁의 영도자와 상부 설계자, 그리고 조직 추동자가 될 수 있다. 아울러 시종일관 개혁의 정확한 방향을 유지하고 계통성과 정체성, 그리고 협동성 측면에서 개혁의 전체 국면을 장악하여 당 전체와 전체 사회적 지혜를 모으고 일체의 적극 요인을 동원하여 어려움을 돌파하고 개혁목표를 실현할 수 있다. 당이 인민을 영도하여 헌법법률을 제정하고 실시하는 만큼 당 스스로가 반드시 헌법과 법률의 틀 안에서 활동해야 하는 바 전면적 종엄치당을 견지해야만 의법치국과 당규에 의한 당 관리와의 관계를 정확히 처리할 수 있고 법치사유와 법치방식으로 각종 모순을 해결해야 전면적 의법치국을 실제 상황에 적용하여 실시할 수 있다. 결국, 전면적 종엄치당을 시행해야만 다른 3가지 '전면적'을 위한 굳건하고 강력한 보증을 제공할 수 있다. 이와 관련하여 시진핑 총서기는 "쇠를 벼리려면 쇠메가 단단해야 한다. 우리의 책임은 바로 전체 당원 동지들과 함께 당을 관리하고 엄히 다스리는 것을 견지하여 자신에게 존재하는 돌출된 문제들을 철저히 해결하고 업무 기풍을 확실히 개진하며 대중과 밀접히 연계함으로써 당이 시종일관 중국 특색 사회주의 사업을 지도하는 영도 핵심이 되도록 하는 것이다."[19]라고 말한 바 있다.

(다) 국가관리체계와 관리능력의 현대화 추진과정에서 당 영도체제 및 집정방식을 완비

당 정권을 공고히 하려면 반드시 당의 집정능력을 향상시켜 과학적이고 효과적인 관리체계를 형성하고 각종 위험과 모순을 철저히 방지하고 해결해야 한다. 지금 전면적 샤오캉사회 건설은 승리를 결정하는 시기에 들어섰고 개혁은 난제 돌파 시기와 복잡계에 돌입한 가운데 우리 당이 직면한 개혁과 발전의 안정을 위한 임무는 전례없이 무겁고 모순과 위험의 도전은 어느 때보다 많아져 어떻게 당의 집정능력을 향상시킬 것인가 하는 것은 이미 시급히 해결해야 하는 중대 문제로 대두되었다. 시진핑 총서기는 19차 당대회 보고에서, 반드시 "전면적 심화개혁의 총체적 목표는 중국 특색 사회주의 제도를 개선 발전시켜 국가 관리체계와 관리능력의 현대화를 추진하는 것임을 강조하며"[20] "국가 관리체계와 관리능력의 현대화 추진"에 대한 중대 명제와 임무를 제기했다.

국가 관리체계와 관리능력은 한 국가의 제도와 제도집행 능력이 집

---

19 시진핑: 「아름다운 생활에 대한 인민의 소망은 곧 우리의 분투목표이다(人民對美好生活的向往, 就是我們的奮鬪目標)」, 『18대 이후 중요문헌 선집(十八大以來重要文獻選編)』(상), 중앙문헌출판사, 2014, 70면.

20 시진핑: 『샤오캉사회를 전면적으로 실현하는데서 결정적인 승리를 이룩하고 신시대 중국 특색 사회주의의 위대한 승리를 이룩하자—중국공산당 제19차 전국대표대회에서 한 보고』, 인민출판사, 2017, 19면.

중 체현되는 것이다. 중국 공산당 정권을 반석처럼 튼튼히 확보하려면 반드시 국가 관리체계와 관리능력의 현대화를 적극 추진해야 한다. 법률은 치국(治國)의 중요 수단이고 법치는 국가 관리체계와 관리능력의 중요한 근거가 된다. 국가 관리체계와 관리능력의 현대화를 추진하려면 반드시 전면적 의법치국 추진을 가장 중요한 위치에 놓아야 한다. "전면적 의법치국 추진은 우리 당의 집정과 국가 부흥에 관련되고 인민의 행복과 평안함에 관계되며 당과 국가의 장기적 안정에 관계되는 중대한 전략적 문제로 중국 특색 사회주의 제도를 개선 발전시키고 국가의 관리체계와 관리능력의 현대화를 추진하는 중요한 측면이다."[21]

중국공산당은 영도의 핵심으로 전면적 의법치국 추진은 우선 당의 영도를 견지하고당의 영도는 의법치국의 근본적 보증이다. 전면적 의법치국 추진은 반드시 법에 따라 당을 관리하고 헌법에 따라 집정해야 한다. 법에 따라 당을 관리하는 것은 의법치국 의제에 필히 포함되어야 하는 근본적 요구이다. 소위 법에 따라 당을 관리한다는 것은 당이 반드시 헌법과 법률의 범위 내에서 활동한다는 것으로 어떤 조직과 개인에게도 헌법과 법률의 특권 초월을 허락하지 않는다는 것이며 '헌법에 따라 나라를 다스리고', '헌법에 따라 집정하는 것'을 견지한다는 것이다. 당은 입법을 영도함과 동시에 반드시 법 집행을 보증하고 사법을 지지하며 솔선수범하여 법을 지켜야 한다. 나아가, '인치(人治)사유'를 버려, 어떤 이가 어떤 구실로 어떤 형식으로 말로 법을 대신하고 권력으로 법을 억누르며 사리사욕을 위

---

21 시진핑「'전면적인 의법치국 관련 중요문제에 대한 중공중앙의 결정'의 설명」, 『18대 후 중요문헌선집(十八大以來重要文獻選編)』(중), 중앙문헌출판사, 2016, 142면.

해 법을 어기는 것을 절대 허락해서는 안 된다. 시진핑 총서기는, "의법치국의 관건은 당이 법에 따라 집정하고 각급 정부가 법에 따라 행정을 펼칠 수 있는가 여부에 달려 있다. 우리는 법에 따라 집정하는 의식을 증강하고 법치의 이념과 법치의 체제, 그리고 법치의 절차에 따른 업무 전개를 견지하며 당의 영도방식과 집정방식을 개진해야 한다. 의법 집정의 제도화와 규범화, 그리고 절차화를 추진해야 한다."[22]고 제기했다.

시진핑 총서기는 각 방면의 법치사유 수립을 거듭 강조했으며 각급 지도간부가 법치사유와 법치방식을 운용한 개혁심화와 발전추동, 그리고 모순해결과 안정유지 능력 제고를 요구하고 법에 따라 업무를 처리하고 문제에 봉착하면 법을 찾고 문제 해결 시에는 법을 활용하고 모순 해결은 법에 의존하는 양호한 법치환경 형성을 적극 추동하여 법치의 궤도상에서 각종 업무를 추진할 것을 요구했다. 의법치국의 전면 추진을 둘러싸고 시진핑을 핵심으로 하는 당중앙은 다음과 같은 다섯가지 방면의 기본 요구를 제출했다. 첫째, 중대 개혁은 반드시 법을 근거로 법치의 궤도상에서 개혁을 추진해야 한다. 개혁을 구실로 법률을 고려치 않거나 법을 고수한다고 과감한 시도를 포기해서도 안 된다. 시진핑 총서기는, "무릇 중대 개혁은 법을 근거로 해야 하나 법률 개정이 필요하면 먼저 법률을 수정하여 새로운 것을 세우고 오래된 것을 파기하며 질서있게 진행해야 한다. 일부 중요한 개혁조치가 법률적 권한 위임이 필요한 경우에는 법적절차에 따라 진행해야 한다."[23]고 제기했다. 둘째, 법치사유와 법치방식의 선용으로 부

---

22 중공중앙문헌연구실 편집: 『시진핑의 전면적 의법치국에 대한 논술 발췌(習近平關於全面依法治國論述摘編)』, 중앙문헌출판사, 2015, 61면.

23 중공중앙문헌연구실 편집: 『시진핑의 전면적 의법치국에 대한 논술 발췌』, 중앙문헌출판

패와 싸우고 국가적 반부패 입법을 강화하며 반부패 청렴제창을 위한 당내 법규제도 건설을 강화하여 법률제도가 엄격히 실행되도록 하고 과학적 내용과 엄밀한 절차, 그리고 완비된 조합과 효과적인 반부패 제도체계를 조속히 구축해야 한다. 반부패는 발본색원이 필요하나 그 대책은 법률과 제도에만 의존해야 한다. 권력 남용과 부패 방지를 위해 반드시 권력을 제도의 울타리속에 가두고 제도의 울타리를 단단히 조이며 전기가 흐르는 고압선과 같은 제도로 되도록 한다. 중국공산당 중앙은 이밖에도, 반부패는 반드시 제도 상에서 상층 설계를 진행하고 국가 반부패법 제정을 의사일정에 명확히 올려 놓아야 한다. 셋째, 의법 행정을 확실히 추진하고 각급 정부 및 업무부서는 권력목록제도와 책임목록제도, 그리고 네거티브 목록제도를 실시하여 법정 직책은 반드시 이행하고 법의 위임을 받지 않은 권리는 행사하지 않는 것을 견지해야 한다. 행정체제개혁을 강화하고 정부직능의 변화를 촉진하며 정부가 미시적 사무에 대한 관리를 최대한 줄이고 정부의 인허가 사항을 더욱 줄이며 인허가 절차를 공개하여 투명성을 제고하고 자율 재량권을 압축한다. 넷째, 엄격한 법 집행과 공정 사법을 촉진하고 사법기관이 법에 따라 독립적이고 공정하게 직권을 행사하도록 보증하며 지도기관과 영도간부가 법과 규정을 어기며 사법에 간섭하는 문제를 해결해야 한다. 시진핑 총서기는, "법에 따른 업무 처리와 법률 준수 여부를 간부평가의 중요 기준으로 삼아야 한다. 법정절차를 위반하고 사법에 간섭하는 등기·등록·통보 제도와 책임추궁 제도를 건전히 구축하고 법정절차를 위반하고 정법(政法)기관의 법집행과 사건 처리에 대한 간섭

사, 2015, 45~46면.

은 모두 당 기율 및 행정 기율 처분을 준다. 억울한 사건과 잘못된 사건, 혹은 심각한 후유증을 조성 시에는 일률적으로 법에 따라 형사책임을 추궁한다."[24]고 명확히 제시했다. 다섯째, 법치사회 건설을 적극 추진해야 한다. 사회생활에 광범위하게 존재하는 '법보다 민원 신청' 현상에 대해 법제선전 교육을 심층 전개하고 사회주의 법치정신을 널리 알리며 대중이 어려움에 봉착하면 법을 근거로 하고 법에 의지하여 문제를 해결하도록 이끌고 사회적 어려움을 법이 아닌 사람을 찾는 현상을 점차 개혁하여 법률에 대한 신앙을 수립해야 한다. 시진핑 총서기는, "전체 인민이 법률을 준수하고 문제가 있으면 법에 따라 해결해야지, 큰 소란 피우면 크게 해결해 주고 작은 소란을 피우면 작게 해결해 주며 소란 피우지 않으면 해결해 주지 않는 현상이 만연하도록 내버려 두어서는 안 된다. 그렇지 못하면 어떻게 법치를 논할 수 있겠는가?"[25]라고 지적했다. 이와 같은 '큰 소란에 큰 해결, 작은 소란에 작은 해결'이라는 투기적 풍조는 법률의 권위를 파괴하고 왜곡시킬 뿐만 아니라 집정당의 권위에도 손상을 입힌다.

인류사회 발전의 사실이 증명하듯, 의법관리는 가장 믿을 수 있고 가장 안정된 관리 시스템이다. 전면적 의법치국 추진은 중국공산당이 개혁하고 개선하는 영도방식이자 집정방식으로 중화민족의 위대한 부흥인 중국몽에 착안하여 당과 국가의 장기 안정을 위한 장원한 고려를 실현하는 것이다. 신시대 당중앙이 법치국가와 법치사회 건설을 추진하는 힘은 전례없는 것으로 이는 당의 집정방식이 진일보 개선되고 있음을 반영한다.

---

24 중공중앙문헌연구실 편집: 『시진핑의 전면적 의법치국에 대한 논술 발췌』, 중앙문헌출판사, 2015, 74면.

25 같은 책, 88면.

결과적으로, 중국공산당의 영도방식과 집정방식의 변혁과 개선은 신시대 전면적 종엄치당의 내재적 요구이다. 이와 같은 변혁은 중국공산당의 고도의 자각과 자신감, 그리고 역사적 사명감을 체현하는 것으로 중국공산당의 거대한 용기와 결심을 체현하고 중국공산당의 영도규율과 집정규율에 대한 인식의 심화를 체현하는 것이기도 하다. 이와 같은 변혁의 성공적 시행은 결국 당의 영도를 강화하고 보완할 것이며 당을 시종일관 중국 특색 사회주의의 굳건한 영도 핵심이 되도록 할 것이다.

3. '4가지 의식' 강화와 '4가지 자신감'을 견지하며 '2가지 수호'를 실행해야

정치건설 강화를 위해서는 반드시 '4가지 의식'을 증강하고 '4가지 자신감'을 견지해야 하며 '2가지 수호'를 실행하여 진리를 추구하고 실효를 강조하는 기풍으로 당중앙의 정책 결정 및 배치를 실제 상황에 적용해야 한다. 시진핑 총서기는 19차 중앙기율위원회 3차 전체 회의에서, "'4가지 의식'을 증강하고 '4가지 자신감'을 견지하며 '2가지 수호'를 실행하는 것은 추상적이 아닌 구체적인 것이다. 영도간부 특히 고급 간부는 반드시 지행합일의 각도에서 스스로를 살피고 요구하며 검열해야 한다."[26]라고 제기했다.

---

26 「전면적인 종엄치당의 보다 큰 전략적 성과를 취득하고 반부패 투쟁의 압도적 승리를 다지고 발전시켜야(取得全面從嚴治黨更大戰略性成果 鞏固發展反腐敗鬪爭壓倒性勝利)」, 『인민일보』, 2019.1.12, 제1면.

(가) '4가지 의식'의 증강

시진핑 총서기는 19차 당대회 보고에서, "전면적 종엄치당의 성과는 탁월했다. 당 영도와 당 건설을 전면 강화하고 당을 관리하고 다스리는 것이 느슨하고 해이해진 상황을 단호히 바꾸었다. 당 전체의 당장(黨章) 존중을 추동하고 정치의식과 전체 국면 의식, 그리고 핵심의식과 일치의식을 강화하여 당중앙의 권위와 집중통일적 영도를 결연히 수호하고 당의 정치기율과 정치규칙을 분명히 하여 당을 관리하고 다스리는 정치적 책임을 층층이 실천했다."[27]라고 제시했다. '4가지 의식'을 증강하는 것은 신시대 중국 특색 사회주의를 견지하고 발전시키는 필연적 요구로 이는 돌출된 문제를 해결하고 당의 선진성과 순결성을 확보하기 위한 필연적 선택이자 전면적 종엄치당과 당 내부 정치생활을 엄숙히 하는 중대 조치로 '4가지 의식'을 증강하는 현실적 근거이다.

'4가지 의식'의 증강은 중국 특색 사회주의를 견지하고 발전시키는 필연적 요구이다. 현재 당 전체와 전국 인민은 새로운 역사적 기점에서 중국 특색 사회주의를 견지하고 발전시키며 중화민족의 위대한 부흥을 실현하기 위한 분투를 멈추지 않고 있다. 중국 특색 사회주의의 가장 본질적 특징과 최대 우세는 바로 중국공산당 영도로 당대 중국의 모든 일을 잘 처리하려면 당의 영도를 견지하고 개선하는 것이 관건이다. 당의 집정지위를 공고히 하고 당이 시종일관 중국 특색 사회주의 사업의 굳건한 영도 핵심이 되는 것을 확보하는 것은 국가의 근본적 명맥이자 전국 각 민족 인민

27 시진핑: 『샤오캉사회를 전면적으로 실현하는데서 결정적인 승리를 이룩하고 신시대 중국 특색 사회주의의 위대한 승리를 이룩하자—중국공산당 제19차 전국대표대회에서 한 보고』, 인민출판사, 2017, 7면

의 이익과 행복과도 관계된다. 당의 영도를 강화하고 개선하려면 우선 당의 단결통일을 증강하고 당중앙의 집중통일영도를 견지하며 당의 전투력과 응집력을 강화하여 당중앙과 당 영수의 핵심 지위를 수호하고 시진핑을 핵심으로 하는 당중앙과 고도로 일치해야 한다. 이를 위해 당 전체는 반드시 정치기율을 강화하고 정치의식을 제고하며 핵심의식과 일치의식을 증강하여 상시적, 주도적, 전면적으로 당중앙과 당의 이론 및 실천방침, 그리고 당중앙의 국정운영의 신이념, 신사상, 신전략에 일치하고 당의 전체 국면에 복종하고 수호하며 당의 중심 임무를 긴밀히 둘러싼 제반 업무를 전개하여 행정명령이 거침없이 전달되고 당중앙의 정책과 의사결정이 실제 상황에 적용되도록 해야 한다. 당중앙과 괴리되고 반목하는 '개별적 차별화'와 작은 조직이나 집단으로 활동하는 '독립왕국', 그리고 체제 내부의 각종 '특수 이익 집단'을 결연히 반대하고 당이 보다 단결하여 통일되는 굳건한 힘을 확보해야 한다.

'4가지 의식'의 증강은 돌출된 문제를 해결하고 당의 선진성을 확보하는 필연적 선택이다. 현재 중국의 개혁이 돌파 단계와 복잡계에 들어선 가운데 당이 인민을 이끌고 개혁을 전면 심화하려면 반드시 막중하고도 험난한 임무를 과감히 수행해야 하는 바 이는 당 건설에 있어 보다 큰 도전과 높은 요구를 제시하는 것이다. 당은 장기집정의 시련과 개혁개방의 시련, 그리고 시장경제의 시련과 외부환경의 시련에 직면하고 있는데 이들 시련은 모두 장기적이고 복잡하며 엄준한 것들이다. 이들 시련을 앞두고 일부 당원 및 간부는 정도 차이에 따라 관념이 모호하고 조직이 느슨하여 기율이 해이해 지는 문제와 이상과 신념이 흔들려 취지의식이 희미해지고 이론수준이 낮아 집정능력이 미흡하며 성취욕과 책임감의 부족한 문제를 노출하고 있다. 일부 당조직에는 당의 영도가 약화되어 당을 관리하고 다스리는 것이 느슨한 상황이 존재하고 있다. 정신태만의 위기와 능력부족의 위기, 그리고 대중과 괴리되는 위기와 반부패 소극대처 위기가 나타나 당의 창조력과 전투력을 약화시키고 당과 인민대중과의 연계를 손상하여 당의 집정지위와 집정사명에 영향을 주었다. 이런 상황 속에서 반드시 당의 정치책임을 새기고 당 전체의 정치의식과 전체국면 의식을 증강하며 문제 지향을 견지하여 돌출되는 문제를 해결하고 당의 자기정화와 자기개선, 그리고 자기혁신과 자기향상 능력을 부단히 강화하여 마르크스주의 정당의 선진성과 순결성을 확보해야 한다.

'4가지 의식'을 증강하는 것은 전면적 종엄치당과 당내 정치생활을 엄숙히 하는 중요한 조치이다. 전면적 종엄치당은 시진핑을 핵심으로 한 당중앙이 당 건설 업무를 영도하는 선명한 특색이다. 새로운 역사적 조건과 책임을 직면한 가운데 당의 자기관리와 종엄치당의 임무는 과거 어떤 시점보다 무겁고 긴박하다. 만약 당을 관리하고 다스리는 힘이 부족하고 엄하지 않아 돌출된 문제를 해결하지 못하면, 당의 집정지위는 동요되고 심지어 잃게 될 수도 있다. 그러므로 반드시 전면적으로 엄격히 관리하고 다스리는 것을 내실있고 과감하게 장기적으로 실행하여 사각지대 없이 전체를 커버하는 가운데 당의 사상건설과 조직건설, 그리고 기풍건설과 반부패 청렴제창 및 제도건설을 확실히 틀어쥐고 각급 당조직의 종엄치당이라는 주체적 책임을 전면 실시하여 전면적 종엄치당의 상시화와 제도화를 확보해야 한다. 전면적 종엄치당을 위해서는 반드시 당내 정치생활을 강화하고 규범화해야 하며 당의 정치기율과 정치규칙을 엄히 하고 당내 정치생태를 정화해야 한다. 이는 각 당조직과 당원이 자신부터 시작하여 정치의식을 강화하고 정치책임을 깊이 새겨 정치기율을 준수하고 당무 전반에 대한 복종과 봉사를 유지하여 시진핑을 핵심으로 한 당중앙 주변에 긴밀히 단결하고 당중앙과 시진핑 총서기와 일치하여 당의 사업에 충성하고 당을 위해 책임 지고 우환을 나누며 전심전력으로 당 업무에 매진해야 한다.

'4가지 의식'의 증강은 풍부한 사상적 내포를 갖고 있다. 새로운 역사적 조건 하에서 정치의식과 전반국면 의식, 그리고 핵심의식과 일치의식을 증강하는 것은 당의 건설을 강화하고 당중앙의 집중통일영도를 견지하며 당의 단결과 통일을 증강하여 당 전체의 구심력과 응집력, 그리고 전투력을 형성하는 중대 조치로 각기 특정의 내포를 갖고 있고 상호 연결되고 내적으로 통일되며 유기적 전체를 구성한다.

정치의식의 증강은 바로 전체 당원이 반드시 정확한 정치방향을 확고히 하여 시종일관 당중앙과 정치적 고도가 일치할 것을 요구하는 것으로 이는 당원간부에 대한 첫째 요구사항이다. 당의 정치속성을 굳건히 지키고 중국공산당은 중국노동자계급의 선봉대이자 중국인민과 중화민족의 선봉대임을 잊지 말아야 한다. 당의 정치입장을 확고히 하고 전심전력으로 인민을 위해 봉사하는 근본 취지를 잊지 말아야 한다. 당의 이상과 신념을 굳건히 하여 시종일관 공산주의의 원대한 이상과 중국 특색 사회주의의 공동의 이상을 잊지 말아야 한다. 당의 정치지위를 확고히 하고 당이 중국 특색 사회주의의 굳건한 영도 핵심임을 확보해야 한다. 당의 정치기율과 정치규칙을 엄격히 준수하고 당장(黨章)을 당 전체가 반드시 공동으로 준수해야 하는 근본적 법과 총 규칙으로 삼고 당의 각종 규정 제도를 자신의 행위규범과 규칙으로 삼아야 한다.

전체국면 의식의 증강은 전체 당원이 반드시 정확한 전체국면관을 확립하는 것에 대한 요구로 당무의 전체국면과 중심업무를 장악하고 당과 국가의 전체국면 입장에서 사고하고 문제를 처리하며 전체국면을 자각적으로 인식하고 복종하며 지켜 중앙의 정책결정과 배치를 조금도 흔들림없이 관철하고 실천하는 것이다. 전체국면을 자각적으로 인식 및 장악하는 것은 당중앙의 통일영도 하에 새로운 역사의 시작점에서 중국 특색 사회주의를 견지하고 발전시키는 것으로 '5위1체'(경제건설, 정치건설, 문화건설, 사회건설, 생태문명건설을 포함한 중국 특색 사회주의사업의 총체적 배치)의 총체적 배치에 따라 '4가지 전면적'의 전략적 배치를 조화롭게 추진하며 5대(혁신, 조화, 녹색, 개방, 공유) 발전 이념을 관철하고 실천하여 중화민족의 위대한 부흥인 중국몽을 실현하기 위해 노력하고 분투하는 것이다. 당 업무의 전체국면에 대한 자발적 복종은 단기와 장기, 국부와 전체, 개인과 집단의 관계를 적절히 잘 처리하는 것으로 당의 중심업무를 틀어쥐고 경제건설 중심을 견지하여 발전을 당 집정과 번영의 첫째 임무로 삼아 주요 모순을 우선적 중점적으로 해결함과 동시에 각 방면 업무의 전개를 추진시키는 것이다. 당 업무의 전체국면을 자각적으로 지키는 것은 사상과 행동을 시진핑을 핵심으로 한 당중앙의 과학적 판단과 정책결정의 배치에 통일시키고 자각적으로 중국 경제사회 발전의 뉴노멀화에 적응하며 국가안전과 사회안정을 지켜 중국 경제사회의 전면적 건강한 발전을 추진하는 것이다.

핵심의식의 증강은 전체 당원이 국가사업 발전에서 당의 핵심적인 영도지위와 당 전체에서 당중앙의 핵심적 영도지위를 조금도 흔들림없이 지키고 발전시키며 공고히 하여 시진핑 총서기의 당중앙 핵심과 당 전체의 핵심지위를 결연히 지키는 것이다. 당 전체가 시종일관 중국 사무를 명확히 처리하는 관건은 당으로 중국 특색 사회주의의 가장 본질적 특징은 중국공산당의 영도이며 중국 특색 사회주의 제도의 최대 우세성은 중국 공산당의 영도이다. 당의 영도를 견지하고 개선하는 것은 당과 국가의 근본이자 명맥이며 전국 여러 민족 인민의 이익과 행복인 바 반드시 당의 영도를 부단히 강화하고 개선하여 당이 시종일관 중국 특색 사회주의사업의 굳건한 영도핵심이 되는 것을 확보해야 한다. 당 전체는 반드시 당중앙의 절대권위를 결연히 지키고 당중앙의 정책결정 배치에 통일적으로 복종하며 자각적으로 당의 기본이론과 기본노선, 그리고 기본강령과 기본경험을 견지하고 당내부에서 특수이익집단과 소조직 파벌을 형성하여 당중앙과 불협화음을 일으키는 것은 절대 용납하지 않는다. 시진핑 총서기는 당이 장기적으로 배양하고 당 전체와 전국의 인민이 함께 추대한 영도자로 당 전체와 전국의 인민을 이끌고 중국 특색 사회주의의 발전과정에서 이미 당 전체와 전국 인민의 영도핵심이 되었는 바 당 전체는 반드시 시진핑 총서기의 핵심지위와 숭고한 위신을 결연히 지켜 당의 영도로 하여금 보다 굳건하고 힘있게 당과 인민의 사업에서 가는 곳마다 승리할 수 있도록 해야 한다.

일치의식의 증강은 전체 당원이 자발적이고 주동적으로 스스로에게 높은 기준을 요구하는 가운데 당중앙과 일치하고 당의 영수와 일치하며 당의 정책결정과 일치할 것을 요구하는 것으로 이는 당의 발걸음을 따르고 일치함을 유지하며 기준을 확립하고 이탈하지 않는 것이다. 전체 당원은 당의 이론과 노선·방침·정책과 일치하고 시진핑 신시대 중국 특색 사회주의 사상을 깊이 학습하고 터득하여 관철하며 시진핑 신시대 중국 특색 사회주의 사상으로 정신을 무장하고 자신의 사상과 행동, 그리고 업무 성과를 살펴보며 사상과 정치, 그리고 행동에서 시진핑을 핵심으로 한 당중앙과 고도로 일치하도록 해야 한다. 일치의 관건은 행동으로 실천하는 것으로 전체 당원은 반드시 과감하게 담당하여 책임지고 실속있게 일하며 혁신적으로 개척하고 당중앙의 이론혁신 성과와 중대 정책결정 배치를 실제에 적용하여 각종 업무가 새로운 성과를 거두고 새로운 발전을 실현할 수 있도록 추진해야 한다. 또한 일치는 각종 잘못된 사상 및 행위와 과감하게 잘 싸우는 결연한 투쟁을 진행하며 당에 충성하고 당의 우려를 나누며 당을 위해 책임을 다하고 돌출된 중점을 틀어쥐고 당중앙이 배치한 각종 업무를 실천에 옮겨야 한다.

(나) 확고한 '4가지 자신감'

신 장정의 길에서 중국 특색 사회주의 이론의 견지와 발전은 당과 국가 사업 발전에 극히 중요함을 깊이 인식하고 중국 특색 사회주의 자신감의 핵심 요지를 정확히 장악하여 시종일관 '4가지 자신감'을 확고히 하고 중국 특색 사회주의의 새로운 승리를 부단히 쟁취해야 한다.

첫째, 중국 특색 사회주의 노선에 대한 자신을 확고히 하는 것은 중국 특색 사회주의 노선이 사회주의현대화를 실현하기 위해 반드시 가야만 하는 길이고 인민의 아름다운 생활을 창조하기 위해 반드시 걸어야 하는 길임을 깊이 인식하는 것이다. 지난 40년 동안 당은 인민을 영도하여 과학적 사회주의의 기본원칙을 견지했고 중국의 실제 상황과 시대 특징에 따라 점차 탐색하고 개척한 새로운 길에 뚜렷한 중국 특색을 부여했으며 이는 중국 특색 사회주의 길을 모색하는 과정에서 점차 성숙되었다. 중국 특색 사회주의를 견지하고 발전시키는 노정에서 중국은 고도로 집중된 계획경제체제에서 활기 넘치는 사회주의 시장경제 체제로, 봉새 및 반봉쇄에서 전방위 개방의역사적 전환을 성공적으로 실현하여 사회주의 경제건설, 정치건설, 문화건설, 사회건설, 생태문명건설, 당 건설이라는 유효 경로와 방법을 탐색하고 발전시켰다. 이후 중국경제는 지속적 고도성장으로 경제 총량은 세계 2위로 올라섰고 인민생활은 기본생계를 유지하기 어렵던 상황으로부터 전체 샤오캉을 실현하는 역사적 도약을 실현하여 세계발전 역사상의 기적을 창조했다. 이와 같은 역사적 성과는 중국 특색 사회주의 길이 당대 중국이 발전하고 진보할 수 있는 유일한 정도(正道)이자 국가부강과 민족진흥, 그리고 인민행복을 실현하는 유일한 길임을 증명하였다.

둘째, 중국 특색 사회주의 이론에 대한 자신감을 확고히 하는 것은 바로 중국 특색 사회주의 이론체계가 당과 인민이 중국 특색 사회주의 길을 따라 중화민족의 위대한 부흥을 지도하는 정확한 이론임을 깊이 인식하는 것이다. 중국의 혁명과 건설, 그리고 개혁의 장기적 역사 실천 과정에서 당은 마르크스주의의 기본원리를 중국의 구체적 실정에 결합하는 것을 견지하여 마르크스주의 중국화의 역사적 진행 속에서 마오쩌둥(毛澤東) 사상과 중국 특색 사회주의 이론체계의 양대 이론 성과를 낳았다. 18차 당대회 이후, 시진핑을 핵심으로 한 당중앙은 일련의 새로운 이념과 사상, 그리고 전략을 제기하고 시진핑 신시대 중국 특색 사회주의사상을 형성했는 바 이는 중국 특색 사회주의 이론체계가 새롭게 풍부해 지고 발전된 것이며 마르크스주의 중국화의 새로운 비약이자 마르크스주의의 새로운 경지와 중국 특색 사회주의의 새로운 경지, 그리고 당 국정운영의 새로운 경지와 당을 관리하고 다스리는 새로운 경지를 개척한 것으로 새로운 역사적 기점에서 중국 특색 사회주의의 새 국면을 열고 전면적 샤오캉사회 건설에 승리하며 중화민족의 위대한 부흥인 중국몽 실현을 위해 장기적으로 견지해야 할 지도사상이다. 역사와 현실이 표명하듯, 당대 중국에서 중국 특색 사회주의 이론체계를 견지하는 것은 진정으로 마르크스주의를 견지하는 것으로 마르크스주의의 이데올로기 영역에 대한 지도적 지위를 견지하려면 반드시 초지일관 중국 특색 사회주의 이론체계를 견지해야 한다.

셋째, 중국 특색 사회주의의 제도 자신을 확고히 하는 것은 중국 특색 사회주의 제도가 당대 중국이 발전하고 진보하기 위한 근본적 제도적 보장임을 깊이 인식하는 것으로 이는 중국 특색 사회주의의 특징과 우세성을 집중적으로 체현하는 것이다. 제도적 자신감을 확립하려면 반드시 중국 특색 사회주의 제도를 깊이 인식해야 한다. 이중에는 인민대표대회제도라는 근본적 정치제도와 중국공산당이 영도하는 다당협력 및 정치협상제도, 그리고 민족지구자치제도와 기층대중자치제도 등으로 구성된 기본정치제도가 있고, 중국 특색 사회주의 법률체계, 공유제를 주체로 여러 소유제 경제가 공동으로 발전하는 기본경제제도는 물론, 근본정치제도와 기본정치제도, 그리고 기본경제제도를 기초로 건립되는 경제체제, 정치체제, 문화체제와 사회체제 등 각종 구체적인 제도가 포함되어 있다. 이와 같은 제도는 근본층면의 제도와 기본층면의 제도, 그리고 구체적 층면의 제도와 중국 특색 사회주의 법률체계로 조성되어 상호 연결되고 연계되는 제도 체계로 이는 과학적 사회주의 이론의 지도로 건립된 것이며 중국 사회주의 건설의 구체적 실천 과정을 통해 형성되고 발전된 것으로 중국의 국정에 완전히 부합되고 가장 광범위한 인민대중의 근본이익에 부합되며 역사발전 규율과 인류문명 발전의 요구에도 부합된다.

넷째, 중국 특색 사회주의의 문화적 자신감을 확고히 하는 것은 바로 5, 000여년의 문명발전 과정에서 배태된 중화의 우수한 전통문화를 깊이 인식하는 것으로, 당과 인민의 위대한 투쟁과정에서 배태한 혁명문화와 사회주의 선진문화는 중화민족의 가장 깊은 곳의 정신적 가치추구를 축적하고 중화민족의 독특한 정신지표를 대표하고 있어 당 전체와 전국의 각 민족 인민이 용감하게 전진하도록 격려하는 강력한 정신적 힘이 된다. 중화민족 공동의 정신기억과 중화문명 특유의 문화 유전자인 중화의 우수한 전통문화는 민족 응집력의 정신적 연결체이자 민족의 생존과 발전을 유지하는 정신적 지주이다. 혁명문화와 사회주의 선진문화는 중화민족의 신문화를 대표하는 것으로 이는 중화의 우수한 전통문화의 창조적 전환과 혁신적 발전으로 당대 중국 문화발전의 최고 성과를 대표한다. 새로운 형세 하에서 당 전체는 반드시 문화적 자신감이라는 보다 기초적이고 광범위하며 깊이 있는 자신감을 견지하여 사회주의 핵심 가치관을 적극 선양하고 애국주의를 핵심으로 하는 민족정신과 개혁혁신을 핵심으로 하는 시대정신을 선양하며 부단히 정신적 역량을 증강하여 중화민족의 위대한 부흥을 실현하는 밝은 미래를 위해 끊임없이 분투해야 한다.

(다) '2가지 수호' 실행

2016년 10월에 열린 당 18기 6중전회는 당심(黨心)·군심(軍心)·민심(民心)에 순응하여 시진핑 총서기의 당 전체의 핵심지위를 더욱 명확히 하고 '시진핑 핵심의 당중앙'을 정식으로 제출했다. 이후 중앙은 또다시 '2개의 수호', 즉 시진핑 총서기의 당중앙 핵심과 당 전체의 핵심지위를 결연히 수호하고 당중앙의 권위와 집중통일영도를 결연히 수호하여 정치입장과 정치방향, 그리고 정치원칙과 정치노선 상에서 당중앙과 고도의 일치를 유지할 것을 제출했다. 이는 당 정치건설의 우선적 임무일뿐더러 위대한 투쟁을 진행하고 위대한 공정을 건설하며 아울러 위대한 사업을 추진하고 위대한 꿈을 실현하는 내재적 요구이기도 하다.

우선, 시진핑을 핵심으로 한 당중앙의 권위와 집중통일영도를 결연히 지키는 것은 당의 역사 경험을 과학적으로 총결한 것으로 당의 역사와 신중국 발전의 역사는 모두 이 거대정당과 국가를 잘 운영하고 당의 단결 및 집중통일과 당중앙의 권위를 보증하고 수호하는 것이 지극히 중요하다는 것을 말해주고 있다. 이는 중국의 혁명과 건설, 그리고 개혁의 중요한 경험이자 성숙된 마르크스주의 집정당의 중대한 정치 원칙이다.

다음, 시진핑을 핵심으로 한 당중앙의 권위와 집중통일영도를 결연히 수호하는 것은 신시대의 '위대한 4가지'를 추진하는 근본적 보증이다. 신시대의 '위대한 4가지'를 추진하는 것 중에 결정적 역할을 하는 것은 당 건설이라는 새로운 위대한 공정이다. 당의 영도는 중국 특색 사회주의의 가장 본질적 특징이자 중국 특색 사회주의 제도의 최대 강점으로 이는 전면적 샤오캉사회 건설에 승리하고 중국 특색 사회주의의 위대한 승리를 쟁취하는 근본적 보증이다. 사방에 있는 일들은 모두 중앙에 집중되어야 한다. 당의 영도를 견지하는 것은 우선 당중앙의 집중통일영도를 견지하는 것이다.

마지막으로, 시진핑을 핵심으로 한 당중앙의 권위와 집중통일영도를 결연히 수호하는 것은 당의 정치건설을 위한 우선적 임무이다. 정치건설은 당의 근본적 건설이며 정치건설의 우선적 임무는 당 전체가 중앙에 복종하는 것을 보증하고 당중앙의 권위와 집중통일영도를 견지하는 것이다. 당의 정치건설 강화는 바로 정치 나침반 역할을 발휘하는 것으로 당 전체를 인도하고 이상과 신념을 확고히 하고 '4가지 자신감'을 굳건히 하여 당 전체의 지혜와 역량을 신시대 중국 특색 사회주의의 위대한 사업을 견지하고 발전시키는 것에 결집시키는 것이다.

마음속에 당을 담고 있는 것은 추상적이 아닌 구체적인 것이다. 당원과 간부는 어떤 지방에서 무슨 직책으로 일을 하던, 당성 입장과 정치의식을 증강하여 풍파와 시련을 이겨낼 수 있어야 한다. 광범위한 당원 및 간부는 당중앙의 권위와 집중통일영도를 결연히 수호하고 자각적으로 사상과 정치, 그리고 행동을 당중앙에 고도로 일치시켜 당과 국가의 전반적 국면에서 서서 문제를 생각하고 일을 처리하고 '4가지 의식'과 '4가지 자신감'을 용감히 실행하는 선봉이 되어 정치를 말하고 전체 국면을 고려하며 규칙을 준수하는 모범이 되어야 한다.

정치를 논하는 것은 바로 정치적 위치와 능력을 제고하는 것이다. 당 전체는 당의 정치노선을 결연히 집행하고 당장(黨章)을 엄격히 존중하며 새로운 형세 하의 당내 정치생활에 관한 약간의 준칙을 엄히 집행해야 한다. 정치적 위치를 제고하고 정치의식을 증강하며 조직책임을 강화하여 정치를 논하는 구체적 능력을 부단히 제고해야 한다.

정치를 말하는 것에는 각급 영도간부, 특히 고위급 간부에 대해 보다 높은 기준과 보다 엄격한 요구를 필요로 하는 바, 시진핑 총서기의 요구에 따라 방향 장악과 대세 장악, 그리고 전체 국면 장악능력을 적극 제고하여 정치의 시비를 판별하고 정치적 힘을 유지하며 정치 국면을 제어하고 정치 리스크를 예방하는 능력을 향상시켜 정치적 측면에서 문제를 분석하고 해결하는 것에 능숙해야 한다.

전체 국면을 돌보는 것은 자각적으로 당과 국가의 전체 국면에 서서 문제를 생각하고 일을 처리하는 것이다. 각급 당조직과 전체 당원, 특히 영도간부가 전체 국면을 돌보려면 반드시 당중앙의 권위를 결연히 지키고 당중앙의 집중통일영도에 복종하며 '4가지 의식'을 실제 직무와 행동에 적용하여 당중앙의 정책결정 배치를 틀림없이 집행해야 한다. 또한 각종 업무 과정에서는 당중앙의 정책결정 배치를 조금도 흔들림 없는 백절불굴의 자세로 관철하고 실행하고 에누리나 잔꾀, 그리고 꼼수는 용납되지 않는다.

규칙 준수는 명령은 지키고 금지 사항은 행하지 않으며 보조를 맞추는 것이다. 규칙 준수를 위해서는 우선 당장(黨章)을 따라야 하는데 이는 당의 총체적 규칙이다. 다음, 기율의 강성 구속력을 강화하여 명령 이행과 금지 행위 불가를 실행하고 에누리나 꼼수는 없어야 한다. 마지막으로, 반드시 당의 우수 전통과 업무 관례를 따라야 한다. 이들 규칙은 명문화된 규정은 없으나 일종의 전통이자 범례이며 요청이기도 하여 당 전체는 이를 장기적으로 견지하고 자각적으로 따라야 한다.

총괄적으로, 광범위한 당원 및 간부는 시진핑을 핵심으로 하는 당중앙 주위에 긴밀히 단결하고 자각적으로 당중앙의 권위와 집중통일영도를 수호하며 '4가지 의식'의 사상 및 행동 자각을 부단히 증강하여 당이 중국 특색 사회주의를 견지하고 발전시키는 역사적 진전 과정에서 시종일관 굳건한 영도핵심이 되는 것을 확실히 보증해야 한다.

제2장

정치건설은 당의 근본적 건설

시진핑 총서기는 19차 당대회 보고에서, "당의 정치건설은 당의 근본적 건설로 당의 건설방향 및 효과를 결정한다."[1]고 하면서, 신시대 당 건설은 "당 정치건설의 통령을 따르고", "당의 정치건설을 수위에 둘 것"[2]을 강조했다. 이 같은 중요 논술은 당의 자체 건설 기율에 대한 심도있는 파악을 제시했고 당과 국가사업 발전의 집정당 건설에 대한 시대적 요구를 선명하게 반영하여 마르크스주의 정당의 건설이론을 더욱 풍부하게 발전시켰다.

1. 정치건설을 당 건설의 수위 두는 것은 전면적 종엄치당의 성공경험에 대한 심층적 총결

정치건설 중시는 18차 당대회 이후 추진한 전면적 종엄치당의 성공

1 시진핑: 『샤오캉사회를 전면적으로 실현하는데서 결정적인 승리를 이룩하고 신시대 중국특색 사회주의의 위대한 승리를 이룩하자—중국공산당 제19차 전국대표대회에서 한 보고(決勝全面建成小康社會 奪取新時代中國特色社會主義偉大勝利—在中國共産黨第十九次全國代表大會上的報告)』, 인민출판사, 2017, 62면.

2 같은 책.

경험이다. 18차 당대회이후 시진핑 총서기는 당의 정치적 신앙, 기율, 입장, 담당, 책임 등 정치건설을 고도로 중시했다. 시진핑은, 중국공산당은 마르크스주의 정당으로 정치를 논하는 것은 뚜렷한 특징이자 우세라는 점을 제시했다. 강력한 정치 보증이 없다면 당의 단결과 통일은 빈 구호에 지나지 않는다. 역사적 경험이 표명하듯, 중국공산당은 마르크스주의 정당으로서 반드시 정치적 태도를 분명하게 정치를 논해야 한다. 또한 시진핑 총서기는 정치문제는 항상 근본적인 큰 사안임을 제시했다.

전면적 종엄치당은 반드시 정치상의 요구를 중시해야 한다. 시진핑 총서기는, 당 내부에 존재하는 많은 문제의 원인은 모두 당의 정치건설을 긴밀하고 내실 있게 잘 틀어잡지 못했기 때문이라고 지적했다. 시진핑은 당내 정치 생태계에 존재하는 각종 건전하지 못한 문제를 심도있게 비판했다. 예로, 상당수의 일부 당조직이 간부 감독과 관련하여 그 방어선을 반부패에만 두고 다른 문제는 소홀히 하는 경향. 상품교환 원칙이 당내에 침투되는 현상, 당내 어떤 이가 공산당도 자신의 특수이익을 갖는 것이라고 여기는 언설, 적지 않은 지도간부들이 오직 경제발전만을 정치업적으로 삼고 당 건설과 정치직책을 경시하여 당 영도가 약화되고 당 건설은 결여되여 종엄치당이 힘을 발휘하지 못하는 현상이 나타나는 것 등이 있다. 시진핑 총서기는 당 전체에게, 간부의 정치적 문제가 당에 미치는 피해는 부패에 못지 않고 심지어 부패보다 더욱 심각하다고 경고했다. 정치문제에서는 누구도 붉은 경계선을 넘을 수 없고 넘어서면 반드시 정치적 책임을 추궁해야 한다. 부패와 정치문제는 종종 함께 나타나므로 패거리 정치와 민심회유 등 정치기율을 위반하는 문제도 권력과 금전거래 등의 부패행위를 통해 실현된다. 바로 당내 정치생태계의 이와 같은 불건전한 문제를 놓고 시진핑을 핵심으로 하는 당중앙은 고도의 책임감과 사명감으로 당의 정치건설을 수위에 두고 당의 정치건설에 관한 수 많은 새로운 개념, 논단, 사상, 조치, 요구를 제출하고 당 전체에 정치의식과 전체국면 의식, 그리고 핵심의식과 일치의식을 명확하게 강조하며 당의 기율과 규칙을 엄중히 하고 당내 정치생활을 엄격히 하고 규범화하여 간부 선임에서 확고한 이상과 신념의 견지라는 정치기준을 수위에 놓았다.

최근 들어 당중앙은 끈기를 갖고 전면적 종엄치당을 추진하여 당의 영도를 강화하고 당내 정치생활을 엄숙히 관리하며 당내 감독과 당내 교육을 강화하고 기풍정돈과 반부패투쟁 등의 방면에 대한 일련의 중대 조치를 채택했다. 바로 정치차원에서 착안한 이런 당 건설 조치는 공전의 힘을 발휘하여 뚜렷한 성과를 거두었는데 특히 저우융캉(周永康), 보시라이(薄熙來), 궈보슝(郭伯雄), 쉬차이허우(徐才厚), 쑨정차이(孫政才), 링지화(令計劃) 등 야심가, 음모자를 기율과 법에 따라 조사 처리하여 중대한 정치적 우환을 제거하고 당을 구해 당의 집중통일영도를 공고히 하고 당의 면모와 인민대중에게 주는 당의 이미지에 역사적 변화를 가져왔다. 시진핑 총서기의 영도 하에 전면적 종엄치당의 확고한 추진과 정치에 착안한 당 건설을 통해 당중앙의 중앙집정영도의 권위를 수립하고, 당의 영도 약화와 당 건설의 결실, 그리고 종엄치당의 미흡했던 상황을 근본적으로 전환하여 당풍·정풍의 근본적 호전을 실현하며 당과 국가의 전진 방향을 바로 잡았다. 실천이 증명하듯, 당의 정치건설을 틀어쥐면 당 건설의 혼과 뿌리를 틀어쥐는 것이다. 이는 19차 당대회 보고가 18차 당대회 이후 전면적 종엄치당의 성공적 경험에 대한 총결이자 당의 공산당의 집정 규율에 대한 발전 및 심화이며 19차 당대회 보고가 당의 정치건설을 수위에 둘 것을 강조하는 근거이다.

2. 당의 정치건설은 당의 근본적 건설로 당 건설의 방향과 효과를 결정

시진핑 총서기는 19차 당대회 보고 중에서, "당의 정치건설은 당의 근본적 건설로 당의 건설방향과 효과를 결정한다."[3]고 명확히 지적했다. 이는 중국공산당이 당의 정치건설을 수위에 배치하는 근본원인이다. 현대 정당은 모두 정치투쟁의 산물로 일정 계급의 정치통치 실현을 위해 명확한 정치강령과 정치목표를 갖고 있는 정치조직이다. 정치의 핵심문제는 정권문제, 즉 정권을 쟁취하고 공고히 하는 것이다. 그러므로 정당이라는 정치조직은 경제조직 및 사회조직과 본질적으로 구분되어 강렬한 계급성과 정치성을 구비하고 있다. 정치속성은 정당의 첫번째 속성이다. 진정으로 성숙한 정당은 모두 자신의 정치강령, 정치노선, 정치방향, 정치신앙, 정치목표, 정치기율을 갖고 있다. 당의 정치강령과 정치노선이 확정된 후 중요한 것은 정치신앙과 정치기율 건설을 강화하는 것이다. 정치신앙은 사람들의 어떤 사회정치체계와 그 이론학설에 대한 가치적 공감으로 사람들이 정치활동을 진행하는 중요한 정신적 버팀목이다. 정치기율은 정당의 각급 조직과 전체 당원이 정치방향과 정치입장, 그리고 정치언론과 정치

---

3 시진핑: 『샤오캉사회를 전면적으로 실현하는데서 결정적인 승리를 이룩하고 신시대 중국특색 사회주의의 위대한 승리를 이룩하자—중국공산당 제19차 전국대표대회에서 한 보고』, 인민출판사, 2017, 62면.

행위 방면에서 반드시 준수해야 하는 규칙으로 당의 단결 및 통일을 지키는 근본적 보증이자 정당의 전투력을 구축하는 관건이다. 근본적으로 말하자면, 당의 정치건설은 당의 성격과 입장을 결정하고 당의 구심력, 응집력, 전투력 형성을 결정하고 당 건설의 방향과 효과를 결정하여 당의 전도와 운명에 관계된다. 당의 정치건설을 강화하지 않으면 당 건설은 쉽게 방향을 잃게 되고 심지어 기로에 들어설 수도 있다.

작금의 중국에서 당·정·군·민·학(党政军民学)과 동서남북을 망라한 가운데 당은 영도의 모든 것으로 최고의 정치적 영도 역량이다. 신시대에 접어들어 당은 중화민족의 위대한 부흥이라는 역사적 사명을 둘러싸고 위대한 투쟁을 진행하고 위대한 공정을 건설하며 위대한 사업을 추진하고 있다. 이는 당이 인민을 인도하여 진행하는 새로운 역사창조의 분투과정이자 전방위적 정치시련을 이겨내고 정치방향을 확실하게 장악하는 과정으로 정치책임이 더욱 돌출되며 커지고 있다. 위대한 투쟁의 진행은 필연코 중대한 도전에 대응하고 위험을 방어하며 저항을 극복하고 모순을 해결해야 한다. 가장 중요한 것은 사회사상의 정치적 통일을 유지하고 만인이 합심하여 뜻을 이루는 강력한 힘을 형성해야 한다. 위대한 공정을 건설하고, 당이 전체 국면을 총괄하여 각 방면의 역할을 조율하기 위한 가장 중요한 것은 당의 정치적 선진성과 순결성을 유지하는 것이다. 위대한 사업을 추진함에 있어서는 폐쇄되고 경직된 길을 걷지 않고 신념이 바뀌는 사도의 길을 가지 않고 가장 중요한 것은 정확한 길로 나아가는 정력(定力)을 견지하며 중국 특색 사회주의의 반드시 거쳐야 하는 길을 걸어가는 것이다. 당의 집정은 정치를 맡아서 관리하는 것이고 당의 국정운영에서 관리하는 것 또한 정치다. 당이 직면하는 각종 시련과 위험이 비록 여러 영역과 방면에서 발생하고 그 표현 형식 및 정도 또한 서로 다르지만 결국 모두 정치와 관련되어 정치적 고도에서 관찰하고 처리해야만 한다. 그러므로 정치건설을 통해 당 건설을 통령하는 것을 견지하고 정치적으로 당을 굳건하고 강하게 건설해야만 당의 전면적 영도를 진정으로 견지하고 강화하여 당의 집정 사명을 보다 더 훌륭히 수행할 수 있다.

장기적인 평화 발전 환경과 개혁개방 이후 다원화 및 다변화된 사회사상의 영향, 그리고 일정 시기 동안의 당 관리에 대한 느슨함으로 인해 당내에서 정치 언급이 식어 버리는 탈정치화 경향이 아직 근본적 해결을 보지 못하고 있다. 이는 모두 정치적 동요 및 약화를 나타내는 것으로 이미 당과 당의 사업 발전에 치명적 위협이 되고 당내 각종 문제의 주요 근원이 되었다. 마르크스주의 정당의 본색을 유지하고 당의 창조력과 응집력, 그리고 전투력을 증강하려면 반드시 정치건설을 기초 공정으로 간주하여 근본과 기초를 다지는 부분에 진력하여 당이 정치적으로 강해지도록 노력해야 한다.

19차 당대회는 당 건설에 대한 총체적 요구를 다시금 확립했는 바 당의 정치건설, 사상건설, 조직건설, 기풍건설, 기율건설을 전면적으로 추진하고 제도건설을 그 과정에 관통시키며 반부패 투쟁을 심도있게 추진해 나갈 것을 강조했다. 이중에서도 당의 정치건설은 가장 중요한 것으로 통령이자 핵심이 된다. 당의 기타 건설의 최종 착안점 및 입각점은 반드시 정치건설이어야 한다. 정치건설이라는 '영혼'과 '뿌리'가 없다면 다른 건설은 모두 무용지물이 되고 만다. 정치건설을 잘 틀어쥐고 정치방향과 정치입장, 그리고 정치의 전체국면을 잘 장악하면 당의 정치능력이 제고되어 당 건설은 영혼을 주조하고 뿌리를 내릴 수 있다. 정치건설을 잘 추진해 나간다면 당의 다른 건설에도 핵심을 파악하여 그 밖의 것들은 저절로 해결되는 효과를 볼 수 있다. 그러므로 당의 정치건설은 가장 근본적인 건설인 것이다.

3. 정치건설로 당 건설의 임무와 요구를 통령

정치건설로 당 건설을 통령(統領)하는 관건은 '통령'이라는 두 글자에 있다. 통령은 총수 및 인솔의 뜻이고 최핵심이라는 뜻이다. 신시대의 새로운 길은 당의 정치건설에 새로운 요구와 임무를 부여했다. 이는 당의 정치건설로 당 건설의 기타 분야를 통령하고 당 전체가 중앙에 복종하며 당 중앙의 권위와 집중통일영도 견지를 보증하고 당의 정치 영도력과 사상의 리더십(thought leadership), 그리고 대중 조직력과 사회 호소력 증강에 진력하여 정치의 전면적 강화로 전면적 종엄치당의 종심(縱深) 발전을 추진하고 깨끗하고 올바른 당내 정치생활과 정치생태를 조성하며 당 관리를 새로운 경지로 추동해 나가는 것이다. 19차 당대회 정신을 관철하는 것은 정치건설을 당의 근본적 건설로 삼고 정치적 요구를 당의 제반 건설 속에 관통시키는 것이다.

(가) 당 전체의 중앙 복종 보증과 당중앙 권위와 집중통일 견지는 당 정치건설의 최우선 임무

시진핑 총서기는 19차 당대회 보고 중에서 "당 전체가 중앙에 복종하는 것을 보증하고 당중앙의 권위와 집중통일영도를 견지하는 것은 당

정치건설의 최우선 임무다."[4]라고 지적했다. 중국공산당은 중국 최고의 정치적 영도 역량으로, 당의 영도를 강화하려면 우선 당의 정치영도를 강화하고 당중앙의 권위와 집중통일영도를 흔들림없이 유지해 나가야 한다. 중국의 헌법은 근본법 형식으로 당이 인민을 이끌고 혁명과 건설, 그리고 개혁을 추진하여 취득한 성과를 반영하고 있으며 역사와 인민의 선택 과정에서 형성된 중국공산당의 영도적 지위를 확립했다. 이는 당당하고 대대적으로 알려야 한다. 시진핑 총서기는, 중국공산당은 집정당으로 당의 영도는 당과 국가의 각종 업무를 잘하기 위한 근본적 보증이자 중국 정치의 안정과 경제발전, 그리고 민족단결과 사회안정의 근본이다는 것을 재삼 강조했다. 옛 선인들이 말한 '천하의 풍속이 같고 구주를 관통하는(六合同風, 九州共貫)' 대일통(大一統)의 국면은 당대 중국에서 당의 영도가 없다면 불가능하다. 당·정·군·민·학(黨政軍民學)과 동서남북 가운데 당은 영도의 모든 것으로 최고의 정치적 영도 역량이다. 이에 중국은 깨어있는 머리와 밝은 눈, 그리고 확고한 입장을 견지하는 가운데 모호함과 동요는 절대 가져서는 안 된다.

당이 전체 국면을 총괄하고 각 방면에서 영도의 핵심 역할을 조율하는 데 있어 당중앙의 권위를 지키는 것은 참으로 중요하다. 당중앙이 권위가 있어야만 당 전체를 확고히 뭉치게 할 수 있고 전국의 각 민족을 긴밀하게 단결시킬 수 있으며 일심단결하여 방대한 역량을 축적할 수 있다. 이 점이 없으면 정치목표와 정치사명을 일절 운운할 수 없다. 18차 당대회 이

4 시진핑: 『샤오캉사회를 전면적으로 실현하는데서 결정적인 승리를 이룩하고 신시대 중국특색 사회주의의 위대한 승리를 이룩하자—중국공산당 제19차 전국대표대회에서 한 보고』, 인민출판사, 2017, 62면

후, 당과 국가의 각종 사업의 기상은 갱신되어 당의 국정운영의 새로운 경지를 열었는데 이는 결국 시진핑 총서기를 핵심으로 한 당중앙의 정치적인 굳건한 영도에 따른 것이다. 19차 당대회는 시진핑 총서기의 핵심지위를 당장(黨章)에 삽입하고 시진핑 신시대 중국 특색 사회주의 사상을 당이 반드시 장기적으로 견제해야 할 지도사상으로 확립하여 당 전체와 전국 인민의 공동의지와 근본 이익을 반영했다. 정치건설로 당 건설을 통령하려면 시진핑 총서기의 당중앙 핵심과 당 전체의 핵심지위를 수호하고 당중앙의 권위와 집중통일영도가 최우선의 정치 요구임을 옹호하며 정치의식, 전체국면의식, 핵심의식, 일치의식을 증강하고 정치입장과 정치방향, 그리고 정치원칙과 정치노선에서 시진핑을 핵심으로 하는 당중앙과 고도로 일치하는 것에 대한 견지가 사상의 자각과 당성(黨性) 관념, 그리고 기율 요구와 실제행동으로 이어질 수 있도록 해야 한다.

'4가지 의식'의 증강은 가장 중요한 임무를 실현하는 기초 업무이다. '4가지 의식'의 증강은 새로운 역사의 시작점에서 중국 특색 사회주의를 견지하고 발전시키는 필연적 요구이자, 돌출된 문제를 해결하고 당의 선진성과 순결성을 확보하는 필연적 선택이며, 전면적 종엄치당과 당내 정치생활을 엄히 다루는 중대 조치로 이는 '4가지 의식' 증강의 현실적 근거가 된다. 13기 전국인민대표대회 1차 회의의 연설에서 시진핑 총서기는, "전국의 각 당파, 각 집단, 각 민족, 각 계층, 각계 인사들은 당중앙 주위에서 긴밀히 단결하여 '4가지 의식'을 증강하고 '4가지 자신감'을 굳건히 하며 모든 사람이 한마음 한뜻으로 앞으로 나아가야 한다."[5]라고 명확히 지

---

5 시진핑: 「제13기 전국인민대표대회 제1차회의에서 한 연설(在十三屆全國人民代表大會弟一次

적했다. 정치의식의 증강은 바로 당원 전체가 반드시 정확한 정치방향을 견지하고 시종일관 당중앙과 정치적으로 고도의 일치를 유지하는 것으로 이는 당원 간부에 대한 첫 번째 요구이다. 전체국면의식의 증강은 당원 전체가 반드시 정확한 전체국면에 대한 관념을 확립하고 당무의 전체국면과 중점 업무를 파악하며 당과 국가의 전체국면에 서서 사고하고 문제를 처리하며 전체국면을 자각적으로 인식하고 복종하고 지키는 가운데 중앙의 정책결정과 배치를 조금도 흔들림없이 관철하는 것이다. 핵심의식의 증강은 당원 전체가 당의 국가사업 발전에 대한 영도의 핵심지위를 흔들림없이 지키고 발전시키며 공고히 하는 것으로 시진핑 총서기의 당 전체에 대한 숭고한 위신을 결연히 수호하는 것이다. 일치의식의 증강은 당원 전체가 자발적 주도적으로 자신에게 고수준의 엄격함을 요구하는 것으로 당중앙과 당의 영수, 그리고 당의 정책결정과 일치하게 보조를 맞추고 기준을 확립하여 이탈하지 않는 것이다. 당 전체는 반드시 시진핑 신시대 중국 특색 사회주의사상을 기준으로, 자신의 사상과 행동, 그리고 업무성과를 살펴보며 사상과 정치, 그리고 행동에서 시진핑을 핵심으로 하는 당중앙과 고도로 일치하는 것을 유지해야 한다.

(나) 정확한 정치방향 견지는 모든 업무의 근본적 준거

방향은 근본 및 전체국면과 관계되며 먼 미래를 결정한다. 정치방향은 정당의 명운을 결정하고 정치방향이 잘못되면 재난적 전복으로 이어질 수 있는 실수를 범할 수 있다. 정치건설로 당 건설을 통령하는 관건은 명

會議上的講話)」, 『인민일보』, 2018년 3월 21일, 제2면.

확한 정치방향의 견지를 정확한 저울의 눈금과 배가 풍랑에 흔들리지 않게 잡아주는 돌덩이처럼 간주하여 당 건설의 여러 분야와 전체 과정에 관철시키는 것이다. 개혁개방 40여 년의 성공적 실천은 전면적 심화 개혁에 중요한 경험을 제공하였는데 우선적으로 중국 특색 사회주의의 길을 흔들림없이 나아가고 시종일관 정확한 개혁 방향을 확보했다는 것이다. 방향을 선택하려면 전략적 판단이 필요하고 방향을 견지하려면 전략적 정력(定力), 특히 정치적 정력에 의지해야 한다. 18차 당대회 이후 시진핑 총서기는 개혁의 정확한 방향 견지하는 것에 대해 많은 중요한 논술을 제출했고 정치적 정력으로 근본적 방향을 보증하는 치밀한 관점을 논술하여 전면적 심층 개혁이 성공을 거두는 기본 준거를 내놓았다.

정확한 정치방향은 원칙적이고 구체적이다. 마르크스주의의 지도적 지위를 견지하고 사회주의와 공산주의의 이상을 견지하며 당이 모든 업무에 대한 영도를 견지하며 당의 기본이론과 기본노선, 그리고 기본방략을 견지하고 전심전력으로 인민을 위해 봉사한다는 취지를 견지하는 것이 가장 중요하다. 이와 같은 근본적 정치원칙을 모든 업무를 기획하는 좌표로 삼아 당의 영도와 사회주의 제도를 약화시키고 왜곡하고 부정하는 현상을 결연히 반대하고 인민이 중심이 되는 것과 괴리되는 일체의 현상을 반대한다. 당 건설의 성과를 가늠함에 있어 가장 중요한 것은 이 같은 근본적 정치원칙을 흔들림없이 견지하여 어떤 잘못된 관점에도 좌우되지 않고 어떠한 간섭에도 현혹되지 않는지 여부를 살펴보며 당 건설이 시종일관 정확한 궤도를 따라 전진하는 것을 확보하는 것이다. 시진핑 총서기는, 중국공산당의 방향은 바로 중국 특색 사회주의의 길로, “개혁개방 이후 당은 인민을 단결시키고 이끌어 사회주의 민주정치를 발전시키는 분야에서 큰 진전을 이루었고 중국 특색 사회주의 정치발전의 길을 성공적으로 개척하고 견지하여 광범위한 인민민주를 실현하기 위한 정확한 방향을 확립했다. 이 같은 정치발전을 위한 길의 핵심사상과, 주체내용, 그리고 기본요구는 모두 헌법에서 확인되고 체현된 것으로 그 정신의 실질은 긴밀히 연결되고 상호 관통되어 촉진한다."[6]라고 강조했다. 이는 당의 영도를 견지하고 당의 기본노선을 관철하는 가운데 폐쇄되고 경직된 옛 길과 신념이 바뀌는 사도로 가지 않고 중국 특색 사회주의 제도가 스스로 개선하고 발전하는 것을 추진하며 가장 광범위한 인민의 근본이익을 실현하고 지키고 발전시키는 개혁의 정확한 방향을 견지하는 것이다. 중국의 개혁사업은 복잡한 국내외 환경 속에서 진행된 것으로 굳건한 정치 정력이 없으면 동요되거나 방향을 잃어 버리고 심지어 잘못된 길에 빠질 수도 있다.

(다) 엄한 정치기율과 정치규칙은 정치건설의 기본 보장

19차 당대회 보고는 신시대 당 건설에 대한 총체적 요구를 논술할 시, 처음으로 기율건설과 정치건설, 사상건설, 조직건설, 기풍건설을 당 건설에 포함시켰다. 19차 당대회, 시진핑을 핵심으로 한 당중앙은 당의 기율건설을 더욱 돌출되고 중요한 위치에 배치했다. 기율건설과 관련하여, "기풍 시정과 기강 확립의 지속", "정치기율과 조직기율의 중점 강화와 청렴기율, 대중기율, 업무기율, 생활기율의 엄격한 선도", "기율교육과 기율집행 강화와 당원 및 간부가 경외심과 경계하고 두려움으로 마지노선을 지

6 시진핑: 『수도 각계의 현행헌법 발표 시행 30주년 기념 대회에서 한 연설(在首都各界紀念現行憲法公布施行30周年大會上的講話)』, 인민출판사, 2012, 제6면.

키고 감독 및 제약이 있는 환경속에서 일하고 생활하는 것에 대한 습관화”[7]등 일련의 관점을 제출했다. 엄한 기율은 당 전체가 통일된 의지와 행동, 그리고 일치된 보조로 전진하는 중요한 보장이자 당내 정치생활의 중요한 내용이다.

18차 당대회 이후 시진핑을 핵심으로 한 당중앙은 당의 기율건설을 전면적 종엄치당의 근본적 방책으로 삼아 보다 돌출된 위치에 두며 당 건설의 상시 업무 내용이 되게끔 하였고 전면적 종엄치당의 중대한 전략적 배치를 추진하는 주요 버팀목으로 만들어 새로운 도약식 발전을 실현했다. 18차 당대회 이후의 실천으로 당중앙은 기율건설을 중요 내용으로 삼아 당 건설의 새로운 위대한 공정에 전면 융합시키고 아울러 새로운 과학적 내포를 부여했다. 예로, 규범에 따라 당을 관리하고 기율을 앞세우며 작은 것부터 일찍 틀어쥐는 것 등의 이념이 있다. 당의 기율은 과학적으로 ‘6항 기율’(정치기율, 조직기율, 청렴기율, 대중기율, 업무기율, 생활기율)로 요약할 수 있다. 법규제도 건설을 강화하고 일련의 당내 법규를 출시하였으며 당의 기율건설 내용을 당내 법규의 형식으로 고정시켰다. 이는 당의 당 기율에 대한 고도의 중시를 체현한 것으로 당의 정치기율을 엄숙히 하고 당의 단결과 통일을 수호하는 결연한 결심을 선명하게 보여주고 있다.

시진핑 총서기는, “당을 관리하고 종엄치당 하려면 무엇에 의존해서 관리하고 무엇에 힘입어 다스려야 할 것인가? 이는 바로 엄한 기율이다.”[8]

---

7 시진핑: 『샤오캉사회를 전면적으로 실현하는데서 결정적인 승리를 이룩하고 신시대 중국특색 사회주의의 위대한 승리를 이룩하자—중국공산당 제19차 전국대표대회에서 한 보고』, 인민출판사, 2 017, 66면.

8 시진핑: 「당의 조직기율을 엄명히 하고 조직 기율성을 강화(嚴明黨的組織紀律, 增强組織紀律

라고 지적했다. 8,900여 만 명 당원의 응집력과 전투력은 근본적으로 말하자면 강한 기율에서 나오는 것이다. 공산당은 국토가 광활하고 인구가 많은 개도국에서 집정하고 있는 바, 강철같은 기율이 없으면 당의 단결과 통일이 없는 것으로 당의 응집력과 전투력은 크게 약화될 것이며 당의 영도와 집정능력 또한 크게 감퇴할 것이다. 만약 당 기율 건설의 기초가 튼튼히 다져지지 못하면 영도의 핵심적 역할은 발휘되기 어렵다. 당이 직면한 엄준한 도전과 당내에서 시급히 해결해야 할 문제, 특히 일부 당원 간부들 속에서 발생하는 '4풍' 문제와 관련하여 19차 당대회는 기율건설을 강화하고 당 건설을 돌출된 위치에 놓을 것을 재삼 강조했다. 당중앙이 기율건설 상에서 취한 일련의 조치는 당풍을 일신하고 인민의 진심어린 지지와 국제사회의 보편적 칭찬을 이끌어 냈으며 아울러 당의 조직은 더욱 건전해지고 당의 응집력은 더욱 증강되었으며 당의 이미지는 극히 제고되었다.

(라) 깨끗하고 올바른 정치생태 조성은 당 건설의 중요한 목표

정치생태는 당풍(黨風)과 정풍(政風), 그리고 사회기풍의 종합적 체현으로 당원 및 간부의 당성과 자각, 그리고 기풍의 종합적 체현이다. 정치생태는 당의 집정능력, 국가건설능력, 사회발전능력을 결정하는 소프트 파워로 국가관리체계와 관리능력의 현대화 기반 내용을 구성하는 연성지표이다. 그러므로 양호한 정치생태를 조성하는 것은 당의 '2개의 100년'(중국공산당 창당 100주년, 중화인민공화국 건국 100주년) 분투 목표 달성과 중화민족의

性)」, 『18대 이후 중요문헌 선집(十八大以來重要文獻選編)』(상), 중앙문헌출판사, 2014, 764면.

위대한 부흥인 중국몽을 실현하는 중요한 보장이자 기초 조건이다. 당의 분투 역정은, 엄숙하고 진지한 당내 정치생활과 건강하고 깨끗한 당내 정치생태는 당의 우수한 당풍이 생성되는 토양이자 당의 왕성한 생기를 위한 동력의 원천이며 당의 선진성과 순결성을 유지하고 당의 창조력과 응집력, 그리고 전투력을 제고하는 중요한 조건이자 당이 인민과 단결하고 전국의 각 민족 인민을 단결시키고 이끌어 역사적 사명을 완성하는 유력한 보장이고 당이 다른 비 마르크스주의 정당과 구별되는 선명한 지표임을 충분히 표명하고 있다. 당내 정치생활을 잘 잡으면 전면적 종엄치당에 중요한 기초가 생기는 것이다.

18차 당대회 이후 시진핑 총서기는, 건강한 정치생태 조성의 당과 국가 사업발전에 대한 지대한 중요성을 수 차례 강조해왔다. 당중앙은 당내 정치생활의 엄숙함과 당내 정치생태의 정화를 더욱 두드러진 위치에 놓고 8항 규정(18기 중앙정치국이 업무기풍을 개선하고 인민대중과 밀접한 관계를 구축하기 위해 제정한 조사연구, 회의, 문건 브리핑, 출국방문, 경비, 뉴스보도, 원고발표, 근검절약 등 8가지 분야에서 기풍건설 강화에 대한 규정)을 제정 및 시행하여 당의 대중노선 교육 실천 활동을 전개하고 당풍염정건설과 반부패 투쟁을 심층적으로 추진하며 형식주의와 관료주의, 그리고 향락주의와 사치풍조를 정비하고 당원과 간부의 기율과 법률 위반문제를 엄히 처리하며 흔들림없이 부패를 징벌하고 당내 법규제도를 개선하며 제도의 울타리를 부단히 조였다. 수년 동안의 지속적 노력을 통해 당내 정치생활에는 많은 새로운 기상이 나타났다. 성과를 인정함과 동시에 당내 정치생활과 정치생태 중에 노정된 문제가 결코 하루 아침 사이에 해결되는 것이 아니라는 사실도 분명히 인식하게 되어 중도에 관두지 않고 끝까지 간다는 자세로 당 건설의 기초공정을 단단하고 확실히 틀어쥐고 수행해 나가야 한다.

양호한 당내 정치생태의 핵심에는 확고한 이상과 신념이 있다. 공산주의의 원대한 이상과 중국 특색 사회주의의 공통된 이상은 당의 단결과 통일을 유지하는 사상적 기초이다. 공산당원은 반드시 마르크스주의 신앙과 사회주의 및 공산주의에 대한 신념을 필생의 추구로 삼아 부단히 사상의 깨달음과 이론 수준을 제고하고 부단히 정치적 민감성과 감별력을 강화해 나가야 한다. 공산당원의 가치관을 널리 알리는 것은 적극적이고 건강한 당내 정치문화를 발전시키는 핵심 내용이다. 가치관은 세계관과 인생관과 더불어 인간 사상의 '주개폐기'로 사상의 각성과 사상 경지의 높낮이를 결정한다. 장기적 실천 중에서 당은 충성과 성실, 공정과 올바름, 실사구시, 청렴정직 등을 주요 내용으로 하는 공산당원의 가치관을 형성했는데 이는 당원 및 간부가 반드시 준수해야 할 행위규범이다. 각급 당조직은 공산당원의 가치관 교육을 수시로 강화함과 동시에 반면교사를 활용하여 광범위한 당원 및 간부로 하여금 시비와 진위를 바르게 분별하고 사악한 기운을 몰아내며 사상을 관리하고 근본을 다지도록 해야 한다. 당원 및 간부는 반드시 이상과 신념의 취지와 공산당원의 가치관을 입신(立身)의 근본으로 삼아 각종 저속한 문화의 침식을 자각적으로 방지해야 한다. 분명한 정치적 태도로 개인주의, 분산주의, 자유주의, 자기본위주의, 호인주의, 종파주의, 서클문화, 동업문화, 인맥학, 후흑학(厚黑學), 관료술수, 잠재규칙 등을 배척하고 정정당당한 인격과 근면성실한 업무자세를 갖춘 깨끗한 관리가 되어야 한다.

정치건설로 당 건설을 통령하려면 반드시 엄숙한 당내 정치 생활을 기초적 업무로 삼아야 한다. 시진핑 총서기는, "어떤 당내 정치생활에 따라 그에 맞는 당원 및 간부의 기풍이 있기 마련이다. 영도집체의 강한 전투력 존재 여부는 엄하고 진지한 당내 정치생활 존재 여부와 긴밀히 연관된다."[9] "당에 대한 관리는 반드시 당내 정치생활 관리부터 시작되고 종엄치당은 반드시 당내 정치생활을 엄히 하는 것부터 시작되어야 한다."[10]고 지적했다. 엄한 당내 정치생활은 당 정치건설의 중요 임무이자 당의 정치건설을 강화하는 기본경로이다. 당의 18기 6중전회는 당이 당내 정치생활을 전개하는 역사적 경험을 총결하고 존재하는 부각된 문제점을 분석했으며 이에 새로운 준칙을 제정하여 새로운 형세 속에서 당내 정치생활을 강화하고 규범화하는 근본적 준거를 제공했다. 각급 영도기관과 영도간부, 특히 고위급 간부는 반드시 솔선수범하여 당장(黨章)과 당규를 준수하여 당의 정치기율과 정치규칙을 엄히 지키고 몸소 모범을 보이며 당 전체와 사회를 위한 시범 역할을 해야 한다. 당위원회의 주체적 책임과 기율위원회의 감독 책임을 성실하게 실행하여 준칙의 관철과 집행상황에 대한 독촉과 점검을 강화하고 압력과 책임을 층층이 전달하며 준칙 위반 행위를 엄히 조사 처리하고 준칙의 엄숙성을 결연히 수호하여 준칙이 '허수아비'가 되지 않도록 해야 한다.

적극적이고 건강한 당내 정치문화를 발전시키는 것은 당 정치건설을 위한 중대 임무이다. 시진핑 총서기는, "우리의 당내 정치문화는 마르크스

---

9 시진핑: 「당의 대중노선교육실천활동총화대회에서 한 연설(在黨的群衆路線教育實踐活動總結大會上的講話)」, 『18대 이후 중요문헌선집(十八大以來重要文獻選編)』(중), 중앙문헌출판사, 2016, 95~96면.

10 『새로운 형세 하에 당내 정치생활에 관한 약간의 준칙 중국공산당 당내 감독조례(關於新形勢下黨內政治生活的若干準則中國共産黨黨內監督條例)』, 인민출판사, 2016, 1면.

주의를 지도로, 중화의 우수한 전통문화를 기초로, 혁명문화를 원천으로, 사회주의 선진문화를 주체로 한 중국공산당 당성이 충분히 체현된 문화이다."[11]라고 지적했다. 당내 정치문화건설 강화는 보다 중요하고 핵심적인 내용으로부터 시작하여 엄하고 진지한 당내 정치생활을 전개하는 것으로 전면적 종엄치당을 추진하여 당 건설의 과학화 수준에 대한 심층적 제고와 마르크스주의 당 건설 이론 혁신에 중요한 의의가 있다. 당내 정치문화를 당 정치건설의 가치 지향과 내재적 정신으로 삼아 당원 전체가 공산당원의 정치적 본색을 영원히 간직할 수 있도록 이끌어야 한다. 적극적이고 건강한 당내 정치문화를 발전시켜 충성스럽고 성실하며 공정하고 강직하고 실사구시와 청렴정직한 것 등의 가치관을 적극 창도하고 분명한 정치적 태도로 인맥학, 후흑학, 관료집단의 처세술, 잠재규칙 등의 저속하고도 진부한 정치문화를 반대하며 상품교환원칙의 당내 정치생활에 대한 침식과 오염을 결연히 배척하고 양호한 정치생태로 당의 정치건설 강화에 조력해야 한다. 중화의 우수전통문화 속에서 신심을 수양하는 지혜를 흡수하고 당과 인민에 대한 충심으로 과감히 책임지고 반성하며 비판과 자기비판을 전개하고 엄하고 진지한 당내 정치생활을 견실있게 수행하며 바른 길 견지와 정기(正氣)의 선양을 실행하고 신념과 인격, 그리고 착실한 업무수행 태도를 견지해야 한다. 떳떳하고 정정당당하며 상하를 대상으로 진실과 사실을 얘기해야 한다. 원칙을 견지하고 규정을 준수하며 당 기율과 국법에 따라 사무를 처리해야 한다. 기강을 엄히 하고 악을 미워하며 일체의 부정적 기풍에 용감히 맞서야 한다. 간고분투하고 청렴정직하며 권력

---

11 『당의 19대 보고 보도 독본(黨的十九大報告報道讀本)』, 인민출판사, 2017, 431면.

은 정확히 행사하여 각종 유혹을 견뎌낼 수 있어야 한다.

민주집중제는 당의 근본적 조직원칙으로 당내 정치생활을 정상적으로 전개하는 중요한 제도적 보장이다. 민주집중제의 각 항목 제도를 개선하고 실천하는 가운데 특히 집단영도제도를 견지하고 과학적 및 민주적으로 법에 의한 정책결정을 견지하며 중대한 정책결정과 중요 간부의 임명과 해임, 그리고 중대 프로젝트 배치 및 대규모 자금의 사용은 모두 반드시 집단 토론을 거쳐 다수결원칙에 따라 결정한다. 당위원회(당조)의 주요 책임자는 솔선수범하여 민주를 발양하고 집체적 지혜를 모으는 것에 능하며 엄격한 절차와 규칙에 따라 업무를 처리하고 '일언당(一言黨)'과 독단 결정, 심지어 가부장제를 하지 말아야 한다. 영도집체 구성원은 전체국면 관념과 책임의식을 증강하여 구성원간의 단결을 지키고 집단결정을 위반하는 자기주장과 자기독단을 해서는 안되며 업무 및 영역 분장을 '개인 영지'로 삼는 것은 더욱 안 된다.

비판과 자기비판은 당내 정치생활을 강화 및 규범화하는 중요 수단이다. 시진핑 총서기는, "당내 정치생활의 질은 어느 정도에서 이 무기 활용이 어떠했는가에 달려있다. 비판과 자기비판이란 이 무기를 대담하고 수시로 훌륭히 사용하고 일종의 습관과 자각, 그리고 책임이 되도록 하여 무기가 사용할수록 원활하고 효과가 있도록 해야 한다. 당 내부에서 건전한 사상투쟁을 적극 전개하고 광범위한 당원 및 간부를 도와 시비와 진위를 분별하게 하고 진리를 고수하고 잘못을 시정하며 의지를 통일하고 단결을 증진해야 한다"[12]고 하면서 건전하고 올바른 기풍을 갖춘 양호한 당

---

12 『'두 가지 학습을 통하여 합격된 공산당원 되기'학습 교육 문답("兩學一做"學習教育問答)』, 인

의 정치생태를 유지해야 할 것을 제시했다.

당내 정치생태를 정화하는 관건은 정확한 인재 선발과 활용의 지침을 견지하는 것이다. 정치기준을 인재의 선발 및 활용과 당조직 건설의 근본적 기준으로 삼아야 한다. 인재의 선발 및 활용은 당내 정치생활의 풍향계이다. 인재의 선발 및 활용 방향이 정확하면 간부는 그 방향에 따라 노력하고 뜻을 같이하게 되어 원활한 협력이 이루어질 것이므로 당내 정치생활에도 바른 기운이 넘치게 된다. 간부의 업무는 바로 풍향계이자 지휘봉으로 어떠한 인재 활용 방향이 있으면 그에 대응하는 어떠한 정치방향과 가치지향이 형성되는 것이다. 당의 정치건설로 당 건설을 통령하는 관건은 인재의 선발 및 활용에서 '덕(德)'의 기준과 지향을 강화하는 것이다. 당 조직의 간부 선발 및 임용은 우선 간부가 정치적으로 명확함을 견지하고 있는지, 간부의 정치적 소양이 탄탄한지 여부를 살펴 보아야 한다. 당조직이 간부를 심사 평가함에 있어서는 우선 뚜렷한 정치적 입장 및 표현에, '4가지 의식'과 '4가지 자신감'의 강한 여부, 당의 이론 및 노선과 방침 및 정책에 대한 굳건한 집행, 그리고 충성스럽고 깨끗하게 임하여 달성할 수 있는지 여부를 잘 살펴야 한다. 각급 당조직, 특히 광범위한 기층 당조직은 당의 집정역량과 집정의 토대로 기본직책도 대중에 대한 정치적 인도에서 체현된다. 만약 정치기능이 약화되면 기층 당조직을 일반 사회조직과 혼동하여 근본을 버리고 지엽적인 것을 추구하게 되며 당 집정의 기본적 버팀목과 의탁을 약화시키고 심지어 동요하게끔 만든다. 그러므로 반드시 정치기능을 부각하고 정치 인도력을 강화하며 기층 당조직을 당의 주장을 선

민출판사, 2016, 145면.

전하고 당의 결정을 관철하며 기층관리를 영도하고 대중을 단결하여 동원하며 개혁발전을 추진하는 확고한 전투의 보루가 되도록 건설해야 한다.

4. 과감한 자기혁명과 당을 엄히 관리하고 다스리는 선명한 품격의 견지와 선양

시진핑 총서기는 19차 당대회 보고에서, "과감한 자기혁명과 종엄치당은 우리 당의 가장 선명한 품격이다."[13]라는 중대한 논단을 제출했다. 19기 중앙기율위원회 3차 전체 회의에서 시진핑 주석은, "사회혁명을 진행함과 동시에 부단히 자기혁명을 진행하는 것은 당이 다른 정당과 구별되는 가장 뚜렷한 표지로 승리에서 새로운 승리로 나아가는 관건이다."[14]라고 재삼 강조했다. 과감히 자기혁명을 진행하는 선명한 품격은 중국공산당의 정치속성과 사상기초에 의해 결정된 것으로 장기적 혁명과 건설, 그리고 개혁의 실천 과정에서 단조된 것이며 신시대 당 건설과 새로운 위대한 공정 건설 중에 체현되어 견고히 견지하고 부단히 확대 발전시켜야 한다.

---

13 시진핑: 『샤오캉사회를 전면적으로 실현하는데서 결정적인 승리를 이룩하고 신시대 중국특색 사회주의의 위대한 승리를 이룩하자—중국공산당 제19차 전국대표대회에서 한 보고』, 인민출판사, 2017, 26면.

14 「전면적인 종엄치당의 보다 큰 전략적 성과를 취득하고 반부패투쟁의 압도적 승리를 공고히 하고 발전시킨다(取得全面從嚴治黨更大戰略性成果 鞏固發展反腐敗鬪爭壓倒性勝利)」, 『인민일보』, 2019년 1월 12일, 제1면.

(가) 과감한 자기혁명과 당을 엄히 관리하고 다스리는 선명한 품격은 당의 특수한 정치속성과 사상문화의 기초에서 발원

중국공산당은 마르크스주의 정당으로 다른 유형의 정당과는 완전히 다른 선진성과 순결성을 갖고 있으며 시종일관 흔들림없이 마르크스주의 깃발을 높이 들고 중화의 우수한 사상문화의 정수 계승에 충성하는데 이는 과감히 자기혁명하고 당을 엄히 관리하고 다스리는 선명한 품격의 정치적 기초이자 문화적 원천이다.

과감한 자기혁명과 당을 엄히 관리하고 다스리는 선명한 품격은 중국공산당이 갖고 있는 선진성과 순결성에 그 뿌리를 두고 있다. 공산당 창립 초기 마르크스와 엥겔스는『공산당선언』에서, 공산당은 '가장 선진적이고 가장 견결한' 사람들로 구성된, 전세계 노동자계급과 최대로 광범위한 인민대중의 선봉대로 시종일관 무산계급과 전인류의 해방과 행복을 근본적으로 추구하고 "전체 무산계급의 이익과 다른 어떠한 이익도 없으며"[15] 이론 상에서 시종일관 마르크스주의라는 가장 선진적 세계관 방법론을 지도이념으로 삼아 견지하고 실천 중에서 시종일관 인류해방운동과 사회역사발전의 가장 선두에 있다고 명확하게 제출했다. 중국공산당은 창당일로부터 중국 노동자계급의 선봉대와 전체 중국인민, 그리고 중화민족의 선봉대라는 역사적 책임을 자각적으로 떠메고 사상적으로 마르크스주의를 지도사상으로 삼는 것을 추호도 흔들림없이 견지했으며 실천에서는 시종일관 시대와 더불어 발전하는 품격을 유지하여 시대의 발걸음을 따르고 시대의 요구에 적응하며 과감히 자기혁명과 자기쇄신을 진행하고 대열 속

---

15 『마르크스엥겔스문집(馬克思恩格斯文集)』제2권, 인민출판사, 2009, 44면.

의 비무산계급의 사상관념과 변질된 구성원을 제거하고 당의 선진성과 순결성을 위해하는 요소와 당의 건강한 조직을 침식하는 바이러스를 제거하며 부단히 자기초월과 자기향상을 실현하고 시종일관 사상 및 조직에서 선진성과 순결성을 유지했다.

과감히 자기혁명을 진행하고 당을 엄히 관리하고 다스리는 선명한 품격은 중국공산당에 뿌리 내린 초심이자 사명이다. 아편전쟁 이후, 중국은 차츰 반식민지와 반봉건의 고난 속에 빠져 들었고 중화의 우수한 아들딸들은 국가독립과 민족진흥, 그리고 인민해방을 위해 대를 이어 노력했다. 중국공산당은 성립일부터 역사의 바통을 이어받아 중국인민의 행복과 중화민족의 부흥, 그리고 사회주의와 공산주의의 원대한 이상의 실현을 위해 분투했다. 전진의 길은 평탄하지 않았고 각종 외적인 어려움과 도전을 극복하고 모든 외부의 강대한 역량에 승리하며 지극히 힘든 혁명과 건설, 그리고 개혁을 진행하여 굴기하고 부유하고 강해 지는 역사적 비약을 실현했다. 또한 당내의 맞지 않는 사상과 행위, 그리고 변질된 사람들과 힘든 투쟁을 하고 자신의 문제를 직시하며 뼈를 깎아 독을 치료하는 용기로 부단히 자기정화와 자기개선을 진행하고 강력한 정치 영도력과 사상 영도력, 대중 조직력과 사회 호소력으로 시대의 최전선을 걸으며 시종일관 인민의 기둥으로 되어 부단히 중화민족의 위대한 부흥이라는 역사적 사명을 실현에 옮기고 있다.

과감한 자기혁명과 당을 엄히 관리하고 다스리는 선명한 품격은 중국공산당에 뿌리 내린 사상과 문화적 기초이다. 중국공산당은 성립부터 마르크스주의 깃발을 높이 들고 마르크스주의로 정신을 무장하고 행동을 지휘했다. 사물의 발전과정 중에서 자기부정과 자기갱신 그리고 자기지양을 강조하는 것은 마르크스주의의 유물변증법적 기본원리이다. 어떠한 사물 발전의 근본적 동력은 자신의 내재적 모순과 자신의 두가지 방면의 투쟁에서 오는데, 우선 자신의 적극적 요소가 부단히 소극적 요소를 극복하고 부정의 부정을 통해 나선형의 상승을 실현하며 낡은 질적 상태를 새로운 질적 상태로 상승시키는 것이다. 다른 방면에서, 중국공산당은 시종일관 중화의 우수한 전통문화의 충실한 계승자 및 선양자로 우수한 전통문화는 원전(元典)시기부터 '기명유신(其命維新: 하늘의 명을 받들어 새로운 기상을 펼치는 것)', '여시해행(與時偕行: 때에 맞추어 자연적으로 진행하는 것)'이라는 자기혁명을 강조해왔고 '신호기독(愼乎其獨: 홀로 있을 때 신중하게 행동하는 것)', '삼성오신(三省吾身: 날마다 자신의 세 가지를 반성하는 것)'이라는 자기반성을 추구했으며 '구일신, 일일신, 우일신(苟日新, 日日新, 又日新: 어느날 진실로 새로워진다면 이를 통해 날마다 더욱 더 새로워지는 것)'라는 자기갱신을 창도해온 가운데 우수한 전통문화의 창조적 전환과 혁신적 발전을 추진하는 과정에서 뛰어난 사상문화의 정수를 더욱 빛내는 것을 당성 수양과 당 건설의 기본적 추구로 전환하는 것이다. 철학적인 기본원리와 우수한 사상문화의 핵심정신을 당의 자기건설 과정으로 구체화하는 것이 바로 당의 자기갱신과 자기혁명이자 시대의 변화와 발전에 따라 당을 엄히 관리하고 다스리는 것이다.

(나)과감한 자기혁명과 당을 엄히 관리하고 다스리는 선명한 품격은 장기발전의 실천 중 단조된 것

중국공산당은 이미 인민을 이끌고 100년 가까이 비범한 역사의 길을 걸어왔고 혁명과 건설, 그리고 개혁의 계속된 분투 속에서 당은 자체 건설을 강화하는 귀한 경험과 우수한 전통을 축적했으며 과감한 자기혁명과 당을 엄히 관리하고 다스리는 선명한 품격을 단조했다.

혁명전쟁 시기, 마오쩌둥(毛澤東)을 대표로 한 중국공산당 당원은 지극히 힘들고 어려운 길을 개척했고 중국혁명을 부단한 승리로 이끄는 과정에서 과감한 자기혁명과 당을 엄히 관리하고 다스리는 선명한 품격을 점차로 형성했다. 징강산(井岡山) 혁명투쟁이 시작된 후 각종 비무산계급 사상의 방해를 받았는데 마오쩌둥은, "'투쟁하는 볼세비키당'의 건설은 정말 너무 힘들다"[16], "무산계급에 대한 사상영도 문제는 매우 중요한 문제이다."[17]라고 한탄한 바 있다. 이를 위해 그는 '당지부의 연(連, 중대) 단위까지 설치'하는 의견을 창의적으로 제기하고 군대에 대한 당의 절대적 영도를 강화했다. '여행세당(勵行洗黨: 당을 숙당하다)' 활동을 전개하여 조직을 정돈하고 자격미달인 당원을 정리했다. 당원과 청년단 당원 훈련반을 꾸려 당원에 대한 정치와 형세, 그리고 계급과 당의 기본이론 교육을 진행하여 당원과 청년단 당원의 사상적 각성과 정치적 소양을 제고했다. 구톈(古田) 회의에서 마오쩌둥은 홍군의4군단을 이끌고 유심주의 정신을 일소하고 근거지 없이 유동적으로 싸우는 방법과 군벌기풍을 반대하고 공산당 및 군대 내부의 각종 그릇된 사상을 정리했다. 이는 과감한 자기혁명과 엄하게 당을 관리하고 다스리는 품격의 조기 탐색이었다. 쭌이(遵義) 회의에서 공산당은 당중앙의 잘못을 과감히 시정하고 당의 중앙영도기구를 과단성있게 개조했으며 마오쩌둥의 영도핵심지위를 확립하여 당과 홍군, 그리고

16 『마오쩌둥선집(毛澤東選集)』제1권, 인민출판사, 1991, 74면.

17 같은 책, 77면.

중국혁명을 구해 냈다. 대장정 길에서, 장궈타오(張國燾)의 분열주의 착오와 결연한 투쟁을 진행하여 당의 단결과 통일을 지키고 혁명적 이상을 다졌는데 이는 과감한 자기혁명과 당을 엄히 관리하고 다스린 전형적 체현이었다. 항일전쟁시기, 당중앙과 마오쩌둥은 당 전체의 정풍(整風)운동을 이끌었고 '좌(左)'경 교조주의에 대한 철저한 비판과 정리를 진행했으며 동시에 조직상의 종파주의와 파벌주의를 비판하고 바로잡아 이론을 실제와 연계하고 인민대중과 밀접히 연계하여 비판과 자기비판의 우량기풍을 형성했다. 아울러 당내에 나타난 각종 당의 취지에 어긋나고 당의 기율과 법률을 위반하는 행위를 결연히 처벌했는데 황커궁(黃克功)을 총살한 사례가 바로 이것이다. 옌안(延安)정풍을 통해 과감한 자기혁명과 당을 엄히 관리하고 다스리는 품격이 더욱 성숙해 졌다.

건설과 개혁을 영도하는 장기집정의 실천과정에서 중국공산당은 새로운 문제와 도전에 용감히 마주했고 자신의 좌절과 오류를 과감히 직면하며 당 건설 강화에 힘을 쏟고 집정조건 하의 자기발전과 개선을 부단히 추진해 왔다. 중화인민공화국 건국 이후 얼마되지 않아 류칭산(刘青山)과 장쯔산(张子善) 등 부패자를 엄히 징벌하고 당의 단결을 강화하는 것에 대한 결의(決議)를 발표하며 시작부터 집정당이 당을 엄히 관리하고 다스린다는 태도와 풍격을 표명했다. 사회주의 건설의 길을 탐색하는 과정에서 중국공산당은 수 차례 우여곡절을 겪었고 마오쩌둥 등 중앙 지도자들은 앞장서서 자기비판을 하며 사상과 이론상의 오류를 적극적으로 바로 잡았다. 20세기 50년대말 60년대초, 마오쩌둥은 당 전체를 이끌고 4차례의 '좌파' 오류 수정을 진행했다. 20세기 70년대말, 덩샤오핑(邓小平)을 대표로 한 중국공산당 당원은 과감하게 '문화대혁명'의 이론과 실천을 부정하고 마오쩌둥이 말년에 범했던 착오에 대해 실사구시적으로 비판과 시정을 진행하며 당의 사상과 정치, 그리고 조직 차원의 어지러움을 바로 잡고 정상회복을 실현했다. 깊은 자기혁명을 바탕으로 당은 인민을 이끌어 개혁개방과 사회주의 현대화건설의 새로운 시대로 들어서고 중국 특색 사회주의의 길을 개척한 것이다.

역사는 가장 좋은 교과서이다. 100년에 가까운 발전과 분투의 역사가 증명하듯, 중국공산당은 강력한 자기혁명의 용기와 자기갱신 능력을 갖춘 마르크스주의의 선진 정당으로 자신의 잘못을 감춘 적이 없는 광명정대한 선봉대 조직이며 잘못을 알고 인정하여 바로잡고 자신에게 존재하는 각종 부족한 부분들을 제거하는 과감함과 능숙함을 구비하여 정치, 사상, 조직, 기율, 기풍 등 각 방면에서 당을 엄히 관리하고 다스렸는데 이는 중국공산당이 시종일관 선진성과 순결성을 유지할 수 있었던 중요한 법보(法寶)이자 부단히 거듭하여 위대한 승리를 쟁취하는 중요한 기초였다.

(다) 과감한 자기혁명과 당을 엄히 관리하고 다스리는 것은 신시대 당 건설의 선명한 특징이자 핵심적 내용

개혁개방 40년 동안 중국공산당은 인민을 이끌고 파란만장한 개혁개방과 현대화 건설을 진행하며 빛나는 성과를 거두었고 중화민족의 굴기와 부강이라는 역사적 도약을 실현했으며 사회주의의 중국은 현재 드높은 태세로 세계무대의 중앙으로 나아가고 있다. 이와 함께 당이 직면한 장기집정의 시련과 개혁개방의 시련, 그리고 시장경제의 시련과 외부환경의 시련 또한 부단히 커지고 있고 당 내부에 정신적 해이와 능력부족, 그리고 인민과 괴리되고 소극적 부패로 비롯된 위험 또한 날로 가중되고 있는데 이는 당 건설에 제기된 새로운 임무이자 도전이다. 중국공산당 당원이 시종일관 냉철함을 유지하고 있는 가운데 덩샤오핑은 20세기 80년대에, "당은 반드시 관리해야 하고 관리하지 않으면 안된다"[18]를 제기했고, 장쩌민(江泽民)은 "어떠한 당을 어떻게 건설할 것인가"에 대한 장기적인 탐색끝에 '3가지 대표'(중국 선진 생산력의 발전요구를 대표, 선진 문화의 전진방향을 대표, 광범한 인민의 근본적 이익을 대표)의 중요사상을 내놓았으며, 후진타오(胡錦濤)는 당의 선진성과 순결성을 유지하여 당 건설의 새로운 위대한 공정을 더욱 깊게 추진할 것을 거듭 강조했다.

18차 당대회 이후 시진핑 총서기는, 중국 특색 사회주의를 이끌고 신시대로 나아가는 과정에서 큰 힘을 들이며 당 건설을 틀어 잡았고 과감하게 자기혁명하고 당을 엄히 관리하고 다스리는 선명한 풍격을 창조적으로 발전시키고 풍부하게 했으며 전면적 종엄치당에 대한 체계적 사상을 제기하고 '4가지 전면적'의 전략적 배치 속에 포함하여 중국 특색 사회주의 발전전략의 고도로 상승시켰는데 이는 시진핑 총서기가 당 건설 방면에 대한 중요한 혁신이자 선명한 특징이고 중요한 경험이었다. 전면적 종엄치당의 기초는 '전면적'이고 관건은 '엄격함'이며 핵심은 '다스리는 것'으로 당 전체를 관리하고 다스리며 당 건설의 각 영역 및 방면을 커버하여 정치, 사상, 제도, 기율, 기풍, 반부패 등의 방면에서 엄하고도 과감하게 장기적으로 관리하고 당 건설에 대한 주체 및 감독 책임을 전면 실행하며 과감하고 엄격하게 장기적으로 관리하는 당 건설의 새로운 생태를 형성했다.

혁신사상으로 혁신실천을 이끌고 혁신적 실천을 통해 탁월한 성과

---

18 『덩샤오핑 선집(鄧小平文選)』 제3권, 인민출판사, 1993, 314면.

를 거두었다. 시진핑 총서기는 당 전체를 이끌고 중대위험과 시련, 그리고 돌출된 문제들을 과감히 마주했고 완강한 의지와 품격으로 기풍과 기율을 바로잡고 부패를 척결하여 당을 관리하고 다스리는 것에 대한 느슨한 상황을 결연히 바꾸었으며 정치, 사상, 간부관리, 기풍, 기율집행, 반부패 등을 엄격히 다스리는 당건설의 신 국면을 형성했다. 부단한 노력의 견지를 통해 당과 국가는 내부에 존재하는 엄중한 우환을 제거하여 당내 정치생활의 기상이 갱신되고 당내 정치생태는 뚜렷이 호전되었으며 당의 창조력과 응집력, 그리고 전투력이 확연히 증강되어 당의 단결과 통일이 더욱 견고해 지고 당과 대중의 관계가 뚜렷이 개선되었으며 당은 혁명성 단조(鍛造) 과정에서 더욱 튼튼해지고 새롭고 강력한 생기와 활력을 발산하여 당과 국가사업 발전을 위한 든든한 정치적 보증을 제공했다.

중국 특색 사회주의가 신시대로 진입한 오늘 날, 중국공산당은 참신한 모습으로 전국의 각 민족 인민을 이끌고 사회주의 현대화 강국을 건설하고 중화민족의 위대한 부흥인 중국몽을 실현하는 새로운 장정을 시작했다. 신시대의 새로운 장정과 목표, 그리고 임무는 당 건설에 대한 보다 높은 요구를 새롭게 제기했다. 이는 중국공산당이 반드시 자기혁명을 심화시키고 당을 보다 엄격히 관리하고 다스려 시종일관 시대의 선봉대와 민족의 중추로 되고, 시종일관 시대의 전열에서 인민의 진심어린 옹호 속에 과감한 자기혁명과 각종 시련을 견뎌내며 생기가 넘치는 마르크스주의 집정당이 되는 것을 요구한다.

바로 이 같은 상황을 바탕으로 시진핑 총서기는, 19차 당대회 보고에서, 신시대 당 건설에 대한 총체적 요구를 체계적으로 논술하였다. 시진핑 총서기는 당이 모든 업무에 대한 영도를 반드시 견지해야 함을 강조하며 전면적 종엄치당은 영원한 진행되는 것임을 명심해야 할 것이라고 강조했다. 당 전체는 반드시 시진핑 총서기의 요구를 습득하여 관철하며 실천하고 시진핑 신시대 중국 특색 사회주의 사상의 지도 하에 과감한 자기혁명과 당을 엄히 관리하고 다스리는 선명한 품격과 우량전통을 견지하여 발양하고 동요없이 전면적 종엄치당을 심도있게 발전시키며 전면적 샤오캉사회 건설에 대한 승리와 신시대 중국 특색 사회주의의 위대한 승리를 위한 부단한 분투를 추동해 나가야 한다.

제3장

이상과 신념은 공산당원의 정신적 '칼슘'

시진핑 총서기가 19차 당대회 보고에서 제기한 "사상건설은 당의 기초건설이다."[1]라는 논술은, 흔들림 없는 이상과 신념, 그리고 정신적 추구를 견지하고 공산주의의 원대한 이상과 중국 특색 사회주의의 공동 이상을 안신입명의 근본으로 할 것을 특별히 강조한 것이다. 동 논술은 확고한 이상과 신념은 공산당원의 정신적 '칼슘'이고, 혁명 이상은 하늘보다 높으며, '금강불괴지신(金剛不壞之身)'을 단련해야 한다는 것 등을 포함한다. 당원 전체, 특히 영도간부를 향해 마르크스주의의 기본이론 장악을 비장의 무기로 삼아 조금도 동요없이 마르크스주의의 지도적 지위를 견지하고, 이데올로기 업무의 영도권과 발언권을 확고히 장악하며, '4가지 자신감'을 굳건히 하여 전략적 정력(定力)을 유지하고, '못 박는 정신'(못을 박는 것처럼 한번씩 꾸준하고 내실 있게 추진하는 정신)을 발양하는 가운데 바위를 밟으면 족적을, 철을 잡으면 손자욱을 남기는 기백으로 중국 특색 사회주의의 위대한 사업을 내실 있게 추진하여 공산주의의 원대한 이상을 실제 행동으로

---

1 시진핑(習近平): 『샤오캉사회를 전면적으로 실현하는데서 결정적인 승리를 이룩하고 신시대 중국특색의 사회주의의 위대한 승리를 이룩하자—중국공산당 제19차 전국대표대회에서 한 보고(決勝全面建成小康社會 奪取新時代中國特色社會主義偉大勝利—在中國共産黨第十九次全國代表大會上的報告)』, 인민출판사, 2017, 63면.

전환할 것을 요구한 것이다.

1. 공산당원이 안신입명하는 근본을 명심해야

"굳건한 이상과 신념으로 공산당원의 정신적 추구를 견지하는 것은 시종일관 공산당원이 안신입명하는 근본이다. 마르크스주의에 대한 신앙과 사회주의 및 공산주의에 대한 신념은 공산당원의 정치적 영혼으로 공산당원이 모든 시련을 이겨내는 정신적 지주이다. 형상적으로 말하자면 이상과 신념은 공산당원의 정신적 '칼슘'으로 이상과 신념이 없거나 혹은 굳건하지 못할 경우, 정신적 '칼슘부족'으로 '골연화증'에 걸린다. 현실 생활 속에서 일부 당원과 간부들이 이런저런 문제를 일으키는 것은 결국 신앙과 정신의 방향을 잃었기 때문이다."[2] 이와 같은 시진핑 총서기의 중요 논단은 이상과 현실을 유기적으로 결합하여 이상과 신념을 굳건히 하고 공산당원의 정신적 추구를 견지하는 데 있어 지극히 중요하다는 것을 정조준하여 강조했으며 당의 사상이론건설의 이론적 심원과 논리적 근거, 그리고 현실적 기초를 명확히 했다.

---

2 시진핑: 『중국 특색 사회주의를 견지하고 발전시키는 것을 중심으로 당의 18대 정신을 학습선전하고 관철하자—18기 중공중앙정치국 제1차 집체학습에서 한 연설(緊緊圍繞堅持和發展中國特色社會主義 學習宣傳貫徹黨的十八大精神—在十八屆中共中央政治局第一次集體學習時的講話)』(상), 중앙문헌출판사, 2014, 80~81면.

(가) 공산주의 실현은 공산당원의 최고 이상

시진핑 총서기는 새로운 역사의 기점에서 마르크스주의의 과학적인 이론체계를 장악하고 새로운 역사적 임무의 재천명과 공산주의 기본원리의 발전을 결합하여 인류역사 발전의 객관적 규율을 전면 게시하고 공산주의의 최고이상과 원대한 목표를 고도로 강조했다. 2013년 1월 5일, 시진핑 총서기는, 마르크스와 엥겔스는 생산력과 생산관계, 그리고 경제기초와 상층구조의 모순 운동으로 자본주의가 탄생하고 발전하여 소멸되는 역사적 필연성을 설명하였고 사회화 대생산과 생산요소의 사적 점유간의 모순으로 공산주의가 자본주의를 대체하는 것은 자연역사의 과정이라는 것을 해석했으며 자본주의사회의 계급간 대립을 통해 무산계급의 역사적 사명을 분석하여 무산계급이 가장 혁명적 계급으로 자본주의를 타파하고 공산주의를 건설하는 계급이라는 사실을 도출했다고 말했다. 이와 같은 논술은 우리에게, 마르크스주의가 자본주의의 필연적 소멸과 사회주의의 필연적 승리에 대한 객관적 규율임을 게시하는 가운데 비록 최종 목표를 실현하는 데 있어 긴 여정이 필요하고 전진의 길에는 필연적으로 각양각색의 곡절이 가득하겠지만 자본주의는 결국 소멸되고 사회주의는 최종 승리하여 공산주의가 궁극적으로 실현되는 것은 인류역사발전에 있어 거역할 수 없는 총체적 추세이므로 진정한 공산당원은 모두 이와 같은 이상과 신념을 굳건히 해야 함을 알려주고 있다.

공산주의의 실현은 시종일관 공산당원이 분투하는 최고의 이상이자 궁극적 목표이다. 중국공산당은 탄생일부터 마르크스주의를 자신의 깃발에 새겨 공산주의의 실현을 최종 목표로 확립했다. 초기 중국 공산당원들은 『중국공산당선언(中國共産黨宣言)』에 "공산주의의 목적은 공산주의자의 이상에 따라 새로운 사회를 창조하는 것이다" 라고 적었다[3]. 즉 "공산주의 사회를 창조하는 것"[4]이다. 당의 첫번째 강령은, 중국공산당이 "무산계급의 혁명군대로 자산계급을 전복하고 노동자계급이 국가를 재건하며 계급 차별을 소멸한다", "무산계급독재를 채택하여 계급투쟁의 목적인 계급소멸을 달성한다", "자본사유제를 폐지하고 일체의 생산수단, 예로 기계, 토지, 공장건물, 반제품 등을 몰수하여 사회 소유로 귀속시킨다"[5]라고 명확히 규정했다. 이는 중국공산당이 설립초기부터 추구한 분투 목표와 원대한 이상으로 중국공산당 당원이 영원히 잊을 수 없는 '초심'이다. 이후 당의 역대 대표대회를 통과한 강령 혹은 규약은 모두 공산주의의 원대한 이상 실현을 위한 분투를 강조했다. 2016년 7월 1일, 중국공산당 창당 95주년 대회에서 시진핑 총서기는 세계를 향해, "중국공산당이 공산당으로 불리는 것은 창립일로부터 공산주의를 원대한 이상으로 확립했기 때문이다. 중국공산당이 수 차례에 이르는 좌절을 견디고 분기를 거듭할 수 있었던 것은 결국 원대한 이상과 숭고한 추구가 있었기 때문이다."[6]라고 장엄하게 선포했다. 이는 당대 중국 공산당원이 시종일관 자신의 최고 이상과 원대한 목표를 동요없이 견지하고 있음을 충분히 설명하고 있다.

---

3 중국사회과학원 현대사 연구실, 중국혁명박물관 당사연구실 선별 편집: 『'1차 당대회' 전후: 중국공산당 제1차 대표대회 전후 자료 선집(가)['一大'前後: 中國共產黨第一次代表大會前後資料選編(一)]』, 인민출판사, 1980, 2면.

4 같은 책, 4면.

5 중국사회과학원 현대사 연구실, 중국혁명박물관 당사연구실 선별 편집: 『 '1대'전후: 중국공산당 제1차대표대회 전후 자료(1)["1大"前後:中國共產黨第一次代表大會前後資料選編(一)]』, 인민출판사, 1980, 9면.

6 시진핑: 『중국공산당 창당 95주년 경축대회에서의 연설(在慶 祝中國共產黨成立95周年大會上的講話)』, 인민출판사, 2016, 10면.

공산주의의 이상 및 신념과 숭고한 신앙은 공산당원의 명맥이자 영혼이며 시종일관 공산당원을 격려하고 편달한다. 중국공산당이 수 많은 시련 속에서도 새로운 승리를 부단히 쟁취할 수 있었던 것은 원대한 이상과 숭고한 추구가 있었기 때문이다. 중국공산당은 어떠한 비바람에 직면하던 공산주의의 최고 이상과 원대한 목표를 잊거나 심지어 포기해서는 아니되며 "만약 공산당원의 원대한 목표를 잃어 버린다면 방향을 잃어 버려 공리주의와 실용주의로 변해 버린다."[7]

하지만 일정시기 동안 일부 당원 간부는 공산주의를 감히 입에 올리지 못하거나 부끄러워했고 초심을 망각하여 방향을 잃고 공리주의와 실용주의의 진흙탕에 빠져 버렸는데 이는 불순한 당성이 체현된 것이자 심지어 변질과 변색의 전조라 할 수 있어 절대 방심할 수 없다. 신시대 중국 특색 사회주의의 견지와 발전, 그리고 중화민족의 위대한 부흥을 위한 중국몽 실현에 이상과 신념의 역량을 벗어날 수는 없다. 공산당원이 당성을 연마하고 선진성과 순결성을 유지하려면 우선 공산주의의 이상을 굳건히해야 한다. 공산당원, 특히 당원 영도간부는 공산주의 이상을 가슴에 품고 중국 특색 사회주의 신념을 굳건히 하며 원대한 이상의 견실한 신앙자와 공동이상의 충실한 실천자가 되어 초지일관 당의 원대한 이상을 위해 끊임없이 분투해야 한다.

---

7 시진핑: 「중국 특색 사회주의를 견지하고 발전시킬 데 대한 몇가지 문제(關於堅持和發展中國特色社會主義的幾個問題)」, 『18대 이후 중요문헌선집(十八大以來重要文獻選編)』(상), 중앙문헌출판사, 2014, 116면.

(나) 공산주의 실현은 역사발전에서 거스를 수 없는 총체적 추세

시진핑 총서기는 현 시대의 본질과 특징을 깊이 분석하고 자본주의 위기의 근원과 특성을 게시하며 국제 사회주의 운동의 역사적 진척과 경험 교훈을 과학적으로 논술하고 사회주의 실현이 사회역사 발전을 거스를 수 없는 총체적 추세라는 과학적 논단을 내렸으며 공산주의의 원대한 목표는 중국 특색 사회주의의 논리적 근거임을 천명하고 이상 및 신념의 역사적 필연성과 객관적 현실성을 진일보 강화했다.

시진핑 총서기는, “마르크스와 엥겔스의 자본주의사회의 기본모순에 대한 분석은 시대에 뒤떨어진 것이 아니며 자본주의의 필연적 소멸과 사회주의의 필연적 승리에 대한 역사유물주의 관점 또한 철 지난 것이 아니다. 이는 사회역사발전의 거스를 수없는 총체적 추세이다.”[8]라고 말한 바 있다. 말하자면 역사유물주의가 게시한 인류사회발전의 일반 규율은 현 시대에도 여전히 강한 생명력을 갖고 있어 작금의 시대와 인류역사발전 추세를 분석하고 장악할 수 있는 유력한 사상적 무기이다. 비록 작금의 시대가 새로운 특징을 보이고 있고 평화와 발전은 전세계가 반드시 고도로 중시하며 해결에 진력해야 할 중대한 문제지만 현재 인류사회는 자본주의가 사회주의로 넘어가는 과도기 시대라는 본질은 변함 없고 마르크스주의가 게시한 ‘2개의 필연’(자본주의는 필연코 멸망하고 사회주의는 필연코 승리한다)에 대한 역사적 발전추세도 변함이 없다.

2008년 이후 서방국가에서 시작된 국제금융위기는 다시 한번 자본

8　시진핑: 「중국 특색 사회주의를 견지하고 발전시킬 데 대한 몇가지 문제(關於堅持和發展中國特色社會主義的幾個問題)」, 『18대 이후 중요문헌 선집(十八大以來重要文獻選編)』(상), 중앙문헌출판사, 2014, 117면.

주의사회는 자신의 내부모순을 극복할 수 없어 필연적으로 사회주의에 의해 대체될 것이라는 사실을 웅변적으로 보여주었다. "국제금융위기를 보면 많은 서방국가 경제의 지속적 불경기와 양극화 가속, 그리고 사회모순이 격화되고 자본주의 고유의 생산 사회화와 생산요소의 사적점유 간의 모순이 여전히 존재하는 가운데 단지 그 표현형식과 존재 특징이 다소 다를 뿐이다."[9] 동 위기는 자본주의에 겹겹이 쌓여있는 모순을 재입증 했는데 미국의 저명학자인 프랜시스 후쿠야마(Francis Fukuyama) 또한 가장 강력했던 미국이 현재 쇠퇴하고 있다고 승인할 수 밖에 없었다. 사회주의와 공산주의는 인류의 가장 아름다운 사회제도로 결국 자본주의를 대체하게 될 것인바, 이는 인류사회발전의 객관적 규율이다.

이상은 그것이 원대하여 이상이다. 공산주의 실현은 쉽고도 단번에 이룰 수 있는 것이 아니라 세세대대로 이어서 나아가며 분투해야 하며 한 두번의 노력으로 공산주의 실현을 기대하는 것은 현실적이지 않다. 그러나 공산주의 실현이 기나긴 과정이라 하여 공산주의를 실현할 수 없다고 판단해서는 절대 안 되므로 진정한 공산당원은 공산주의의 실현을 위해 실제에 입각하여 끊임없이 노력하고 분투해야 한다. 시진핑 총서기가 강조한 바와 같이 "공산주의가 '감자 소고기 볶음'처럼 그렇게 간단하고 쉽게 얻을 수 있는 것이 아니지만 공산주의의 이상 실현 과정이 길다하여 공허한 신기루라고 생각하고 충성스러운 공산당원이 되는 것을 포기해서는 안된다. 혁명의 이상은 하늘보다 높다. 공산주의 실현은 공산당원의 최고

9 시진핑: 『철학사회과학 업무좌담회에서 한 연설(在哲學社會科學工作座談會上的講話)』, 인민출판사, 2016,14면.

의 이상이며 최고의 이상은 세세대대로 이어지는 분투를 필요로 한다. 만약 모두가 이를 볼 수도 만질 수도 없는 것으로 여겨 이를 위해 분투하고 희생할 필요가 없다고 생각한다면 공산주의는 영원히 실현될 수 없다. 현재 중국 특색 사회주의를 견지하고 발전시키는 것은 바로 최고의 이상을 향해 나아가는 실질적 노력이다."[10] 모든 충성스러운 중국 공산당원은 이와 같은 굳건한 신념과 냉철한 인식, 그리고 확실한 노력을 해야 한다.

(다) 공산주의 이상은 중국 특색 사회주의의 근본

이상과 신념은 지극히 중요한 것으로 이상과 신념을 반드시 확고하게 가져야 한다. 신념은 근본이고 기풍은 형상으로 근본이 바르면 형상이 모이고 근본이 바르지 못하면 형상은 필히 흩어진다. 당의 우수한 기풍을 유지하고 발양하며 이상과 신념을 확고히 하는 것이 근본이다. 중국공산당은 마르크스주의를 당의 근본으로, 공산주의 실현을 최고의 이상으로, 인민을 위한 전심전력 봉사를 근본 취지로 삼고 있는데 이것이 바로 공산당원의 근본이다. 이것이 없다면 뿌리 없는 나무와 같다. 전체적 노선과 이론, 그리고 제도의 논리 관계가 모두 이곳에 있다. 8900여만 명의 당원이 일심단결하고 비바람에 동요되지 않으려면 우선 이 같은 근본을 잘 세워야 한다. 개혁개방 이후 중국공산당은 전국의 각 민족 인민을 이끌고 중국 특색 사회주의 노선과 중국 특색 사회주의 이론체계, 그리고 중국 특색 사회주의제도를 개척하고 발전시켜 왔는데 이는 모두 이와 같은 이상과 신

10　시진핑: 『자오위루식의 현위서기가 되자(做焦裕祿式的縣委書記)』, 중앙문헌출판사, 2015, 5면.

념에서 비롯된 것이다. 충성을 다하고 깊이 신뢰하는 의지를 세우려면 확고한 이상과 신념이 필요한 것이다. 시진핑 총서기는, "사업을 행함에 있어 근본과 선대, 그리고 초심을 잊어서는 안된다. 중국 공산당원의 근본은 바로 마르크스주의에 대한 신앙이자 중국 특색 사회주의와 공산주의에 대한 신념이며 당과 인민에 대한 충성이다. 우리가 다지려는 근본은 곧 이 같은 확고한 신앙과 신념, 그리고 굳건한 충성이다."[11]라고 언급했다. 동 논단은 다시 한번 중국 공산당원의 근본이 공산주의의 이상과 신념으로 마르크스주의에 대한 확고한 신앙이라는 사실을 강조하였다. 중국 공산당이 언제까지 나아가던, 어떤 문제에 봉착하던지를 막론하고 모두 자신의 신앙을 잃어버릴 수 없고 자신의 신념을 잊을 수 없으며 만약 그렇지 못하면 근본을 잊고 소홀히 하여 그 본질과 색채가 변하게 된다.

이 같은 근본은 중국 특색 사회주의 사업의 전제이자 근거가 된다. 지금 우리가 하고 있는 것은 사회주의의 초급단계에 있는 일로 이는 중국 특색 사회주의의 사업임을 잘 기억해야 하고 이 같은 위대한 사업의 근본과 근거는 공산주의의 원대한 이상이라는 점을 더욱 잊어서는 안되는데 이는 우리가 공산주의와 사회주의의 이상을 근거로 중국 특색 사회주의의 노선과, 이론, 그리고 제도를 확립하여 전체 논리가 성립된 것이기 때문이다. 만약 전제를 버리게 되면 완전히 실용주의로 전락되게 된다. 우리의 근본으로 돌아가 인식해야만 하는 것이다. 현재 국내외 일부 사람들은 온갖 방법을 동원해 중국 특색 사회주의와 공산주의 사이의 '모순'을 '발견'하

---

11 시진핑: 『전국 당 간부 학교 업무회의에서 한 연설(在全國黨校工作會議上的講話)』, 인민출판사, 2016, 7면.

고 '제조'하고 있으며 중국이 갈수록 공산주의와 멀어져 중국 역시 결국에는 서방 자본주의에 근접하고 있다고 주장하는데 이는 이론상의 어리석음으로 별도의 속셈을 갖고 있는 것이다.

시진핑 총서기는 전체 당, 특히 당의 영도간부에게 중국 특색 사회주의의 논리적 전제와 이론적 근거를 반드시 정확하게 장악하는 가운데 근시안적 업무로 근본을 망각하고 눈앞의 사정에만 급급하여 초심을 잊고 중국 특색 사회주의의 근본과 근거를 내버려서는 안되는데 이는 사회주의는 공산주의 초급단계이고 공산주의야말로 우리의 최고 이상이기 때문이라는 것을 반복적으로 일깨우고 있다. 우리가 지금 하고 있는 것은 사회주의 초급단계의 일이지만 초심을 잊어서는 안 되고 우리의 최고 분투 목표를 잊어서는 안 된다. 이 문제에 대해서는 절대 말을 얼버무리거나 구체성을 상실해서는 안 된다. 그렇지 않으면 이상과 신념이 모호해 지거나 동요할 수 있고 개념이 너무 멀어 손에 잡히지 않아 언급을 꺼려할 수 있다. 하지만 눈앞의 일은 볼 수 있어 과감히 언급할 수 있다. 이를테면 사회주의의 초급단계와 '2개의 100년' 분투 목표를 과감히 언급하고 또한 전면적 샤오캉사회 건설의 2020년 실현을 정확히 볼 수 있으므로 더욱 과감히 언급할 수 있다. 당장(黨章)에 명확히 규정되었고 당이 일관되게 명확히 견지하는 이상으로 우리는 신념을 확고히 하고 내재된 과학성을 굳게 믿어야 한다.

한 국가와 민족이 한마음 한뜻으로 미래를 향해 나아가려면 반드시 공통된 이상과 신념이 뒷받침 되어야 한다. 당대 중국 공산당원이 인민을 이끌고 진취적으로 개척하려면 이상과 신념의 깃발, 그리고 중국 특색 사회주의의 깃발을 높이 들어 공산주의의 이상과 신념을 확고히 하고 중국 특색 사회주의의 노선 자신감과 이론적 자신감, 그리고 제도적 자신감과 문화적 자신감을 증강하여 이상과 신념의 밝은 등이 영원히 빛나며 우리가 분발하여 전진하도록 비춰주어야 할 것이다.

(라) 최고 강령과 최저 강령의 통일론자가 되어야

최고강령과 최저강령의 관계를 과학적으로 파악하고, 최저강령을 실현하기 위해 최고강령을 잊거나 실제를 돌보지 않고 무작정 최고강령을 서둘러 실현하기 위해 최저강령을 소홀시 해서는 아니된다. 최고이상과 최저이상의 통일론자가 되는 것은 중국공산당의 가장 중요한 경험적 교훈 중의 하나이다. 중국공산당은 설립하자마자 공산주의 실현을 자신의 최종목표와 최종강령으로 삼은 동시에 서로 다른 시기의 주요 모순과 객관적 형세 및 임무의 변화에 근거하여 단기적 분투목표와 최저강령을 제정했는 바, 90여 년의 발전은 바로 끊임없이 최저강령을 부단히 실현하고 최고이상과 연결하기 위해 쉽없이 나아가는 분투 과정이었다.

시진핑 총서기는 이와 같은 역사적 경험을 깊이 파악하여 공산주의를 실현하는 최고강령과 중국 특색 사회주의 기본강령의 관계를 정확히 처리했고 공산주의의 원대한 이상 실현과 부강·민주·문명·화합의 사회주의의 현대화 강국을 건립하는 분투목표를 변증법적으로 통일했으며 중국 특색 사회주의는 당의 최고강령과 기본강령의 통일임을 명확하게 제기했는 바, 이를 공상이나 텅빈 구호에 머물게 하거나 이상을 버리고 방향을 상실해서는 안 된다. 시진핑은, "현재는 물론 향후 몇 세대에 이를 지속적 노력은 모두 공산주의라는 큰 목표를 최종적으로 실현하기 위해 나아가는 것이다. 동시에 공산주의 실현은 매우 긴 시간의 역사적 과정임을 반드시 인식하는 가운데 당의 현 단계 분투목표에 입각하여 우리의 사업을 내실

있게 추진해 나가야 한다. 만약 우리 공산당원의 원대한 목표를 잃어 버리게 되면 방향을 상실하고 공리주의와 실용주의로 변질될 것이다. 중국 특색 사회주의는 당의 최고강령과 기본강령이 상호 통일된 것이다. 중국 특색 사회주의의 기본강령은 요컨대, 부강하고 민주적이며 문명하고 조화로운 사회주의 현대화 국가를 건립하는 것이다. 이는 중국이 현재 그리고 향후 상당 시간 동안 사회주의 초급단계에 처해 있는 기본국정에서 출발한 것이고 당의 최고이상도 이탈하지 않았다. 우리는 중국 특색 사회주의 노선의 신념을 동요없이 지켜나가야 할뿐더러 공산주의의 숭고한 이상을 가슴에 품고 당이 사회주의 초급단계에 대한 기본노선과 기본강령을 초지일관 관철하여 집행하며 기존의 모든 업무를 잘 수행해 나가야 한다."[12]고 말했다. 중국공산당은 강력한 전략적 정력으로 사회주의의 각종 착오적 주장을 막아내고 단계를 뛰어넘는 착오적 관점을 바로잡으며 정력을 집중하여 자신의 일을 처리하고 종합국력 강화와 인민생활의 지속적 개선, 그리고 작금의 일을 해 나가는 과정 속에서 최종목표를 향한 분투를 계속해야 한다.

결국 공산당원이 공산주의 이상을 확고히 하는 것은 불변의 진리인 바, 반드시 확고한 신념으로 당의 최고강령을 실현하기 위해 부단히 노력해야 하나 '좌경화 유치병'과 공산주의가 당장 실현된다는 환상을 가져서는 안되며 현 단계의 분투목표와 기본강령에 입각하여 신시대 중국 특색 사회주의의 위대한 사업을 착실히 추진하고 중국 특색 사회주의의 공동이

---

12 시진핑: 「중국 특색 사회주의를 견지하고 발전시킬 데 대한 몇가지 문제」, 『18대 이후 중요문헌 선집』(상), 중앙문헌출판사, 2014, 115~116면.

상과 공산주의의 원대한 이상을 상호 통일시켜 경건하게 고수하고 깊은 믿음으로 추진하며 원대한 이상의 확고한 신앙자와 공동이상의 충실한 실천자가 되어야 한다.

2. 하늘보다 높은 혁명이상의 견지

장정 시리즈 곡인『홍군은 원정의 고난을 두려워하지 않네』의 여섯 번째 곡인 "설산초지를 넘어(過雪山草地)'는 "망망한 들판은 흰 눈에 덮여 있고 고원의 추위에 식량은 바닥났네. 홍군은 모두 강철 사나이, 그 어떤 시련도 두렵지 않다네. 설산은 고개 숙여 먼 곳에서 온 손님을 맞고, 풀과 흙을 담요 삼아 군영을 세웠네. 비 바람에 옷 젖지만 뼈는 더 단단해 지고 산나물로 주린 배 달래지만 의지는 더욱 굳건해 졌다네. 장병이 고락을 함께 하고 혁명의 이상은 하늘보다 높다네." 라며 노래한다. 이 단락의 노래 가사는 숭고한 혁명이상이 험난한 장정의 길에서 홍군을 승리로 이끄는 것에 대한 중요한 역할을 생동하고도 진실되게 반영했다. 중국공산당은 혁명과 건설, 그리고 개혁의 역사적 시기를 경험했고 그 기간 동안 무수히 많은 공산당원이 당과 인민 사업을 위해 용감한 희생을 하였는데 그들을 지탱한 것이 바로 '혁명의 이상은 하늘보다 높다'는 정신적 역량이었다. 오늘날 시진핑을 핵심으로 한 당중앙은 인민을 이끌고 분초를 다투는 정신으로 신시대 장정의 길을 힘차게 걸어가고 있으며 여기엔 여전히 힘든 노력과 심지어 생명의 희생이 따를 것이다. 이에 시진핑 총서기는, 공산당원 모두 '혁명의 이상은 하늘보다 높다'는 정신을 지속적으로 발양하여 원대한 이상과 공동의 이상을 굳건히 하고 정신적 지주를 튼튼히 쌓으면서 정치적 영혼의 안정과 정신적 '칼슘'의 보충으로 중화민족의 위대한 부흥이라는 중국몽을 실현하기 위한 실제적 공헌을 해야 한다고 강조했다.

(가) 어떤 시련도 견딜 수 있는 정신적 지주를 구축

공산주의 이상과 신념은 공산당원이 어떠한 시련 속에서도 견뎌 낼 수 있는 정신적 지주이다. 90여년의 분투 과정에서 중국 공산당원은 수 차례 생사를 가늠하는 중대한 시련을 겪었다. 1927년 초여름, 중국공산당과 중국혁명은 참담한 좌절에 직면했고 기세 높던 대혁명은 비통하게 실패했다. 그러나 젊은 중국 공산당원들은 위축되지 않고 굳건한 신념으로 자신을 지탱하며 다시 일어섰으며 자신의 피얼룩을 훔치고 계속해서 인민을 영도하며 새로운 토지혁명 투쟁을 전개했다. 제5차 '포위토벌' 대항에서 실패한 후, 당중앙과 중앙홍군은 부득불 장정길에 올랐고 험난한 앞길에 대한 불확실성 속에서도 중국혁명과 공산주의의 필승신념을 가슴에 품은 중국 공산당원은 놀라운 의지력으로 적의 추격 및 차단 공격에 승리하였고 또한 스스로의 오류를 바로잡으며 새로운 투쟁 역정을 다시 시작했다. 20세기 70년대 말, 중국사회주의 발전은 곡절을 거친 후 역사적 고비를 맞았으나 중국 공산당원은 사회주의와 공산주의의 확고한 신념을 바탕으로 과감하게 자신의 실수를 시정하며 중국 특색 사회주의의 새로운 장도를 또다시 시작했다.

이는 바로 공산주의 이상과 신념이라는 강한 정신적 지주가 있었기에 중국 공산당원은 90여년의 혁명과 건설, 그리고 개혁을 통해 신민주주의 혁명, 사회주의 혁명과개조 그리고 개혁개방이라는 새로운 위대한 혁명의 승리를 획득했고 중화민족을 위한 세 가지 위대한 역사적 공헌을 하며 세차례에 걸친 위대한 역사적 비약을 실현했다. 확고한 이상과 신념에 의탁하여 대대로 이어온 중국 공산당원은 자신이 추구하는 이상이 자신의 손으로 이룰 수 없다는 것을 명백히 알고 있지만 여전히 주저없이 목숨을 내놓았고 뜨거운 피를 쏟으며 앞사람이 쓰러지면 뒷사람이 이어서 어려움을 헤치고 나아갔다. 1928년 3월 20일 새벽, 28세에 불과한 샤밍한(夏明翰)은 한커우(漢口) 위지리(余記里) 형장으로 끌려나갔다. 회자수가 마지막 할 말이 있느냐고 묻자, 샤밍한은 큰 소리로 "있다. 종이와 붓을 달라."라고 답한 후 후세에 널리 알려진 『취의시(就義詩)』를 남겼다: "머리가 떨어져도 상관없다. 주의(主义)만 진실이라면 말이다. 샤밍한을 죽여도 또 다른 사람이 올 것이다."이처럼 목숨을 초개같이 버리면서도 늠름한 행동을 할 수 있는 배후에는 바로 확고한 이상과 신념이 세워준 정신적 지주가 있었기 때문이다. 시진핑 총서기가 말한 것처럼 "이상과 신념은 곧 한 사람의 포부이다. ……혁명과 건설, 그리고 개혁의 역사적 시기에서 무수히 많은 공산당원이 당과 인민의 사업을 위해 목숨을 바쳤고 "혁명의 이상은 하늘보다 높다"라는 정신적 역량이 이들을 지탱해 주었다.''[13]

시진핑 총서기는, 공산주의에 대한 확고한 신념은 공산당원이 모든 시련을 이겨낼 수 있는 정신적 지주이므로 이를 반드시 튼튼하게 수립하여 어떠한 시점에서도 동요하지 않도록 해야 하는데 일단 동요하게 되면 사상의 하락과 행동의 쇠락을 가져오게 될 것임을 거듭 강조했다. "숭고

13 시진핑: 「전국조직업무회의에서 한 연설(在全國組織工作會議上的講話)」, 『18대 이후 중요문헌 선집』(상), 중앙문헌출판사, 2014, 338~339면.

한 신앙은 시종일관 당의 강한 정신적 지주이고 인민대중은 시종일관 당의 견실한 집정의 기반이다. 우리의 신앙이 영원히 동요하지 않고 대중을 영원히 이탈하지 않는다면 우리는 가는 곳마다 승리할 수 있다."[14] "마르크스주의에 대한 신앙과 사회주의 및 공산주의에 대한 신념은 공산당원의 정치적 영혼이자 공산당원이 모든 시련을 이겨낼 수 있는 정신적 지주이다."[15] 이후 시진핑은 이것에 대한 과학적 논단을 재삼 강조했다. 2015년 1월 12일, 시진핑 총서기는, 혁명의 이상은 하늘보다 높고 사회주의와 공산주의에 대한 굳건한 신념은 공산당원의 정치적 영혼이자 공산당원이 모든 시련을 이겨낼 수 있는 정신적 지주라고 말했다. 이상과 신념을 확고히 하고 공산당원의 정신적 추구를 견지하는 것은 시종일관 공산당원이 안신입명의 근본이다. "이상과 신념이 확고한 가운데 마음속에 당이 있고 당에 대한 충성이 있어야만 튼튼한 사상적 기초가 있을 수 있다. 이상과 신념이 동요한다면 마음속에 당이 있을 수가 없다."[16]라고 강조하며 지적했다. 19차 당대회에서 시진핑 총서기는, "혁명의 이상은 하늘보다 높다. 공산주의의 원대한 이상과 중국 특색 사회주의의 공통된 이상은 중국 공산당원의 정신적 지주이자 정치적 영혼이며 당의 단결과 통일을 유지하는 사상적

---

14 중공중앙문헌연구실 편집: 『중화민족의 위대한 부흥을 실현할 데 대한 시진핑의 중국몽 논술 발췌(習近平關於實現中華民族偉大復興的中國夢論述摘編)』, 중앙문헌출판사, 2013, 77면.

15 시진핑: 『중국 특색 사회주의를 견지하고 발전시키는 것을 중심으로 당의 18대 정신을 학습선전하고 관철하자—18기 중공중앙정치국 제1차 집체학습에서 한 연설』(상), 중앙문헌출판사, 2014, 80면.

16 시진핑: 『쟈오위루식의 현위서기가 되자(做焦裕祿式的縣委書記)』, 중앙문헌출판사, 2015, 4면.

기반이다."[17]이라고 재차 지적했다.

바로 공산주의의 이상과 신념이라는 정신적 지주 역할을 고도로 강조하였기에 시진핑 총서기는 공산주의 이상과 신념을 약화시키거나 부정하는 각양각색의 '공산주의 막연론'을 엄히 비판한 것이다. 시진핑은 개혁개방과 시장경제의 환경 속에서 당원간부의 이상과 신념은 다양한 방면의 방해를 받게 되는데 일부는 공산주의의 이상과 신념이 흔들리고, 일부 당원 간부는 의혹과 동요 심지어 변질되고, 어떤 이는 마르크스주의는 이미 시대에 뒤떨어진 것으로 공산주의가 갈수록 아득해 지는 가운데 중국도 결국 서방자본주의에 다가설 것이라 본다. 또 어떤 이는 이상과 신념으로 밥 먹는 것이 아니니 너무 빠져들지 말고 눈앞의 삶을 잘 살아가는 것이 확실한 도리라 생각한다. "일부는 공산주의는 볼 수는 있으나 만질 수 없고 심지어는 보이지도 않는다고 보고 있다."[18] 이는 완전히 잘못된 관점으로 이와 같이 공산주의를 약화시키거나 심지어 부정하는 잘못된 인식과 억지 주장에 대해 반드시 당당하게 비평하고 교육을 실시해야 한다. 시진핑은, '공산주의는 막연하다'는 관점은 잘못된 것으로 "공산주의는 멀지만 기약이 있고 사회주의는 바로 공산주의의 첫번째 단계라고 말해야 한다."[19]는 천원(陣雲)의 말을 인용했고 또한 "공산주의의 사상과 공산주의의

---

17 시진핑: 『샤오캉사회를 전면적으로 실현하는데서 결정적인 승리를 이룩하고 신시대 중국특색의 사회주의의 위대한 승리를 이룩하자—중국공산당 제19차 전국대표대회에서 한 보고』, 인민출판사, 2017, 63면.

18 시진핑: 「중국 특색 사회주의를 견지하고 발전시킬 데 대한 몇가지 문제」, 『18대 이후 중요문헌 선집』(상), 중앙문헌출판사, 2014, 116면.

19 시진핑: 「천원동지 탄신 기념 110주년 좌담회에서 한 연설(在紀念陳雲同志誕辰110周年座談會上的講話)」, 『인민일보(人民日報)』, 2015년 6월 13일, 제2면.

실천은 오래전부터 이미 우리의 현실생활 속에 존재하고 있었다. '공산주의는 막연한 환상', '공산주의는 실천의 검증을 거치지 않았다'는 관점은 완전히 잘못된 것이다. 우리의 일상은 모두 공산주의를 품고있어 공산주의를 떠날 수는 없다."[20]라는 후야오방(胡耀邦)의 말을 인용했다.

이상과 신념의 빛은 소멸되지 않는다. 수 많은 새로운 역사적 특징을 지닌 위대한 투쟁의 과정 속에서 공산주의의 이상과 신념에 대한 교육을 사상건설의 전략적 임무로 삼고 전체 당이 이상을 추구하는 정치적 정력(定力)을 유지하며 어떠한 시련도 이겨낼 수 있는 정신적 지주를 튼튼히 세워 중화민족의 위대한 부흥 실현을 위한 새로운 공헌을 해야 한다.

(나) 정신적 '칼슘' 보충과 '골연화증' 예방

18차 당대회 이후 시진핑 총서기는 수 차례 연설을 통해 이상과 신념을 공산당원의 정신적 '칼슘'에 비유하여 이상과 신념이 없거나 확고하지 못하면 '칼슘 결핍'으로 '골연화증'에 걸려 시련 속에 흔들리게 된다고 거듭 강조했다. 시진핑은 당원 간부의 '칼슘 결핍'에 의한 각종 '골연화증'을 여러 차례 비판하며 공산당원은 반드시 정신적 '칼슘'을 보충하여 '골연화증'을 예방해야 한다고 강조했다.

2012년 11월 17일, 시진핑 총서기는 18차 중공중앙정치국의 첫 집체학습에서, "생동하게 말하면 이상과 신념은 바로 공산당원의 정신적 '칼슘'으로 이상과 신념이 없거나 이상과 신념이 확고하지 못하면 정신적 '칼슘

20 시진핑: 「후야오방동지 탄신 기념 100주년 좌담회에서 한 연설(在紀念胡耀邦同志誕辰100周年座談會上的講話)」, 『인민일보』, 2015년 11월 21일, 제2면.

결핍'으로 '골연화증'을 앓게 된다. 현실 생활에서 일부 당원 간부에게 이런 저런 문제가 나타나곤 하는데 이는 결국 신앙은 아득하고 정신적으로 방향을 잃어버리기 때문이다."[21]라고 지적했다. 전체 당원들은 반드시 당성을 말하고 품행을 중시하며 모범을 보여 중국 특색 사회주의의 공동이상을 실현하기 위해 초지일관 분투해 나가야 한다. 2014년 1월 20일, 당의 대중노선교육 실천활동에 관한 제1기 총결 및 제2기 배치 회의에서 시진핑은 다시 한번, "이상과 신념은 공산당원의 정신적 '칼슘'으로 반드시 사상정치 건설을 강화하고 세계관과 인생관, 그리고 가치관이라는 '주개폐기' 문제를 잘 해결해야 한다. 공산당원에게 이상과 신념은 정신적 '칼슘'으로 정신적 '칼슘'이 부족하면 '골연화증'에 걸리게 되고 정치적 변질과 경제적 탐욕, 그리고 도덕적 타락과 생활적 부패를 초래한다. '4풍(四風)'문제는 결국 이상과 신념의 동요로부터 빚어지는 것이다."[22]고 말했다. 2017년 10월 18일, 중국공산당 제19차 전국대표대회 보고에서 시진핑은, "이상과 신념을 확고히 하는 것을 당 사상건설의 최우선 과제로 삼아 당 전체가 당의 취지를 명심하도록 교육 및 인도하고 공산당원의 정신적 중추를 꿋꿋이 세워 세계관과 인생관, 그리고 가치관이라는 '주개폐기' 문제를 잘 해결하며 자발적으로 공산주의의 원대한 이상과 중국 특색 사회주의 공동이상의 굳건

---

21 시진핑: 『중국 특색 사회주의를 견지하고 발전시키는 것을 중심으로 당의 18대 정신을 학습선전하고 관철하자—18기 중공중앙정치국 제1차 집체학습에서 한 연설』(상), 중앙문헌출판사, 2014, 80~81면.

22 시진핑: 「당의 대중노선교육실천활동 제1차 총화 및 제2차 배치 회의에서 한 연설(在黨的群衆路線教育實踐活動第一批總結暨第二批部署會議上的講話)」, 『당의 건설 연구(黨建研究)』, 2014년, 2기.

한 신앙자와 충실한 실천자가 되어야 한다."[23]고 특별히 강조했다.

확고한 이상과 신념은 당원 간부가 정치적 입장을 제대로 세우고 각종 유혹과 부패를 방어할 수 있는 결정적 요소이다. "굳건한 이상과 신념이 있으면 서 있는 곳이 높아 넓은 시야를 가질 수 있고 흉금 또한 넓어져 정확한 정치 방향을 견지할 수 있으며 승리하고 순조로울 때라도 교만하거나 서두르지 않고 어려움과 역경 속에서도 기가 죽거나 동요하지 않아 각종 위험과 힘든 시련을 이겨낼 수 있고 자발적으로 각종 부패사상의 침식을 방어하고 공산당원의 정치적 본색을 영원히 간직할 수 있다."[24] 우리의 대다수 당원 간부는 우수하고 믿음직하며 이상과 신념이 굳건하다는 것을 충분히 긍정할 수 있다. 하여 시진핑 총서기는, "만약 어느날 바로 우리 눈앞에서 '색깔혁명'과 같은 복잡한 국면이 일어난다면 우리 간부들이 과연 의연히 나서서 당의 영도를 수호하고 사회주의제도를 보위할 수 있을까? 본인은 절대 다수의 당원 및 간부들이 그럴 수 있을 것이라 믿는다."[25]라고 자신만만하게 말했다.

이상과 신념의 동요는 가장 위험한 동요이고 이상과 신념의 내리막은 가장 위험한 내리막 길이다. 적지 않은 당원 간부들은 바로 이상과 신념의 결핍 혹은 굳건함의 부재로 인해 정신적 '칼슘' 부족을 초래하여 정도

---

23 시진핑: 『샤오캉사회를 전면적으로 실현하는데서 결정적인 승리를 이룩하고 신시대 중국특색의 사회주의의 위대한 승리를 이룩하자—중국공산당 제19차 전국대표대회에서 한 보고』, 인민출판사, 2017, 63면.

24 시진핑: 「중국 특색 사회주의를 견지하고 발전시킬 데 대한 몇가지 문제」, 『18대 이후 중요문헌 선집』(상), 중앙문헌출판사, 2014, 117면.

25 시진핑: 「전국조직업무회의에서 한 연설」, 『18대 이후 중요문헌 선집』(상), 중앙문헌출판사, 2014, 339~340면.

가 상이한 '골연화증'을 앓게 된다. 이에 대하여 시진핑 총서기는, "어떤 이는 공산주의에 대한 의심을 품고 이를 허무하고 어렴풋하여 실현하기 힘든 환상이라고 생각하고, 어떤 이는 마르크스-레닌주의를 믿지 않고 귀신을 믿으며 봉건미신 속에서 정신적 의탁을 추구하여 점이나 관상을 보고 향을 피우며 부처에게 절하고 일이 생기면 그 계책을 신에게 묻고, 어떤 이는 시비에 대한 관념이 희박하고 원칙성이 약하며 정의감이 퇴화된 가운데 얼떨결에 관리가 되어 아무 생각없이 시간만 때우고, 심지어 어떤 이는 서방의 사회제도와 가치관을 동경하고 사회주의의 전도 및 운명에 대해 믿음을 상실하고, 어떤 이는 당의 영도와 중국 특색 사회주의 노선 등과 관련되는 원칙적 문제에 대한 정치적 도전 앞에서 그 태도가 애매하고 소극적으로 기피하며 과감히 맞서지 않거나 심지어 고의적으로 모호한 입장을 표명하며 얼렁뚱땅 넘어가려 한다. 당의 영도간부, 특히 고위간부가 근본적 시시비비 앞에서 태도가 두루뭉술하고 정치적 사안과 민감한 문제에 직면해서는 입장이 없고 무관심한데 어찌 괴상한 일이 아니겠는가!…… 작금에 이르러 형식주의과 관료주의, 그리고 향락주의와 사치풍조가 성행하는 이유가 무엇인가? 왜 일부 간부들이 계속해서 부패자로 전락하고 범죄의 나락으로 떨어지는가? 결국 이상과 신념이 확고하지 못하기 때문이다."[26]라고 비판하며 지적했다.

이상과 신념의 동요는 결코 작은 문제가 아니어서 한 정당과 국가정권의 흥망성쇠에 직접적으로 영향을 미친다. "한 정당의 쇠락은 종종 이과

26 시진핑: 「전국조직업무회의에서 한 연설」, 『18대 이후 중요문헌 선집』(상), 중앙문헌출판사, 2014.

신념의 상실 혹은 결실로부터 시작된다. 우리 당이 견강하고 힘이 있는가 여부는 전체 당의 이상과 신념이 굳건하고 흔들림이 없는지 여부를 살펴야 할뿐더러 각 당원의 이상과 신념이 굳건하고 흔들림이 없는지 여부를 살펴보아야 한다."[27] "세계 사회주의 실천의 곡절과 역정은 우리에게, 마르크스주의 정당이 일단 마르크스주의 신앙과 사회주의 및 공산주의 신념을 포기하면 여지없이 붕괴된다는 것을 말해준다. ……국내외 각종 적대 세력은 항상 우리 당이 신념을 바꾸고 그 이름과 성을 바꾸도록 기도하고 있는데 그 핵심이 바로 우리가 마르크스주의 신앙을 버리고 사회주의와 공산주의에 대한 신념을 포기하도록 하는 것이다."[28]이 같은 교훈은 중국 공산당원에게 어떤 경우라도 초심을 잊지 않고 이상과 신념이라는 근본을 동요시키지 말 것을 말해주고 있다.

당대 중국 공산당원은 반드시 시진핑 신시대 중국 특색 사회주의 사상을 따르고 공산당원의 정신적 고향을 지키며 객관적 세계개조와 주관적 세계개조를 결합하여 세계관과 인생관, 그리고 가치관 문제를 철저히 해결하고 공산당원의 튼튼한 체력과 확고한 신념의 체력으로 시종일관 공산당원의 호연지기를 유지하여 공산주의의 원대한 이상과 중국특색 사회주의의 공동이상을 위해 변함없에 분투해야 한다.

(다) 신념의 굳건함 여부에 대한 객관적 기준을 명확히 해야

시진핑 총서기는, 원대한 이상이 없으면 불합격 공산당원이고 현실

---

27 시진핑: 『중국공산당 창당95주년 경축대회에서 한 연설』, 인민출판사, 2016, 10~11면.

28 『전국 당 간부 학교 업무회의에서 한 연설(在全國黨校工作會議上的講話)』, 인민출판사, 2016, 7~8면.

적 업무를 떠나 원대한 이상만을 논하는 당원 역시 불합격 공산당원이다고 거듭 강조했다. 공산주의의 이상과 신념을 굳건히 하고 공산주의 사업을 위해 평생 분투하는 것은 진정한 공산당원의 기준이자 우리 당의 훌륭한 간부의 최우선 기준이다. "부동의 신념은 훌륭한 간부의 첫번째 표준으로 좋은 간부인지 여부를 알려면 우선 이것을 보아야 한다. 만약 이상과 신념이 굳건하지 못하고 마르크스주의를 믿지 않고 중국 특색 사회주의를 믿지 않으며 정치적 불합격 당원이라 시련을 이겨낼 수 없어 이와 같은 간부는 능력이 아무리 뛰어나다 할지라도 우리 당에게 필요로 하는 훌륭한 간부가 아니다. 이상과 신념이 굳건해야만 이를 활용하여 '금강불괴지신'을 단련할 수 있고 간부는 비로소 시시비비 앞에서 입장을 분명히 하며 두려움 없이 시련을 헤쳐 나갈 수 있고 각종 유혹 속에서도 확고한 입장을 견지하여 관건적 시기에 의지할 수 있고 믿을 수 있으며 마음 놓을 수 있다."[29]고 재삼 강조했다.

물론 한 명의 공산당원, 특히 당의 영도간부가 원대한 이상을 갖고 있는지, 이상과 신념이 확고한지 여부를 판단하는 것은 어느 누가 결정하는 것이 아니라 혁명전쟁 시점이던 평화건설 시점이던 모두 한 명의 당원과 당 지도간부의 이상과 신념에 대한 확고함에는 모두 객관적 기준이 있다. 혁명전쟁의 연대에 한 명의 당원 간부의 이상과 신념이 확고한지 여부를 점검하려면 당과 인민의 사업을 위해 목숨도 내놓을 수 있고 돌격명령이 떨어지는 순간 즉시 돌진할 수 있는지 여부를 살펴는 매우 직접적인 점

29 시진핑: 「전국조직업무회의에서 한 연설」, 『18대 이후 중요문헌 선집』(상), 중앙문헌출판사, 2014, 338면.

검방식이 있다. 90여년에 이르는 역사의 과정 속에서 대대의 공산당원들은 민족독립과 인민 해방, 그리고 국가의 부강을 위해 피흘리고 목숨을 바치며 중국 공산당원의 원대한 이상에 대한 굳건한 충성심을 충분히 보여주었다. 평화건설의 시대는 생사의 시련은 많지 않고 간부의 이상과 신념이 확고한지 여부를 검증하기가 어려워 진 것이 사실이나 점검할 수 없게 된 것은 아니다. 오늘날 한 명의 공산당원과 영도간부가 공산주의의 원대한 이상을 품고 있는지 여부를 가늠할 시에는 "전심전력으로 인민을 위해 봉사하는 근본적 취지에 대한 견지와 고생은 앞서고 누리는 것은 뒤로 하며 근면하게 일하고 멸사봉공하는지, 그리고 이상을 위해 헌신적으로 분투하고 노력하며 자신의 모든 정력과 생명을 내놓을 수 있는지 여부를 살펴 보아야 한다. 흔들림과 망설임, 시기를 놓치지 않고 즐기자는 생각, 사리를 탐하는 행위, 현상태에 안주하는 기풍 등은 모두 원대한 이상을 품은 이들과 전혀 어울리지 않는다."[30] 영도간부를 놓고 볼 때 중요한 것은 바로, "중대한 정치시련 앞에서 정치적 정력(定力)을 갖고있는지, 확고한 취지 의식을 수립하고 있는지, 업무에 대해서는 극단적 책임감이 있는지, 고생은 앞서고 누리는 것은 뒤로 하고 있는지, 긴박하고 위급한 임무를 과감히 맡는지, 권력과 재물, 그리고 미색의 유혹을 이길 수 있는지 여부를 보아야 한다. 이와 같은 점검은 하나의 과정이 필요한데 단숨에 한 두가지 사안을 겪거나 몇마디 구호로 해결할 수 있는 것이 아니며 오랜 시간을 두고 그 상황을 보아야 하고 심지어 평생을 살펴야 한다."[31]

---

30 시진핑: 「중국특색의 사회주의를 확고부동하게 견지하고 발전시켜야(毫不動搖堅持和發展中國特色社會主義)」, 『시진핑의 국정운영을 논함(習近平談治國理政)』, 외문출판사, 2014, 24면.

31 시진핑: 「전국조직업무회의에서 한 연설」, 『18대 이후 중요문헌 선집』(상), 중앙문헌출판

각 공산당원, 특히 영도간부는 모두 시진핑 총서기가 제기한 기준에 따라 자신의 사상적 경계와 업무 생활 실천을 대조하여 사상을 점검하며 신념을 관찰하고 주관적 세계를 부단히 개조하며 세계관과 인생관, 그리고 가치관을 향상시켜 합격점을 받는 공산당원이 되어야 한다.

3. '금강불괴지신'의 단련

숭고한 신앙과 확고한 신념은 자발적으로 발생하는 것이 아니다. 공산당원, 특히 영도간부가 '금강불괴지신'을 단련하려면 반드시 과학이론을 활용해 머리를 무장하고 마르크스주의 이론을 체계적으로 장악하는 것을 비장의 무기로 삼아 마르크스-레닌주의와 마오쩌둥사상, 그리고 중국 특색 사회주의 이론체계를 심층적으로 학습하고 시진핑 신시대 중국 특색 사회주의 사상을 깊이 학습하며 학습 성과를 당성 수양과 사상 경지, 그리고 도덕 수준을 제고하는 정신적 자양분으로 전환하여 진정한 학습과 습득, 그리고 진정한 믿음과 실용을 실행하고 경건하고 집요하며 성실하고 단단하게 이행하고 나아가 그 단단한 이론과 확고한 신념을 실질적 행동으로 전환해야 한다.

(가) 마르크스주의 지도적 지위 동요 절대 불가

공산주의는 우리 당의 원대한 이상이고 마르크스주의는 우리 당의

사, 2014, 340면.

지도사상이다. 확고한 이상과 신념이란 우선 마르크스주의의 지도를 반드시 견지하는 것으로 이 문제에 대해서는 추호의 동요도 있을 수 없다.

마르크스주의는 객관적 세계, 특히 인류사회 발전의 일반 규율을 심도있게 밝히고 강력한 생명력을 갖춘, 우리 공산당원의 전진을 지도하는 강력한 사상적 무기이다. 이에 대해 시진핑 총서기는, "마르크스주의가 비록 한 세기 반 전에 탄생했지만, 역사와 현실은 모두 이론의 과학성을 증명하였고 오늘날까지 여전히 강력한 생명력을 갖고 있다. 마르크스주의는 자연계와 인류사회, 그리고 인류 사유 발전의 보편적 규율로 인류사회 발전과 진보를 위한 방향을 제시해 주었다. 마르크스주의는 인민해방 실현과 인민이익 입장 수호, 그리고 인간의 자유 실현을 통한 전면발전과 전 인류해방을 자신의 소임으로 삼아 인류의 이상사회에 대한 아름다운 동경을 반영했다. 마르크스주의는 사물의 본질과 내재적 연계 및 발전 규율을 제시한 것으로 '위대한 인식도구'이자 사람이 세계를 관찰하고 문제를 분석하는 유력한 사상적 무기이다. 마르크스주의는 선명한 실천 품격을 갖추고 있어 과학적 '세계해석'에 힘쓸 뿐더러 '세계개조'에 적극 노력하고 있다. 인류사상 역사를 놓고 볼 때 마르크스주의처럼 인류문명 진보에 이렇게 광범위하고 지대한 영향을 미친 이론은 없다."[32]라며 체계적으로 논술한 바 있다. 마르크스주의 탄생 이후의 실천은, 시대가 어떻게 변화하고 과학이 어떻게 진보했던 여전히 과학사상의 위력을 보여주었고 여전히 진리와 도의의 고지를 점유해 왔으며 역사의 진일보 발전과 함께 세계적으로 마르크스주의를 찬성하는 사람은 갈수록 많아지고 있다.

---

32 시신핑, 『철학사회과학 업무좌담회에서 한 연설』, 인민출판사, 2016, 8~9면.

마르크스주의의 지도 하에 중국공산당은 중국의 혁명과 건설, 그리고 개혁을 영도하며 거대한 성공을 획득했다. 마르크스주의는 중국에 들어온 이후 중화문명의 거대한 변혁을 야기하며 점차 중국화 과정을 거쳤다. 혁명과 건설, 그리고 개혁의 역사적 단계에서 중국공산당은 마르크스주의 기본원리와 중국의 구체적 실정을 상호 결합하는 것을 견지하고 마르크스주의의 입장과 관점, 그리고 방법을 운용하며 각종 중대이론과 실천문제를 연구하여 해결했고 마르크스주의의 중국화를 부단히 추진하며 마오쩌둥사상과 덩샤오핑이론, 그리고 '3가지 대표'의 중요사상과 과학적 발전관 등 중대한 성과를 거두었고 당과 인민을 지도하며 신민주주의 혁명과 사회주의 혁명의 위대한 승리, 그리고 사회주의의 건설과 개혁개방의 위대한 성과를 획득했다. 18차 당대회 이후 시진핑을 핵심으로 한 당중앙은 변증유물주의와 역사유물주의를 견지하는 가운데 시대조건과 실천요구를 단단히 결합시켜 중대이론의 혁신적 성과를 취득하고 신시대 중국특색 사회주의사상을 형성하며 21세기 중국의 마르크스주의를 견지하고 발전시켰다.

바로 이 같은 요인으로 인해 마르크스주의의 지도적 지위는 어떤 시점에서도 동요할 수 없게 되었는 바, 만약 마르크스주의의 지도가 동요하거나 버려지게 되면 영혼과 방향의 상실로 말미암아 결국 잘못된 길로 빠지는 것이다. 중국공산당 창당 95주년 기념대회에서 시진핑 총서기는, "마르크스주의는 우리 당과 국가를 세우기 위한 근본적 지도사상이다. 마르크스주의를 이탈하거나 혹은 포기할 시 중국공산당은 영혼과 방향을 잃어버리게 될 것이다. 마르크스주의의 지도적 지위를 견지한다는 이 같은 근본적 문제에서 우리는 어떠한 시점과 상황 하에서도 추호의 동요가 있어서는 안 된다."[33]는 것을 분명하게 말했다. 혹자는 사상의 다원화와 지도사상의 이질성 등의 기치를 내걸고 '마르크스주의 낙후론'을 고취하며 마르크스주의를 극력으로 '주변화', '허공화' 하며 마르크스주의의 지도적 지위 하락시키거나 심지어 취소하려는 기도를 하고있는데 우리는 반드시 이를 고도로 경계해야 한다.

물론 마르크스주의는 아직 끝나지 않은 진리이며 그 진리로 통하는 길을 개척한 것이다. 새로운 시대적 특성과 실천을 마주하며 마르크스주의 또한 중국화와 시대화, 그리고 대중화 문제에 직면하고 있다. 이에 우리는 반드시 시대와 함께 마르크스주의를 발전시켜야 한다. 더 넓은 시야로 마르크스주의의 당대 발전에 대한 현실적 기초와 실천적 수요를 살피고 중국의 개혁개방과 현대화 건설의 실제문제 및 현재 추진중인 사안을 중심으로 마르크스주의 이론의 운용과 실제 문제에 대한 이론적 사고, 그리고 새로운 실천 및 발전에 착안하여 더욱 심도있게 마르크스주의와 당대 중국발전의 구체적인 실제를 상호 결합하는 것을 추동하고 21세기 마르크스주의 발전의 새로운 경지를 부단히 개척하며 당대 중국 마르크스주의가 더욱 찬란한 진리의 빛을 발산하도록 해야 한다.

(나) 마르크스주의 이론 장악을 비장의 무기로 삼아야

시진핑 총서기는, "이론이 분명해야 정치적으로 확고할 수 있다. 확고한 이상과 신념은 반드시 마르크스주의와 역사규율에 대한 깊은 이해와 장악 하에 세워져야 한다. 전체 당은 마르크스주의-레닌주의와 마오쩌둥

---

33 시진핑: 『중국공산당 창당95주년 경축대회에서 한 연설』, 인민출판사, 2016, 9면.

사상, 그리고 덩샤오핑 이론과 '3가지 대표'의 중요사상 및 과학적 발전관을 심도있게 학습하고 18차 당대회 이후 당중앙의 국정운영과 관련된 새로운 이념과 사상, 그리고 전략을 심층적으로 학습하며 마르크스주의의 사상적 깨달음과 이론수준을 부단히 제고하여 원대한 이상과 분투목표에 대한 뚜렷한 인지와 집요한 추구를 유지해야 한다."[34]고 지적했다. 이는 정치적 확고함과 마르크스주의 학습, 그리고 분명한 이론을 유지하는 것과의 관계를 심도깊게 천명한 것으로 굳건한 공산주의의 이상과 신념의 근본적 경로와 중요 조치를 과학적으로 논술하고 당원 간부의 마르크스주의 기본이론 학습을 강화하는 것에 대한 중요성을 강조한 것이다.

마르크스주의 기본이론을 잘 학습하면 세계관과 인생관, 그리고 가치관이라는 '주개폐기' 문제를 확실히 해결할 수 있고 당원 간부가 이상과 신념을 튼튼한 이론기초 위에 건립하는 것을 인도할 수 있다. 일정 시기 동안 혹자는 공산주의가 보이기는 하나 만질 수 없고 심지어 보이지도 않는 허무한 것으로, 유물사관 혹은 유심사관의 문제와 관련된다고 여겼다. 이들의 이상이 막연하고 신앙이 동요되는 근본은 바로 마르크스주의 관점이 확고하지 못하기 때문이다. 진정으로 마르크스주의를 체계적으로 장악한 것을 비장의 무기로 삼았다면 이상과 신념은 굳건하고 사상은 동요되지 않을 것이다. 이에 "영도간부, 특히 고위급 간부는 마르크스주의의 기본이론을 체계적으로 장악하는 것을 비장의 무기로 삼고 마르크스-레닌주의와 마오쩌둥사상, 특히 덩샤오핑 이론과 '3가지 대표'의 중요사상, 그리고 과학적 발전관을 처음부터 고스란히 성실하게 학습해야 한다. 당교, 간부학

---

34 시진핑: 『중국공산당 창당95주년 경축대회에서 한 연설』, 인민출판사, 2016, 11~12면.

원, 사회과학원, 대학, 이론학습센터 등은 마르크스주의를 필수과목으로 삼아 마르크스주의를 학습하고 연구하며 선전하는 중요 기지가 돼야 한다. 신 간부와 젊은 간부들은 특별히 이론학습을 잘 수행하고 끊임없는 학습을 통해 마르크스주의 입장과 관점, 그리고 방법을 운용하여 문제를 관찰하고 해결하는 것을 배우며 이상과 신념을 확고히 해야 한다."[35]

18차 당대회 이후 시진핑을 핵심으로 한 당중앙은 마르크스주의 이론을 고도로 중시하고 중앙정치국은 수 차례 솔선수범하여 변증유물주의와 역사유물주의, 그리고 마르크스주의 정치경제학과 과학사회주의 기초원리 및 방법론을 학습했다. 예로 2013년 12월 3일, 역사유물주의 기본원리 및 방법론에 대한 중앙정치국의 집체학습 가운데 시진핑 총서기는, "당의 각급 영도간부, 특히 고위간부는 처음부터 끝까지 경전 저서를 학습하고 연구하며 마르크스주의 철학을 자신의 비장의 무기로 삼고 이상과 신념을 굳건히 하여 정확한 정치방향을 견지하며 전략적 사유능력과 종합적 정책결정능력, 그리고 전반 국면을 총괄하는 능력을 제고하고 인민을 단결시켜 이끌고 개혁개방의 새로운 장을 부단히 써내려 가야 한다."[36]고 강조했다. 2015년 1월 23일에 있었던 중앙정치국의 변증유물주의 기본원리 및 방법론 집체학습에서 시진핑 총서기는, 당은 인민을 단결시켜 이끌고 전면적 샤오캉사회 건설과 전면적 심화개혁, 그리고 전면적 의법치국

---

35 시진핑: 「사상 선전 업무를 더 잘해야(把宣傳思想工作做得更好)」, 『시진핑 국정운영을 논하다(習近平談治國理政)』, 외문출판사, 2014, 153~154면.

36 「전당적인 역사유물주의 습득을 추진하고 법칙을 보다 훌륭하게 인식하여 보다 능동적으로 업무를 추진한다(推動全黨學習和掌握歷史唯物主義, 更好認識規律更加能動地推進工作)」, 『인민일보』, 2013년 12월 5일, 제1면.

과 전면적 종엄치당을 조화롭게 추진하고 '2개의 100년' 분투목표와 중화민족의 위대한 부흥인 중국몽을 실현하려면 반드시 마르크스주의 철학지혜의 자양분을 부단히 받아들이고 보다 자각적으로 변증유물주의의 세계관과 방법론을 견지하고 적용하며 변증법적 사고와 전략적 사고능력을 증강시켜 중국의 개혁발전에 따른 기본문제를 해결하는 능력을 향상시키기 위해 노력해야 한다고 지적했다. 2015년 11월 23일, 중공중앙정치국은 마르크스주의 정치경제학 기본원리와 방법론에 대한 28차 집체학습을 진행했다. 시진핑 총서기는, 우리 나라 국정과 발전의 실천에 입각하여 새로운 특성과 규율을 밝히고 경제발전 실천의 규율성 성과를 제련하여 총결하며 실천경험을 체계적인 경제학설로 상승시켜 당대 중국의 마르크스주의 정치경제학의 새로운 경지를 부단히 개척해야 한다고 강조했다. 2017년 9월 29일, 중공중앙정치국은 당대 세계 마르크스주의 사조 및 그 영향과 관련된 43차 집체학습을 가졌다. 시진핑 총서기는, 우리 당은 마르크스주의로 무장된 정당으로 마르크스주의는 우리 공산당원의 이상과 신념의 영혼임을 강조했다. 21세기 마르크스주의와 당대 중국 마르크스주의를 발전시키려면 반드시 중국에 입각하여 세계로 시야를 넓혀 시대와 함께 나아가는 이론적 품격을 유지하고 마르크스주의의 시대적 의의와 현실적 의의를 깊이 인식해야 하며 마르크스주의의 중국화와 시대화, 그리고 대중화를 인내심을 갖고 추진하여 마르크스주의가 더욱 찬란하게 진리의 빛을 발산하도록 해야 한다. 전체 당원들은 당중앙을 모범으로 하여 마르크스주의 기본이론 학습을 영원한 '뉴노멀'로 삼아 마르크스주의의 사상 각성과 이론수준을 부단히 제고하고 원대한 이상과 분투목표에 대한 분명한 인식과 집요한 추구를 견지해야 한다.

(다) 실효성 있게 일해 위대한 꿈을 실현

공산주의의 최고 이상과 원대한 목표는 단숨에 이룰 수 없어 반드시 실제적 노력을 거쳐야만 실현될 수 있다. 원대한 이상을 품은 공산당원은 반드시 사회주의 초급단계의 실제에 입각하여 '못을 박는 정신'으로 내실 있고 용감하게 감당하며 눈앞의 업무를 수행하고 기존의 사업을 발전시켜 공산주의 실현을 위한 빈틈없는 노력을 수행해야 한다.

중국 공산당원이 추구하는 공산주의의 최고 이상은 사회주의 사회가 충분히 발전하여 고도로 발달하는 기초에서만 실현이 가능한 것으로 한 걸음에 공산주의로 진입한다는 것은 실제적이지 않다. 공산주의의 실현은 아주 기나긴 역사의 과정으로 반드시 당의 현 단계에서 설정한 분투목표에 입각하여 견실하게 사업을 추진해야 한다. "중국 특색 사회주의 노선에 대한 신념을 굳건하게 해야 할뿐더러 공산주의의 숭고한 이상을 가슴에 품고 사회주의 초급단계에서 당의 기본노선과 기본강령을 초지일관 관철하여 집행하고 눈앞의 모든 일들을 잘 수행해야 한다."[37] 사회주의를 포기하려는 각종 착오적 주장을 결연히 막아내야 할뿐더러 단계를 뛰어넘는 잘못된 관념과 정책 조치를 자각적으로 바로잡고 자신을 함부로 낮추거나 혹은 함부로 잘난 체하지도 않으며 신시대 중국 특색 사회주의 신 승리를 견실있게 쟁취해 나가야 한다.

인간세상의 아름다운 꿈은 끊임없는 노력을 통해서만 실현이 가능하다. 확고한 이상과 신념은 실제적 노력이나 실천으로 이어져야만 실제 가

---

37 시진핑: 「중국 특색 사회주의를 동요없이 견지하고 발전시켜야(毫不動搖堅持和發展中國特色社會主義)」, 『시진핑 국정운영을 논하다』, 외문출판사, 2014, 23면.

치가 있어 반드시 견실한 실제행동 속에서만 점차 실현될 수 있다. "참된 노력만이 어려움을 극복할 수 있고 실제적 일을 통해서만 꿈을 이룰 수 있다. 우리는 전 사회적으로 참되게 노력하고 실속있게 일하며 묵묵히 일에 몰두하는 풍조를 선양해야 한다. 각급 영도간부들은 솔선수범하여 노동의 모범정신을 보여 실제적 정책을 내고 실제로 힘을 독려하며 실제적 일을 처리하고 헛된 공명을 도모하지 않고 간부와 대중의 반응이 강렬한 형식주의와 관료주의, 그리고 향락주의와 사치풍조 등 '4풍'을 단호히 반대하며 솔선하여 대중을 이끌어 각종 제반 사업을 착실히 수행해 나가야 한다."[38]견실하게 업무를 수행하고 실사구시의 태도를 견지하며 중국이 아직까지, 그리고 향후 장기적으로 사회주의 초급단계에 처해 있다는 기본 국정을 분명히 인식하여 정확히 파악하고 모든 것을 이러한 기본 국정과 최대의 실제로부터 출발하여 개혁과 발전을 추진하는 것을 견지하며 어떠한 현실과 단계를 뛰어넘어 급하게 이루려는 경향은 최대한 피하고 어떠한 실제에 낙오되어 심각하게 변하고 있는 객관적 사실을 무시한 채 구습을 따르고 제자리 걸음을 하는 관념과 방법은 단호히 바로잡아야 한다.

광범위한 당원 간부는 반드시 시진핑 신시대 중국 특색 사회주의 사상을 깨달아 적극 정진하고 분발하며 이를 새로운 실제에 결합하고 또한 새로운 사고와 새로운 조치를 통해 견실하게 기존의 과학적 목표와 업무의 청사진을 현실화해야 한다. 실천과 인민, 그리고 역사의 검증을 이겨낸 실적을 거두고 중화민족의 위대한 부흥인 중국몽과 중국 특색 사회주의의

38 시진핑: 「실속있게 일해야만 꿈을 이룰 수 있다(實幹才能夢想成眞)」, 『시진핑 국정운영을 논하다』, 외문출판사, 2014, 48면.

공동이상 실현을 위해 스스로 공헌해야 한다.

제4장

당의 조직 업무를 더욱 충실하게

당의 조직건설은 당의 조직제도, 중앙조직, 지방조직, 기층조직, 간부, 기율, 기율검찰기관, 당조(黨組, 당이 중앙과 지방의 국가기관, 인민단체, 경제조직, 문화조직, 사회조직과 기타 조직영도기관에 설치한 영도기구로 소속단위에서 영도핵심의 역할을 일으킨다) 등의 건설을 말하며 주로 민주집중제 건설과 당의 기층조직 건설, 그리고 간부대열 건설과 당원대열 건설 등의 내용을 포함한다. 18차 당대회 이후 시진핑 총서기는, 당의 집정지위 고도화를 공고히 하는 것으로부터 당 조직의 전투보루 역할과 당원의 선봉모범 역할을 진일보 발휘하는 것에 착안하여 시종일관 당의 조직건설을 뚜렷한 위치에 올려 놓음과 동시에 당 조직건설을 강화에 대한 창의성이 풍부한 새로운 사상과 논단, 그리고 요구를 제출하며 당 조직건설의 과학화 수준을 어떻게 강화할 것인가 하는 문제를 새로운 고도로 끌어올렸다.

1. 당의 민주집중제를 진지하게 집행해야 한다

민주집중제는 당의 근본적 조직원칙과 영도제도로 당의 창조적 활력을 분발시켜 당의 단결과 통일을 유지하는 근본 보증이다.

(가) 민주집중제는 중국공산당 최대의 제도적 우세

시진핑 총서기는 민주집중제가 중국공산당의 발전에 대한 현실적 의의를 매우 중시하고 있다. 일찍이 2012년 6월 28일, 우수한 기층 당조직과 우수당원을 표창하는 대회에서 행한 연설을 통해 시진핑 총서기는, "민주집중제는 우리 당의 근본적 조직제도와 영도제도로 당내 정치생활의 명확한 규범화와 당내 관계를 처리하는 기본 준칙이고 전체 당원과 전국 인민의 이익과 소망을 반영하여 체현하고 있으며 당의 노선방침 정책을 정확히 제정하고 집행하는 과학적, 합리적, 그리고 효율성을 보증하는 제도이다. 그러므로 이는 우리 당 최대의 제도적 우월이다."[1] 라고 지적했다. 당의 제도는 매우 많지만 가장 근본적인 것은 바로 민주집중제이다. 이를테면 민주집중제는 우리 당이 어떠한 다른 비 마르크스주의 정당과 구별되는 가장 본질적 부분이다.

2013년 3월, 시진핑 총서기는 브릭스(BRICS) 국가 매체의 공동 인터뷰를 통해, 많은 사람이 땔감을 하면 화염이 높다고 말했다. 우리는 분업과 협력을 함께 하는 중앙영도집체가 있고 비교적 효과적인 업무기제가 있으며 각자 맡은 바 책임을 다하여 공동으로 업무를 잘 수행하고 있다. 민주집중제 원칙은 우리의 간부 선발 과정에서 충분히 반영되어 우리 당이 가장 우수한 인재를 중앙영도집체에 진입시킬 수 있는데 이는 시진핑 총서기가 "우리의 간부 선발 기제도 한 등급씩 차례로 이루어진 것인데 예로, 본인의 경우, 농촌에서 일한 경험과 생산 대대 당지부 서기를 맡은 경험, 그리

1 시진핑: 「당의 독특한 우월성을 시종 견지하고 충분히 발휘(始終堅持和充分發揮黨的獨特優勢)」, 『17대 이후 중요문헌선집(十七大以來重要文獻選編)』(하), 중앙문헌출판사, 2013, 1023면.

고 현, 시, 성, 중앙에서 일했던 경험을 모두 갖고 있다."[2]고 말한 바와 같다.

2014년 9월 5일, 전국인민대표대회 설립 60주년 경축 대회에서 시진핑 총서기는, "민주집중제는 중국의 국가 조직 형식과 활동 방식의 기본 원칙이다."[3]고 지적했다. 동 제도는 "중앙의 통일 영도 하에, 지방이 능동성과 적극성을 충분히 발휘하고 국가가 통일적이고 고효율적 조직으로 각종 사업의 추진을 보증하고 있다."[4]고 지적했다. 이와 같은 과학적 제도에 의지하여 개혁개방 40년 동안 일련의 정확한 노선방침 정책을 제정했는데 예로 중국 특색 사회주의 기본이론, 기본노선, 기본강령, 기본경험, 기본요구를 확립하여 우리 당으로 하여금 중국 특색 사회주의 규율에 대한 인식이 새로운 고도에 이르게 했다.

(나) 민주집중제의 각종 구체적 제도를 건전하고 진지한 수행

민주집중제 원칙을 인민대표대회 제도에 관철시켜 인민대표대회 제도가 민주 집중제 원칙을 체현하는 가장 중요한 초석이 되도록 한다. 2012년 12월, 시진핑 총서기는 수도 각계각층의 현행 헌법공포시행 30주년 기념 행사에서, "우리는 헌법으로 확립한 민주집중제 원칙과 국가정권체제, 그리고 활동준칙에 따라 인민대표대회가 국가권력에 대한 통일적 행사를 실행하고, 정책 결정권, 집행권, 감독권을 합리적 분업과 상호 조정 속에

---

2 시진핑: 「'대국을 다스리는 것은 마치 작은 생선을 굽는 것과 같다(治大國若烹小鮮)'」, 『시진핑 국정운영을 논하다』, 외문출판사, 2014, 409면.

3 시진핑: 『전국인민대표대회 성립 60주년 경축대회에서 한 연설(在慶祝全國人民代表大會成立60周年大會上的講話)』, 인민출판사, 2014, 8면.

4 같은 책, 9면.

실행하여 국가기관이 법정권한과 절차에 따라 직권을 행사하고 직책을 이행하는 것을 보증하며 국가기관이 각종 업무를 통일 및 효과적으로 조직하는 것을 보증해야 한다."[5]고 지적했다. 2014년 9월 5일, 전국인민대표대회 설립 60주년 경축 대회에서 시진핑 총서기는, "인민대표대회 제도를 견지하고 개선하려면 반드시 민주집중제를 견지해야 한다. 민주집중제는 중국의 국가조직형식과 활동방식의 기본 원칙이다."[6]고 재차 지적했다. 인민대표대회 제도는 민주집중제 원칙의 현실 체현인 바, 이는 다음 몇 가지 방면에서 나타난다. "인민대표대회는 국가권력을 통일적으로 행사하고 전국인민대표대회는 최고의 국가권력기관이며 지방의 각급 인민대표대회는 지방의 국가권력기관이다. 우리는 반드시 인민이 인민대표대회를 통해 국가권력을 행사하는 것을 견지해야 한다. 각급 인민대표대회는 모두 민주선거를 통해 구성되어 인민에 책임지고 인민의 감독을 받는다. 각급 국가행정기관과 심판기관, 그리고 검찰기관은 모두 인민대표대회를 통해 산생되어 인민대표대회를 향해 책임지고 인민대표대회의 감독을 받는다. 또한 국가기관은 정책결정권, 집행권, 감독권을 실행함에 있어 합리적 분업과 상호 협조를 진행한다."[7]

민주집중제 원칙의 시행은 보고제도에 대한 엄격한 집행을 요구하여 보고제도가 민주집중제 원칙을 관철하는 중요한 제도가 되도록 한다.

---

5 시진핑: 「수도 각계 현행 헌법 공포 시행 30주년 기념대회에서 한 연설」, 인민출판사, 2012, 7면.

6 시진핑: 『전국인민대표대회 성립 60주년 경축대회에서 한 연설』, 인민출판사, 2014, 8면.

7 같은 책, 8~9면.

2014년 1월, 시진핑 총서기는 18기 중앙기율위원회 3차 전체 회의에서 발표한 중요 연설을 통해, 민주집중제와 당내 조직생활 제도 등 당의 조직제도는 모두 매우 중요하여 반드시 엄격히 집행해야 하고, 각급 지도부와 영도간부는 보고제도를 엄격히 집행해야 하며, 보고제도는 당의 정치기율에 대한 요구이자 민주집중제 원칙의 내재적 요구이기도 하다고 하면서 엄격한 보고제도를 건립하는 것은 민주집중제 집행 과정에서 나타나는 '깨진 유리창 이론'을 방지하는 데 이롭다고 지적했다.

민주집중제 원칙을 당의 건설제도 개혁에 관철시켜 당내 민주의 기제화와 절차화, 그리고 집중 과정의 규범화와 표준화 등을 포함한 건전한 민주집중제의 구체적 제도를 건립해야 한다. 18차 당대회 이후, 새로운 중앙지도부는 동 방면에서 탁월한 성과를 거두었다. 2013년 중앙이 발표한 『중앙 당내 법규제정 업무 5년 계획 요강(2013-2017)』(이하 『요강』)은 민주집중제에 대한 구체화를 강조했다. 『요강』은 "민주집중제를 건전히 하는 구체적 제도를 서둘러 수립하고 당내 민주제도체계를 구축하는 데 진력하며 민주집중제의 구체화와 절차화를 확실히 추진하여 진정으로 민주집중제의 중대 원칙을 실제에 적용해야 한다."[8]고 제기했다. 2014년 8월 29일, 중앙정치국 회의에서 심의 통과된 『당의 건설제도 개혁을 심화하는 것에 대한 실시 방안』은 민주집중제의 구체화를 다시 한번 설명했다. 회의는 당 조직제도 개혁의 중점은 민주집중제를 견지 및 개선하고 당내 생활을 엄격히 하며 당내 민주제도체계를 한층 더 건전히 하고 개선하는 것이라고

---

8 『중앙 당내 법규 제정 업무 5년 계획 요강(中央黨內法規制定工作五年規劃綱要(2013—2017))』, 인민출판사, 2013, 17면.

강조했다. 그렇다면 민주집중제를 어떻게 구체화 할 것인가? 가장 근본적인 것은 바로 당내 선거제도체계, 민주정책결정제도체계, 민주감독제도체계 등 당내 민주제도체계를 구축하는 것으로 당내 민주제도체계를 민주집중제의 가장 중요한 구체적 제도체계로 삼아 구축하는 것이다.

민주집중제의 근본적 조직제도를 엄숙한 당내 생활에서 체현한다. 시진핑 총서기는 중공중앙정치국 제33차 집체 학습에서, "당내 정치생활을 엄숙히 하는 것은 한 편의 큰 문장으로 이중 가장 중요한 것은 당의 정치노선, 사상노선, 조직노선, 대중노선에 대한 견지를 둘러싸고 민주집중제의 견지 및 개선과 당의 조직생활을 엄격히 하는 것 등을 중요 내용으로 돌출되는 문제를 집중 해결하는 것이다."[9] 고 강조했다. 민주집중제는 우리 당의 근본적 조직제도와 영도제도로 마르크스주의 정당 특유의 제도적 우세이다. 시진핑 총서기는 또한, 엄숙한 당내 생활에 있어 가장 근본은 당의 민주집중제를 진지하게 집행하는 것이므로 민주집중제를 당내 생활의 전 과정으로 관통시켜야 비로소 당내 정치생활을 엄숙히 하고 당내 정치 생태를 정화하는 데 있어 근본적인 제도적 보장을 제공할 수 있다고 지적했다. 공산당 18기 6중전회는, "민주집중제는 당의 근본적 조직원칙으로 당내 정치생활이 정상적으로 전개되는 중요한 제도적 보장이다", "집체영도제도를 견지하고 집체영도와 개인의 분업 책임을 상호 결합하는 것은 민주집중제의 중요한 구성 부분으로 반드시 시종일관 견지해야 하며 그 어떠한 조직과 개인의 어떠한 상황 속에서 어떠한 이유를 막론하고 동 제

9 「당내 정치생활을 엄숙히 하고 당내 정치생태를 정화시켜 전면적 종엄치당을 위한 중요한 정치적 기반을 마련(嚴肅黨內政治生活淨化黨內政治生態 爲全面從嚴治黨打下重要政治基礎)」, 『인민일보』, 2016년 6월 30일 제1면.

도를 위반하는 것을 허용하지 않는다."[10]고 재차 강조했다.

(다) 당내 민주 발전과 집중 통일 견지는 병행에 모순되지 않는다

시진핑 총서기는, "당내 민주를 고양하고 민주 토론의 양호한 분위기를 조성하여 진실되고 실질적이며 마음속에 있는 말을 하는 것을 격려하며 서로 다른 의견의 충돌 및 논쟁을 허용함과 동시에 정확한 집중을 통해 토론하되 결정이 없고 결정하되 행동이 없는 것을 방지해야 한다."[11]고 지적했다. 즉 당내 민주 발전과 집중 통일의 견지는 병행할 수 있으며 상호 어긋나지 않는다.

민주집중제는 모순의 통일체로, 민주와 집중은 대립하고 또한 통일된다. 민주 집중제는 민주 기초의 집중과 집중지도 하의 민주가 상호 결합된 제도이다. 민주 집중제는 민주와 집중이라는 양자가 변증법적으로 통일된 것이다. 민주와 집중은 권리 및 의무와 자유 및 기율과 같아 양자 간에 내재적 제약관계가 존재하여 어느 하나도 소홀 시 할 수 없다. 그러므로 민주집중제를 잘 관철하고 집행하는 핵심은 민주와 집중의 관계를 정확히 처리하고 민주의 미흡함과 집중의 힘이 부진한 문제를 확실히 해결하는 것이다.

실무 중에서 일부 동지는 습관적으로 민주와 집중을 상호 대립시켜 민주를 강조하면 집중이 약화되고 집중을 강조하면 민주가 약화되어 하나를 취하면 다른 하나를 잃게 된다고 보고 있다. 물론 가부장제와 같이 독단

---

10 『중국공산당 제18기 중앙위원회 제6차 전체회의 공보』, 인민출판사, 2016, 10면.

11 시진핑: 「전국조직업무회의에서 한 연설」, 『18대 이후 중요문헌 선집』(상), 중앙문헌출판사, 2014, 352면.

및 독선적인 지도부에서 가끔 민주를 수단과 형식으로만 간주하고 여러 사람에게 보다 많은 발언의 공간과 시간을 주지 않는 데 이런 '집중'은 흔히는 겉으로는 밀접하나 속 마음은 다른 허위적 집중이다. 그러므로 한 사람이 모든 것을 결정하는 가부장제를 결연히 반대하고 모래알처럼 흩어진 극단적 민주도 반대해야 한다. 민주집중제는 당내 생활의 기본 준칙이다. 당의 역사는, 민주집중제를 잘 견지하면 당의 기풍이 깨끗하여 생기가 넘쳤으며 당의 사업이 왕성하게 발전했고 반면에 민주집중제가 파괴되었을 시에는 당내 모순과 문제가 만연되고 당의 기풍은 손해를 입고 당의 사업은 좌절을 맛보았음을 누차 증명하고 있다.

민주집중제를 진지하게 집행하려면 민주 토론의 양호한 분위기를 조성해야 한다. 시진핑 총서기는, "엄숙한 당내 생활의 가장 근본은 당의 민주집중제를 진지하게 집행하고 민주의 고양과 정확한 집중, 그리고 비판의 전개와 엄숙한 기율 등이 부족한 문제를 해결하는 데 진력해야 한다."[12]고 지적했다. 이 문제를 해결하려면 간부와 기제 등 두 가지 방면에서 노력해야 한다. 우선 책임자의 솔선수범이 관건이다. 책임자가 몸소 모범을 보이며 민주집중제를 실천하는 것을 지도부의 사상정치 건설의 중요한 내용으로 삼아 각급의 책임자가 자발적으로 집체영도에 대한 견지를 추동하고 당내 민주를 이끌고 고양하며 절차와 규정에 따라 엄격히 일을 처리하며 개인 혹은 소수자의 독단을 결연히 반대하고 방지해야 한다. 이와 함께 민주집중제의 각종 구체적 제도를 건전하고 진지하게 실천하여 각급 영도

---

12 시진핑: 「전국조직업무회의에서 한 연설」, 『18대 이후 중요문헌 선집』(상), 중앙문헌출판사, 2014, 352면.

간부, 특히 주요 영도간부가 앞장서서 민주집중제를 집행하도록 촉진해야 한다.

민주집중제를 진지하게 집행함에 있어 의논하되 결정이 없고 결정하되 실행이 없는 문제도 해결해야 한다. 이에 대해 우선 주요 영도의 결단력이 필요한 가운데 호인주의나 혹은 의사결정을 내림에 있어 사심을 품어서는 안 된다. 영도간부는 반드시 공평무사 해야만 자신의 위신을 수립할 수 있다. 다음, 당원 간부의 기율의식을 강화해야 한다. 민주집중제는 당장에 기재된 조직 원칙이자 가장 중요한 정치기율 및 조직기율로 강제성의 특징을 갖고 있어 있으나마나 한 것이 아닌 반드시 준수해야 하는 것이다. 민중집중제에 대한 복종과 관철은 당성에 대한 선명한 요구이다. 만약 이와 관련된 의식이 없거나 혹은 강하지 않다면 합격의 당원이나 적격의 영도간부가 될 수 없다. 그러므로 각 당원, 특히 영도간부는 반드시 모범적으로 자신의 언행 및 업무를 조직 기율의 범위에 엄격히 규범화 시키고 민주집중제의 절차에 따라 문제를 사고하고 업무에 임해 처리해야 한다. 이와 동시에 집중 후 내려진 집체 결정에 대해 간부는 앞장서서 진지하게 관철하고 집행해야 한다.

2. 기층을 잡고 기초 다지는 업무를 내실 있게 수행해야

기초가 튼튼하지 못하면 땅과 산도 흔들릴 수 있다. 지방에서 일하든 중앙에서 일하든 아니면 회의 혹은 기층 현지조사 시에도 시진핑 총서기는 항상 기층을 단단히 붙잡는 선명한 지향을 공고히 수립하고, 기층을 잡고 기초를 다지는 것에 소홀함 없이 기층 당 조직 건설을 굳건한 전투 보루가 되도록 건설해야 한다고 반복해서 강조했다.

(가) 기층 당 조직은 당의 전체 업무이자 전투력의 기초

2015년 6월 16일부터 18일까지, 시진핑 총서기는 구이저우(貴州)성 당위원회의 수행 하에 쭌이(遵義), 구이양(貴陽), 구이안(貴安) 신구를 방문하고 농촌, 기업, 학교, 단지, 홍색교육기지에 깊이 들어가 빈곤퇴치 개발 업무를 수행하고 '13.5' 기간의 경제사회발전을 계획하기 위한 현지의 조사 연구 실태를 시찰했다. 시진핑 총서기는, 변증법적 사고방식을 적용하여 경제사회발전을 잘 계획해야 하고 "당 업무의 가장 견실한 역량 지지는 기층에 있고 경제사회발전과 민생의 가장 뚜렷한 모순과 문제 역시 기층에 있다.[13] 그러므로 반드시 기층을 붙잡아 기반을 다지는 것을 장기 계획과 근본을 공고히 하는 정책인 바, 추호의 소홀함도 있어서는 안 된다."고 심각하게 지적했다. 기층을 잡고 기초를 다지는 것은 항시 우리 당이 고난 속에서도 쇠퇴하지 않고, 수 많은 시련에서도 더욱 굳건할 수 있었던 중요한 법보였다. 실천이 충분히 설명하고 있듯, 당의 이론과 노선, 그리고 방침과 정책이 어떤 시기에서도 진정으로 기층에서 관철되고 실행되면 아름다운 청사진은 현실이 될 수 있고 당의 사업은 왕성하게 번창할 것이나 그렇지 못할 경우에는 공중누각으로 되어 국정 방침은 실행될 수 없고 당의 사업 또한 좌절을 맞게 된다.

---

13 「형세를 정확히 파악하고 추세에 적응하며 우세를 발휘하면서 변증법적 사고를 잘 사용하여 발전을 도모(看清形勢適應趨勢發揮優勢 善於運營辨證思維謀劃發展)」, 『인민일보』, 2015년 6월 19일 제1면.

기층의 당 조직은 당 전체의 조직적 버팀목이다. 기층조직은 당의 기본세포로 가장 기초적 지위에 처해 있다. 8,900여 만 명에 이르는 당원은 400여 만개 기층 당 조직에서 활약하고 있다. 당은 각 영역 혹은 각 기관별 기층 당 조직을 통해 광범위한 당원을 조직하여 하나의 통일된 의지와 목표, 그리고 행동의 총체가 되었다. 한 마음으로 힘을 집중하며 일치되어 협력하고 있는 것이다.

기층의 당 조직은 당의 임무를 실행하는 업무의 버팀목이다. 당의 활동을 전개하고 당의 배치를 실천하며 당의 임무를 완성하려면 모두 기층 당 조직을 통해 진행해야 한다. 각 영역별 각 기관별로 분포된 기층 당 조직은 당장에 규정된 직책을 이행하고 발전을 추동하고 인민대중을 위해 봉사하며 민심을 결집시켜 화합을 촉진하는 역할을 하고 "당의 노선과 방침, 그리고 정책을 널리 알리고 집행하는 동시에 당중앙과 상급조직 및 본조직의 결의를 선전하며 집행하여 당원의 선봉적 모범 역할을 충분히 발휘하도록 하고 적극적으로 선진 기층 당 조직을 건설하는 우수 당원이 될 수 있도록 경쟁하는 가운데 당 내외의 간부 및 대중을 단결시켜 조직하여 소속 기관에서 맡고 있는 임무를 적극 완성해야 한다."[14]

기층 당 조직은 당과 인민대중을 연결하는 다리의 버팀목이다. 시진핑 총서기는, 위로 천 가닥의 실이 있고 아래로 한 개의 바늘이 있다. "시와 현의 영도기관과 영도간부, 그리고 기층기관의 인민대중 연계는 보다 직접적인데 그 불량 기풍은 대중의 이익을 더욱 직접적으로 해치고 대중의 감정을 상하게 하며 이것이 장기적으로 축적될 경우, 필연코 당 집정의 대

14 『중국공산당 규약(中國共産黨章程)』, 인민출판사, 2017, 22면.

중적 기초를 침식하게 된다."[15]고 지적했다. 당의 기층조직은 사회기층에 건립되고 인민대중 속에 몸을 두게 되어 인민대중과 가장 직접적, 상시적으로 밀접하게 연계하고 있는데 "이는 마치 사막의 호양(胡楊) 나무의 뿌리와 뿌리가 연결되어 있는 것처럼 마음과 마음이 연결되어 있는 것"으로 대중의 목소리를 직접 들을 수 있고 대중의 정서를 이해 할 수 있으며 대중의 실제상황을 파악하고 대중이 무슨 생각을 하고 어떤 것을 원하는 지 알 수 있다. 기층 당 조직은 대중의 희망과 소구를 때맞춰 정확히 반영할 수 있어 대중의 어려움과 문제를 해결해 줄 수 있다. 이와 동시에 대중에게 당의 주장과 결정을 선전하고 설명하여 "마치 자석처럼 대중을 긴밀하게 응집하고", "석류씨 처럼 촘촘하게 하나로 뭉치게 하여" 당을 따르는 결심과 믿음을 확고히 하고 진정으로 당의 정확한 주장을 대중의 자발적 행동으로 전환시킨다.

현재 '4가지 전면적'이라는 전략적 배치를 조화롭게 추진하는 것은 우리 당이 새로운 형세 속에서 국정을 운영하는 기본 책략이자 역사가 우리에게 부여한 중대 사명이다. '4가지 전면적' 중 각각의 '전면적'은 모두 기층업무와 긴밀히 관련되고 기층 당 조직과 긴밀히 연결된다.

시진핑 총서기는, 기층의 기초적 업무를 잘 수행하는 것은 매우 중요해 각 기층 당 조직과 각 공산당원이 모두 강렬한 취지의식과 책임의식을 갖고 전투보루 역할과 선봉모범 역할을 발휘한다면 우리 당은 큰 역량을 갖게 되고 국가와 인민도 큰 힘을 얻게 되어 당의 집정기반 역시 반석처럼

---

15 중공중앙문헌연구실, 중앙당적 대중노선 교육실천 활동 영도소조 판공실 편찬: 『당의 대중노선교육실천활동에 대한 시진핑의 논술 발췌(習近平關於黨的群衆路線教育實踐活動論述摘編)』, 당건독물출판사, 중앙문헌출판사, 2014, 13면.

튼튼할 것이라고 말했다.[16] 19차 당대회 보고에서 시진핑 총서기는, "기층 당지부는 직접적으로 당원에 대한 교육, 관리, 감독과 대중조직, 대중선전, 대중응집, 대중봉사 등의 직책을 짊어지고 광범위한 당원을 이끌며 선봉모범 역할을 발휘해야 한다."[17]고 재삼 강조했다. 이는 기층 당지부에 보다 많은 직책을 부여함과 동시에 보다 많은 기대를 의탁한 것이다.

(나) 엄밀한 기층 당조직 업무제도 건립

전면적 종엄치당을 기층까지 확대하는 것을 추동한다. 시진핑 총서기는 기층의 상황에 대해 아주 잘 이해하고 있어 기층의 부정적 기풍과 부패문제의 위해성을 결코 가볍게 보아서는 안 된다고 강조했다. 또한 허베이(河北)성 현지 조사 시, 일부 당 조직은 당을 관리하고 엄격히 다스리는 것에 대한 정치적 책임을 지지 않고 당원 영도간부의 당 관념이 희박하며 조직이 산만하고 기율이 해이하다고 지적했다. 이와 같은 문제를 해결하지 못하면 당 건설에 큰 문제가 발생할 수 있다. 바로 이점을 고려하여 시진핑 총서기는 18기 중앙기율위원회 6차 전체 회의에서, "각급 당 조직은 전면적 종엄치당의 주체적 책임을 짊어져야 한다. 전면적 종엄치당의 핵심은 당의 영도를 강화하는 것이고 그 기초는 전면적이고 관건은 엄격함

---

16 「간부와 대중의 적극성을 충분히 동원하여 교육실천활동의 진력을 통한 좋은 성과를 보증한다(充分調動幹部和群衆積極性 保證教育實踐活動善作善成)」, 『인민일보』, 2013년 7월 13일, 제1면.

17 시진핑: 『샤오캉사회를 전면적으로 실현하는데서 결정적인 승리를 이룩하고 신시대 중국특색 사회주의의 위대한 승리를 이룩하자—중국공산당 제19차 전국대표대회에서 한 보고』, 인민출판사, 2017, 65면.

이며 핵심은 관리이다."[18]고 지적했다. 실제에 입각하여 주도적으로 행동하며 문제를 정확히 파악하여 일하여 전투보루의 역할을 충분히 발휘하고 나아가 전면적 종엄치당의 '마지막 1킬로미터' 문제를 효과적으로 해결하여 인민대중이 전면적 종엄치당의 강도와 효과를 확실히 느낄 수 있도록 해야 한다.

기층 당 조직 건설을 중점적으로 강화하여 기층 당 조직의 응집력과 전투력을 전면 제고해야 한다. 시진핑 총서기는, 기층 정권조직, 경제조직, 자치조직, 집단조직, 사회조직의 발전변화에 대한 특징을 고도로 주목하고 지도와 관리를 강화하여 각 기층조직을 수요에 따라 설치하고 직책에 따라 책무를 이행하며 일하는 사람이 있고 업무 처리를 위한 규정이 있어야 하며 개인 소유의 농지에 대한 농사뿐만 아니라 집단 경작지도 잘 관리하고 협력이라는 간판도 잘 만들것을 제기했다.[19] 시진핑 총서기는 19차 당대회 보고에서, "'세 가지 회의와 하나의 수업'(지부당원대회, 지부위원회, 당조회의를 정기적으로 개최하고 제때에 당내 교과육과정을 받는 것) 제도를 견지하고 당의 기층조직 설치와 활동방식의 혁신을 추진하며 기층 당 조직의 리더 그룹 건설을 강화하고 기층 당 조직의 적용 면적을 확대하여 일부 기층 당 조직의 약화와 허구화, 그리고 변두리화 문제를 진력으로 해결해야 한

18 시진핑:「제18기 중앙기율검사위원회 제6차 전체회의에서 한 연설(在第十八屆中央紀律檢查委員會第六次全體會議上的講話)」, 인민출판사, 2016, 16면.

19 「형세를 정확히 파악하고 추세에 적응하며 우세를 발휘하면서 변증법적 사고를 잘 사용하여 발전을 도모」, 『인민일보』, 2015년 6월 19일 제1면

다."[20]고 지적했다.

기층 봉사형 당 조직 건설을 강화해야 한다. 시진핑 총서기는, "당을 엄히 관리하고 다스리는 방침을 관철하려면 반드시 기층을 잘 관리하여 기반을 닦는 업무를 충실히 수행하여 기층 당 조직이 모두 확고한 전투보루가 되도록 해야 한다. 18차 당대회는, 기층의 봉사형 당 조직 건설을 강화하는 것에 대한 중요한 임무를 제기했다. 이를 통해 현재 및 향후 일정시기 동안 당의 기층조직 건설을 지도해야 한다."[21]고 강조했다. 2016년에 당 중앙은 '두 가지 학습을 통한 합격 당원 되기'의 학습교육을 조직했다. 이번 학습교육의 목적은 전면적 종엄치당의 기층 확대를 추동하려면 반드시 '대중을 위한 봉사'를 기층 당 건설 업무의 선명한 주제로 삼아 전체 기층 당 조직과 당원 대열 건설을 통령하여 기층 당 조직으로 하여금 영도방식과 업무방식, 그리고 활동방식이 대중의 요구에 더욱 부합하는 봉사가 되도록 하고 대중 속으로 깊이 들어가 대중과 연계하고 대중을 위한 봉사과정에서 대중의 만족도를 지속적으로 제고하는 가운데 기층 당 조직의 응집력과 전투력을 부단히 증강시켜야 한다.

시진핑 총서기는, 각급 당 조직은 기층 당 건설을 중요한 것 중에서 가장 중요한 것으로 간주하여 눈은 기층을 중시하고 몸은 기층에 밀착하며 힘은 기층에 사용하는, 일체의 업무가 기층으로 경사되어야 한다고 하

---

20 시진핑: 『샤오캉사회를 전면적으로 실현하는데서 결정적인 승리를 이룩하고 신시대 중국특색 사회주의의 위대한 승리를 이룩하자—중국공산당 제19차 전국대표대회에서 한 보고』, 인민출판사, 2017, 65면.

21 「자질이 뛰어난 간부대열 건설로 당이 시종일관 강건한 영도 핵심이 되는 것을 확보(建設一支宏大高素質幹部隊伍 確保黨始終成爲堅强領導核心)」, 『인민일보』, 2013년 6월 30일 제1면.

면서 기층에게 '강을 건너는' 임무를 부여하면 '다리'와 '배'에 대한 문제를 확실히 지도하며 도와 해결할 수 있도록 해야 하고 기층 간부가 대담하게 혁신하는 것을 가득 찬 열정으로 지지하고 기층의 창건정신을 존중하며 이들을 위해 과감히 책임져 이들의 업무와 생활에서 부딪치는 어려움과 진력 해결해야 한다고 강조했다.

기층의 개혁과 혁신, 그리고 대담한 탐색을 격려해야 한다. 2015년 10월 13일에 소집된 중앙의 전면심화개혁영도소조 17차 회의에서 시진핑 총서기는 중요한 연설을 발표했다. 시진핑 총서기는 회의에서, 중앙에서 통과된 개혁안을 지방에 착근시키려면 반드시 지방별 차별화된 탐색을 독려하고 허락해야 한다고 하면서 "기층의 개혁 혁신과 대담한 탐색에 대한 격려를 개혁 착근의 중요한 방법으로 삼아야 한다."[22]고 강조했다. 회의는, 기층 개혁혁신의 한 고리는 광범위한 기층 간부와 연결되고 다른 한 고리는 인민대중을 연결하여 정책 지원을 강화하고 기층의 개혁 혁신을 독려하는 협력을 형성하며 지방의 기층과 각 방면의 적극성과 능동성, 그리고 창조성을 최대한 동원해야 한다고 지적했다. 그리고 기층 업무의 특성과 애로사항에 맞추어 직능을 기층에 주고 인적 역량을 기층에 보내며 기층 개혁의 실제 수요와 상호 정합하는 권한 및 책임 체계를 수립해야 하고 고과 평가와 격려 기제를 개선하고 혁신 독려와 선진 표창과 함께 시행 착오도 허용하고 실패를 포용하여 개혁에 대한 사고와 기획, 그리고 수행을 추

22 「기층이 혁신적으로 개혁하고 대담히 탐색하는 것을 격려하며 개혁의 착근을 추진하여 대중에게 행복을 가져온다(激勵基層改革創新大膽探索 推動改革落地生根造福群衆)」, 『인민일보』, 2015년 10월 14일 제1면.

진하려는 강한 분위기를 조성해야 한다고 했다.[23]

(다) 기층 중시와 기층 관심, 그리고 기층 지지

시진핑 총서기는 기층에 존재하는 일련의 문제를 열거하고 각급 영도간부가 이에 중시할 것을 요구했다. 시진핑은 당의 대중노선교육 실천활동 1차 총결 및 2차 배치 회의에서, 향(鄕), 진(鎭), 가(街), 촌(村), 주민단지(社區) 등 기타 기층 조직을 살펴보면 일부는 대중의 일상생활에 무관심하고 책임심도 강하지 못하며 탁상머리만 지키고 앉아 찾아오기를 기다리는 경우가 많고 자발적으로 살피지 않으며 직접 찾아가는 경우는 적어 인터넷으로 확인하고 전화 통화로 직접 대면을 대신하며 모순에 부닥치면 피하기 급급한 간부가 있다. 또한 일부는 대중의 이익에 피해를 주며 대중의 재물을 가로채고 개별 지방의 당정기관과 간부는 시민에게 지급해야 할 돈을 체불하거나 외상 혹은 억지 부리며 돈을 주지 않는 것 등을 저지르고 있다.[24]고 말했다. 중앙정치국 상무위원 회의에서 중앙순시업무영도소조의 2014년 중앙순시조 1차 순시 정황 보고를 들은 후 시진핑은, 일부 지방에서는 빈곤지역 및 농민 지원금과 의료보험 및 최저생활보장 자금까지 횡령하고 심지어 이들 자금으로 뇌물을 주며 벼슬 자리를 구하는 등 대중의 '목숨 살리는 돈'이 간부의 '벼슬 자리 사는 돈'으로 변하고 발전 지역에서

---

23 「기층이 혁신적으로 개혁하고 대담히 탐색하는 것을 격려하며 개혁의 착근을 추진하여 대중에게 행복을 가져온다」, 『인민일보』, 2015년 10월 14일 제1면.

24 중공중앙문헌연구실, 중앙당적 대중노선 교육실천 활동 영도소조 판공실 편찬『당의 대중노선교육실천활동에 대한 시진핑의 논술 발췌』, 당건독물출판사, 중앙문헌출판사, 2014, 27면.

는 공사 프로젝트를 통해 권한과 금전을 거래하고 빈곤 지역에서는 빈곤 구조 자금을 횡령하는 등의 사례가 치가 떨리도록 하는데 이에 대한 조사 처벌의 강도를 더욱 높여야 한다고 강조했다.[25]

시진핑 총서기는 기층의 민생건설에 방점을 둘 것을 특히 강조했다. 시진핑은 구이저우(貴州) 현지 시찰에서, 민생을 잡는 것 또한 발전을 잡는 것이라고 하면서 산업 선도와 필요한 정책격려에 의지해 개척을 독려하고 취업을 확대하며 도농 주민소득 증가를 위해 적극 노력할 것을 주문했다. 또한 "대중이 가장 주목하는 교육과 의료, 그리고 사회보장과 식품안전 등의 문제를 틀어잡아 내실있게 차근차근 추진해야 한다. 취업 및 창업 추진으로 사회사업을 발전시키고 빈곤구제개발 공격전을 수행하며 민생보장과 경제발전이 상호 시너지 효과를 거둘 수 있는 길을 부단히 닦아야 한다. 공공안전 업무를 고도로 중시하고 공공안전은 가장 기본적인 민생이라는 도리를 마음에 새겨 빈틈을 막고 우환을 제거하며 중점을 포착하여 관건을 틀어쥐고 미흡한 부분을 보강하며 공공안전 수준을 지속적으로 제고해야 한다. 홀로 남아있는 아동 및 노인을 잘 보살피고 업무기제와 조치를 개선하며 관리 및 봉사를 강화하여 그들로 하여금 사회주의 대가족의 따뜻함을 느낄 수 있도록 해야 한다."[26]고 지적했다.

18차 당대회 이후 시진핑 총서기의 빈곤구제와 민생촉진에 대한 논술은 비교적 많다. 빈곤구제개발 업무를 잘 수행하려면 기층이 바로 기초이다.

---

25 『당풍 염정건설과 반부패 투쟁에 대한 시진핑의 논술 발췌자료』, 중앙문헌출판사, 중국방정출판사, 2015, 99면.

26 「형세를 정확히 파악하고 추세에 적응하며 우세를 발휘하면서 변증법적 사고를 잘 사용하여 발전을 도모」, 『인민일보』, 2015년 6월 19일 제1면.

시진핑은, 빈곤구제개발을 기층조직건설과 유기적으로 결합하여 촌(村)의 당 조직을 핵심으로 한 촌급 조직의 보조건설을 강화하고 사상이 좋고 기풍이 바르며 능력이 있어 대중을 위해 봉사할 의지를 갖고 있는 우수한 젊은 간부와 퇴역군인, 그리고 대학 졸업생을 빈곤지역 촌으로 파견하여 일하도록 독려하여 진정으로 기층 당 조직 건설이 인민을 이끌고 빈곤에서 벗어나 부를 쌓을 수 있는 튼튼한 전투 보루가 될 수 있도록 해야 한다[27]고 지적했다. 2015년 11월, 시진핑 총서기는 중앙의 빈곤구제개발 실무회의의 연설을 통해, 정확한 빈곤구제 및 빈곤탈출을 견지하고 빈곤탈출 공격전의 효과를 제고하는 데 중심을 두어야 한다고 하면서, 그 핵심은 바로 정확한 길을 찾고 훌륭한 체제 기제를 구축하며 정조준된 시책 상의 실제적 조치와 정확한 추진 하의 실제적 노력, 그리고 정확한 실행 상의 실효를 볼 수 있다고 말했다. 또한 그 중점은 '누구를 구제할 것인가'라는 문제와 '누가 구제할 것인가'라는 문제를 잘 해결하는 것이라고 덧붙였다.

기층간부는 기층의 기초업무를 강화하는 관건이다. 이들 기층간부에 대해 시진핑 총서기 또한 관심과 배려를 해야 할 것임을 제기했다. 시진핑은, 광범위한 기층간부를 배려하여 이들을 위해 양호한 업무와 성장 조건을 창조하고 합리와 처우를 보장하며 심층적 기풍 개선을 돕고 경제를 발전시키는 능력, 개혁혁신 능력, 법에 의한 업무처리 능력, 모순 해결하는 능력, 인민대중 인도 능력을 제고하며 기층에 착근하고 근무에 충실하여 최고의 간부로 성장하도록 이끌어 주어야 하며 또한 기층간부 가운데 선

---

27 「시진핑 빈곤구제업무를 논한다—18대이후 중요 논술 발췌(習近平論扶貧工作—十八大以來重要論述摘編)」, 『당건(黨建)』 2015년 12기.

진적 전형에 대해서는 적극적으로 선전하고 표창해야 한다[28]고 지적했다.

(라) 당원 확대는 '구조 개선과 품질 제고'가 필요

2014년 6월, 중공중앙판공청(中共中央辦公廳)은 『중국공산당 당원 확대 업무 세칙』(이하 '세칙') 를 발표한 후 통지를 발송하고 각 지역 및 부문이 지시에 따라 집행할 것을 요구했다. '세칙'의 제6장 제38조는, 청년 노동자와 농민, 그리고 지식인 중에서 당원을 확대하는 것을 중시하여 당원 대열의 구조를 개선해야 것을 명확히 규정했다. 시진핑 총서기는 19차 당대회 보고에서, "산업 노동자, 청년 농민, 엘리트층, 비공유제 경제조직, 사회조직에서 당원을 확대해야 한다."[29]고 재삼 지적했다.

2013년 1월 28일, 중공중앙정치국은 회의를 소집하고 새로운 형세 하의 당원 확대관리 업무를 연구하여 배치했다. 시진핑 총서기는 회의 주재를 통해, 당원 확대 업무는 당원 대열 건설의 중요한 구성 부분이자 중요한 상시 업무로 당원 확대 업무를 잘 수행해야만 당원 대열을 부단히 키울 수 있다고 말했다. 이와 함께 시진핑은 두 가지 방면을 강조했는데, 첫 번째는 당원 대열의 구조를 개선하여 당원 대열의 생기와 활력을 유지하고 당원 대열의 전체 자질을 부단히 제고해야 하는데 이렇게 해야만 새로운 역사적 사명을 짊어질 수 있다는 것이다. 두 번째는 당원의 품질을 제고하

---

28 「형세를 정확히 파악하고 추세에 적응하며 우세를 발휘하면서 변증법적 사고를 잘 사용하여 발전을 도모」, 『인민일보』, 2015년 6월 19일 제1면.

29 시진핑: 『샤오캉사회를 전면적으로 실현하는데서 결정적인 승리를 이룩하고 신시대 중국특색 사회주의의 위대한 승리를 이룩하자—중국공산당 제19차 전국대표대회에서 한 보고』, 인민출판사, 2017, 66면.

는 것인데 이는 당원 품질의 좋고 나쁨이 당의 건강상태와 직결되어 당원 품질이 낮고 구조가 단일하면 반드시 당의 조화로운 건강에 불리하고 당의 발전과 진보에도 불리하다는 것이다.

시진핑 총서기의 당원 구조 개선에 대한 요구에 따라 큰 범위를 통해 찾고 다양한 경로로 발견하며 넓은 영역에서 추천을 받아 수량이 충족하고 자질이 뛰어난 입당 적극자 대열을 동태적으로 건립해야 한다. 간부 대열의 모범 역할을 충분히 발휘하여 당원 확대 관련 범위와 영역을 적극 확충해야 한다. 즉 노동자와 농민, 그리고 지식인과 기업의 당원 수량을 확대해야 한다. 농촌 당원 확대를 중시하고 여성 당원의 비중을 높이며, 소수민족의 당원 수량을 제고하여 서로 다른 문화 수준의 당원과 다양한 계층의 당원을 확대 발전시킨다. 당원 구성을 풍부하고 다양하게 하여 상호 견제하고 격려하며 감독하여 함께 발전하는 유리한 국면을 형성해야 한다. 당원 구조를 개선하고 새로운 피를 부단히 주입해야만 당원 대열이 활력으로 넘쳐 죽은 고인 물이 되지 않는 것이다.

당원의 품질 제고와 관련하여 시진핑 총서기는, 이것은 선진적 당과 순결한 당을 건설하는 관건이라고 짚었다. 이에 대해 당장과 당원 확대 관련 규정을 엄수하며 양성, 고찰, 정치심사, 비준 등 각 단계별로 엄격히 요구하고 엄밀히 점검하며 개별 흡수 원칙를 견지하는 가운데 한 명이 성숙하면 한 명을 확대한다. 당원과 대중의 당원 확대에 대한 알 권리과 참여 권리, 그리고 선택의 권리와 감독의 권리를 진지하게 실행해야 한다. 당원 확대 업무의 책임추궁제도를 엄격히 집행하고 당원 확대 업무 과정에서 규정과 기율을 어긴 당 조직 및 해당 책임자를 엄히 처리해야 한다. 선진 당원간부를 적극적으로 장려 표창하고 선진당원 모범을 선정할 뿐더러 부패하고 낙오된 당원은 엄격히 단속하고 부패 낙오자를 결연히 제거하며 당원 기준에 부합하지 않는 당원은 결연히 퇴출시키는 가운데 횡령과 부패, 그리고 법과 기율 위반 행위에 대해서는 법에 따라 처리해야 한다.

실제로 시진핑 총서기는 신 당원 영입 시, 반드시 입당 동기를 진지하게 분석해야 함을 누차 강조한 바 있다. 2012년, 당시 중공중앙정치국 상무위원과 중앙서기처 서기, 그리고 중앙당교 교장으로 일하고 있었던 시진핑은 『구시(求是)』 잡지에 『당의 순결성을 유지하는 각종 업무를 충실히 수행해야 한다』는 글을 발표했다. 시진핑은, "신 당원을 영입 발전시키려면 반드시 입당 동기를 진지하게 분석하고 기준과 절차를 엄격히 장악하여 품질을 확보하고 '문제를 안고 입당하는 것'을 극력 피해야 한다."[30]고 말했다.

3. 대중단체 업무는 당 업무의 중요 구성부분

대중단체 업무는 당 업무의 중요한 구성 부분으로 당의 대중단체 업무는 당의 국정운영 중에 추진하는 상시적, 기초적 업무로 이는 당이 인민대중을 광범위하게 조직 동원하여 중심임무를 완수하기 위해 분투하는 중요한 법보이다. 시진핑 총서기는, 새로운 형세 하에 대중단체 업무에 대한 영도를 강화하여 당의 대중단체 업무와 대중단체 조직의 정치성과 선진

30 시진핑: 「당의 순결성을 지키는 각항 업무를 충실히 이행해야 한다(扎實做好保持黨的純潔性各項工作)」, 『구시』, 2012년, 6기.

성, 그리고 대중성을 보다 확실히 유지하고 증강해야 함을 지적했다.

(가) 대중단체 업무는 당 집정의 계급기초와 대중기초에 관련

2014년 12월 29일, 중앙정치국 회의는, 『당의 대중단체 업무 강화 및 개선에 관한 중공중앙 의견』을 심의 후 통과시켰고 시진핑 총서기가 회의를 주재했다. 회의는, 새로운 형세 하에 당의 대중단체에 대한 업무가 보다 중요하고 긴박해진 가운데 업무는 강화만 있을 뿐 약해질 수는 없다. 개선 및 제고만 있을 뿐 제자리 걸음에 머물러서는 안 된다. 반드시 대중단체 조직역할을 충분히 발휘하고 광범위한 인민대중을 당의 주변에 긴밀히 단결시켜 '2개의 100년' 분투목표를 함께 실현하고 중화민족의 위대한 부흥인 중국몽의 강대한 긍정 에너지를 실현해야 한다[31]고 제기했다.

이밖에 시진핑 총서기는 회의에서, 중국 특색 사회주의의 대중단체 발전의 길을 동요없이 나아가는 가운데 대중단체는 자발적으로 당의 영도를 받아들이고 대중과 단결하고 밀착하며 대중을 위해 봉사하면서 법과 규약에 따라 전개하는 업무를 고도로 통일하여 대중단체 조직이 인민대중과 연계되는 교량의 연결체 역할을 하도록 하고 최대한 광범위하게 대중을 조직하고 동원하고 단결시켜 중국 특색 사회주의의 위대한 사업을 적극 추진해야 한다[32]고 강조했다. 대중단체 업무를 충실히 수행하는 것은 당이 대중기초를 확대하는 데 이롭고 당의 집정지위를 다지는 데 이롭다. 시진핑 총서기는, '각급 당위원회는 반드시 새로운 형세 하에 당의 대중단체

---

31 『중국몽을 실현하는 강대한 힘을 집결』, 『인민일보』, 2015년 7월 8일, 제2면.

32 「중국몽을 실현하는 강대한 힘을 집결(滙聚起實現中國夢的强大力量)」참조, 『인민일보』, 2015년 7월 8일, 제2면.

업무를 고도로 중시'하여[33] 대중단체 업무에 대한 영도를 강화하고 정치방향을 정확히 파악하며 효과적인 지원과 보장을 제공하여 당의 대중단체 업무의 새로운 국면을 부단히 개척해야 한다고 지적했다.

2015년 7월 7일에 중공중앙이 소집한 당의 대중단체업무 회의는 당 역사상 최초로 개최한 대중단체 업무 관련 회의이다. 시진핑 총서기는 회의에서, 새로운 형세 하에 당의 대중단체 업무를 잘 수행하는 중대한 의의와 원칙, 그리고 업무의 중점과 취해야 하는 개혁혁신의 중대 조치를 명확히 했고, 당의 대중단체 업무와 대중단체 조직에 대한 정치성, 선진성, 대중성을 확고히 유지하고 증강시킬 것을 강조하며 당의 대중단체 업무와 발전을 위한 방향을 제시해 주었다. 대중단체 업무 또한 전면적 종엄치당의 관건적 일환이라고 할 수 있다.

(나) 당의 대중단체 업무에 대한 정치성을 확실히 유지하고 강화해야

당의 대중단체 업무는 국정운영을 위한 상시적 기초적 업무로 당이 광범위한 인민대중을 동원하여 당의 중심 임무를 완성하기 위해 분투하는 중요한 법보이다. 중국공산당 90여 년의 분발하여 나아간 찬란한 역정을 돌이켜 보면 당의 영도 하의 대중단체 조직은 당의 각 역사적 시기별 중심 임무를 해결하기 위해 중요한 역할을 발휘하며 뛰어난 기여가 있었다. 오늘날 대중단체 조직의 적극 밀착하고 있는 광범위한 인민대중은 전면적 샤오캉사회를 건설하고 중국 특색 사회주의를 견지하고 발전시키는 기본

33 「당의 대중단체 업무를 강화 개선할 데 대한 중공중앙의 의견(中共中央關於加强和改進黨的群團工作的意見)」, 『인민일보』, 2015년 7월 10일, 제4면.

적 역량으로 전면적 심화개혁과 전면적 의법치국, 그리고 당의 집정지위 공고화와 국가의 장기 안정을 수호하는 기본적 의지의 대상이다.

당의 대중단체 업무의 정치성을 확실히 유지하고 강화해야 한다. 정치성은 대중단체 조직의 영혼이자 첫 속성이다. 시진핑 총서기는 중앙의 공산당 대중단체 업무 회의에서, 대중단체 조직은 시종일관 자신을 당의 영도 하에 두고 사상과 정치, 그리고 행동에 있어 당중앙과 고도로 일치하고 자발적으로 당중앙의 권위를 수호하며 당의 의지와 주장을 결연히 관철하고 정치기율과 정치규칙을 엄수하여 각종 풍파와 시련을 이겨내며 대중을 이끌고 당의 말을 듣고 따르는 정치과제를 수행해야 하며 대중을 가장 광범위하고 긴밀하게 당의 주변으로 단결하게 해야 한다고 제기했다.[34]

시진핑 총서기는, 대중단체 조직은 당과 국가 업무의 큰 국면에 착안하여 사고하고 행동해야 한다고 강조했다. 마르크스주의의 집정당이라는 것을 놓고 볼 때, 당과 대중의 관계는 항상 수 많은 정치관계 중의 가장 중요한 것이었다. 중국공산당의 가장 큰 정치적 우세는 대중과 긴밀히 연계하는 것으로 당의 집정 이후 가장 큰 위험은 대중과 괴리되는 것이였다. 새로운 형세 하에 대중업무는 당위원회, 전인대, 정부, 정협, 대중단체가 공동으로 수행해야 한다. 특히 대중단체 조직의 당원간부는 자신이 대중과 연계하는 최전선에 있어 집정당의 이론과 정치, 그리고 방침과 노선을 대중단체의 행동 지침으로 전환하고 당의 정책결정 배치를 대중의 자발적 행동으로 변화시키며 대중단체가 해당 계층 대중과 연계하는 전통적 우세

34 「정치성·선진성·대중성을 확실히 유지하고 강화하면서 신형세하 당의 대중단체 업무의 새로운 국면을 개척(切實保持和增强政治性先進性群衆性開創新形勢下黨的群團工作新局面)」, 『인민일보』, 2015년 7월 8일, 제1면.

를 보다 훌륭하게 발휘하도록 하여 당을 위한 외연업무를 더욱 훌륭히 수행해야 한다.

전국 공회(工會, 노동자 연합회), 공청단, 부녀자연합회의 신임 지도부와 집체 담화를 갖는 자리에서 시진핑 총서기는 모두 정치성에 대한 요구를 강조했다. 2013년 6월 20일, 시진핑 총서기는 공청단 중앙 신임 지도부 구성원과 집체 담화를 갖고, 공청단의 업무는 근본적 문제를 파악할 것이 필요하다고 강조하면서, 중국 특색 사회주의 사업의 건설자와 후계자 양성을 근본적 임무로 삼고, 공산당 집정의 청년대중 기초를 공고히 하고 확대하는 것을 정치적 책임으로 하며, 중심을 둘러싸고 전반국면을 위해 봉사하는 것을 업무의 기본축으로 해야한다고 말했다. 2013년 10월 23일, 시진핑 총서기는 중화전국총공회 신임 지도부와 집체 담화를 진행하며 전심전력으로 노동자계급에 의지하고 노동자계급의 주력군 역할을 충분히 발휘시키면서 광범위한 노동자 대중을 당과 정부의 주변으로 단결시키는 것은 우리 당의 뛰어난 정치적 우세이자 중국 특색 사회주의의 선명한 특징이라고 강조했다. 2013년 10월 31일, 시진핑 총서기는 전국 부녀자 연합회 신임 지도부와 집체 담화를 가지면서 당의 영도를 견지하고 당과 국가의 전반국면을 에워싸고 업무를 기획하고 추진하는 것은 부녀자 연합회가 역할을 발휘하는 근본적 준거이자 부녀자 연합회 업무를 부단히 전진시키는 중요한 보장이라고 강조했다.

(다) 대중단체 조직의 선진성을 확실히 유지하고 강화해야

대중단체 조직은 당이 대중과 연계하는 교량과 연결체이다. 대중단체의 업무를 잘하는 것은 당의 대중기초를 확대하고 당의 집정지위를 공고히 하는 데 유리하다. 혁명전쟁 시기, 대중단체 조직은 중요한 역할을 발휘했다. 개혁개방 이후 중국의 사회발전은 다원화 추세를 보였고 새로운 사회조직이 우후죽순처럼 성장했으나 일부 지역의 대중단체 업무는 다소 약화되었고 대중단체 업무수단과 방법이 비교적 진부하여 새로운 형세 요구에 적응할 수 없었다.

인터넷 시대, 당의 대중단체 업무를 어떻게 강화하고 제고할 것인지에 관한 거대한 도전이 나타났다. 당의 18기 3중전회에서 통과된 '결정'은, "국가 관리 체계와 관리 능력의 현대화를 추진"하는 새로운 정치 이념을 제기했는데 이는 우리 당이 사회정치의 발전법칙에 대한 새로운 인식을 갖게 되었음을 표명한다. 국가 관리의 현대화 제기는 중국 특색 사회주의 정치형태의 발전이 새로운 단계에 들어섰음을 표시하고 이는 당이 요구하는 대중단체 조직 또한 이에 따른 혁신과 발전을 진행해야 함을 요구하는 것이다. 작금의 중국은 시장경제와 인터넷 사회가 불러온 이중적 사회구조의 전환을 경험하고 있다. 이와 더불어 현대국가 관리 형태의 각종 요소 또한 기본적으로 생성되어 전면적 심화개혁 단계로 들어섰다. 이와 같은 상황 속에서 전통적 단위사회가 해체되고 있고 개체의 주체성이 대폭 강화되어 전통적 대중단체 조직이 대중과의 통합을 초래하는 사회기초에도 변화가 발생하기 시작했다. 인민대중의 교류방식과 생존형태에 이미 근본적인 변화가 발생하고 국가 관리 현대화의 새로운 목표 또한 이미 확립되었는데 이는 모두 당의 대중단체 조직이 반드시 새로운 변화에 적응하고 새로운 모델을 구축해야 할 것을 요구하는 것이다.

시진핑 총서기는, "우리의 공회, 공청단, 부녀자 연합회 등 대중단체 조직은 당이 직접 영도하는 대중조직으로 광범위한 인민대중을 조직하고 동원하여 당의 중심임무를 완성하기 위해 공동으로 분투하는 중대한 책임을 짊어지고 있는 가운데 반드시 선진성을 유지하고 강화하는 것을 중요한 작용점으로 삼아야 한다."[35]고 말했다. 반드시 형세와 임무의 발전 변화에 따라 당의 대중단체 업무를 강화하고 개선하며 노동자계급을 주력군으로, 청년은 신예부대로, 부녀의 사회적 역할과 인재는 제일 자원이라는 역할을 충분히 발휘하여 13억 이상 인민의 적극성을 충분히 동원해야 한다.[36] 시진핑 총서기는 "조직, 특히 기층조직을 적극 건전히 하고 새로운 분야와 계층에 대한 조직건설을 강화해야 한다."[37]고 하면서 개혁을 통해 대중단체 조직의 선진성을 촉진해야 한다고 말했다. 공회, 공청단, 부녀자 연합회 등 대중단체 조직은 자기혁신의 용기를 강화하여 대중단체 조직에서 사상교육과 문제개선, 그리고 체제혁신과 사상관념의 전환을 심층 추진하고 대중의식을 강화하며 업무기풍을 개선하고 업무수준을 제고해야 한다고 하면서 시선을 아래로 놓고 기층을 향하는 가운데 기관 및 기구의 설치와 관리모델, 그리고 운행기제를 개혁하여 개진하고 역량 분배와 봉사 자원이 기층으로 경사되는 것을 견지해야 하고 관련 사회조직과 적극 연계하여 이끌어야 하며 대중의 광범위성과 대표성 문제에 대해 고도로 주의하고 일반 대중 속의 우수 인물을 조직에 영입하여 기층의 일선에 있는 인

---

35 「정치성·선진성·대중성을 확실히 유지하고 강화하면서 신형세하 당의 대중단체 업무의 새로운 국면을 개척」 참조, 『인민일보』, 2015년 7월 8일 제1면.

36 「정치성·선진성·대중성을 확실히 유지하고 강화하면서 신형세하 당의 대중단체 업무의 새로운 국면을 개척」 참조, 『인민일보』, 2015년 7월 8일 제1면.

37 시진핑: 『당의 대중단체 업무와 대중단체조직의 정치성·선진성·대중성을 유지하고 강화(保持和增强黨的群團工作和群團組織的政治性先進性群衆性)』, 『시진핑 국정운영을 논하다』 제2권, 외문출판사, 2017, 309면.

원의 비중을 뚜렷이 제고해야 한다[38]고 강조했다.

2016년 8월, 중공중앙판공청은 『공청단 중앙개혁 방안』을 발표하고 공청단 중앙의 심화개혁에 대한 전면적 배치를 했다. 동 방안의 출범은 대중단체 업무를 강화하고 개진하는 상징적 의미를 갖고 있으며 기타 대중단체 조직이 전면 개혁을 통해 선진성을 보증하는 것에 시범 및 견본을 제공했다.

(라) 대중단체 조직의 대중성을 확실히 유지하고 증강해야

시진핑 총서기는, 대중단체 조직은 '기관화', '오락화' 등의 경향을 제거해야 한다고 강조했다. '기관화' 경향을 제거하는 관건은 대중단체 조직의 대중단체 속성을 분명히 인식하는 가운데 진정으로 대중과 밀착하면서 대중과 마음을 교감하는 것이라고 강조했다.

시진핑 총서기는, 대중단체 조직의 대중성을 확실히 유지하고 증강해야 한다고 지적했다. 대중성은 대중단체 조직의 근본적 특징이다. 대중단체 조직이 업무와 활동을 전개함에 있어 대중을 중심으로 대중이 주인공이 되어야지 대중이 보조 역할 및 관중이 되어서는 안 된다. 일반 대중을 보다 많이 주목하고 관심을 보이며 사랑하고 수 많은 가정을 방문하고 친분을 맺으며 항시 대중과 얼굴을 맞대고 손과 손을 맞잡고 마음을 나누는 밀착 접촉을 통해 대중에 대한 진지한 감정을 증진해야 한다. "대중단체 조직과 대중단체 간부, 특히 영도기관 간부는 기층과 대중속에 깊숙이 들

---

38 「정치성·선진성·대중성을 확실히 유지하고 강화하면서 신형세하 당의 대중단체 업무의 새로운 국면을 개척」 참조, 『인민일보』, 2015년 7월 8일 제1면.

어가야 한다."[39] 시진핑 총서기는, 대중단체 조직은 당과 국가 업무의 전체 국면에 착안하고 직책의 위치와 연계하는 대중에 입각할 것을 강조하면서 봉사의식을 강화하고 봉사 능력을 향상시키며 봉사자원을 개발하여 대중의 수요에서 출발하는 업무 전개를 견지하고 보다 많은 주의력을 곤란한 대중에게 집중하여 걱정을 덜어주며 대중이 믿고 의지할 수 있어 없어서는 안 되는 친밀한 지기와 같은 친구가 되어야 한다[40]고 강조했다.

저장(浙江)성 당위원회 서기 재임 시, 시진핑은 대중단체 업무를 매우 중시했고, 특히 대중단체 조직이 대중의 권익을 수호하는 방면에 보다 많은 관심을 가졌다. 『저장일보』의 2004년 4월 보도에 의하면, 시진핑은 저장성 총공회와 공청단 저장성 위원회, 그리고 저장성 부녀자 연합회 조사연구 시, 대중단체 조직의 권리수호 문제에 큰 관심을 보이며 권익 수호는 대중단체 조직의 기본적 직능이자 대중단체 조직이 대중의 신뢰와 옹호를 획득할 수 있는 중요한 기반이라고 말했다. 공회와 공청단, 그리고 부녀자 연합회 등 대중단체 조직은 권익 수호를 자체 업무의 출발점이자 입각점으로 삼고 외지 노동자의 각종 합법적 권익에 대한 수호를 특별히 중시해야 할 것을 요구했다.

'기관화, 행정화, 귀족화, 오락화' 등의 경향은 대중단체 조직이 대중과 괴리되는 구체적 표현이라고 말할 수 있다. 2016년 8월, 중공중앙판공청이 발표한, 『공청단 중앙개혁 방안』은, 공청단은 당의 조수이자 예비군

39 「정치성·선진성·대중성을 확실히 유지하고 강화하면서 신형세하 당의 대중단체 업무의 새로운 국면을 개척」, 『인민일보』, 2015년 7월 8일 제1면.

40 「정치성·선진성·대중성을 확실히 유지하고 강화하면서 신형세하 당의 대중단체 업무의 새루운 국면을 개척」 참조, 『인민일보』, 2015년 7월 8일 제1면.

으로 당과 정부가 청년들과 연계하는 교량과 연결체라고 강조했다. 공청단 개혁을 추진하는 것은 전면적 종엄치당의 일환으로 공청단이 생기와 활력을 발산할 수 있는 중요한 조치이다. 『공청단 중앙개혁 방안』중에서 '4 가지 경향'에 대해 목표가 명확한 개혁조치를 다수 제출했다. 예로 공청단 간부대열에서 '위로 줄이고 아래로 충원' 하는 조치를 실행하여 기층과 일선 현장에 있는 공청단 간부의 비중을 뚜렷이 높여주었다. 또한 청년 발전부와 기층 조직 건설부, 그리고 사회연락부 등의 부문을 새로 설립했다. 그리고 '8+4' 업무기제(매년 중 간부의 절반이 소속 기관에서 8개월, 기층에서 4개월 근무하는 제도)와 '4+1' 업무기제(기관 전체의 간부가 매주 4일은 기관에서 근무하고 최소 1일은 기층 업무에 투입하는 방식), 그리고 '1+100' (전임 공청단 간부, 임시 공청단 간부, 현급 이상 공청단 영도기관의 겸직 간부는 다양한 분야의 100명 이상의 공청단원과 상시적으로 직접 연계해야 한다는 조치)이라는 청년과 직접 연락하는 제도를 건립하여 기관 간부가 젊은 세대에 더욱 밀착하고 기층에 깊이 들어가며 대중에게 보다 가까이 다가가는 목적에 도달하게끔 했다.

제5장

천하의 영재를 모아 활용해야

인재는 민족의 진흥을 실현하고 국제경쟁의 주도권을 확보할 수 있는 전략 자원이다. 18차 당대회 이후 시진핑을 핵심으로 한 당중앙은 중화민족의 위대한 부흥을 실현하는 중국몽을 제기했고 상부설계 차원에서 '5위1체(五位一體)'의 총체적 배치를 총괄 추진했으며 '4가지 전면적'의 전략적 추진을 조화롭게 추진할 것을 제기했다. 나라를 다스림에 있어 인재 활용은 우선으로 발전의 청사전이 제정된 후 더욱 중요한 것은 일종의 깨어있는 개방된 마음으로 천하의 영재를 모아 활용하고 보다 넓은 범위에서 혁신형 리더와 청년과학기술인재 및 기타 각종 인재를 육성해야 하는 바, 이렇게 해야만 중국몽의 목표를 실현할 수 있다. 시진핑 총서기는 19차 당대회 보고에서, "당이 인재를 관리하는 원칙을 견지하고 천하의 영재를 모아 활용하여 인재 강국 건설을 가속해야 한다."[1]고 명확히 제기했다.

---

1 시진핑(習近平): 『샤오캉사회를 전면적으로 실현하는데서 결정적인 승리를 이룩하고 신시대 중국 특색 사회주의의 위대한 승리를 이룩하자—중국공산당 제19차 전국대표대회에서 한 보고(決勝全面建成小康社會 奪取新時代中國特色社會主義偉大勝利—在中國共産黨第十九次全國代表大會上的報告)』, 인민출판사, 2017, 64면.

1. 혁신적 사업은 혁신적 인재를 부른다

시진핑 총서기는, "혁신은 한 민족이 진보하는 영혼으로 국가가 흥성하고 발전할 수 있는 마르지 않는 동력이자 중화민족의 가장 침잠된 민족 천성이다."[2]라고 지적했다. 오늘날 우리는 중화민족의 위대한 부흥 중국몽이라는 위대한 사업을 실시하고 있는데 이 과정에서 혁신적 인재에 대한 적절한 활용 여부는 동 사업의 최종 성패를 결정한다. 2018년 3월 7일, 시진핑 총서기는 13기 전국인민대표대회 1차 회의의 광둥(廣東) 대표단 심의에서, "발전은 첫 번째 임무, 인재는 첫 번째 자원, 혁신은 첫 번째 동력이다."[3]라고 지적했다.

(가) 중화민족의 위대한 부흥 중국몽의 실현은 결국 인재에 의지해야

2012년 11월 29일, 시진핑 총서기는 『부흥의 길(復興之路)』을 참관한 자리에서, "현재 다들 중국몽을 토론하고 있는데, 본인이 볼 때 중화민족의 위대한 부흥 실현은 바로 중화민족의 근대 이후 가장 위대한 꿈을 실현하는 것이다."[4]고 제기했다. 이후에도 시진핑은 여러 장소에서 중국몽의 깊은 함의와 중대한 의미를 거듭 논술했다. 중국몽은 제기되자마자 강력한 호소력과 감염력을 과시하면서 중화민족의 후손들이 단결하여 전진하

---

2 시진핑: 『구미 학우회 설립 100주년 경축대회에서 한 연설(在歐美同學會成立100周年慶祝大會上的講話)』, 『인민일보』, 2013년 10월 22일 제2면.

3 「인재는 가장 중요한 자원(人才是第一資源)」, 『선전상보』, 2018년 3월 15일, 제1면.

4 시진핑: 「중화민족의 위대한 부흥을 실현하는 것은 근대이후 중화민족의 가장 위대한 꿈이다(實現中華民族偉大復興是中華民族近代以來最偉大的夢想)」, 『시진핑 국정운영을 논하다(習近平談治國理政)』, 외문출판사, 2014, 36면.

고 미래 개척을 격려하는 정신적 인솔이 되어 중국공산당이 정치적 인도력을 발휘하는데 든든한 기초를 다져 주었다.

근대 이후, 중화민족은 시종일관 민족 독립과 인민 해방을 추구하고 국가의 번영 및 부강과 인민이 공동부유를 실현하는 두 가지의 역사적 임무를 대면하고 있었다. 이를 완성하기 위해 근현대 중국의 유지들은 분발하여 항쟁했으며 나라를 구하기 위한 각종 시도를 진행했으나 거듭해서 실패했다. 민족이 위기에 처했을 때 진정으로 상기 과제를 짊어매고 중화민족의 위대한 부흥을 실현하는 정확한 길을 찾아 중화민족으로 하여금 자신의 운명을 다시 움켜잡을 수 있게 한 것은 중국공산당이다. 최초 50여 명의 당원으로 시작한 혁명당이 오늘날 수 천 만명의 당원을 보유한 집정당으로 발전한 가운데 중국공산당의 선진적 본질과 역사적 사명은 예로부터 인재를 매우 중시하는 것을 결정했다. 바로 중국공산당이 시종일관 시대의 선두에 서 있었기 때문에 조직 차원에서 인재 업무를 적극 전개하고 우수한 인재를 광범위하고 흡수하여 중국인민의 확고한 영도 핵심이 될 수 있었다.

시진핑 총서기는 중화민족의 위대한 부흥을 실현하려면 인재는 많을수록, 능력은 클수록 좋다고 했다. 지식은 힘이고 인재는 미래다. 중국이 과학기술혁신 분야에서 세계의 선두를 달리려면 반드시 혁신의 실천 속에서 인재를 발견하고 혁신활동 과정에서 인재를 육성하며 혁신사업 중에서 인재을 응집해야 한다. 시진핑은 국가발전과 민족진흥은 인재에 의지해야 한다고 또한 제기했다. 서둘러 인재제도의 우세를 강화하여 중화민족의 위대한 부흥을 위한 인재제도 차원의 보장이 마련되어야 한다.

혁신적 사업은 반드시 혁신적 인재가 추진하고 인재는 혁신의 핵심

요소이다. 시진핑 총서기는 중국몽 실현에 대한 인재의 중요한 의미에 대해 다음과 같이 판단했다. "우리는 역사의 어느 시점에 비해 중화민족의 위대한 부흥이란 거대 목표 실현에 근접하고 있고 어느 역사의 시점 보다 인재에 목말라 있다."[5] 중국몽의 실현은 인재를 갈구하고 인재가 되는 개인의 꿈의 실현은 중국몽에 의존한다. 양자는 유기적으로 결합되어 서로 어긋나지 않는다. 중국몽의 최대 특징은 바로 국가와 민족, 그리고 개인을 하나의 운명공동체로 하고 국가이익과 민족이익, 그리고 개인의 구체적 이익을 긴밀히 연계하는데 있다. 국내외 중화 후손들에게 있어, 중국몽은 개인의 꿈과 민족의 꿈을 하나로 연결시켜 일체가 되는 것으로 "이 꿈에는 몇 세대를 걸친 중국인의 소원이 응집되어 있고 중화민족과 중국인민의 전체 이익을 체현하는 모든 중화후손의 공동 바램이다."[6]

시진핑 총서기는, "'나라를 다스리는 근본은 인재에 있다'…… 높은 자질을 갖춘 거대한 인재대열이 없다면 전면적 샤오캉사회의 분투목표와 중화민족의 위대한 부흥 중국몽은 순조롭게 실현될 수 없다."[7]고 지적했다. 바로 이와 같은 숙고를 바탕으로 시진핑 총서기는 인재 업무를 고도로 중시했고 당이 인재를 관리하는 방침을 제정했다. 2014년 5월 13일, 시진핑 총서기는 『중앙인재업무 협조소조의 2013년 업무상황보고』에서, "천하의 영재를 택해 활용하는 관건은 당이 인재를 관리하는 원칙을 견지하는

---

5 시진핑: 「구미 학우회 설립 100주년 경축대회에서 한 연설」, 『인민일보』, 2013년 10월 22일, 제2면.

6 시진핑: 「중국몽, 부흥몽(中國夢, 復興夢)」, 『18대 이후 중요문헌선집(十八大以來重要文獻選編)』(상), 중앙문헌출판사, 2014, 84면.

7 시진핑: 「구미 학우회 설립 100주년 경축대회에서 한 연설」, 『인민일보』, 2013년 10월 22일, 제2면.

것이다."[8]라고 강조했다. 이는 당중앙의 인재업무에 대한 중시를 충분히 체현하고 있으며 새로운 형세하에 당이 인재를 관리하는 업무를 잘 수행하기 위한 방향을 제시한 것이다. 당이 인재를 관리하는 원칙은 바로 당의 핵심역량을 통해 전국 인재의 노력하는 방향을 중화민족의 위대한 부흥인 중국몽을 실현하는 목표에 집중시키는 것이다.

(나) 현 세계의 종합국력 경쟁은 결국 인재 경쟁

종합국력은 한 국가가 보유한 생존과 발전, 그리고 외부에 가하는 영향력과 조건의 총합이다. 종합국력의 크고 작고 강하고 약함은 한 국가의 발전수준을 반영하고 국민의 요구를 만족시키고 국내문제를 해결하는 능력을 결정하며 해당 국가의 국제적 지위와 역활도 결정한다. 그러므로 세계 각국은 모두 종합국력의 발전을 고도로 중시하여 가장 유리한 지위를 점유하고 타 국가에 비해 더 큰 우세를 가지려 힘써 노력하는데, 이는 각국 간에 필연적으로 격열하게 전개되는 종합국력 경쟁을 결정한다. 세계화의 급속한 발전, 특히 국제금융위기의 폭발 및 만연과 더불어 세계 각국, 더욱이 대국 간의 종합국력 경쟁은 진일보 가열되고 있다. 시진핑 총서기가 지적한 바와 같이, 작금의 세계는 종합국력 경쟁이 날로 백열화되고 뉴 라운드 과학기술혁명과 산업변혁이 배태하여 흥기하고 변혁 돌파의 에너지는 부단히 축적되고 있다.

세계 발전의 대추세와 중국의 현재 발전목표 조건 등에 대한 전면적

8 중공중앙문헌연구실 편찬: 『과학기술혁신에 대한 시진핑의 논술 발췌(習近平關於科技創新論述摘編)』, 중앙문헌출판사, 2016, 114면.

파악을 바탕으로 시진핑 총서기는, 종합국력의 경쟁은 결국 인재의 경쟁임을 강조했다. 어느 국가가 인재 우세를 갖고 있다면 그 국가는 궁극적으로 실력있는 우위를 갖게 된다. 구미 동문회 설립 100주년 기념 행사의 연설을 통해 시진핑 총서기는, "종합국력의 경쟁은 결국 인재 경쟁이다. 인재 자원은 경제사회발전의 첫 번째 자원이라는 특징과 역할이 더욱 뚜렷해져 인재 경쟁은 이미 종합국력 경쟁의 핵심이 되었다. 보다 많은 우수 인재를 양성하고 흡수할 수 있는 자가 경쟁에서 우위를 점하게 되는 것이다."[9]라고 강조했다. 날로 뜨거워지는 국제 인재유동과 인재경쟁 형세 하에 우리는 반드시 조류에 순응하고 기회를 장악하며 적극적이고 능동적으로 인재우선 발전 전략 구도 확립을 가속하고 국제 및 국내의 인재자원을 충분히 개발 활용하여 혁신을 동력으로 하는 전략을 실시하고 보다 많은 인재가 중국의 경제사회 건설을 위해 봉사하여 경제성장이 '인구 보너스'에서 '인재 보너스'로 의존하는 방식으로 전환시켜 중국의 종합국력을 부단히 제고해야 한다. 시진핑 총서기는 두 명의 홍콩 원사에게 보내는 답신을 통해, 나라와 홍콩을 사랑하는 고수준의 과학기술인재를 많이 보유하고 있는 우세를 바탕으로 홍콩은 내륙과의 과학기술 협력을 강화해야 하고 홍콩이 국제적 혁신과학기술센터가 되는 것을 지지한다고 강조했다.[10]

경제 세계화의 심층적 발전과 더불어 세계 각국의 상호 교류는 날로

9 시진핑: 「구미 학우회 설립 100주년 경축대회에서 한 연설」, 『인민일보』, 2013년 10월 22일, 제2면.

10 「홍콩과 내지의 과학기술협력 강화를 촉진하고 과학기술 강국의 건설을 위한 홍콩의 기여를 지지한다(促進香港同內地加强科技合作支持香港爲建設科技强國貢獻力量)」, 『인민일보』, 2018년 5월 15일, 제1면.

긴밀해 지고 있다. 무역과 자본, 그리고 기술 등의 세계화와 함께 인력의 국제유동은 이미 세계적 조류가 되었다. 시진핑 총서기는, 인력의 국제유동이 지속적으로 증가하는 가운데 인재의 국제 쟁탈전도 계속해서 강화되고 있고 "인재는 한 국가의 종합국력을 가늠하는 중요 지표이다."[11]라고 지적했다. 세계 각국의 종합국력 경쟁이 날로 백열화되고 인재의 국제 쟁탈전도 날로 격열해지고 있다. 각국은 장기적 경쟁 우세를 도모하여 국제경쟁의 주도권을 확보하기 위해 서둘러 인재전략을 제정하여 실시하고 특히 인재 유치를 중대한 전략적 선택으로 삼고 있다.

(다) 강력한 인재 대열의 뒷받침이 없으면 자주혁신은 원천 없는 물이고 뿌리 없는 나무다

2013년 3월 4일, 시진핑 총서기는 전국 정협 12기 1차 회의의 과학협회와 과학기술계 위원 공동 토론회에서, 과학기술인재 대열 건설에 대한 강화를 강조했다. 자주혁신을 추진하는 데 있어 인재는 관건이다. 강력한 인재 대열의 뒷받침이 없으면 자주혁신은 원천이 없는 물이고 뿌리가 없는 나무다.

세계경제사가 증명하듯 세계경제의 발전은 혁신이 이끈 발전으로 혁신은 경제 발전을 촉진시켰다. 21세기에 들어 일부 중요한 과학기술영역에서 혁명적 돌파의 조짐이 나타나기 시작했다. 금번 뉴 라운드의 과학기술혁명은 현대화 진척의 강력한 요구에 따라 견인된 것이고 지식과 기술

---

11 시진핑: 「구미 학우회 설립 100주년 경축대회에서 한 연설」, 『인민일보』, 2013년 10월 22일, 제2면.

체계의 혁신으로부터 구동된 것이다. 비록 개혁개방 이후 중국의 경제와 사회발전이 세계가 주목할 만한 성과를 거두었으나 경제 규모는 크지만 강하지 못하고 성장속도는 매우 빠르나 우세성이 미흡하다. 이에 기존의 경제발전 방식으로는 더 이상의 지속은 어려워 반드시 제도와 방법을 바꾸어 혁신 속에서 길을 찾아야 하는 상황 속에서 한정된 자원으로 보다 큰 효과를 창출하고 돌파를 실현할 수 있는 유일한 길은 바로 과학기술 혁신밖에 없어 생산요소와 투자규모로 발전을 구동하는 방식을 혁신구동의 발전 위주로 전환해야 한다.

2014년 6월 9일, 시진핑 총서기는 중국과학원 17차 원사대회와 중국공정원 12차 원사대회에서, "옛 방식은 통하지 않고 새 방식은 바로 과학기술혁신에 있다. 생산요소와 자본규모를 성장 동력으로 하던 것에서 혁신을 성장 동력으로 하는 것으로 전환해야 한다."[12]고 지적했다. 2014년 8월 18일, 시진핑 총서기는 중앙재경영도소조 7차 회의에서, 중국은 발전 중인 대국으로 현재 경제발전 방식 전환과 경제구조 조정을 극력 추진하고 있는데 반드시 혁신을 성장 동력으로 하는 전략을 잘 실시해야 한다고 강조했다. 혁신을 성장 동력으로 하는 전략은 과학기술 혁신을 핵심으로 한 전면적 혁신을 추동하는 것으로 수요 중심과 산업화 방향을 견지하고 기업의 혁신 속 주체지위를 견지하는 것이며 시장의 자원배분 과정에 대한 결정적 역할과 사회주의 제도의 우세성을 발휘하는 가운데 과학기술 진보의 경제성장에 대한 기여도를 증강하고 새로운 성장 동력을 형성하여

12 중공중앙문헌연구실 편찬: 『과학기술혁신에 대한 시진핑의 논술 발췌』, 중앙문헌출판사, 2016, 28면.

경제의 지속적 건강한 발전을 촉진해야 한다. 중국의 경제발전이 생산요소 투입을 통한 성장에서 혁신을 통한 성장으로 전환하고 규모의 확장에서 질적 제고와 효과 위주로 나아가며 경제성장의 동력구조를 개선하려면 반드시 과학기술 혁신과 혁신적 인재에 의지해야 한다. 인재는 혁신의 뿌리이자 혁신의 핵심요소다. 혁신을 통한 성장은 사실 인재를 통한 성장이다. 그러므로 규모가 방대하고 혁신정신이 풍부하여 과감히 리스크를 감당할 수 있는 혁신형 인재 대열을 갖추려면 인재 흡수와 양성에 중점적 노력을 기울여야 한다.

'13.5' 기간 동안, 중국이 직면한 발전환경의 복잡함과 발전임무의 과중함, 그리고 적지 않은 발전난제의 수행 속에서 시진핑 총서기는, "혁신을 동력으로 하는 발전 전략을 적극 실시하는 가운데 혁신을 틀어쥐면 바로 경제사회 발전 전반적 국면의 '소 코뚜레'를 잡은 것이다. 혁신을 잡으면 발전은 잡은 것이고 혁신을 도모하면 바로 미래를 도모하는 것이다. 우리는 반드시 발전의 기점을 혁신에 두고 혁신을 통해 발전의 새로운 동력을 육성하고 선발의 우세성을 더욱 발휘할 수 있는 인솔형 발전을 구축하여 남이 있으면 나도 있고 남이 있으면 나는 강하고 남이 강하면 나는 더욱 우수해야 한다."[13]고 지적했다. 또한 중국을 세계의 과학기술 강국으로 건설하기 위한 관건은 규모가 방대하고 구조가 합리적이며 자질이 우수한 혁신 인재 대열을 확보하여 각종 인재의 혁신적 활동과 잠재력을 분발시키는 것이다. 광범위한 과학기술자의 창조정신을 적극 동원하고 충분

---

13 「5중전회 정신을 집중적으로 관철하여 전면적 샤오캉사회 건설을 예정대로 보장(聚焦發力貫徹五中全會精神確保如期全面建成小康社會)」, 『인민일보』, 2016년 1월 19일, 제1면.

히 존중하여 그들로 하여금 혁신의 추동자와 실천자로 나서게 하고, 그들이 혁신을 도모하고 추진하며 실천하는 자발적 행동을 격려해야 한다. 과학기술인재의 육성과 성장은 이에 따른 규율이 있는데 "인재를 알고 아끼고 존중하며 활용하는 기풍을 조성하고 과학기술인재의 발전을 위한 양호한 환경을 조성하며 혁신의 실천 속에서 인재를 발견하고 활동 과정에서 인재를 육성하며 혁신사업 과정에서 인재를 응집시켜 천하의 영재를 모아 활용하여 더욱 많은 천리마가 다투며 질주하도록 해야 한다."[14]고 지적했다.

2. 인재발전 기제 개선에 진력해야

혁신인재는 과학적 방식으로 육성하고 안정된 정책과 장기적 기제를 필요로 한다. 시진핑 총서기는, '2개의 100년' 분투목표를 실현하려면 반드시 인재발전체제 기제의 개혁을 심화하고 인재강국 건설을 가속해야 한다고 말한 바 있다. "인재를 적재적소에 잘 활용하여 원활한 인재관리 기제를 건립하고 평가라는 지휘봉을 개선하여 인재유동과 활용, 그리고 역할발휘 중에 나타나는 체제 기제의 장애를 해소"[15]하고 과학기술자의 혁신적

14 시진핑: 「세계적인 과학기술강국을 건설하기 위해 분투하자—전국과학기술혁신대회, 양원원사대회, 중국과학협회 제9차전국대표대회에서 한 연설(爲建設世界科技强國而奮鬪—在全國科技創新大會, 兩院院士大會, 中國科協第九次全國代表大會上的講話)」, 인민출판사, 2016, 16~17면.

15 중공중앙문헌연구실 편찬: 『과학기술혁신에 대한 시진핑의 논술 발췌』, 중앙문헌출판사, 2016, 111면.

개척을 최대한 지원하고 도와야 한다고 지적했다.

(가) 강렬한 인재 의식 수립

혁신인재의 육성과 발전은 우선 집정당의 강렬한 인재의식을 기반으로 한다. 2003년 7월, 시진핑은 저장(浙江)성 당서기 재임 시, "각급 영도간부는 강렬한 인재 의식, 인재를 아끼는 마음, 인재를 알아볼 수 있는 지혜, 인재를 포용할 수 있는 배포, 인재를 활용할 수 있는 조예가 있어야 하며 전 사회적으로 노동과 지식, 그리고 인재와 창조를 존중하는 양호한 분위기를 적극 조성해야 한다."[16]고 말한 바 있다.

18차 당대회 이후, 시진핑 총서기는 수 차례에 걸친 중요한 연설을 통해 강렬한 인재의식 수립을 거듭 강조했다. 또한 2013년 6월, 전국 조직업무 회의에서, "강렬한 인재의식을 수립하고 목마른 사람이 물을 찾듯 인재를 찾고, 보물을 발견하듯 인재를 발견하며 격식에 구애받지 않고 인재를 추천하여 인재가 능력을 발휘할 수 있도록 활용해야 한다."[17]고 다시 한 번 명확히 지적했다. 이는 중국공산당이 인재를 고도로 중시하고 무엇보다 중요하게 보고 있음을 반영하는 것이다. 2013년 10월, 시진핑은, "우리는 과거 역사의 어느 시점에 비해서도 중화민족의 위대한 부흥이란 목표에 근접하고 있고 그 어느 때보다 인재에 목말라 하고 있다."[18]고 지적했다.

---

16 시진핑: 『실제에 적용하고 앞장서 발전—저장성의 새로운 발전에 대한 사고와 실천(干在實處 走在前列—推進浙江新發展的思考與實踐)』, 중공중앙당교출판사, 2006, 425면.

17 시진핑: 「전국조직업무회의에서 한 연설(在全國組織工作會議上的講話)」, 『18대 이후 중요문헌선집』(상), 중앙문헌출판사, 2014, 344면.

18 시진핑: 「구미 학우회 설립 100주년 경축대회에서 한 연설」, 『인민일보』, 2013년 10월 22일, 제2면.

2016년 7월 1일, 중국공산당 창당 95주년 기념 대회의 연설에서 시진핑은, "당과 인민의 사업을 부단히 발전시키려면 여러 분야의 인재를 더욱 잘 활용해야 하고 천하의 영재를 모아 써야 한다. 인재를 알아보는 혜안, 인재를 아끼는 성의, 인재를 쓰는 담력과 식견, 인재를 포용하는 배포, 인재를 모으는 좋은 방법으로 현명한 인재를 널리 활용하는 길을 터놓고 당내 및 당외, 국내 및 국외 등지에서 각 방면의 우수 인재를 영입하고 응집시켜 사람들 모두가 인재가 되기를 갈망하고 적극 노력하여 인재가 되고 모두가 그 재능을 펼치는 양호한 국면을 형성해야 한다."[19]고 재삼 지적했다.

하나의 집정당이 강렬한 인재의식을 갖고 있는 지 여부는 인재와 지식에 대한 존중 여부에서 체현된다. 노동과 지식, 그리고 인재와 창조를 존중하는 것은 중국공산당의 우수한 전통이다. 중화인민공화국 설립 즈음에, 새롭게 세우고 발전시켜야 할 것이 매우 많았는데 첸쉐썬(钱学森), 첸산창(钱三强) 등을 대표로 한 유학파들이 의연히 귀국하였고 지극히 어려운 조건 하에서 심혈을 기울이고 완강히 분투하며 원자탄과 수소탄, 그리고 인공위성 등 세계가 주목한 중대한 성취를 거두었다. 개혁개방 이후 당과 정부는 인재와 지식을 존중하고 우수한 인재의 적극적 육성을 요구하며 개혁개방 사업의 새로운 국면을 열었다. 21세기 진입 후 중국은 인재강국 전략을 또다시 제정했고 시진핑 총서기는 당의 우량 전통을 계승하여 시종일관 지식과 인재에 대한 존중을 강조했다. 2016년 4월 26일, 시진핑 총서기는, 과학기술과 교육, 그리고 문화체제 개혁을 심화하고 인재발전체제

---

19 시진핑: 『중국공산당 창당95주년 경축대회에서 한 연설(在慶祝中國共産黨成立95周年大會上的講話)』, 인민출판사, 2016, 19면.

개혁을 심화하며 지식인들이 일하고 창업하는 데 유리한 체제기제를 서둘러 형성하여 광범위한 지식인들이 재능과 에너지를 충분히 방출하도록 해야 할 것임을 제기했다. 2016년 5월 17일, 시진핑 총서기는, “당의 지식인 정책을 진지하게 관철하고 노동과 지식, 그리고 인재와 창조를 존중하며 정치적으로 충분히 신뢰하고 사상적으로 능동적으로 주도하며 업무적으로 조건을 창조하고 생활적으로 세심히 배려하는 가운데 이들을 위해 실질적이고 유익한 일을 하며 난제를 해결해 주어야 한다.”, “철학사회과학의 우수 인재를 보다 적극적으로 활용하여 덕과 재능이 겸비된 인재가 중요한 위치에서 역할을 발휘할 수 있도록 해야 한다.”[20]고 강조했다.

강렬한 인재의식을 수립하여 최종 인재 활용 시 그 능력을 다하도록 하는 것은 시진핑 총서기도 항상 강조해 온 것이다. 인재를 활용하여 능력을 다하게끔 만드는 것은 인재 활용을 기본으로 각 방면의 인재가 사회주의 건설 과정에서 최대한 그 총명함과 지혜를 발휘하도록 하는 것이다. 인재 활용을 기본으로 하는 관념을 확고히 수립하고 인재가 활용 과정에서 성장하고 능력을 키우며 활용 과정에서 최대 한도로 가치를 발휘할 수 있도록 해야 한다. 인재의 자질 능력과 업무 위치를 결합하여 인재가 적합한 업무 위치에서 능력을 다하는 가운데 인재 성장 규율을 존중하여 인재가 인생의 황금기와 가장 좋은 시기에 그 능력을 모두 발휘할 수 있도록 해야 한다.

---

20 시진핑: 『철학사회과학 업무좌담회에서 한 연설(在哲學社會科學工作座談會上的講話)』, 인민출판사, 2016, 27~28면.

(나) 교육 변혁과 혁신을 추동

혁신 인재의 육성과 발전의 기초 조건은 교육이다. 인간이 성장하여 인재가 되려면 우선 실천에 의지하고 그 다음은 교육이다. 시진핑 총서기는 교육의 인재 양성 과정에 대한 역할을 매우 중시하여 교육업무에 대한 중요 지시를 누차 하달했으며 많은 창조적인 새로운 사상, 관점, 요구를 제기했다. 이중 중요한 방면이 바로 교육변혁과 혁신을 추동하는 것이다.

인재 양성의 관건은 교육에 있다. 2013년 9월 30일, 시진핑 총서기는 중공중앙정치국 9차 집체 학습에서, "교육개혁 심화로 자질교육을 추진하고 교육방법 혁신으로인재 양성의 질을 제고하여 혁신 인재의 성장에 유리한 육성 환경을 적극 형성해야 한다."[21]고 강조했다. 2013년 10월 23일, 시진핑 총서기는 칭화(清華)대학 경제관리학원 고문위원회 해외위원과의 회견 담화을 통해, 과학교육을 통한 국가 부흥은 중국의 기본 국책이라고 강조하고, 우리는 과학기술이 제일의 생산력이고 인재는 제일의 자원이란 이념을 견지하며 모두 받아들이고 국제사회의 선진 경험을 흡수하고 교육개혁을 추진하여 교육의 질을 제고하고 고 수준의 뛰어난 인재를 보다 많이 양성함과 동시에 각 방면의 인재들이 역할을 발휘하고 재능을 펼칠 수 있는 보다 광활한 무대를 제공해 주어야 한다고 강조했다. 여기서 시진핑은 교육개혁 추진을 다시 한번 언급했다.

2015년, 시진핑 총서기는, '5.1' 국제노동절 기념 및 전국 노동모범과 선진 업무자 표창 대회서 행한 연설을 통해, "전진의 길에서 우리는 시종

---

21 중공중앙문헌연구실 편찬: 『과학기술혁신에 대한 시진핑의 논술 발췌』, 중앙문헌출판사, 2016, 111면.

일관 노동자 자질 제고를 고도로 중시하여 높은 자질의 노동자 대군을 대거 육성해야 한다. 노동자의 자질은 한 국가와 민족의 발전에 지극히 중요하다. 지식과 재능을 많이 축적할수록 노동자의 창조력은 커진다. 광범위한 노동자를 포함한 전체 민족의 문명 자질을 제고하는 것은 민족발전의 장기 대계이다. 갈수록 치열해 지는 국제경쟁 속에서 한 국가가 기회를 선점하여 발전의 주도권을 획득할 수 있는 지 여부는 국민자질, 특히 날로 광범위한 노동자의 자질에 의해 결정된다. 그러므로 직원 자질 건설 공정을 실시하여 방대한 지식형, 기술형, 혁신형의 노동자 대군 건설을 추동해야 한다."[22]고 지적했다.

교육 변혁과 혁신을 추동하려면 과학교육을 통한 국가 부흥 전략과 인재강국 전략, 그리고 혁신을 동력으로 하는 발전 전략을 가일층 실시해야 한다. 2013년 8월 21일, 시진핑 총서기는 과기부의 업무보고를 받는 자리에서, 인재 업무는 매우 중요하고 과학교육을 통한 국가 부흥과 인재강국, 그리고 산학연 결합 등은 모두 교육 업무와 긴밀히 관련되어 과학기술교육은 분업적 협력을 수행함과 동시에 혁신인재의 양성, 활용, 관리 등 일련의 정책을 부단히 개선하며 기존의 인재 계획을 잘 집행해야 한다고 지적했다.

인재강국 전략은 과학발전을 추진하는 기초 전략이자 핵심 전략이다. 『국가 중장기 인재발전 계획 요강(2010-2020년)』은, "미래 10여년은 중국 인재사업 발전의 중요한 전략적 기회의 시간이다. 우리는 반드시 책임감

---

22 시진핑: 『'5.1'국제노동제 및 전국노동모범과 선진 실무자 표창대회에서 한 연설(在慶祝'五一'國際勞動節暨表彰全國勞動模範和先進工作者大會上的講話)』, 인민출판사, 2015, 9면.

과 사명감, 그리고 위기감을 진일보 증강시켜 날로 가열되고 있는 국제인재 경쟁에 적극 대응하고 중국의 경제사회발전의 수요에 주도적으로 적응하며 흔들림없이 인재강국의 길을 확고히 걷고 과학적 계획과 개혁 심화, 그리고 중점 돌파와 전체적 추진으로 인재를 배출하고 인재가 그 능력을 다하는 새로운 국면을 부단히 개척해야 한다."[23]고 명확히 제시했다. 『국민경제사회발전13차 5개년 계획에 관한 중공중앙의 건의』는, '인재강국 건설 가속'에 대한 전략 추진을 제시했다. 또한 중공중앙의 『인재발전체제기제 개혁 심화에 관한 의견』은 일련의 개혁조치를 명확히 제시했는 데 이는 '13.5' 계획의 각종 임무를 실현하는 데 중요한 인력자원의 전략적 보장을 제공한 것이다.

(다) 보다 유연한 인재관리기제 수립

혁신 인재의 육성과 발전에 있어 하나의 중요한 기초는 유연한 인재관리 기제를 수립하는 것이다. 18차 당대회 이후 시진핑 총서기는 인재체제기제 문제와 관련하여 다음과 같은 논술이 있었다: 인재 정책은 보다 유연한 것이 필요하다. 인재발전을 속박하는 사상 관념을 깨는데 진력하여 체제기제 개혁과 정책 혁신을 추진해야 한다. 인재발전 기제를 적극 개선하여 인재를 적재적소에 잘 활용하며 보다 유연한 인재관리 기제를 건립하고 인재유동과 활용, 그리고 역할을 발휘하는 과정에 대한 체제기제의 장애를 해소해야 한다. 인재를 응집하여 그 역할을 발휘시키는 체제기제

---

23 『국가 중장기 인재발전 계획 요강(2010—2020년)[國家中長期人才發展規劃綱要(2010—2020年)]』, 인민출판사, 2010, 3면.

를 계속해서 개선하고 우수인재의 혁신적 개척에 대한 적극성을 진일보 동원하는 것 등이 있다. 이와 같은 중요한 논술은 인재 발전을 제약하는 병목과 요해를 포착하고 우리로 하여금 어려움을 극복하고 적폐를 잘라내며 체제장벽 및 신분장애를 제거하고 인재의 혁신창업에 대한 적극성을 최대한으로 동원하여 사회의 부를 창조하는 일체의 원천이 충분히 쏟아져 나오게 할 것을 요구했다.

개혁이 심화할수록 심층적 문제와 체제의 폐단을 건드리게 된다. 예로, 체제 장벽으로 사회계층 유동의 응고와 신분 고착화 추세가 뚜렷해 지고 서로 다른 계층의 인재군이 횡적 및 종적으로 유동하는 채널이 방해를 받게 된다. 다른 예로, 도시와 농촌의 이원적 분할과 신분적 차별을 타파하여 모든 사람들이 공정한 발전 기회를 누리게 할 수 있는 개선된 체제기제 보장이 아직까지 미흡하다. 이밖에도 인재관리 중의 행정화, '관직 본위'의 고질병, 인재평가 중의 학력, 직급, 논문 중심의 폐단 및 과학연구 성과의 산업화 전환 곤란, 수익 창출의 어려움 등의 문제가 존재하고 있다. 개혁의 길은 험난하고 멀어 사회적 공감대를 응집하고 사상 관념에 대한 장애를 타파하여 이익 고착화의 울타리를 돌파해야 한다. 2016년 3월 21일 중공중앙은『인재발전 체제기제 개혁심화에 관한 의견』을 발표했다. 시진핑 총서기는, 개혁의 실행 업무 강도를 높이고『인재발전 체제기제 개혁에 관한 의견』을 충실히 실행하여 글로벌 경쟁력을 갖춘 인재제도 체계를 서둘러 구축하고 체제기제 장애를 타파하는 데 진력하며 인재 활용 주체에 권한을 이임하여 인재에 대한 각종 규제를 풀어주고 인재의 혁신창조 활동이 충분히 분출하게 하여 각 방면의 인재가 적재적소에서 능력을 유감없이 발휘할 수 있게 한다. 경쟁에 대한 격려와 존중하는 협력을 상호 결합시켜 인재자원이 합리적으로 질서있게 유동할 수 있도록 촉진하고 인재 '그린카드' 건립을 탐색하여 국제 경쟁력을 갖춘 인재제도의 우세를 빠르게 형성해야 한다고 지적했다.

시진핑 총서기의 인재 방면에 대한 사상을 관철하고 실천하려면 관리 체계 및 능력의 현대화를 제고하는 고도에서 인재 업무를 기획하고 인재의 성장 규율을 존중하며 인재 업무에 관한 체제 및 기제의 장해를 타파하고 보다 유연하고 개방적이며 실효성 있는 새로운 인재체제 기제를 건립하여 인재가 두각을 나타낼 수 있도록 체제 및 기제가 최대의 견인 기능을 해야 한다. 혁신 인재의 합리적 유동 기제를 수립해야 한다. 인재는 구할수록 나타나고 방치해 놓을 수록 부족하다. 혁신 인재는 반드시 가장 적합한 위치에 두어 그들의 역할을 충분히 발휘하도록 해야 한다. '13.5' 계획 요강은, "인재 최적화 배치를 촉진해야 한다. 건전한 인재유동 기제를 건립하고 사회의 횡적 및 종적 유동성을 제고하여 인재가 서로 다른 속성의 기관과 다양한 지역 간에 질서있고 자유롭게 유동하는 것을 촉진해야 한다. 급여, 의료 대우, 직무평가, 양로보장 등의 격려 정책을 개선하고 인재가 기층의 일선과 중서부 지역, 그리고 오지 등으로 유동하는 것을 격려한다. 동부연해 지역과 중서부 지역, 그리고 동북 지역 등 전통 공업 기지 간의 인재 교류와 맞춤형 지원을 전개하고 동부지역 도시가 서부지역을 대상으로 지원하는 인재 훈련 공정을 지속적으로 실시해야 한다."[24]고 제기했다. 또한 『인재발전체제 기제개혁 심화에 관한 의견』은 인재 유동 장

---

24 『중화인민공화국 국민경제와 사회발전 제13차 5개년 계획 요강(中華人民共和國國民經濟和社會發展第十三個五年規劃綱要)』, 인민출판사, 2016, 23면.

애 타파를 요구했다. 호적(户籍, 거주자의 기본정보를 등재한 법적 문서), 지역, 신분, 학력, 인사관계 등의 제약을 없애 인재자원의 합리적 유동과 효과적 배치를 촉진해야 한다. 고차원 인재와 급히 필요한 인재의 호적 우선 제도를 실시한다. 인사기록 관리 서비스의 정보화 건설을 서두르고 사회보험 관계의 이전 접속방법을 개선하여 인재의 지역간, 업종간, 체제간 이동을 위한 편리한 조건 제공 등을 제시했다. 이와 함께 『인재발전체제 기제 개혁 심화에 관한 의견』은, 당정 기관과 기업 및 사업 기관, 그리고 사회 각 방면의 인재 유동 채널이 막힘없이 잘 통할 것을 요구했다. 비공유제 경제조직과 사회조직의 우수인재를 당정 기관과 국유기업의 사업단위로 유치하는 정책 조치를 연구하고 제정하는 것 또한 제기했다.

(라) 인재성장 규율을 파악하고 준수해야

인재 대열의 육성과 발전에 있어 가장 긴요한 것은 인재배양 및 과학연구 규율을 파악하고 존중하여 규율에 따라 처리하는 것이다. 과학기술 인재의 양성과 성장에는 규율이 있는데 그 규율을 존중해야만 비로소 인재를 배출하고 인재가 적재적소에서 재능을 다할 수 있는 생생한 국면을 형성할 수 있다. 시진핑 총서기는 중앙인재업무협조소조의 2013년 업무보고에 대한 중요한 지시를 내리는 가운데, "천하의 인재를 택해 활용하는 관건은 당이 인재를 관리하는 원칙을 견지하고 사회주의 시장경제 규율과 인재성장 규율을 준수하는 것……"[25]이라고 지적했다.

---

25 중공중앙문헌연구실 편찬: 『과학기술혁신에 대한 시진핑의 논술 발췌』, 중앙문헌출판사, 2016, 114면.

사회주의 시장경제의 조건 하에서 인재는 일종의 지적 자원으로 시장 또한 자연스럽게 그 배치에 대한 결정적 역할을 하게 된다. 이는 시장규율로 이를 위배하면 인재의 성장은 심각한 속박을 받아 동력이 부진하여 이어지기 어렵다. 이와 같은 연유로 인해 시진핑 총서기는, 인재업무를 잘 수행하려면 사회주의 시장경제 규율을 준수해야 한다고 특별히 강조했다. 사회주의 시장경제 규율을 준수하는 것이란 시장의 인재자원에 대한 배치 규율이 시장의 수급 기제와 가격 기제, 그리고 경쟁 기제를 통해 실현되는 것이다. 인재시장의 수급 기제는 인재의 공급 및 수요의 불평형 상태를 통해 각종 인재의 시장가격이 형성되고 가격과 시장의 공급량 및 수요량 등 시장의 신호로 인재 공급(혹은 유동)과 수요를 조정하여 최종적으로 수급 간의 기본적 평형을 실현하는 것이다. 인재 성장과 배양의 개발 과정에서 시장은 가격기제를 통해 교육훈련기관과 인재개체, 그리고 채용 기관 등 3자 간의 수급 조화를 실현한다. 시장규율의 역할은 인재배양과 인재유치, 그리고 인재활용 등 전 과정을 관통하고 있는 것이다.

시장규율 준수 외에 인재성장 규율도 준수해야 한다. 그러면 무엇이 인재성장 규율인가? 이는 바로 인재성장 과정에서 따라오는 보편성의 객관 필연적 요구이다. 예로, 두터운 덕으로 인재를 육성하는 규율이 있다. 옛 사람들이 말하길, 덕으로 인재를 이끌고, 덕으로 인재를 품고, 덕으로 인재를 윤택하게 한다며, 덕을 수양하지 않으면 유용한 인재로 될 수 없고, 대가 혹은 거장은 더욱 될 수가 없다고 했다. 이 같은 규율을 파악했다면 두터운 덕을 인재양성의 최우선 임무로 삼아 사상과 전문성, 그리고 덕을 두루 갖춘 우수한 인재를 적극 육성해야 한다. 이는 차례대로 한걸음씩 앞으로 나아가는 규율과도 같다. 시진핑 총서기는 중국과학원 17차 원사대회와 중국공정원 12차 원사 대회에서 행한 연설을 통해, 인재성장의 규율에 따라 인재양성 기제를 개선하는 가운데 "나무가 나무의 천성을 따라 그 본성이 잘 발휘하도록 해야지" 눈앞의 성공과 이익에만 급급하거나 서두르다가 일을 그르치는 것을 피해야 한다[26]고 강조했다. 이는 경쟁 성장 규율과도 같다. 비교를 해 봐야만 감별할 수 있고 경쟁이 있어야만 활력이 생기는 것이다. 인재성장 과정은 하나의 상호 경쟁으로 경쟁속에서 배우고 경쟁속에서 전진하는 과정인 것이다. 이 규율을 파악하여 규칙은 가급적 공평공정하고 절차는 과학적이고 공개적이도록 하고 인재는 경쟁속에서 동력을 증강하고 잠재력을 개발하며 두각을 나타낼 수 있도록 해야 한다. 이는 또한 실천 속에서 성장하는 규율과도 같은데 인재성장의 가장 근본적이자 가장 유효한 규율인 것이다. '원자탄, 수소탄, 인공위성'과 유인우주선, 달 탐사 프로젝트, 교배종 벼, 양자통신, 슈퍼 컴퓨터 등과 같은 위대한 실천은 과학기술의 리더급 인재를 거듭하여 육성했다. 이밖에 인재성장 규율을 파악하려면 인재의 정상적 유동을 촉진해야 한다. 이점을 감안하여 정책혁신의 상부설계를 잘 수행하여 시장이 자원 배치 과정에 대한 결정적 역할을 발휘하고 인재 채용 기관이 주체적 역할을 발휘하는 가운데 그들의 적극성과 능동성을 충분히 동원하여 체제 장벽과 신분 한계를 허물어 유동배치 기제가 작동되고 '국내 및 해외', '당내 및 당외', '비축인재 및 증가 인재' 모두를 우리가 활용할 수 있도록 해야 한다.

그렇다면 시진핑 총서기가 강조한 당이 인재를 관리하는 것과 '두 가

---

26 시진핑: 『생산요소, 투자규모를 동력으로 하던 발전을 혁신을 동력으로 하는 발전으로 서둘러 전환하자(加快從要素驅動, 投資規模驅動發展爲主向以創新驅動發展爲主的轉變)』, 『시진핑 국정운영을 논하다』, 외문출판사, 2014, 127~128면.

지 규율'은 상호 어떤 관계가 있는가? 어떻게 변증법적으로 파악할 수 있는가? 말하자면 "당이 인재를 관리하는 원칙과 두 가지 규율을 준수하는 것은 서로 연계되고 상호 보완되는 불가분의 관계이다." 당이 인재를 관리하는 것을 견지하려면 반드시 '두 가지 규율'(사회주의 시장경제 규율, 인재 성장 규율)을 준수해야 한다. 인재의 성장과 발전은 시장 동력의 역할과 시장 독려 등 외부 환경 조건을 떠날 수 없다. 시장이 발휘하는 역할 또한 기본적 인재 성장 규율을 준수하는 것이다. "인재 업무 중에서 당이 인재를 관리하는 원칙과 '두 가지 규율'을 과학적으로 파악하고 '보이는 손'과 '보이지 않는 손'의 관계를 잘 조율하고 규범화해야만 인재발전의 동력을 증강시킬 수 있다."[27]

3. 인재자원을 집결해야

혁신인재를 발견하고 육성하는 목적은 인재를 붙잡아 두고 활용하며 민족부흥의 위대한 사업을 위한 혁신 인재들을 응집하여 그들로 하여금 중국 특색 사회주의 건설의 혁신 사업에서 재능을 펼치고 꿈과 포부를 실현하며 모든 혁신 인재들이 인생에서 훌륭한 기회와 무대를 가질 수 있도록 하기 위함이다.

27 「인재업무에 대한 시진핑 총서기의 지시 정신 시리즈 해독2—법칙을 따라 인재업무의 과학화 수준 향상(習近平總書記對人才工作重要指示精神系列解讀之二—遵循規律提高人才工作科學化水平)」, 『중국조직인사보(中國組織人事報)』, 2014년 7월 23일, 제1면.

(가) 인재자원 개발을 과학기술 혁신의 최우선 위치에 두어야

인력자원의 핵심사상은 모든 사람을 자원의 범주에 포함시켜 개인의 특징에 따라 효과를 극대화 하는 배치를 진행하는 것인데 그 목적은 자신의 능력을 충분히 발휘하도록 하는 것이다. 중화인민공화국 건립 60 여년 동안, 특히 개혁개방 40여년 간 중국은 이미 인재자원 부족 국가에서 세계 1위의 인력자원 대국으로 발전하여 방대한 인재자원을 보유하고 있다. 다만 인력자원 대국을 인력자원 강국으로 건설하여 인재강국 전략을 실현해야만 중화민족의 위대한 부흥의 요구에 부합된다.

시진핑 총서기는, "인재가 제일의 자원이라는 이념을 틀어쥐고 모든 것을 받아들이며 국제사회의 선진 경험을 흡수하여" 뛰어난 자질을 갖춘 인재를 보다 많이 양성해야 한다고 하면서 "미래를 위한 사업 기반을 닦으려면 인재가 먼저다. 중화민족의 위대한 부흥을 실현하려면 인재가 많을수록 좋고 능력 또한 클 수록 좋다. 중국은 인력자원 대국이자 지적자원 대국으로 13억 이상의 인구 머리 속에 있는 지혜자원은 가장 귀한 보배다."[28] 고 말했다.

시진핑 총서기는, "인재자원 개발을 과학기술 혁신의 가장 우선적 위치에 두어야 한다."[29]고 지적했다. 시진핑 총서기의 인재 방면 사상을 학습하고 관철하는 것은 바로 인재가 가장 중요한 자원이라는 의식을 확고히 수립하는 것으로 일체의 관리 주안점을 인력자원 효과의 극대화를 위해 봉사하고, 관리의 입각점을 인력자원이 최대의 에너지를 방출시키는 데

---

28 시진핑: 「생산요소, 투자규모를 동력으로 하던 발전을 혁신을 동력으로 하는 발전으로 서둘러 전환하자」, 『시진핑 국정운영을 논하다』, 외문출판사, 2014, 127면.

29 같은 책.

두어 각 방면의 우수인재를 '2개의 100년' 분투 목표 실현에 모아 중화민족의 위대한 부흥인 중국몽이 웅대한 대업 과정에서 실현되도록 해야 한다. 시진핑 총서기는, 보다 개방된 시야로 인재를 유치하여 모으고 산업분야 과학기술의 선두에 서서 국제적 시야를 갖춘 리더형 인재 집결을 가속해야 한다고 말했다.

중국의 인재자원 수량은 세계 1위 수준이지만 고급 인재, 특히 일류의 리더형 인재는 매우 부족한데 이는 중국 인재자원의 미흡한 부분이다. 리더형 인재는 인재 대오 중의 중심이다. "천군만마는 얻기 쉽지만 한 명의 뛰어난 장수는 얻기 어렵다." 리더형 인재가 있어야만 사업을 보다 빠르고 훌륭하게 발전시킬 수 있고 자원의 효과를 더욱 충분히 발휘하게 만들 수 있다. 시진핑 총서기는, "인터넷 강국을 건설하려면 인재자원을 집결시켜야 하고 정치적으로 강력하고 업무적으로 전문화된 기풍이 훌륭한 강력한 대열을 건설해야 한다."[30], "세계 수준의 과학자와 인터넷 과학기술의 리더형 인재, 그리고 탁월한 엔지니어와 고 수준의 혁신 팀을 배양하고 육성해야 한다."[31]고 지적했다.

시진핑 총서기는, "우리 나라 과학기술 대오 규모는 세계에서 가장 큰데 이는 반드시 자랑스러워 할 만 하다. 그러나 우리의 과학기술 대오 또한 어려운 도전에 직면해 있는데 혁신형 과학기술 인재의 구조적 부족에 대한 모순이 뚜렷하여 세계적 수준의 과학기술 거장이 모자라고 리더형 인재와 발군의 인재가 부족하며 공정기술인재 배양이 생산 및 혁신의 실

---

30 시진핑: 「우리 나라를 인터넷 강국으로 건설하기 위해 노력해야(努力把我國建設成爲網絡强國)」, 『시진핑 국정운영을 논하다』, 외문출판사, 2014, 199면.

31 같은 책.

천과 괴리되어 있다. '일년을 본다면 농사가 제일이고, 10년을 본다면 나무 심는 것이 좋고 평생을 생각한다면 인재를 키우는 것이 가장 좋다.'"[32]고 지적했다. 2016년 3월 21일, 중공중앙이 배포한 『인재발전 체제와 기제 개혁 심화에 관한 의견』은, "인재가 혁신발전을 이끄는 것을 견지하고 인재발전을 경제사회발전의 종합평가 지표로 활용한다. 또한 지역과 산업정책, 그리고 재정과 세수의 지렛대를 종합적으로 운용하여 인재자원에 대한 개발 강도를 확대할 것"을 제기했다.

(나) 과학기술의 선두에서 국제적 시야를 갖춘 리더형 인재집결을 가속해야

과학기술혁신은 첫 번째 동력이고 인재는 첫 번째 자원이다. 시진핑 총서기는, 보다 개방적인 시야로 인재를 유치하고 모아 산업 분야 과학기술의 일선에 서 있는 국제적 시야를 갖춘 리더형 인재를 서둘러 집결시켜야 한다고 강조했다.

인재, 특히 리더형 인재를 집결하려면 어느 정도의 수단과 적극적인 조치가 필요하다. 중점인재 공정은 국가의 인재발전 계획과 인재강국 전략을 시행하는 중요한 수단이다. 국내외의 두 가지 인재자원을 총괄 기획하고 고수준의 혁신적 창업 인재대오를 대거 육성하기 위해 중앙인재업무협조소조는 '천인계획(千人計劃)'과 '만인계획(萬人計劃)' 등의 중점인재 공정을 조직하여 실시했고 이를 기반으로 외국 전문가와 청년 해외인재를 대

32 시진핑: 「생산요소, 투자규모를 동력으로 하던 발전을 혁신을 동력으로 하는 발전으로 서둘러 전환하자」, 『시진핑 국정운영을 논하다』, 외문출판사, 2014, 127면.

상으로 하는 '외국 전문가 천인계획' 및 '청년 천인계획'을 실시했다. 이와 함께 각 부서와 위원회 또한 관련 직능을 바탕으로 상응하는 인재유치 계획을 제출했다. 예로 교육부의 '양쯔강 학자 장려 계획', 국가 자연과학기금 위원회의 '국가의 걸출한 청년과학기금' 등이 있다.

인재공정을 시행하는 것은 인재우세를 조성하는 중요한 경험이다. 시진핑 총서기는 구미 동문회 설립 100주년 기념 대회에서, 보다 큰 힘으로 '천인계획' 및 '만인계획'을 추진해야 할 것을 명확히 요구했다. '천인계획' 등의 중점인재공정이 해외인재 유치에 대한 선도 역할을 발휘할수 있도록 시진핑 총서기는, 기존의 국가 '천인계획'을 총결하고 인재를 가장 많이 유치한 지방을 추려, 유치하는 흡인력이 어디에 나오는지, 부족한 부분은 무엇인지 등을 잘 살펴봐야만 다음 단계의 인재유치 업무에 대한 추진 역할을 발휘할 수 있다고 말한 바 있다.

시진핑 총서기의 지시에 따라 우리는 해외 고급인재 유치를 위한 '천인계획'을 심층적으로 실시하고 안정적 규모와 품질 보장으로 구조를 최적화하며 '고급, 전문, 첨단, 희소' 등의 특징을 부각하는 방향으로 기초 선도 영역에서 원천적 혁신능력을 갖추고 뉴 라운드 산업혁명에서 중대한 돌파를 가져올 수 있는 세계 최고의 인재를 중점 유치하여 고급인재와 외국전문가에 대한 유치력을 가일층 강화해야 한다. 이와 함께 인원의 품질관리를 강화하고 선정된 인원의 퇴출에 대한 관리방법도 연구하여 내놓아야 한다. 그리고 해외인재의 유치 사용과 관리 서비스 기제를 개선하여 해외인재 유치 업무에 대한 지도도 강화해야 한다.

우리는 또한 국가 고급인재 특수지원 하의 '만인계획'을 전면 실시하여 국내 고급인재 배양체계를 형성해야 한다. 중점 인재공정의 총괄적 계획의 조율강도를 강화하는 가운데 중점 난제들을 제때 연구하고 해결하며 중점 인재공정의 품질을 확보해야 한다. '못 박는 정신'을 고양하고 '만인계획'를 포기하지 않고 추진하며 유연한 정책으로 지원하여 보다 개선된 관리 기제와 시원한 혁신환경으로 각 방면의 고급인재를 잘 선발해서 활용하고 인재의 혁신창업을 최대한으로 지원해야 한다. 인재를 중심으로 인재를 배려하고 어려움을 해결해 주며 인재가 필요로 하는 것들을 처리하여 각 방면의 인재가 걱정없이 일하고 몰입하여 연구하며 마음놓고 창업할 수 있도록 해 주어야 한다.

유학인재는 언제나 중국의 인력자원 중에 없어서는 안되는 중요한 구성부분이었다. 2013년 10월 21일, 시진핑 총서기는 구미 동문회 설립 100주년 기념 행사의 연설을 통해, 각급 당위원회와 정부는 당과 국가의 유학인원 업무에 대한 방침과 정책을 관철하고 보다 크고 효과적으로 중국의 개혁개방과 사회주의현대화 건설이 필요로 하는 각급 및 각종 인재를 육성하고 유학인원이 귀국하여 일을 하고 나라를 위해 봉사할 수 있는 양호한 환경을 창조하여 우수한 인재가 두각을 나타낼 수 있도록 해야 한다고 지적했다. 중국과 글로벌 싱크탱크 센터 및 사회과학문헌출판사가 공동 발표한 『중국국제이민보고서(2014)』에 따르면, 중국에서 매년 출국하는 유학생은 약 사 오십만 명에 달했고 이중 50% 이상의 석사 유학생과 95%에 달하는 박사 유학생이 외국에 남는 것을 선택했고 80-90%의 이공계열 인재가 미국에 남은 것으로 나타났다. 시진핑 총서기는, 당과 국가는 유학을 지지하고 귀국을 격려하며 오가는 것이 자유롭게 역할을 발휘할 수 있다는 방침에 따라 유학인원 업무 수행을 과학과 교육을 통한 국가 부흥 전략과 인재강국 전략을 실시하는 중요 임무로 삼아 유학인원이 귀국하여 재능을 보여줄 수도, 해외에 머물면서도 보국하는 길이 있게 할 것이다고 하면서 우리는 보다 많은 유학인원이 귀국하여 일하고 나라를 위해 기여하는 것을 진심으로 환영한다고 강조했다. "광범위한 유학인원은 애국심과 강국에 대한 의지, 그리고 보국의 길을 하나로 합쳐 자신의 꿈을 인민이 중국몽을 실현하는 웅대한 분투 속으로 융합하여 자신의 이름을 중화민족의 위대한 부흥이라는 빛나는 청사에 기록해야 한다."[33]

(다) 혁신형 과학기술 인재를 육성해야

우리는 하나의 큰 대국으로 과학기술 혁신에서 자신의 것이 있어야 하므로 반드시 중국 특색 자주혁신의 길을 동요없이 걸어가는 가운데 인재를 양성하고 흡수하며 진정으로 과학기술과 경제의 긴밀한 결합을 추진하여 혁신을 성장 동력으로 하는 전략을 실제 상황에 적용해야 한다고 시진핑 총서기는 제기한 바 있다. 또한 "우리는 과학기술 혁신 방면에서 세계의 선두를 달려야 함으로 반드시 혁신의 실천 속에서 인재를 발견하고 혁신활동 과정에서 인재를 육성하며 혁신사업 중에서 인재를 모아야 하고 반드시 규모가 방대하고 구조가 합리적이며 자질이 양호한 혁신형 과학기술 인재를 대거 육성해야 한다."[34]고 강조했다. 시진핑 총서기는 이밖에도, "천군만마는 얻기 쉽지만 뛰어난 한 명의 장수는 구하기 어려운 바, 세계적 수준의 과학자와 인터넷 과학기술 분야의 선도형 인재, 그리고 탁월한

---

33 시진핑: 「혁신의 시기, 꿈은 그 세를 빌어 실현해야(創新正當其時, 圓夢適得其勢)」, 『시진핑 국정운영을 논하다』, 외문출판사, 2014, 58면.

34 시진핑: 「생산요소, 투자규모를 동력으로 하던 발전을 혁신을 동력으로 하는 발전으로 서둘러 전환하자」, 『시진핑 국정운영을 논하다』, 외문출판사, 2014, 127면.

엔지니어와 고수준의 혁신 팀들을 육성해야 한다."[35]고 말했다.

2016년 4월 19일, 시진핑 총서기는 인터넷 안전과 정보화 업무 좌담회를 주재하고, "인터넷은 주로 젊은 세대의 사업으로 하나의 격식에 구애받지 않고 인재를 배출해야 한다. 사상을 해방하고 지혜의 눈으로 인재를 알아보며 인재를 아껴야 한다."[36]고 지적했다. 인터넷과 정보통신 분야 인재를 양성하려면 공을 들이고 밑천을 아끼지 않고 우수한 스승을 청하고 우수한 교재를 만들며 우수한 학생을 모집하여 일류의 인터넷공간 안전학원을 건설해야 한다. 인터넷 영역에는 괴짜 인재와 기재들이 많은데 그들은 종종 통상적 길을 가지 않고 기발한 아이디어를 갖고 있는 경우도 많다.

혁신인재 양성에 대한 체제 및 기제는 체제 및 기제 상에서 혁신인재 양성의 체계화와 과학화를 보증해야 한다. 기존의 적합하지 않고 비과학적인 혁신인재 배양 체제를 개혁하고 인재양성과 유치, 그리고 보류와 사용에 대한 정책제도를 과감히 혁신하며 혁신인재의 평가 기준 및 방식을 개선해야 한다. 신흥산업 및 중점영역, 기업이 급히 필요로 하는 인재에 대한 지원력을 높여야 한다. 신형 연구개발 기관 건설을 지원하고 인재 스스로 과학연구 방향을 선택하고 연구팀을 꾸리는 것을 격려하여 원천적 기초연구와 수요중심의 응용연구 개발을 전개한다. 『인재발전체제와 기제 개혁 심화에 관한 의견』은, "국가 고급인재 특수지원 계획(국가 '만인계획')에 더욱 역점을 두어 실시하고 지원 정책을 개선하며 지원 방식을 혁신해야 한다. 과학, 기술, 공정 전문가의 협력 및 혁신 기제를 구축한다. 통일적

---

35 시진핑: 「우리 나라를 인터넷 강국으로 건설하기 위해 노력해야」, 『시진핑 국정운영을 논하다』, 외문출판사, 2014, 199면.

36 시진핑: 『인터넷 안보와 정보화 사업 좌담회에서 한 연설』, 인민출판사, 2016, 24면.

인재 공정 프로젝트 정보관리 플랫폼을 건립하고 인재공정 프로젝트와 각종 과학연구 및 기지 계획을 상호 연결하는 것을 추진해야 한다. 간소화, 합병, 취소, 하급기관 이관 등의 요구에 따라 프로젝트 평가 심사와, 인재 평가, 그리고 기관 평가 개혁을 심층적으로 추진해야 한다."고 제기했다.

4. 우수 청년인재를 대담하게 사용해야

시진핑 총서기는 청년의 성장에 특별한 관심을 보여왔다. 공청단 중앙 신임 지도부와의 집체 면담 자리에서, "청년의 몸은 거대한 창조 에너지와 활력을 내포하고 있다."[37]고 말했다. 청년의 이와 같은 특질을 충분히 인식하고 이에 적응하여 업무를 개척해야지 그렇지 못하면 청년들에게 뒤처지게 된다. 청년에 대한 관심을 바탕으로 시진핑은 젊은이들이 혁신적 추월과 산업보국의 원대한 꿈을 확고히 하고 실물경제를 발전시키는 데 기여할 것을 희망했다. 이와 함께 우수 청년과 과학기술 인재의 성장과 발전을 위한 장을 제공하고 기회 조건을 창조하며 처우 보장에 대한 약속을 지킬 것을 제기했다.

---

37 「중국몽을 실현하는 청춘의 힘을 집결—청년과 공청단 업무에 대한 시진핑 동지의 중요 논술을 심층적으로 학습하고 관철(滙聚實現中國夢的青春力量—深入學習貫徹習近平同志關於青年和共青團工作的重要論述)」, 『시진핑 총서기의 중요 연설 정신을 심층적으로 이해(深入領會習近平總書記重要講話精神)』(상), 인민출판사, 2014, 113면.

(가) 일선의 혁신인재와 청년 과학기술인재 배양을 중시해야

과학과 교육을 통해 국가를 부흥시키는 전략에서 시진핑 총서기는, 청년인재의 양성과 유치를 중시하고 일선의 혁신인재와 청년 과학기술 인재 배양 중시를 특별히 강조했다. 시진핑 총서기는, 미래는 젊은 세대의 것으로 일군의 혁신형 청년인재를 확보하는 것은 국가의 혁신적 활력이자 과학기술 발전의 희망이라고 강조했다.

중화민족의 위대한 부흥을 실현하려면 인재는 많을 수록 좋고 능력은 클 수록 좋다. 지식은 역량이고 인재는 미래다. 중국이 과학기술 혁신 분야에서 세계의 선두로 나아가려면 반드시 혁신의 실천 속에서 인재를 발견하고 혁신활동 과정에서 인재를 육성하며 혁신사업 중에서 인재를 응집하고 규모가 방대하고 구조가 합리적이며 자질이 우수한 혁신형 과학기술 인재를 대거 배양해야 한다. 이 같은 과학연구인재 중에서 일선의 청년 과학기술 인재는 중견 역량이다. 시진핑 총서기는, "격식에 구애 받지 않고 지혜의 눈으로 인재를 알아보며 우수한 청년 인재를 과감히 등용하여 이들이 용감하게 혁신하고 두각을 나타낼 수 있는 무대를 제공해야 한다."[38] "젊은 간부 중에서 참다운 재능과 견실한 학문을 가지고 비교적 일찍 성숙한 자도 과감히 파격적으로 사용해야 한다"[39]고 지적했다. 일선의 혁신인재와 청년 과학기술 인재의 육성에 대해 시진핑 총서기는 다음 몇 가지를 강조했다.

---

38 「중국 특색 자주혁신의 길에서 난관을 뚫고 탁월함을 추구해야(堅持走中國特色自主創新道路不斷在攻堅克難中追求卓越)」, 『광명일보』, 2014년 1월 7일, 제1면.

39 시진핑: 「전국 조직업무회의에서 한 연설(在全國組織工作會議上的講話)」, 『18대 이후 중요문헌선집』(상), 중앙문헌출판사, 2014, 349면.

우선, 각급 당정 지도부는 반드시 혁신인재에 대한 배양을 고도로 중시하고 혁신인재가 혁신사업의 제일 자원이라는 새로운 이념을 수립하며 혁신인재를 진정한 '책임자(一把手)'로 육성하는 공정을 추진해야 한다. 실천이 증명하듯 당정 지도부, 특히 책임자는 혁신인재와 청년인재 양성 업무를 고도로 중시해야만 좋고 빠르게 혁신인재를 양성할 수 있다. 다음, 공산주의청년단에 있어 한 방면의 청년단 업무는 청년의 성장과 성공을 위한 조건을 창조하는 것에 유념하고 청년의 몸에 내포한 혁신적 에너지와 활력을 분발시켜 청년들 모두가 인재가 되고 모두가 빛나도록 해야 한다. 다른 방면에서 청년단 조직은 인재를 아끼고 발견하고 사회 각 방면의 청년에 대한 업무를 강화하는 가운데 특별히 일부 재능과 능력이 있으며 창의적인 청년에 대한 대한 업무를 강화해야 한다. 그 다음, 청년인재 배양에 대한 지원력을 강화하는 것이다. 2016년 3월, 중공중앙이 배포한 『인재발전체제와 기제 개혁 심화에 관한 의견』은, 우수한 청년인재가 두각을 나타내는 것을 촉진하고 연공서열을 따르거나 완전무결을 강요하는 것 등의 진부한 관념을 타파하고 청년영재 양성을 서둘러야 한다. 청년인재에 대한 보편적 지원 조치를 건립하고 건전히 해야 한다. 교육과 과학기술, 그리고 기타 각종 인재공정 프로젝트의 청년인재 양성에 대한 지원력을 강화하고 국가의 중점 인재공정 프로젝트 중에 청년 전용 항목을 설립해야 한다. 박사후 제도를 개혁하고 대학과 과학연구소, 그리고 기업이 박사후 연구자 채용과 배양 과정에서의 주체적 역할을 발휘하고 조건을 갖춘 박사후 과학연구 워크 스테이션이 박사후 연구자를 독립적으로 모집할 수 있도록 한다. 국제적 안목을 넓혀 해외의 우수 청년인재가 중국에 와서 박사후 연구를 할 수 있도록 끌어 당겨야 한다고 제기했다. 마지막으로, 청년 스스로 혁신과 초월, 그리고 역사적 책임의식을 갖고 있어야 한다. 시진핑 총서기는, “광범위한 청년 과학기술 인재는 과학 정신을 수립하고 혁신사유를 배양하며 혁신 잠재력을 발굴하고 혁신능력을 제고하여 선대를 계승한 기초에서 부단히 초월해야 한다.”[40]고 지적했다. 이와 함께 시진핑은 18기 중앙정치국 9차 집체학습의 연설을 통해, “광범위한 과학기술자, 특히 청년 과학기술자가 시종일관 국가와 인민을 가슴에 품고 있도록 교육하여 이끌고 책임감과 사명감을 증강하고 과감한 혁신으로 보국하며 인생의 이상을 중화민족의 위대한 부흥인 중국몽을 실현하는 분투 속에 융합하도록 해야 한다.”[41]고 지적했다.

(나) 각 방면 인재의 역할 발휘를 위한 더 넓은 세상을 제공해야

인재의 사회적 가치를 충분히 실현하는 것은 중국몽을 실현하는 하나의 중요한 전제로 사회는 모든 사람의 활력을 불러일으켜 조건을 창조하고 환경을 제공하여 각자의 역할을 발휘토록 해야 한다. 만약에 인재가치가 사회적 공감대를 이끌어 낼 수 없다면 인재의 역할은 충분히 발휘될 수 없고 사회에 공헌할 수 없다. 재능을 다하는 것은 최대한 인재의 적극성과 능동성을 분발시켜 인재가 보다 많은 성과를 거두고 인민과 사회를 위해 진정으로 봉사하며 인재의 역할이 충분히 체현되고 발휘되는 것이다. 이에 시진핑 총서기는 각 방면의 인재가 역할을 발휘하고 재능을 펼칠 수

---

40 시진핑: 「생산요소, 투자규모를 동력으로 하던 발전을 혁신을 동력으로 하는 발전으로 서둘러 전환하자」, 『시진핑 국정운영을 논하다』, 외문출판사, 2014, 128면.

41 중공중앙문헌연구실 편찬: 『과학기술혁신에 대한 시진핑의 논술 발췌』, 중앙문헌출판사, 2016, 111~112면.

있도록 보다 광활한 세상을 제공해야 한다고 지적했다.

"환경이 좋으면 인재가 모이고 사업이 흥한다. 환경이 나쁘면 인재가 떠나고 사업은 쇠퇴한다."[42] 이 점을 감안하여 시진핑은, "전 사회가 인재를 알아보고 아끼며 존중하며 잘 활용하는 기풍이 일고"[43], "외국 인재의 혁신창업을 존중하여 배려하고 지지하는 양호한 분위기를 적극 조성하고 그들에 대한 충분한 신뢰와 과감한 활용으로 각 방면의 인재가 적재적소에서 능력을 다할 수 있도록 해야 한다."[44]고 요구했다. 전체 사회가 인재를 존중하고 중히 여기는 사회적 환경과 인재를 알아보고 활용하는 업무환경을 창조하고 인재를 유치하여 모으는 정책 환경과 인재를 우대하고 보류할 수 있는 생활 환경을 제공하는 가운데 전 사회적으로 인재를 사랑하고 귀중히 여기며 존중하고 보호하며 활용하는 짙은 분위기를 조성하고 인재를 알아보는 안목, 인재를 아끼는 품격, 인재를 존경하는 풍모, 인재를 육성하는 능력, 인재를 활용하는 담략을 갖추어 모두가 인재가 되길 원하며 노력하고 모두가 그 꿈을 이루며 능력을 다하는 좋은 분위기를 조성하여 수 많은 인재들이 재능을 펼칠 수 있는 옥토를 창조하고 전 사회적으로 혁신창조의 원천이 충분히 분출되도록 해야 한다.

인재의 역할 발휘를 위해 인재를 존경하고 중히 여기는 사회환경을 제공함과 동시에 시진핑 총서기는, "최대한 과학기술 인재의 혁신에 대한

---

42 시진핑: 「혁신의 시기, 꿈은 그 세를 빌어 실현해야」, 『시진핑 국정운영을 논하다』, 외문출판사, 2014, 61면.

43 중공중앙문헌연구실 편찬: 『과학기술혁신에 대한 시진핑의 논술 발췌』, 중앙문헌출판사, 2016, 114면.

44 같은 책, 115면.

적극성을 동원하고 과학기술 인재의 혁신 자주권을 존중해야 하며"[45], 국내외 일류 인재가 집결되는 고지를 조성하고, "과감히 혁신하고 성공을 격려하며 실패를 포용하는 사회적 분위기를 적극 조성할 것"을 지적했다.

2014년 8월 18일, 시진핑 총서기는, 인재를 잘 쓰려면 우선 과학자를 잘 활용하고 과학자들이 성과를 더 내게 하려면 반드시 그들에게 조건을 창조해 주어야 한다. 응용과학기술 영역을 포함한 기초연구 분야에서 과학연구 영감의 순간성과 방식의 임의성, 그리고 경로의 불확정성의 특징을 존중하여 과학자가 자유롭게 상상하고 대담하게 가정하며 진지하게 실증하는 것을 허락해야 한다고 지적했다. 이밖에도 과학발견에는 규율이 있어 과학문제 상의 '이단 학설'을 용인해야 하다고 하면서 성과의 명의로 과학자의 연구를 간섭해서는 안되고 걸핏하면 행정화된 '공무원법 참조 관리' 방식으로 과학자를 구속해서는 안된다고 말했다. 많은 과학연구는 장기적 시각에서 바라 보아야 하고 눈앞의 이익에만 급급하여 서두르다 일을 그르치거나 학술이 흐트러지는 것을 초래할 수 있다. 일부 과학연구원은, 지금 '회의 중 아니면 회의하러 가는 중'이라고 농담하기도 한다. 과학자가 국가의 중대 프로젝트와 계획, 그리고 기금 프로젝트에 참여토록 조직하는 것은 필요하지만 이런 것들로 해서 과학자를 옭아매어서는 안 된다고 지적했다.

그뿐만 아니라 시진핑 총서기는, "특수인재를 대함에 있어서는 특수정책이 있어야 하고 완전무결을 강요해서는 안되며 연공서열을 따지지 말

45 「과학기술 체제개혁을 심화하고 과학기술 혁신의 활력을 증강시켜 혁신을 발전의 동력으로 하는 전략을 내실 있게 실천한다(深化科技體制改革增强科技創新活力 眞正把創新驅動發展戰略落到實處)」, 『인민일보』, 2013년 7월 18일, 제1면.

고 하나의 기준을 일괄 적용해서도 안 된다."[46]고 지적했다. 즉 발군의 혁신 인재에 대해서는 '대응 프로젝트'(Counterpart project) 신청과 인허가 수속, 그리고 세금감면 등의 방면에서 '녹색 통로'를 열어주고 융자규모를 확대해 주며 프로젝트 발전자금을 제공하고 제품 추천과 판매 플랫폼 구축을 도우며 발군의 혁신인재들을 위한 훌륭한 서비스를 지원하고 길도 닦아주어야 한다고 지적했다.

(다) 과학기술자와 혁신인재가 합리적 보답을 받도록 해야

시진핑 총서기는 2013년 중앙경제업무 회의에서, 인재 격려를 강화하고 잘 쓰며 발명가와 혁신자가 합리적으로 혁신 수익을 충분히 나누며 기술 성과의 산업화를 방해하는 병목 현상을 타파해야 한다. 격려를 강화하는데 있어서는 격려 원칙 상, 가치로 가치를 체현하고 자산으로 자산을 보답하는 방식을 견지해야 한다고 지적했다. 인터넷 안전과 정보화 사업에 관한 좌담회를 주재한 자리에서 시진핑 총서기는, "유연한 인재격려 기제를 수립하여 공헌을 한 인재가 성취감과 획득감을 가질 수 있게 해야 한다."[47] "특수 정책을 통해 인터넷 특징에 적응하는 인사제도 및 급여제도를 수립하고 우수한 인재가 기술부문과 연구부문, 그리고 관리부분에 집결하도록 해야 한다."[48]고 지적했다.

시진핑 총서기는 또한 인재에 대하여, "모두의 사업심과 귀속감, 그

---

46 시진핑: 『인터넷 안보와 정보화 사업 좌담회에서 한 연설(在網絡安全和信息化工作座談會上的講話)』, 인민출판사, 2016, 25면.

47 시진핑: 『인터넷 안보와 정보화 사업 좌담회에서 한 연설』, 인민출판사, 2016, 25면.

48 같은 책.

리고 충성도를 증강하여" 인재가 획득감을 가질 수 있게 하려면 격려 조치를 개선하고 성장 공간을 지어주며 사업 플랫폼을 구축하고 충분한 정치적 신임과 과감한 업무 채용, 그리고 생활 상의 진솔한 관심과 처우에 대한 즉시 보장으로 "그들을 위한 실질적 일을 잘 처리하고 어려움을 해결해 주어야 한다"고 지적했다. 2014년 8월 18일, 중앙재경영도소조 7차 회의에서 시진핑은 인재를 잘 사용함에 있어 중점은 과학기술 인재라고 하면서 과학자는 필경 소수에 불과하고 방대한 수량의 과학연구자는 혁신의 주력군이 된다. 과학연구자를 잘 활용하는 가운데 사업을 통해 혁신의 용기와 의지력을 분발시키고 필요한 물질적 보상도 중시하여 그들로 하여금 '명성과 이익을 모두 가질 수' 있도록 해야 한다. 명성은 곧 영예이고 이익은 현실적 물질 이익의 보상으로 이중 재산권을 갖는 것은 최대의 격려라고 지적했다.

혁신인재의 혁신 성과에 대한 보호를 강화하여 혁신인재의 합법적 이익이 쉽게 침해받지 않도록 해야 한다. 『인재발전체제와 기제 개혁 심화에 관한 의견』은, "혁신성과의 지적재산권 보호를 강화한다. 지적재산권 보호제도를 개선하고 직무발명조례의 출범을 서두른다. 비즈니스 모델과 문화 아이디어 등 혁신성과에 대한 보호방법을 연구하여 제정한다. 혁신인재의 권익보호 지원기제를 건립한다. 인재의 유치와 사용과정에서 지적재산권에 대한 감정 기제를 건립하고 지적재산권 리스크를 예방한다. 지적재산권 담보 융자 등 금융 서비스 기제를 개선하여 인재의 혁신창업에 대한 지원을 제공한다."[49] 이와 함께 혁신성과의 전환을 위한 편리 조건을

---

49 「인재발전 체제와 기제 개혁을 심화(深化人才發展體制機制改革)」, 『인민일보』, 2016년 3월

창조하고 혁신인재에 대한 지원력과 격려의 강도를 강화한다. "대학과 과학연구원 및 연구소의 과학기술 성과 사용과 처분, 그리고 수익 관리에 대한 자주권을 부여하는 가운데 국방과 국가안전, 그리고 국가이익과 중대한 사회공공 이익에 관한 것을 제외하고 행정주무 부서는 더 이상 인허가 혹은 등록 업무를 하지 않는다. 과학기술 성과의 협의를 통한 가격 결정과 기술시장에서의 공개거래, 그리고 경매 등의 방식으로 양도하고 전환하는 것을 허용한다. 과학연구자의 수익분배 정책을 개선하고 혁신형 리더 인재에게 보다 많은 인재, 자금, 설비에 대한 지배권과 기술 로드맵 결정권을 법에 따라 부여하고 지식가치 증식을 중심으로 한 격려 기제를 실행한다. 시장이 평가하는 요소의 공헌과 공헌에 따른 분배 기제 개선……"[50] 등을 제기했다.

후한 대우로 혁신인재를 잡아두고 혁신인재를 위한 양호한 업무 및 생활 환경을 창조해 주어야 한다. 가능한 한 혁신인재가 최대한 효율을 발휘할 수 있게 업무조건을 조성하여 그들의 혁신적 생산효율을 제고하고 편히 일할 수 있게 해야 한다. 또한 혁신인재가 생활에서 뒷걱정이 없도록 해야 한다. 혁신인재의 주택과 의료, 그리고 교통과 통신 등 생활조건을 개선하고 가능한 한 그들의 호구와 가족 안배, 그리고 자녀 입학과 취업 등 생활 속의 실제 문제를 도와 해결해 주어야 한다. '13.5' 계획 요강은, "급여, 의료대우, 직함 평가, 양로 보장 등에 대한 격려 정책을 개선하고 인재평가격려 기제와 서비스 보장 체계를 개선하여 모두가 인재로 되고 청년

22일, 제1면.

50 같은 책.

인재들이 두각을 나타낼 수 있는 유리한 사회 환경을 조성한다. 정부의 투자를 통한 유인 역할을 발휘하여 인재자원의 개발과 인재 유치를 격려한다. 업적과 공헌 중심의 인재평가 기준을 개선한다. 인재가 지식과 기능, 그리고 관리 등의 혁신요소로 이익 배분에 참여하는 것을 보장하고 시장가치로 인재 가치를 보상하며 인재에 대한 물질적, 정신적 격려를 강화하여 인재의 헌신 정신 고양을 격려한다."[51]고 제기했다.

5. 중국은 영원한 학습대국이 되어야

시진핑 총서기는 인재 선발과 임용 방면에서 넓은 흉금과 비범한 기백을 보여주었고 당내외와 국내외 등 각 방면의 우수인재를 흡수하고 집결시킬 것을 제기했다. 이와 함께 시진핑은 학습 강화에 대해 특별히 강조했다. 학습 강화의 근본 목적은 업무 재능을 증강하고 실제문제 해결능력을 제고하는 것이라고 지적하면서, 능력에 대한 두려움을 해결하는 유일한 길은 학습 강화로, 학습을 강화해야만 업무의 과학성과 예견성, 그리고 능동성을 증강할 수 있고 영도 및 정책 결정에서 시대성과 규율성 파악, 그리고 풍부한 창조성을 체현할 수 있으며, 오직 학습만이 아는 것이 적어 헤매거나 몰라서 맹목적이 되거나 무지해서 혼란에 빠지는 것을 피하게 할 수 있어 능력 부족과 능력에 대한 두려움, 그리고 능력이 미달하는 문제를

---

51 『중화인민공화국 국민경제와 사회발전 제13차 5개년 계획 요강(中華人民共和國國民經濟和社會發展第十三個五年規劃綱要)』, 인민출판사, 2016, 23~24면.

극복할 수 있다고 또한 강조했다.

(가) 인재의 대외개방을 반드시 추진해야

중국의 기존 인재유치 및 사용 측면을 놓고 볼 때 사상 관념과 시야, 그리고 마인드 상에서 아직까지 선진국과 차이가 있다. 싱가폴의 이광요(李光耀) 전 총리는, 중국은 13억 인구 중에서 인재를 선발하고 미국은 70억 인구 중에서 인재를 선발한다고 한바 있다. 이에 '지구촌'이라는 전략적 국면에서 기존의 제도 건설이 과연 글로벌 인재를 흡수하여 사용할 수 있는 체제와 기제를 갖추고 있는지, 정보시대의 인터넷 사유를 통해 우리의 정책 조치가 세계의 정상에 서 있는지, '천하의 영재를 모아서 사용하는' 국제적 경쟁우위를 갖추고 있는지, 그리고 사상 관념 상에서 적극적이고 주도적으로 세계적 대세에 적응하고 있다는 것을 스스로 느끼고 자신할 수 있는지 여부를 자세히 들여다 보아야 한다. 글로벌 경쟁력을 갖춘 인재제도체계를 구축해야 한다. 국가 및 지역을 막론하고 우수한 인재라면 모두 활용할 수 있어야 한다. 시진핑 총서기는 19차 당대회 보고에서, "당내외와 국내외 각 방면의 우수 인재를 당과 인민의 위대한 분투 속으로 집결시켜야 한다."[52]고 명확히 지적했다.

대외개방은 중국의 장기적 기본국책이다. 그러므로 우선 인재에 대한 폭넓은 시각을 갖추고 "당내외와 국내외 등 각 방면의 우수한 인재를

---

52 시진핑: 『샤오캉사회를 전면적으로 실현하는데서 결정적인 승리를 이룩하고 신시대 중국특색 사회주의의 위대한 승리를 이룩하자—중국공산당 제19차 전국대표대회에서 한 보고』, 인민출판사, 2017, 65면.

흡수하고 집결시켜야 한다."[53] 오직 인재 개방을 실현해야만 대외개방을 진정으로 실현할 수 있다. 2014년 5월 22일, 시진핑 총서기는 외국전문가 좌담회에서, "한 국가의 대외개방은 반드시 우선적으로 인적 대외개방, 특히 인재에 대한 대외개방을 추진해야 한다. 속박으로 구애받는 사상과 막힌 가슴으로는 진정한 대외개방이 있을 수 없다."[54]고 진일보 지적했다. 인재개방은 우리의 인재가 세계로 나아가는 것을 요구할뿐더러 더욱 중요한 것은 가슴을 활짝 열고 일자리와 발전의 기회를 전세계 인재들에게 개방하는 것이다. "보다 개방된 인재정책을 실행하고 지역 제한이 없이 인재를 유치하고 가진 모든 것을 따지지 않고 인재를 개발하며 격식에 구애받지 않고 인재를 잘 활용하며 국내의 혁신인재를 적극적으로 양성함과 동시에 외국인재, 특히 고급인재를 보다 적극적이고 능동적으로 유치해야 한다. 외국전문가와 우수인재가 각종 방식으로 중국의 현대화 건설에 참여하는 것을 열렬히 환영한다."[55]고 말했다. 시진핑 총서기는 이밖에도, "외국인재의 혁신창업을 존중하고 관심을 기울이며 지원하는 양호한 분위기를 적극 조성하고, 그들에게 충분한 신뢰를 주며 과감히 활용하는 가운데 각 방면의 인재가 적재적소에서 능력을 발휘할 수 있도록 해야 한다."[56]고 강조했다.

인재의 대외개방을 진일보 추진하는 것은 중국의 전면적 심화 개혁

---

53 시진핑: 『중국공산당 창당 95주년 경축대회에서 한 연설』, 인민출판사, 2016, 19면.

54 「중국은 영원한 학습의 대국으로 되어야(中國要永遠做一個學習大國)」, 『인민일보』, 2014년 5월 24일, 제1면.

55 같은 책.

56 같은 책.

과 경제사회를 발전시키는 현실적 수요이자 필연적 선택이다. 시진핑 총서기는 "대외개방은 사람에게 착안하고 사람에게 진력하며 사람의 안목과 사상, 그리고 지식과 기술 상에서 나아가는 개방을 추동하고 세계의 선진 지식과 기술의 학습과 응용을 통해 부단히 전체의 대외개방을 새로운 수준으로 제고해야 한다."[57]고 말했다.

(나) 외국인재, 특히 고급인재를 적극 유치해야

인재 선택 범위는 국내만 보지 말고 천하를 살펴 전 세계를 개관하고 국제와 국내 두 개 시장에서 인재를 선택해야 한다. 2016년, 사이버 안전과 정보화 업무 좌담회에서 시진핑 총서기는 강력한 인재의식 수립과 관련하여 "중국에 있어 개혁개방 초기엔 자본이 부족해 자본유치 정책을 많이 출시했는데 그 예로, '2년 면제, 3년 반감'이 있다. 현재 자본은 더 이상 부족하지 않으나 인재, 특히 고급인재는 여전히 부족하다. 우리는 생각을 바꾸어 자본도 중시하지만 인재도 중시하여 인재유치를 위한 강도를 진일보 강화하고 인재체제 기제개혁의 발걸음을 더 크게 내디뎌야 한다."[58]고 관념의 전환을 주문했다.

현재 우리는 인재선발, 특히 혁신인재 방면에서 아직까지 그 시야가 좁고 눈높이가 낮은데 이후 이 같은 상황은 반드시 바꾸어야 한다. 『인재발전체제 기제개혁 심화에 관한 의견』은, "보다 적극적이고 개방적이며 효과적인 인재유치 정책을 실행하고 해외 고급인재 유치계획(국가 '천인계획')

57 중공중앙문헌연구실 편찬: 『과학기술혁신에 대한 시진핑의 논술 발췌』, 중앙문헌출판사, 2016, 115면.

58 시진핑: 『인터넷 안보와 정보화 사업 좌담회에서 한 연설』, 인민출판사, 2016, 23~24면.

을 더욱 적극적으로 실시하며 대문을 활짝 열어 한 가지 격식에 구애받지 않고 유연하게 글로벌 인재 자원을 집결시켜야 한다. 국가가 시급히 필요로 하는 특수인재에 대해서는 전용 통로를 개척하여 특수정책을 시행하며 정확한 유치를 실현한다. 지방과 부문, 그리고 채용기관이 인재유치 프로젝트를 설립하고 동태적 관리를 강화하는 것을 지지한다."[59]고 제기했다. 이는 향후 인재 정책에 대한 개방을 진일보 강화하고 대문을 활짝 열어 세상의 인재를 영입하며 전 세계를 대상으로 인재를 유치하고 집결하려는 넓은 포부를 보여 준 것이다. 시진핑 총서기는, "외국전문가 주무 부서는 외국인재 유치 체제와 기제를 지속적으로 개선하고 지적재산권을 확실히 보호하며 외국인재의 합법적 권익을 보장하고 특수 공헌을 행한 외국인 인재를 표창과 장려하는 가운데 중국 진출의 꿈을 가진 외국인재들을 유치하고 대우하며 잘 활용하고 유동할 수 있도록 해야 한다. 국제인재의 유동 규율을 준수하고 기업과 대학, 그리고 과학연구기관 등 채용기관의 주체적 역할을 더욱 훌륭히 발휘하여 외국인재의 전문성과 중국발전 수요가 보다 긴밀히 연결되게 하고 외국전문가가 재능을 펼치고 사업에 대한 꿈의 실현에 보다 큰 무대를 제공해 주어야 한다."[60]고 강조했다.

오랫동안 유학인재 중심의 해외 고급인재는 항상 중국이 인재를 유치하는 중요한 원천이었다. 중화인민공화국 설립 초기에 당중앙은 일련의 방침과 정책을 제정하여 대량의 해외학자를 흡수하고 유학인원에 대해 귀국하여 일할 것을 적극 요청하며 당시 국내 인재가 극도로 부족했던 국면

---

59 「인재발전 체제와 기제 개혁을 심화」, 『인민일보』, 2016년 3월 22일, 1면.

60 중공중앙문헌연구실 편찬: 『과학기술혁신에 대한 시진핑의 논술 발췌』, 중앙문헌출판사, 2016, 115~116면.

을 바꾸었다. 현재 국가 중점 프로젝트 학과의 리더 중 72%는 유학파이고, 81%는 중국과학원 원사, 54%는 공정원 원사 또한 유학파[61]이다. 이들 유학파들은 중국의 교육과 과학기술, 그리고 경제건설과 국방건설의 발전을 위해 중요한 공헌을 했다. 시진핑 총서기는, "실천이 증명하듯 광범위한 유학인원은 당과 인민에게 부끄럽지 않은 귀중한 재산이자 중화민족의 위대한 부흥 실현에 부끄럽지 않은 유용한 역량이다. 당과 국가, 그리고 인민은 이들 인재를 보유하고 있고 향후 더욱 많은 인재를 확보하는 것에 대해 자랑스럽게 생각한다."[62]고 지적했다.

해외 화교 이외의 국제인재 유치를 진일보 강화해야 한다. 개혁개방의 심화와 더불어 중국은 점차 세계 각국의 우수한 인재가 재능을 펼치고 창업 발전할 수 있는 '뜨거운 땅'이 되었다. 2013년, 61만 명 이상의 해외전문가가 중국에서 일하며 중국의 경제사회발전을 위해 공헌했다. 이들 중국에 있는 외국전문가들 중 상당 부분은 해외 화교였다. 시진핑 총서기는 2014년 5월 22일, 상하이에서 개최된 외국전문가 좌담회에서, 중국의 개혁개방과정에서 큰 우세는 해외에 많은 화교동포가 있다는 것인데 개혁개방 초기에 이들 중 일부가 먼저 들어와 애정을 갖고 투자 및 창업했으며 해외의 선진 이념과 기술도 들여왔으나 개혁개방 심화와 국제사회 융합의 진일보 융합과 함께 화교만 흡수하는 것은 제한성이 있었다고 하면서 관련 부서와 인재유치 지역 그리고 대학은 개방 확대와 관련된 정책을 계속 연

61 중공중앙조직부 인재사업국, 『과학인재 관리론 독본(科學人才觀理論讀本)』, 인민출판사, 당건독물출판사, 2012, 225면.

62 시진핑: 「구미 학우회 설립 100주년 경축대회에서 한 연설」, 『인민일보』, 2013년 10월 22일, 제2면.

구하고 제정하여 보다 많은 인재를 영입해야 한다고 주문했다.

(다) '모두가 배우고 언제 어디서나 배울 수 있는' 학습형 사회 건설

2015년 5월 23일, 국제 교육정보화 대회가 산둥성 칭다오(靑島)시에서 개최되었다. 시진핑 총서기는 보내 준 축사를 통해, 네트워크화와 디지털화, 그리고 개성화와 종신화된 교육체계를 구축하고 '모두가 배우고 언제 어디서나 배울 수 있는' 학습형 사회를 건설하며 혁신인재를 대거 양성하는 것은 인류가 공동으로 직면한 중대 과제라고 말했다. 중공중앙 당교에서 열린 개교 80

유동은 양쯔강의 물처럼 막을래야 막을 수 없다. '학습대국'의 제기는 중국 인민이 중국몽을 실현하는 길에서 바다가 수많은 하천을 받아들이는 것과 같은 정신으로 전 세계의 우수문명 성과를 흡수하고 인류가 창조한 일체의 지식과 지혜를 받아들이며 학습형 대국이 되는 것을 통해 인재 업무의 새로운 발전을 추진할 것임을 표명하는 것이다.

시진핑 총서기는, 학습은 입신처세의 영원한 주제로 보국과 인민을 위하는 중요한 기초라고 말했다. 꿈은 학습에서 시작되고 사업은 실천으로 시작한다고 하면서 광범위한 유학생들에게 훌륭한 도덕성과 품성을 갖추고 진정한 재능과 실질적 학식을 장악하며 강한 능력을 단련하여 중임을 감당하고 큰 일을 해낼 수 있는 우수인재가 될 것을 기대했다. 시진핑 총서기는, 격렬한 국제경쟁 속에서 혁신자만이 발전하고 혁신자만이 강하며 혁신자만이 승리할 수 있다고 말하며 광범위한 유학생들이 혁신과 창조에 대한 실천에 적극 참여하고 남을 앞설 수 있는 예기와 끈기있게 탐색하는 집착을 바탕으로 조국의 땅을 밟고 서서 인민의 기대를 가슴에 간직한 채 돌파하며 발전하여 성과를 세워줄 것을 희망했다. 또한 광범위한 유학생들이 자신의 강점을 충분히 발휘하여 중외 우호교류를 촉진하는 민간사절이 되어 중국의 이야기를 말하고 중국의 목소리를 전파하며 세계로 하여금 중국에 대해 더욱 많은 이해와 지지를 해 줄 수 있도록 노력할 것을 희망했다.[64]

인재의 근간은 능력에 있고 능력의 관건은 학습이다. 학습은 일종의

---

64 시진핑: 「구미 학우회 설립 100주년 경축대회에서 한 연설」, 『인민일보』, 2013년 10월 22일, 제2면.

단계이자 능력이며 일종의 경지이자 추구이다. 세상과 나라의 변화와 함께 당대 사람은 '새 방법은 사용할 줄 모르고 옛 방법은 쓸모 없고 억지로 하기엔 무리이고 대충하면 효과가 없는' 새로운 상황과 직면하게 된다. 시진핑 총서기는, "영도 간부가 학습을 강화하는 근본 목적은 업무 능력을 증강하고 실제 문제를 해결하는 수준을 제고하는 것이다."[65]고 지적했다. 시진핑은, 능력에 대한 두려움을 해결할 수 있는 유일한 경로는 바로 학습 강화로, "오직 학습을 강화해야만 업무의 과학성과 예견성, 그리고 능동성을 높일수 있고, 지도와 정책결정에 있어 시대성과 규율성 장악, 그리고 풍부한 창조성을 체현할 수 있으며, 아는 것이 적어 헤매거나 잘 몰라 함부로 하거나 무지해서 혼란에 빠지는 곤경을 피해 능력의 부족과 능력에 대한 두려움, 그리고 능력의 낙후에 대한 문제를 극복할 수 있다."[66]고 강조했다.

---

65 시진핑: 「학습을 통해 미래로 나아가다」, 『시진핑 국정운영을 논하다』, 외문출판사, 2014, 406면.

66 시진핑: 「중앙당교 건교 80주년 경축대회 및 2013년 춘계학기 개학식에서 한 연설(在中央黨校建校80周年慶祝大會暨2013年春季學期開學典禮上的講話)」, 『인민일보』, 2013년 3월 3일, 제2면.

제6장

기풍건설은 영원한 진행형

시진핑 총서기는 19차 당대회 보고에서, "우리 당은 인민에서 왔고 인민에 뿌리를 두고 인민을 위해 봉사하고 있어 대중과 괴리되면 바로 생명력을 잃게 된다. 당의 기풍건설 강화는 반드시 당과 인민대중을 긴밀히 둘러싸고 있는 혈육적 연계를 유지하고 대중관념과 대중감정을 증강하며 부단히 당 집정의 대중적 기초를 튼튼하게 해야 한다."[1]고 지적했다. 18차 당대회 이후 시진핑 총서기는 시기와 형세를 판단하고 기풍건설을 전면적 종엄치당의 착안점과 돌파구로 삼아 당 기풍의 확실한 전환과 당과 대중 관계의 밀착 등에 관한 문제를 두고 많은 중요 논술을 했다.

1. 기풍건설을 전면적 종엄치당의 착안점으로 삼아야

전면적인 종엄치당은 기풍건설을 착안점과 돌파구로 삼는다. 시진

1　시진핑(習近平) 『샤오캉사회를 전면적으로 실현하는데서 결정적인 승리를 이룩하고 신시대 중국 특색 사회주의의 위대한 승리를 이룩하자—중국공산당 제19차 전국대표대회에서 한 보고(決勝全面建成小康社會奪取新時代中國特色社會主義偉大勝利—在中國共産黨第十九次全國代表大會上的報告)』, 인민출판사, 2017, 66면.

핑 총서기는, “중앙이 기풍건설을 틀어쥐고 형식주의와 관료주의, 그리고 향락주의와 사치풍조에 대한 반대를 제기한 것은 반부패 청렴제창 건설의 작용점을 제기하고 당 집정의 대중기반을 다지는 착안점을 제기한 것이다.”[2] 라고 지적했다.

(가) 업무기풍 문제는 절대 사소한 일이 아니다

기풍에는 세 가지 특징이 있다. 첫째, 기풍과 관련하여 사소한 일이란 없다. 둘째, 기풍을 가볍게 보아서는 안된다. 셋째, 기풍 관리는 쉽지 않다. 이에 시진핑 총서기는 당 기풍건설을 고도로 중시했다. 시진핑은 “업무 기풍과 관련된 문제는 결코 사소한 일이 아닌 바, 만약 불량기풍을 결연히 바로잡지 않고 방관하면 보이지 않는 벽처럼 당과 인민대중을 갈라놓아 우리 당은 결국 기반도, 명맥도, 역량도 모두 잃게 된다.”[3]고 강조했다.

우선, 기풍건설은 당의 생사존망과 국가의 흥망성쇄와 관련된다. 시진핑 총서기는 허베이(河北)성 정딩(正定)현 현지 시찰 시, 기풍 문제는 당의 생사존망과 관계된다고 지적했다. 한 사람이 몇해를 살았는지와 관계없이 가장 보배로운 것은 세월의 아픔을 모두 겪은 뒤에도 순결하고 선량한 마음을 잃지 않는 것이다. 이와 마찬가지로 창당 90여년과 집정 60여년이 된 우리 당의 가장 중요한 것은 영원히 청춘을 간직하고 생명의 활기를 유지

2 중공중앙문헌연구실, 중앙 당의 대중노선 교육실천 활동 영도소조 판공실 편찬: 『당의 대중노선교육실천활동에 대한 시진핑의 논술 발췌(習近平關於黨的群衆路線教育實踐活動論述摘編)』, 당건독물출판사, 중앙문헌출판사, 2014, 17면.

3 시진핑: 「권력을 제도의 울타리에 가두어야(把權力關進制度的籠子里)」, 『시진핑 국정운영을 논하다(習近平談治國理政)』, 외문출판사, 2014, 387면.

하는 것이다. 이렇게 되려면 부단히 기풍을 개선하고 개혁 및 혁신하며 당의 선진성과 순결성을 유지해야 한다. 시진핑 총서기의 중요한 논술은 당의 기풍은 당 집정의 기반이자 창조력과 전투력, 그리고 응집력의 중요한 원천임을 심도있게 설명하고 있다. 역사가 반복해서 증명하듯 기풍건설은 인심의 향배와 관련되어 오직 끊임없이 당의 기풍건설을 강화해야만 당의 선진성과 순결성을 시종일관 유지할 수 있고 우리 당이 영원히 실패하지 않는 곳에 서 있을 수 있다.

두 번째, 기풍건설은 전면적 샤오캉사회를 건설하는 객관적 요구이다. 인민대중이 하나의 정당을 판단하고 인정하는 가장 직접적 관찰 포인트는 바로 이 정당의 각급 당원 및 영도간부의 기풍이다. 이에 시진핑 총서기는 18기 1중전회 전체 회의에서, "영도간부 특히 고위급 간부의 기풍은 당풍(黨風)과 정풍(政風), 나아가 전체 사회기풍의 방향에 중요한 영향을 미친다."[4]고 지적했다. 현재 우리는 전면적 샤오캉사회를 건설하는 관건적 시기에 처해 있다. '4풍'을 바로 잡고, 기풍을 바꾸어야만 우리 당이 '4가지 시련'을 이겨내고 '4가지 위험'을 풀어나갈 수 있으며 시종일관 인민대중과 혈육적 연계를 유지하면서 전면적 샤오캉사회를 건설하는 강력한 역량을 응집시켜 개혁의 전면적 심화개혁 등 각 방면의 임무 시행을 추진할 수 있다.

세 번째, 당 기풍 건설은 인민대중과 혈육적 관계를 긴밀하게 하는 근본보증이다. 18기 중앙정치국 상무위원회와 중외기자의 만남에서 시진

---

4 중앙 당의 대중노선 교육실천 활동 영도소조 판공실 편집: 『당의 대중노선 교육실천활동 학습문건 선집(黨的群衆路線教育實踐活動學習文件選編)』, 당건독물출판사, 2013, 13~14면.

핑 총서기는 당의 취지와 기풍을 둘러싼 연설을 통해 두 가지 과제를 명확히 제시했다. 우선, 인민의 아름다운 생활에 대한 동경을 당의 분투 목표로 한다. 다음, 업무기풍을 확실히 개진하고 대중과 긴밀히 연계한다. 이에 대해 시진핑 총서기는, "당 전체의 동지들과 함께 당에 대한 관리와 종엄치당을 견지하고 스스로 갖고 있는 뚜렷한 문제를 확실히 해결하며 업무기풍을 개선하고 대중과 긴밀히 연계하여 우리 당이 시종일관 중국 특색 사회주의 사업의 굳건한 영도 핵심이 되도록 해야 한다."[5]고 명확히 제기했다.

중앙의 업무기풍 개선과 대중과의 연계를 긴밀히 하는 것과 관련된 8항 규정은 사회 상황과 민의에 대한 가장 직접적이고 현실적이며 우렁찬 호응이다. 시진핑 총서기의 당 기풍 개선에 대한 요구는 대중의 반응이 강렬한 사회 문제를 포착하여 인민대중의 보편적 호평을 받았다.

(나) 8항 규정의 실질적 시행

시진핑 총서기는 실효성 있게 착실하게 일하는 것을 줄곧 창도해 왔고 "실효성 있게 일해야만 어려움을 극복할 수 있고 착실한 노력만이 꿈을 현실로 바꿀 수 있다."[6]고 지적했다. 또한 기풍건설을 틀어쥐는 것도 마찬가지라고 했다.

---

5 시진핑: 「아름다운 생활에 대한 인민의 소망은 곧 우리의 분투목표이다(人民對美好生活的向往, 就是我們的奮鬬目標)」, 『18대 이후 중요문헌 선집(十八大以來重要文獻選編)』(상), 중앙문헌출판사, 2014, 70면.

6 시진핑: 「실속있게 일해야만 꿈을 이룰 수 있다(實幹才能夢想成眞)」, 『시진핑 국정운영을 논하다』, 외문출판사, 2014, 48면.

8항 규정을 실천하는 관건은 영도 간부의 모범 역할이다. 2012년 12월, 시진핑 총서기는 중앙군사위원회 확대 회의에서, “본인이 중앙정치국 회의에서 말했던 것처럼, 기풍건설은 영도 간부로부터 시작하고 영도 간부에서는 중앙 영도부터 시작해야 한다. 군대를 놓고 볼때는 군사위원회부터 시작해야 한다. 최근 군사위원회는 자체의 기풍건설을 강화하는 것에 대한 10가지 규정을 제정했는데 이는 전체 군대에게 모범을 보여주기 위함이다. 위가 좋으면 아래도 따르게 되고 위가 나쁘면 아래도 나빠지게 된다. 각급은 모두 좋은 모범을 보여야 하는 것이다.”[7]고 말했다. 2013년 6월, 시진핑 총서기는 중앙정치국 전문 회의에서, 중앙정치국의 구성원은 “솔선수범하여 정확한 권력관과 지위관, 그리고 이익관을 수립하고 자중과 자성, 그리고 자신에 대한 경계 및 독려를 견지하며 당 기율과 국법을 엄격히 준수하고 제도와 절차에 따라 일하고 자신의 친족과 주변의 실무자들을 엄격히 관리하며 권력으로 사욕을 도모하고 특수화하지 않는 가운데 전체 당원을 위해 당과 인민을 사랑하고 근면하게 정무에 힘쓰며 멸사봉공하는 모범을 수립해야 한다.”[8]고 말했다. 또한 18기 6중전회 개최 시, “고위급 간부, 특히 중앙 영도층 구성원은 반드시 솔선수범하는 모범적 역할로 당장 당규를 준수하고 당의 정치기율과 정치규칙을 엄수하며 초심을 잊지 않고 견지하여 지속 발전하는 가운데 솔선수범하며 당 전체와 사회

---

7 중공중앙 기율검사 위원회, 중공중앙문헌연구실 편찬: 『당풍 염정건설과 반부패 투쟁에 대한 시진핑의 논술 발췌자료』, 중앙문헌출판사, 중국방정출판사, 2015, 68면.

8 『시진핑 총서기 일련의 연설 정신 학습 독본(習近平叢書記系列講話精神學習讀本)』, 중공중앙 당교출판사, 2013, 184면.

를 위해 시범을 보여야 한다."[9]고 요구했다. 시진핑 총서기는 외부 시찰 시, 꽃다발 배치와 교통 통제를 하지 말 것을 요구했고 리커창(李克强) 총리는 회의 시 참석자의 형식적 발언을 중단시키고 바로 주제를 말하도록 했으며 왕치산(王岐山)은 회의에서 발언 원고를 읽지 않도록 했는데 이는 중앙정치국 상무위원이 솔선수범한 표현 방식이었다.

8항 규정을 실행하려면 장기적으로 틀어쥐고 게을리하지 않아야 한다. 8항 규정의 제정 및 실행을 기반으로 시진핑 총서기는, "업무기풍 개선 임무는 매우 힘들고 중앙의 8항 규정은 하나의 착안점이자 동원령이 된다. 중앙의 8항 규정은 최고의 기준도 최종 목적도 아닌, 기풍을 개선하는 첫걸음에 지나지 않으며 공산당원으로서 응당 해야 하는 기본적 요구이다."[10] 라고 지적했다. 중추절과 국경절 기간에 공금으로 선물을 주는 등 불량기풍을 관리하는 것에서 '개인 클럽 풍조' 단속까지, 그리고 '연회의 낭비'에 대한 제동에서 사치스런 만찬 금지까지…… 당풍과 정풍을 일신하여 당심(黨心)과 민심은 크게 진작되었다.

기풍건설은 영원한 진행형이고 8항 규정 또한 반드시 더욱 심층적으로 관철하고 실천해 나가야 한다. 이에 시진핑 총서기는 19차 당대회 보고에서, "위에서 아래에 모범을 보이고 중앙의 8항 규정 정신에 대한 실천 성과를 공고히 하고 확장하며 지속적으로 '4풍' 문제를 다스리고 특권 사상

---

9 『중국공산당 제18기 중앙위원회 제6차 전체회의 공보(中國共産黨第十八屆中央委員會第六次全體會議公報)』, 인민출판사, 2016, 5면.

10 중공중앙 기율검사 위원회, 중공중앙문헌연구실 편찬: 『당풍 염정건설과 반부패 투쟁에 대한 시진핑의 논술 발췌자료』, 중앙문헌출판사, 중국방정출판사, 2015, 71면.

과 특권 현상을 결연히 반대해야 한다."[11]고 명확히 지적했다. 실제업무 중에서 시진핑 총서기의 요구를 확고히 집행하기 위해 2017년 10월 27일, 19기 중앙정치국은 회의를 소집하고, 『중공중앙정치국의 중앙 8항 규정 관철 실행에 관한 시행 세칙』을 심사 후 통과시켰다. 해당 세칙의 발표 및 시행은 시진핑 신세대 중국 특색 사회주의 사상을 깊이 이해하고 과학적으로 파악하고 19차 당대회의 당 기풍건설에 관한 새로운 배치와 새로운 요구를 실행하는데 도움을 줄 수 있어 필연코 당의 기풍건설이 종심으로 발전해 나가는 것을 진일보 추동할 것이다.

2. 대중노선교육 실천 활동은 기풍문제를 해결하는 전략적 조치

2013년 6월, 당의 대중노선 교육실천 활동 업무 회의의 연설을 통해 시진핑 총서기는, "당의 대중노선 교육실천 활동의 전개는 우리 당이 새로운 형세 하에 당의 당 관리와 종엄치당에 대한 중대 정책결정을 견지하는 것으로 대중의 기대에 순응하고 학습형, 봉사형, 혁신형 마르크스주의 집정당 건설의 중대 배치를 강화하는 것이며 중국 특색 사회주의를 추진하는 중대 조치이자 당의 선진성과 순결성을 유지하고 당의 집정 기반과 지위를 공고히 하며 전면적 샤오캉사회를 건설하는데 있어 중대하고도 심원

11 시진핑: 『샤오캉사회를 전면적으로 실현하는데서 결정적인 승리를 이룩하고 신시대 중국 특색 사회주의의 위대한 승리를 이룩하자—중국공산당 제19차 전국대표대회에서 한 보고』, 인민출판사, 2017, 66면.

한 의의가 갖는다."[12]고 강조했다.

(가) 주제: 위민·무실·청렴

위민과 무실(務實), 그리고 청렴은 새로운 형세 하에 당의 대중노선을 견지하는 작용점으로 영도간부의 기풍건설을 강화하는 시대적 요구이다. 2012년 12월, 시진핑 총서기는 각급 영도간부를 향해, "위민·무실·청렴을 견지하고 업무기풍을 확실히 전환하며 진실을 말하고 실효성 있는 일을 하며 과감히 수행하고 용기있게 책임지며 말은 지키고 행동은 결과를 내야 한다."[13]고 정중히 제기했다.

'위민(爲民)'은 기풍건설의 핵심 업무이다. '위민'이란 인민대중의 이익을 첫 번째 자리에 놓고 공공을 위한 당 건설과 인민을 위한 집정을 견지하는 것이다. 이는 "우리가 모든 업무 성과를 점검하는 것은 결국 인민이 진정으로 혜택을 입었는지, 인민생활이 개선되었는 지를 봐야 하는데 이것은 공공을 위한 당 건설과 인민을 위한 집정 견지에 대한 본질적 요구이자 당과 인민의 사업이 부단히 발전하는 중요한 보증"[14]이기 때문이다. 중화인민공화국 건국, 더욱이 개혁개방 이후 중국공산당이 처해있는 역사적 위치와 당원, 특히 간부대열은 모두 큰 변화를 겪었다. 이와 같은 변화는 한 방면에서 당으로 하여금 수중의 권력을 전심전력으로 인민을 위해

---

12 시진핑: 「당의 대중노선 교육실천 활동 업무회의에서 한 연설 (在黨的群衆路線教育實踐活動工作會議上的講話)」, 『18대 이후 중요문헌 선집』(상), 중앙문헌출판사, 2014, 307면.

13 중공중앙문헌연구실 편찬: 『중화민족의 위대한 부흥을 실현할 데 대한 시진핑의 중국몽 논술 발췌(習近平關於實現中華民族偉大復興的中國夢論述摘編)』, 중앙문헌출판사, 2013, 78면.

14 시진핑: 「당의 18대 정신을 전면 관철하려면 6가지 분야 업무를 비중있게 잡아야(全面觀徹落實黨的十八大精神要突出抓好六個方面工作)」, 『구시(求是)』, 2013년 1기, 6면.

봉사하는 근본적 취지를 위해 사용하도록 했으나 또 다른 방면에서는 영도간부가 권력과 이익의 이중적 유혹 앞에서 대중의 소망을 위배하고 대중의 이익을 침해하는 현상이 자주 발생했기 때문이다. 그러므로 취지관, 대중관, 권력관 교육을 강화하여 당 전체가 '위민' 의식을 더욱 훌륭하게 수립하는 것은 반드시 잘 틀어잡아야 하는 핵심 업무인 것이다.

'무실'은 기풍건설의 중요 임무이다. '무실'은 당이 우수한 전통 기풍을 유지하는 중요한 수단이자 우리가 전개하는 모든 업무에서 실효를 거두는 우선적 법보이다. 시진핑 총서기는, 창당 90여 년과 집정 60여 년 동안 중국공산당이 취득한 일체의 성과는 모두 노력의 결과물이며 그 관건은 바로 시종일관 확실히 틀어쥐고 실천한 것에 있었다고 하면서 "성실한 실행은 나라를 발전시키고 공허한 담론은 나라를 망친다.", "당 간부는 반드시 근면하게 일하고 진지하게 진리를 추구하고 무실을 강조하며 확실히 틀어쥐고 실질적으로 일하고 더욱 잘 하려고 애쓰는 가운데 실천과 인민, 그리고 역사의 검증을 이겨낼 수 있는 실적을 창조해야 한다. 과감히 책무를 짊어지고 당 간부는 반드시 원칙을 견지하며 진지하게 책임지고 근본적 시비를 명확히 가르며 모순은 굴하지 않고 맞서고 위기 앞에서는 용감하게 나서며 실수는 과감히 책임지고 비뚤어진 풍습과는 결연히 투쟁해야 한다."[15]고 지적했다. 그러므로 사상과 업무기풍의 전환을 시작으로 진리를 추구하고 무실을 강조하며 확실히 틀어쥐고 실질적으로 일을 추진하는 우량 기풍을 고양하는 것은 새로운 형세 하의 대중업무를 잘 수행하는 중

---

15 시진핑: 「전국조직업무회의에서 한 연설(在全國組織工作會議上的講話)」, 『18대 이후 중요문헌 선집』(상), 중앙문헌출판사, 2014, 338면.

요한 전제인 것이다.

'청렴'은 기풍건설의 기본적 요구이다. '청렴'은 엄한 율기와 멸사봉공이다. 집정당 최대의 특징은 수중에 국가의 각종 권력이 있는 것인데 인민을 위한 권력 사용은 당원간부가 반드시 준수해야 할 마지노선이다. 지금은 당의 사업 발전이 가장 눈부신 시기라고 말할 수 있으나 대중의 마음속 당의 명망은 가장 높은 시기는 아닌데 이중 한가지 아주 중요한 원인이 바로 부패현상의 만연에 대해 특별히 효과적으로 억제하지 못하고 있다는 것이다. 이에 시진핑 총서기는 당 전체를 일깨우며, "많은 사실들이 우리에게 말하길, 부패문제는 갈수록 심해지고 있어 결국 당과 국가를 망치게 될 것이다! 반드시 각성해야 한다!"[16]고 말했다. 이와 같은 시각에서 '청렴'은 광범위한 당원, 특히 당원간부에 대한 하나의 가장 기본이자 가장 긴박한 요구인 것이다.

(나) 대중이 인정하는 기풍 개선

당의 대중노선 교육실천 활동 시작 후, 당원간부의 사상관념과 업무기풍, 그리고 정신적 면모 등에서 큰 변화가 나타났다. 시진핑 총서기는, "각급 당조직과 광범위한 당원 및 간부는 당중앙의 호소에 적극 호응하여 고도로 중시하며 적극 참여하여 대중의 뜨거운 반응과 열정적 지지를 이끌어 내는 가운데 전체 활동은 일사불란하고 내실있고 심도있게 추진되어

16 시진핑: 「중국 특색 사회주의를 견지하고 발전시키는 것을 중심으로 당의 18대 정신을 학습선전하고 관철하자—18기 중공중앙정치국 제1차 집체학습에서 한 연설(緊緊圍繞堅持和發展中國特色社會主義 學習宣傳貫徹黨的十八大精神—在十八屆中共中央政治局第一次集體學習時的講話)」, 『18대 이후 중요문헌 선집』(상), 중앙문헌출판사, 2014, 81면.

예상 목적을 달성했을뿐더러 중대한 성과를 거두었다."[17]고 지적했다.

첫째, "광범위한 당원 및 간부는 마르크스주의 대중관 교육 하에 당의 대중노선 실천에 대한 자각성과 견고성이 뚜렷이 증강되었다."[18] 활동을 통해 광범위한 당원 및 간부는 정신적 '칼슘'을 보충하고 인민이 역사의 창조자임을 다시 한번 깨달았으며 아울러 각급 간부는 직위고하를 막론하고 모두 인민의 공복으로 전심전력 인민을 위해 봉사해야 함을 똑똑히 알게 되었다. 대중과의 감정을 증진하고 대중과의 간격을 좁혀 대중과 호흡하고 함께 곤란을 이겨가며 일하는 자각성이 높아졌다. 또한 대중노선을 관철하는 업무방식을 진일보 장악하고 대중업무를 더 수행할 수 있는 능력이 향상되었다.

둘째, "형식주의, 관료주의, 향락주의, 사치풍조를 다스렸고 대중의 반응이 강렬했던 돌출된 문제를 효과적으로 해결했다."[19] 이번 활동은 '4풍'이 만연되던 태세에 급 브레이크를 걸었다. 위로부터 아래로 영역별 회의를 줄여 문건을 간소화하고 기준에 따른 비교평가와 손님접대 등을 줄이고 기준 이상의 관용차, 사무실, 주택 등을 전면 정리하였으며 '3가지 공공 비용' (해외 출장비, 차량 구입비, 공무 집행비)을 압축하고 기준을 초과하는 공공 건물 신축을 중단하였으며 공금으로 월병, 연하장, 명절 선물, 신년 선물 등을 보내는 행위를 제지하고 '개인 클럽', 훈련센터의 부패, '나관(裸關)'(배우자와 자녀가 외국에 있는 간부), '통학' 하듯 출근하는 간부, '있지도 않

17 시진핑: 「당의 대중노선 교육실천 활동 총결대회에서 한 연설(在黨的群衆路線教育實踐活動總結大會上的講話)」, 『18대 이후 중요문헌 선집』(중), 중앙문헌출판사, 2016, 85면.

18 같은 책, 85면.

19 같은 책, 86면.

는 직원의 급료까지 부풀려 받아 먹는' 간부, 뒷돈 혹은 상품권을 받아 챙기는 간부, 고가의 교육 프로그램에 참가하는 간부, 당과 정부 간부의 기업 겸직 등의 문제를 결연히 단속하였으며 직책을 이용하여 향응을 베풀게 하거나 뇌물을 요구하는 간부, 게으르고 산만한 간부 등을 광범위하게 조사하여 처분하는 가운데 군림하고 낭비하며 대중과 괴리되는 현상이 확연히 달라져 당풍과 정풍, 그리고 사회기풍이 크게 개선되었다.

셋째, "비판과 자기비판의 우수한 전통을 회복하고 고양시켰으며 새로운 형세 속에서 당내 정치생활을 엄숙하게 만드는 효과적 경로를 탐색했다."[20] 광범위한 당원 및 간부는 문제를 심층적으로 파악하고, 문제의 뿌리를 찾으며 자발적으로 자신의 결점을 언급하며 분석을 진행했다. 상하급간의 신분의식 없이 허심탄회하게 의견을 제기하며 공개했다. 지도부 구성원은 '은신의 옷'을 벗어 던지고 '창호지'를 뚫으며 과감하고 사정없이 상호비판을 진행했다. 민주생활과 조직생활 주제 회의도 용감하게 잘못을 폭로하고 단점을 공개하여 가슴이 뛰고 얼굴이 후끈거리지만 독을 배출하며 병을 치료했고 사기를 진작시키는 역할을 했다.

넷째, "기풍 전환과 기풍을 개조하는 것을 중심으로 한 제도 체계가 개선되고 제도 집행력과 구속력이 강화되었다."[21] 중앙은 차례로 당정기관의 엄격한 절약과 낭비 반대, 그리고 국내 공무접대 관리와 관용차 개혁 등에 관한 일련의 제도를 출범시켰다. 각급은 중앙 '8항 규정' 정신에 따라 대중과 연계하고 대중을 위해 봉사하며 권력 사용의 규범화 등의 방면에

---

20 시진핑: 「당의 대중노선 교육실천 활동 총결대회에서 한 연설」, 『18대 이후 중요문헌 선집』(중), 중앙문헌출판사, 2016, 87면.

21 같은 책, 87면.

서 일련의 업무제도와 관리제도를 제정 및 수정했고 제도의 울타리를 튼튼히 조이고 불량 기풍에 대한 강성 제약을 강화하여 규정에 따라 업무를 처리하고 규정에 따라 권력을 사용하는 의식이 뚜렷이 증강되고 제도의 테두리를 벗어나 규칙을 어기는 행위가 감소했다.

다섯째, "대중의 절실한 이익에 영향을 미치는 애로사항 해결에 돌파를 가져와 당의 집정기초가 더욱 공고해 졌다."[22] 이번 활동은 대중의 관심사항에 적극 호응하며 대중에 연계하여 봉사하는 '마지막 1km'를 뚫어 간부는 기층으로 내려가고 자금은 기층에 투입하며 정책은 기층에 경사되는 양호한 향방이 형성되고 대중의 마음을 사로잡는 기풍의 개선을 불러왔다. 다년간 축적되었던 많은 모순과 문제가 효과적으로 해결되었고 대중의 청원했던 사안들과 미결 사안들이 적절하게 해결되었다. 법 집행 및 관리감독 부문과 봉사 기관에 존재하던 태도 불량과 사안 해결 미흡 등 돌출 문제가 효과적으로 해결되었고 임의 집행과 선택 집행으로 사례비 없이는 일을 처리해 주지 않으며 사례비를 받고 마음대로 처리하는 것 등의 현상이 크게 줄었다. 무기력하고 산만했던 기층 당조직이 초보적으로 정돈되어 당원 및 간부가 대중을 위해 봉사하는 자각성이 증강되었다.

---

22 시진핑: 「당의 대중노선 교육실천 활동 총결대회에서 한 연설」, 『18대 이후 중요문헌 선집』(중), 중앙문헌출판사, 2016, 87~88면.

3. 기풍건설의 관건은 '상시화, 세부화, 장기화'의 관리

2014년 5월, 시진핑 총서기는, 기풍건설의 "관건은 상시화, 세부화, 장기화 관리에 진력하는 것이다."[23], "기풍건설은 영원한 진행형으로 영원히 쉼표가 없어 반드시 상시화, 세부화, 장기화 관리를 추진하고 지속적으로 오랫동안 노력해야 한다."[24]고 명확히 제기했다.

'상시화는 바로 항상 관리하며 노멀화하는 것이다. 기풍건설은 항상 주의하며 반드시 늘 틀어잡아야 한다.'[25], '4풍' 문제는 잡았다 놓았다 하면 기풍건설의 지속적 효과를 거둘 수 없다. 기풍건설은 하나의 체계적 공정으로 다른 업무 외의 독립적인 것이 되어서는 안 된다. '문건의 산과 회의의 바다'를 줄이는 것에서부터 기층에 대한 조사연구와 권력·업무·사람에 대한 관리에서 대중의 먹고 사는 문제에 이르기까지 모든 것에 사상기풍의 전환이 체현되도록 해야 한다. 사상기풍의 전환이 일상업무 속에 융합되어야만 기풍건설의 상시화를 실현할 수 있다.

"세부화는 바로 깊이 틀어쥐고 실효를 보는 것으로 기풍건설은 세부적으로 관리하는 것에 중점을 두어 반드시 단계마다 틀어잡아야 한다."[26] "천하의 일은 반드시 미세한 것부터 해야 한다." 기층의 대중이 반영하는

---

23 「기풍건설의 상시화·심층화·지속화 견지와 교육실천 활동성과의 부단한 공고 및 확대(作風建設要經常抓深入抓持久抓 不斷鞏固擴大教育實踐活動成果)」, 『인민일보』, 2014년 5월 10일, 제1면.

24 시진핑: 「당의 대중노선 교육실천 활동 총결대회에서 한 연설」, 『18대 이후 중요문헌 선집』(중), 중앙문헌출판사, 2016, 99면.

25 중공중앙 기율검사 위원회, 중공중앙문헌연구실 편찬: 『당풍 염정건설과 반부패 투쟁에 대한 시진핑의 논술 발췌자료』, 중앙문헌출판사, 중국방정출판사, 2015, 84면.

26 같은 책, 85면.

모든 문제와 제기하는 모든 의견은 모두 기풍건설의 대 명제와 연관된다. 그러므로 기풍건설은 적당히 대강대강 가볍게 언급하며 큰 것만 잡고 작은 것은 무시하는 것이 아니라 세부 사항의 작은 일부터 시작하고 사소한 일을 실질적으로 틀어쥐어 기풍 문제를 새싹 상태에서 해결해 버려야 한다.

"장기화는 바로 계속해서 틀어쥐며 장기적 효과를 보는 것이다. 기풍건설은 지속적 관리에 중점을 두어 반드시 반복해서 틀어잡아야 한다."[27] 장기적 추진에 착안하여 권력을 감독하고 제약하는 제도의 '울타리'를 잘 짠후 기풍건설을 제도의 강제적 구속의 궤도에 편입시킨다. '외양간에 고양이를 가둘 수'는 없지만 권력을 감독하고 제약하는 '철제 울타리'를 잘 짜서 '외양간에 고양이를 가두던 것'을 '철제 울타리에 고양이를 가두는 것'으로 바꾸어 공간적으로 권력행사의 각 단계를 포함시킨 후 권력을 남용하는 자에게 어떠한 기회도 주지 않고 제도를 통해 권력을 관리하며 제도에 따라 일하고 사람을 관리하는 것을 실현한다면 '4풍'의 고질병을 뿌리채 뽑을 수 있다.

말하자면 '상시화, 세부화, 장기화' 관리만이 '4풍' 문제의 재발을 방지할 수 있어 기풍건설의 장기적인 건강한 발전을 촉진할 수 있다. 그러므로 '상시화, 세부화, 장기화'의 기풍건설을 위해 반드시 다음과 같은 몇 가지를 틀어잡아야 한다.

---

27 중공중앙 기율검사 위원회, 중공중앙문헌연구실 편찬: 『당풍 염정건설과 반부패 투쟁에 대한 시진핑의 논술 발췌자료』, 중앙문헌출판사, 중국방정출판사, 2015, 85면.

(가) '두 가지 학습을 통한 합격 당원 되기': 기풍건설은 영원한 진행형

시진핑 총서기는 당 전체에 향하여, "기풍문제는 완고한 반복성을 갖고 있어 우수한 기풍은 한번 고생으로 모두 완성되는 것이 아니며 불량기풍의 극복 역시 단숨에 성공하는 것이 아니다."[28]고 말했다. 이는 우선, 불량기풍의 당에 대한 지속적 침식은 객관적으로 존재한다. "기풍건설은 힘들고 장기적인 싸움이다."[29] 다음, 우량기풍의 건설은 완고한 반복성의 특징을 갖고 있다. "기풍문제는 완고한 반복성을 갖고 있어 단숨에 완성되는 것도, 회오리바람처럼 불었다가 지나며 그치는 것이 아니라 반드시 상시적 장기적으로 틀어잡아야 한다."[30] 다음, 형식에 그치거나 부는 바람과 같이 되는 것을 극복하기 위한 수요다. 시진핑 총서기는, "광범위한 간부 및 대중이 가장 염려하는 것은 문제의 재발과 겉치레, 그리고 바람처럼 스치고 지나는 것이고 가장 희망하는 것은 상시적으로 틀어잡는 것을 게을리하지 않아 그 효과가 오래 유지되는 것이다."[31]고 명확히 지적했다. 마지막으로, "시작은 뜨거우나 끝은 식어 버리고 앞은 조이다가 뒤는 느슨해지는"식의 기풍건설을 극복해야 한다. 시진핑 총서기는, "엄격한 관리를 진지하고 과감하게 그리고 장기적으로 추진하는 가운데 관리했다가 놓아주

---

28 중공중앙 기율검사 위원회, 중공중앙문헌연구실 편찬: 『당풍 염정건설과 반부패 투쟁에 대한 시진핑의 논술 발췌자료』, 중앙문헌출판사, 중국방정출판사, 2015, 80면.

29 시진핑: 「당의 대중노선 교육실천 활동 총결대회에서 한 연설」, 『18대 이후 중요문헌 선집』(중), 중앙문헌출판사, 2016, 99면.

30 시진핑: 「당의 대중노선 교육실천 활동 업무회의에서 한 연설」, 『18대 이후 중요문헌 선집』(상), 중앙문헌출판사, 2014, 318면.

31 시진핑: 「당의 대중노선 교육실천 활동 총결대회에서 한 연설」, 『18대 이후 중요문헌 선집』(중), 중앙문헌출판사, 2016, 91면.

고, 엄하게 했다가 느슨하게 하는 것만 없다면 해결할 수 없는 문제는 없어, 작은 모순을 고치기 어렵고 작은 문제가 큰 우환으로 변모하는 상황까지는 이르지 않을 것이다."[32]라고 지적했다.

상기 인식을 기반으로, 기풍건설을 실질적으로 단단하고 엄하게 틀어잡기 위해 당중앙은 전체 당원을 대상으로 '두 가지 학습을 통한 합격 당원 되기'에 관한 학습 교육 실시를 결정했다. 시진핑 총서기의 요구에 따라, '두 가지 학습으로 합격 당원 되기'에 관한 학습 교육은 다음과 같은 총체적 요구를 부각시켰다.

첫째, 상시적 교육 연장이다. '두 가지 학습을 통한 합격 당원 되기' 관련 학습교육을 전개하는 것은 당내 교육을 '관건적 소수'에서 광범위한 당원으로 확장하고 집중적 교육에서 상시적 교육으로 연장하는 중요한 조치다. '두 가지 학습으로 합격 당원 되기' 관련 학습교육은 한 차례의 이벤트가 아니라 정상교육을 부각하고 층차를 구분하며 정확하게 문제를 해결하고 마음과 힘을 모아 자세하고 실질적으로 틀어잡으며 당의 사상정치건설을 일상적으로 엄하게 추진하는 것이다.

둘째, 시진핑 총서기의 시리즈 연설 정신으로 당 전체를 무장한다. 당의 사상건설을 첫 자리에 놓고 당장(黨章) 존중과 당규 준수를 기본요구로 하여 당원이 자발적으로 당원 기준에 따라 언행을 규범화하도록 교육하여 이끌며 이상과 신념을 한층 더욱 확고히 하고 당성에 대한 각성을 제고한다. 정치의식과 전체국면 의식, 그리고 핵심의식과 일치의식을 더욱

32 시진핑: 「당의 대중노선 교육실천 활동 총결대회에서 한 연설」, 『18대 이후 중요문헌 선집』(중), 중앙문헌출판사, 2016, 93면.

증강하고 정확한 정치방향을 확고히 한다. 맑고 바른 정풍을 진일보 수립하고 정치기율과 정치규칙을 엄수한다. 취지 관념을 더욱 강화하고 용감하게 책무를 짊어지며 생산, 업무, 학습, 그리고 사회생활 속에서 선봉적 모범 역할을 하고 당이 사상과 정치, 그리고 행동에서 단결 통일되는 기초를 다지며 '4가지 전면적'의 전략적 배치를 조화롭게 추진하고 5대 발전이념(혁신, 협조, 녹색, 개방, 공유)을 관철하고 실시하기 위한 튼튼한 조직적 보증을 제공한다.

셋째, 일치의식 교육을 강화한다. 일부 당원의 당 의식이 희미해지는 문제를 진력 해결해야 하는데 주로 일치의식이 강하지 못해 정치기율과 정치규칙을 지키지 않고 당원이나 당을 말하거나 사랑하거나 지키거나 위하지도 않으며 조직기율이 산만하여 규정에 따라 당의 조직생활에 참여하지 않고 당비를 내지 않으며 당 조직이 분배한 임무를 완수하지 않고 당의 조직원칙에 따라 일하지 않는 것 등의 문제다. 끈기를 갖고 '4풍'을 계속해서 바로잡고 엄하지 않고 실속이 없는 문제의 개조를 틀어잡아 당의 기풍이 부단히 호전되도록 추동한다.

넷째, 당원교육관리 제도를 실시한다. '두 가지 학습을 통한 합격 당원 되기' 학습교육을 전개하고 긍정적 교육을 위주로 시행하는 것을 견지하며 과학적 이론으로 두뇌를 무장시킨다. 학습과 실용의 결합과 지행합일을 견지한다. 문제중심을 견지하고 실제효과를 중시한다. 영도가 앞장서 솔선수범하는 것을 견지한다. 실제에서 출발하고 분류하여 지도하는 것을 견지한다. '두 가지 학습을 통한 합격 당원 되기' 학습교육을 전개함에 있어, 당지부를 기본단위로 '3회 1과(지부당원대회, 지부위원회, 당조회 정기 개최 외 제때 당내 교육과정을 밟는 것)'등의 당 조직생활을 기본형식으로 하고 당원

교육관리 제도 실시에 기본적으로 의탁하면서 영도기관과 지도부, 그리고 당원간부와 일반당원의 서로 다른 상황별로 배치한다.

'두 가지 학습을 통한 합격 당원 되기' 학습교육은 전체 당원의 이상과 신념을 진일보 공고히 하고 당성에 대한 각성을 제고할 수 있다. 정치의식과 전반국면 의식, 그리고 핵심의식과 일치의식을 더욱 증강하고 정확한 정치방향을 확고히 한다. 맑고 바른 기풍을 수립하고 정치기율과 정치규칙을 엄히 준수한다. 취지관념을 진일보 강화하고 용기있게 책무를 짊어지며 생산, 업무, 학습, 그리고 생활 속에서 선봉적 모범역할과 적극적 추진 역할을 일으켜야 한다.

(나) 사상적으로 근본적으로 바로잡고 뿌리를 단단히 내려야

"기풍건설을 틀어쥐려면 소박한 본연의 모습으로 돌아가 근본과 기초를 다져야 한다. 확고한 이상과 신념을 부각시키고 근본 취지를 실천하며 도덕적 수양을 강화해야 한다."[33] 확고한 당성 입장을 갖고 건전한 업무방식과 생활방식을 유지하며 내실있는 사람으로 일하는 가운데 신독(愼獨), 신초(愼初), 신미(愼微)하면서 나쁜 싹을 초기에 잘라내야 한다. 간고분투하는 정신을 견지하고 고양하며 '2가지 반드시(겸허와 분투 정신을 반드시 견지)'를 가슴에 새겨 향락을 탐하지 않고 사치를 비기지 않는다. 중화의 우수전통문화를 발양하여 가풍(家風)건설을 중요한 위치에 두고 청렴결백하게 자신과 가정을 다스려야 한다.

---

33 중공중앙 선전부 편찬: 『시진핑 총서기 일련의 중요 연설 독본(2016년판)[習近平叢書記系列重要講話讀本(2016年版)]』, 학습출판사, 인민출판사, 2016, 113면.

기풍건설 강화는 당성(黨性) 수양을 향상시키는 기초다. 시진핑 총서기는, "기풍문제에서 결정적 역할을 하는 것은 당성이고, 당성의 강한 정도를 판단하는 근본 기준은 '공(公)'과 '사(私)' 두 글자다."[34] 당성은 기풍의 내재적 근거이며 기풍은 당성의 외재적 체현이다. "'4풍' 문제는 세계관과 인생관, 그리고 가치관과 긴밀하게 연계된다. 기풍문제에서 결정적 역할을 하는 것은 당성이다. 당의 간부로서 반드시 영원히 변하지 않는 신앙과 함께 꺼리낌없이 처세하고 신중하게 권력을 사용하며 광명정대하고 정정당당해야 한다."[35]고 명확히 지적했다.

이를 위해 시진핑 총서기는 4가지 요구를 제출했다: 첫째, 대인관계를 정확히 인식하고 처리하여 인간미와 함께 원칙도 지키고 특히 개인적 감정과 당성원칙, 그리고 사적 관계와 인민 이익이 상호 저촉될 시에는 전혀 주저함이 없이 당성 입장을 선택하고 동요없이 인민의 이익을 수호해야 한다. 둘째, 접대를 줄이고 건강한 업무방식과 생활방식을 유지하며 학습을 통한 충전으로 정책을 소화하고 기층으로 내려가 조사연구하며 일선 상황을 파악하고 존재하는 문제를 체계적으로 사고하여 해결하는 가운데 저속한 것들은 자발적으로 멀리해야 한다. 셋째, 내실있는 사람으로 실속있게 일하고 수양과 권력사용, 그리고 율기에 엄해야 하며 실질적 계획과 개척, 실질적 처신과 정정당당하고 공명정대하게 과감히 책임지고 모순에는 용기있게 맞대응하여 문제를 잘 해결하고 '거짓말, 큰소리, 빈소리'는

---

34 시진핑: 「시진핑 총서기 계열 중요 강화정신 학습관철 성·부급 간부 연구토론반 개강식에서 한 연설(在省部級幹部學習貫徹習近平總書記系列重要講話精神研討班開班式上的講話)」, 『18대 이후 중요문헌 선집』(상), 중앙문헌출판사, 2016, 468면.

35 『시진핑 총서기 일련의 연설 정신 학습 독본』, 중공중앙당교출판사, 2013, 179면.

하지 말아야 한다. 넷째, 일체의 부패와 유혹에 대해 고도의 경각심을 유지하고 신독, 신초, 신미하면서 위험은 초기에 잘라낸다. 이렇게 해야만 당성 수양을 제고하고 8항 규정을 내실 있게 추진하여 당의 이미지를 개선하고 기풍건설을 추진할 수 있다.

(다) 당내 정치생활을 엄격히 하고 적극적 비판과 자기비판을 추진

기풍건설에서 결정적 역할을 하는 것은 당성이다. 당성은 당원간부가 입신(立身), 입업(立業), 입언(立言), 입덕(立德)을 하는 기초로 반드시 엄격한 당내 생활의 단련 속에서 부단히 강해져야 한다. 당장과 당내 각종 제도 및 규정을 진지하게 관철하고 집행하여 당내 정치생활의 원칙성과 전투성 제고에 노력해야 한다. 자신과 동료, 그리고 지도부와 당에 대해 고도로 책임진다는 정신에 따라 대담하고 상시적으로 비판과 자기비판이란 무기를 사용하여 단점과 약점을 과감히 드러내고 실질적으로 당내 각종 정치적 먼지와 미생물을 부단히 제거하며 광범위한 당원간부가 사상적 세례를 받아 영혼에 닿는 변화가 있도록 해야 한다.

시진핑 총서기는 허베이성 당위원회 상무위원 지도부의 민주생활 회의를 지도하는 자리에서, 비판과 자기비판은 좋은 약이자 동료와 자신을 진심으로 아끼는 것이라고 하면서 비판과 자기비판을 전개하려면 용기와 당성이 필요한데 몸을 지키고 병을 치료하는 무기를 버릴 수는 없다고 했다. 또한, 공산당원으로서 할 얘기가 있으면 책상위에 올려 놓고 분명하게 말해야 한다고 했다. 비판은 공적인 마음에서 시작하고 간곡한 태도와 지혜로운 방법으로 실사구시적 차원에서 시비를 분명히 하여 진짜와 가짜를 판별하고, 개인적 원한과 이해득실, 그리고 친한 정도에 따라 일과 사람을 대하는 것을 금해야 한다고 강조했다.

시진핑 총서기는 허베이성 당위원회 상무위원 지도부의 민주생활 회의를 지도하며, 당성은 당원간부가 사회적 기반을 확립하고 사업을 일구며 학설과 덕업을 세우는기초로 반드시 엄격한 당내 생활의 단련 속에서 부단히 강해져야 한다고 지적했다. 생활의 정치성, 원칙성, 전투성을 증강시켜 각종 방식의 당내 생활이 모두 실질적 내용이 있어 정확하게 문제를 해결하는 가운데 당내 생활의 자유주의와 호인주의는 결연히 반대해야 한다. 당내 생활에서 마음을 나누고 당내의 동료는 잘못을 충고해주는 진실한 벗이 되어야 한다. 영도간부는 하나의 지도부에서 함께 일하며 마음은 한 곳으로 향하고 힘은 한 곳으로 쓰며 대사는 원칙을, 사소한 일은 풍격을 따져 자주 소통하고 협조하며, 사람을 대하고 일을 처리함에 있어서는 하나의 기준을 적용하고 당성 원칙을 기초로 부단히 마음을 나누며 함께 어깨 나란히 하여 싸울 수 있는 진정한 단결을 증강해야 한다고 지적했다.

(라) 영도간부부터 틀어쥐는 것을 견지해야

기풍건설의 관건은 상행하효(上行下效)에 있다. 18기 중앙정치국 상무위원회가 처음으로 국내외 기자들에게 선을 보이는 자리에서 시진핑 총서기는 “쇠를 벼리려면 쇠메가 단단해야 한다.”고 명확히 지적했다. 19차 당대회 보고에서 시진핑 총서기는 또 다시 “쇠를 벼리려면 쇠메가 단단해야 한다.”고 말했다. 이와 같은 인식을 바탕으로 시진핑 총서기는, “각급 영도간부는 과감히 자신의 적폐부터 도려내야 파죽지세로 문제를 해결하고 개선 조치는 빠르게 그 효과를 볼 수 있다."[36]고 지적했다.

— 중앙정치국은 몸소 모범을 보이며 솔선수범 했다. 시진핑 총서기는, "기풍건설을 틀어쥐려면 우선 중앙정치국이 시작하고 타인에게 요구하기 전에 스스로가 먼저 해야 하며 타인에게 하지 않을 것을 요구하기 전에 스스로가 결연히 하지 말아야 한다. 중앙정치국은 중앙의 8항 규정을 조목조목 에누리 없이 실천해야 하고 솔선수범하며 몸소 실천해야 한다. 진지한 태도의 정신과 책임감있는 행동으로 업무기풍을 앞장서 전환하여 거대한 '코기러기 효과'를 형성해야 한다."[37]고 지적했다. 뒤이어 중앙정치국은 8항 규정을 제정하여 출범했고 앞장서서 당 전체와 사회의 감독을 받을 것임을 자발적으로 약속했는데 이는 새로 시작한 중앙영도집체가 당내 불량기풍과 양보없이 겨룰 것이라는 굳건한 결심의 표명이자 자기정화와 자기개선, 그리고 자기혁신과 자기향상에 대한 고도의 자각성을 표명한 것이다. 당의 핵심 영도기구인 중앙정치국이 몸소 모범을 보이며 솔선수범할 수 있다면 그 영향력과 선도력은 거대할 것이다. 중앙의 8항 규정 출범 이후 중앙정치국 동지들은 자발적으로 진지하게 관철하며 집행하여 기풍개선 방면에서 적극적 효과를 획득하고 당 전체와 사회 기풍의 전환을 이끄는 영향력을 발휘했다.

— 시진핑 총서기도 몸소 모범을 보이며 솔선수범했다. 기풍건설을 틀어쥐려면 우선 중앙정치국부터 시작해야 한다고 제기함과 동시에 시진

36 시진핑: 「당의 대중노선 교육실천 활동 총결대회에서 한 연설」, 『18대 이후 중요문헌 선집』(중), 중앙문헌출판사, 2016, 89면.

37 중공중앙 선전부 편찬: 『시진핑 총서기 일련의 중요 연설 독본(2016년판)[習近平叢書記系列重要講話讀本(2016年版)]』, 학습출판사, 인민출판사, 2016, 114면.

핑 총서기는 "나부터 시작한 중앙정치국 동지들이 모범을 보일 것이다."고 정중히 약속했다. 시진핑 총서기는 약속을 지켰고 총서기 신분으로 광저우(廣州), 선전(深圳) 등지를 처음으로 조사 연구하는 기간 동안 8항 규정을 엄격히 지켜 현장 및 교통통제를 시행하지 않았다. 또한 베이징에서 조사 연구를 실시하는 기간에는 칭펑(慶豊)만두 가게에 들러 식사를 했는데 직접 줄을 서서 구매하여 들고 오고 계산까지 했다. 이후에도 시진핑은 앞장서서 8항 규정을 엄격히 지켰다. 시진핑 총서기의 이와 같은 '믿음이 가는 말, 결과가 있는 행동이 있어야 한다'는 이미지는 업무 및 생활 곳곳에서 체현되어 8항 규정의 시행을 효과적으로 추진했고 각급 당원간부에 대해서도 지대한 시범 선도 효과를 불러 일으켰다.

— 기율검사감찰 간부가 몸소 모범을 보이며 솔선수범했다. 기율검사감찰 간부는 간부를 감찰하는 간부로 타인을 감찰하려면 우선 반드시 자신부터 단단해야 한다. 18차 당대회 이후 중앙기율위원회는 기율검사감찰 간부에 대한 교육과 관리감독을 강화했고 철과 같은 기율로 정치적으로 강하고 업무에 능하며 기풍이 바른 간부대열을 만들었다. 일상 업무 중에서 심사와 사안 처리의 전 과정에 대한 관리를 강화하고 회원카드 말소와 반환 등의 특별 캠페인을 전개하고 기율검사감찰기관의 책임자들을 대상으로 면담예약 제도를 실행하고 기율검사감찰 간부와 관련된 민원 신고를 진지하게 처리하고 기율검사감찰 간부의 재직면담 제도를 개선하고 간부감독 업무기관을 건립하여 개선했는데 이와 같은 조치들을 통해 단단한 기율검사감찰 간부대열을 구축했고 당풍 염정건설과 반부패 투쟁의 심도 있는 전개를 위한 확고한 조직적 보증을 마련했다.

(마) 간고분투 정신 발양과 마지노선 사유 수립

간고분투(艱苦奮鬪)란 일종의 어려움과 고생을 두려워하지 않고 분발하며 국가의 부강을 꾀하고 어려움을 딛고 사업을 일구며 국가와 인민의 이익을 위해 기꺼이 헌신하는 완강한 분투정신이다. 시진핑 총서기는, "업무기풍의 개선을 틀어잡음에 있어 각종 업무는 모두 중요하지만 가장 근본적인 것은 간고분투의 정신을 견지하고 고양하는 것이다."[38]라고 지적했다. 그리고 간고분투하려면 반드시 '공(公)과 사(私)'의 문제를 잘 처리해야 한다. 또한 시진핑 총서기는, "기풍문제에서 결정적 역할을 하는 것은 당성이고 당성의 강약을 가늠하는 근본 기준은 공(公)과 사(私)의 두 글자다."[39]고 말했다. 기풍문제는 보기엔 크지 않지만 모두 '공'과 '사'와 관련되고 공금 및 공권과 관계된다. 공금은 공적 소유로 단 한푼도 함부로 쓸 수 없다. 공권은 인민을 위한 것으로 조금도 사적으로 사용할 수 없다. 그러므로 기풍건설은 큰 것만 틀어잡는 것이 아니라 작은 것도 잡아야 하고 구체적인 일부터 시작해야 하며 일찍 일깨워 바로잡고 본척 만척 하거나 보호해 주거나 덮어주어서는 안 된다.

2013년 3월 8일, 장쑤(江蘇)성 대표와 함께 정부업무보고를 심의하는 자리에서 시진핑 총서기는 공무원과 영도간부는 마음속에는 두려움을 갖고 있어야 하며 무엇이 '고압선' 인지 알고 생각조차 하지 말아야 마지노선을 지킬 수 있다고 말했다. "'마지노선 사유' 방법을 운용하여 항상 최악의 경우를 염두에 두고 최고의 결과를 얻기 위해 노력하며 유비무환하는

---

38 중공중앙 기율검사 위원회, 중공중앙문헌연구실 편찬: 『당풍 염정건설과 반부패 투쟁에 대한 시진핑의 논술 발췌자료』, 중앙문헌출판사, 중국방정출판사, 2015, 69~70면.

39 같은 책, 79면.

가운데 유사시에도 당황하지 않고 주도권을 단단히 장악하고 있어야 한다."[40]고 훈계한 바 있다. 마지노선 사유에 관한 이와 같은 논술은 당 전체, 특히 영도간부의 광범위한 공감대를 불러 일으켰다. 당원간부가 마지노선 사유를 수립하는 것은 전진 과정에서 직면하게 될 각종 리스크와 도전을 정확히 판단하고 대응책을 제때 취하여 도전을 기회로 전환하는 것에 있어 중요한 의의를 갖는다. '마지노선 사유'를 과학적 발전과 도약식 발전의 실천에 운용하는 것은 집정자의 강렬한 우환 의식을 체현한 것이다. 이에 시진핑 총서기는 간부가 마지노선을 지킬 것을 강조하는 것이다. 간부 청렴과 자율의 관건은 마지노선 수호에 있다. 처신과 일처리, 그리고 권력사용과 교제의 마지노선을 지켜내야만 당과 인민이 자신에게 맡겨준 정치책임을 지키고 정치적 생명선을 지킬 수 있으며 정확한 인생가치를 지킬 수 있다. 모든 영도간부는 반드시 반부패 청렴제창을 정치의 필수과목으로 삼아 진지하게 대하는 가운데 권력을 개인 혹은 소수인의 이익을 도모하는 도구로 삼지 말고 공산당원의 정치적 본색을 영원히 간직해야 한다.

(바) '못 박는 정신'으로 각종 조치의 시행을 추진해야

시진핑 총서기의 기풍을 잡는 태도는 '못 박는 정신'으로 기풍건설의 각종 조치를 시행하는 결심과 용기를 체현한 것이다. 시진핑 총서기는, 기풍건설은 "문제 지향을 견지하고 세밀한 것에서 착수하며 내실 있게 고리별로 잘 조이고 망치로 계속 두들겨야만 작은 승리를 큰 승리로 만들 수

---

40 중공중앙 선전부 이론국 편찬: 『사상통일과 업무 추진의 과학적 지침: 시진핑 총서기 일련의 중요 연설문 발췌(統一思想和推進工作的科學指南: 學習習近平書記一系列重要講話文章選)』, 학습출판사, 2013, 84면.

있다."[41]고 지적했다. 기풍 문제의 완고함과 반복성을 어떻게 해결할 것인가라는 것에 대해 시진핑 총서기는, 만약 기풍건설이 시작은 뜨겁다가 꼬리는 차갑고 앞은 조이다가 뒤에 가서는 느슨해 진다면 공든 탑이 허무하게 무너질 수 있으니 "못 박는 정신으로 힘을 유지하고 처음부터 끝까지 한결같이 수행하여 기풍건설의 새로운 성과를 부단히 획득해야 한다."[42]고 강조했다. 이로부터 알 수 있듯이 당의 기풍건설을 강화하는 중점은 역시 실속있는 성과를 거두는 데 있다. 기풍을 바로잡는 태도는 결연하고 조금의 동요도 있어서는 안 된다.

한 방면에서, 조치를 제정함에 있어서는 사각지대를 남기지 말고 일괄 적용해야 한다. 18차 당대회 이후 당중앙은 차례로 일련의 기풍 전환과 관련된 문건과 제도, 그리고 규정을 제정했는데 예로 공금으로 인쇄 제작된 연하장 등의 물품을 구입하여 발송하는 것을 금지하고 신년과 춘절에 공금으로 폭죽 등 설맞이 용품을 구입하여 증정하는 것을 금하는 것에 관한 통지 등이 있고 그 내용은 구체적이며 상세하고 집행가능성도 뛰어났다. 동시에 이와 같은 규정은 단번에 끝내 시범실시와 시범시행을 하지 않고 제정과 함께 즉시 집행하였다. 이는 시진핑 총서기가 지적한 바와 같이, "규정은 곧 규정으로 '시범실시'를 하지 않는 것은 바로 결연한 태도를 표명하는 것이며 동 규정의 엄격함을 표명하는 것이다. '시범실시'는 사람들에게 모호함을 줄 수 있다. 먼저 해당 규정에 따라 시행한 후 정식으로 추

---

41 시진핑: 「당의 대중노선 교육실천 활동 총결대회에서 한 연설」, 『18대 이후 중요문헌 선집』(중), 중앙문헌출판사, 2016, 91면.

42 시진핑: 「'3엄3실'의 기풍을 수립하고 발양」, 『시진핑 국정운영을 논하다』, 외문출판사, 2014, 382면.

진하고 한 두해 후에 다시 개선하면 된다. 중앙기율위원회의 그 많은 규정도 이렇게 자리잡아 나갔다. 아무튼 부단히 구속해 나가야 한다. 가장 중요한 것은 실행을 해 나가는 것으로 했던 말을 지키고 행동에는 결과가 따라야 한다. 되는대로 말하는 것이 아니라 말을 한 것이면 반드시 실현하고 문건에 적힌 내용을 하나하나씩 실행해 나가야 한다."[43]

다른 방면에서는, 기율 위반에 대한 엄한 처벌은 동일시하고 예외를 두어서는 안 된다. 시진핑 총서기는, 제도적 구속은 강성 구속으로 상명하복에는 예외가 있을 수 없다고 명확하게 강조했다. 이에 중앙기율위원회는 '8항규정' 정신을 실천하는 상황의 월간보고제도를 건립하고 '4풍' 폭로 플랫폼을 설립하여 일반 당원대중과 영도간부를 막론하고 누구던 규정을 어긴 경우에는 모두 철저히 조사하고 관용을 베풀지 않았다.

(사) 기풍건설은 지엽과 근본을 함께 다스려야

당의 18기 4중전회는, "당내 법규는 당을 관리하고 다스리는 중요한 근거일뿐더러 사회주의 법치국가를 건설하는 유력한 보장이다."라고 제기했다. "기율과 법에 따라 형식주의와 관료주의, 그리고 향락주의와 사치풍조를 반대하고 극복하여 엄밀한 장기 기제를 형성할 것"[44]을 요구했다. 권력을 가두는 제도의 울타리를 조이고 '4풍'에 대한 지엽적인 것과 근본적

---

43 중공중앙 기율검사 위원회, 중공중앙문헌연구실 편찬: 『당풍 염정건설과 반부패 투쟁에 대한 시진핑의 논술 발췌자료』, 중앙문헌출판사, 중국방정출판사, 2015, 68면.

44 시진핑: 「중공중앙의 의법치국을 전면 추진할 데 대한 약간의 중대문제에 대한 결정(中共中央關於全面推進依法治國若干重大問題的決定)」, 『18대 이후 중요문헌 선집』(중), 중앙문헌출판사, 2016, 178면.

인 것을 모두 다스려야 한다.

한 방면에서 제도건설은 '4풍' 문제의 근본을 다스리는 확실한 보장이다. 시진핑 총서기는 제도건설의 지극인 중요성에 대하여 "장기적 시각에서 당원 및 간부가 위민과 무실, 그리고 청렴을 견지하는 것을 촉진하는 장기 기제를 건립하고 건전히 해야 한다."[45]고 강조했다. 즉, 장기적인 안목에서 고도의 질서있는 조율 메카니즘을 형성하는 것이다. 이밖에도 시진핑은, "중앙의 요구와 실제 요구, 그리고 참신한 경험을 결합하여 새로운 제도를 제정하고 기존의 제도를 개선하며 적용하지 않는 제도는 폐지한다. 어떠한 제도를 건립하고 개선하던 모두 체계성을 갖추고 업무에 편한 원칙에 따라 실체적 규범과 보장성 규범의 결합 및 보조에 유념하고 적확성과 실행가능성, 그리고 지도성의 강함을 확보해야 한다."[46]고 제기했다. 즉 제도건설 내용의 적확성, 실행 가능성, 지도성이 강해 당원간부의 집행에 편리하고 '4풍' 방면에 존재하는 문제를 해결하는 데 편리해야 한다.

기풍을 잡는 장기 기제를 건립하기 위해 2013년 1월, 중앙은 또다시 '6항 금지령'(공금으로 상호 방문, 선물 증정, 연회 개최 등 새해 행사 여는 것 금지. 상급 부서에 토산제품 증정 금지, 규정을 어기고 각종 선물, 사례금, 유가증권 및 계산 증빙서와 상업용 선불카드를 주고 받는 것 금지, 돈과 재물을 함부로 배포하여 낭비하는 허례허식 금지, 기준 초접대 금지, 도박단 조직 혹은 참여 금지)을 내려 엄한 절약을 제창하고 낭비를 반대할 것을 요구했다. 7월에는 중공중앙판공청과 국

---

45 시진핑: 「당의 대중노선 교육실천활동의 지도사상과 목표의 요구를 정확히 파악(準確把握黨的群衆路線教育實踐活動的指導思想和目標要求)」, 『시진핑 국정운영을 논하다』, 외문출판사, 2014, 379면.

46 상동.

무원 판공청이 『당정기관의 관용 건물 신설 정지와 오피스텔 정리에 관한 통지』를 발표하고 각급 당정기관은 5년 내에 일률적으로 어떤 형식과 이유를 막론하고 관용 사무실, 회의실, 강당, 초대소, 전시관, 기념관, 구락부, 간부휴양소, 요양원, 관사, 간부병실을 지어서는 안된다고 규정했다. 9월에는 중앙기율위원회와 중앙 당의 대중노선교육 실천활동 영도소조가 추석과 국경절 기간 동안 공금으로 선물을 보내는 것 등에 대한 부정기풍을 결연히 제지할 것을 요구했다. 같은 달에, 『중앙과 국가기관 회의 비용 관리 방법』을 공포하고 중앙과 국가기관의 회의 비용에 대한 관리를 강화하고 규범화하며 간결한 회의와 회의의 기풍 개진을 강조했다. 10월에는 중앙기율위원회가 『공금으로 연하장 등의 물품을 인쇄·구매·발송하는 것을 엄금하는 통지』를 내놓았고, 같은 달에는 중앙기율위원회가 『신년춘절 기간 공금으로 폭죽 등 설맞이 물품을 구매하여 증정하는 것을 엄금하는 통지』를 하달했다. 또한 11월에는 『당정기관이 엄격하게 절약하고 낭비를 반대하는 것에 관한 조례』를 발표하고 시행에 들어갔다.

당의 18기 3중전회는 제도적 차원에서 기풍을 더욱 개선하기 위한 전면적 배치를 진행했다. 영도간부가 앞장서 기풍을 개진하고 심층적 기층조사연구를 진행하는 기제를 건전히 하며 대중과 직접 연계하고 대중을 위해 봉사하는 제도를 개선했다. 회의공문 제도를 개혁했다. 엄격한 재무 예산과 인허가 및 감사제도를 건전히 했다. 인재선발임용 전용검사와 책임추궁 제도를 개선했다. 정치실적 고과 기제를 개혁했다. 영도간부의 업무생활보장 제도를 규범화하고 엄격히 집행했다. 영도간부의 친족이 사업을 하고 공직 및 사회조직의 직무를 맡으며 출국 정착하는 것 등과 관련된 규정을 개선하고 엄격히 집행했다. 이중 일부 제도, 예로 관저(官邸)제도를 탐색적으로 실행하는 것 등은 창조적 의의가 있다. 18차 당대회 이후의 실천은, 과학적 당내 법규제도가 있고 진정으로 엄히 집행하고 강력 운영하면 당내 각종 불량기풍은 절대 되돌아 오는 날이 없을 것임을 충분히 증명했다.

18차 당대회 이후 공포한 『중국공산당 청렴자율준칙』과 『중국공산당 기율처분조례』는 당중앙이 전면적 의법치국과 전면적 종엄치당의 새로운 형세 하에 규칙에 따라 당을 관리하고 다스리는 것을 실현하며 당내 감독을 강화하는 것에 대한 중요한 조치로 '보다 엄하고 세부화되며 보다 실제적'인 선명한 특징을 체현한 것으로 필연코 당이 당장의 권위를 수립하고 당의 기풍을 개선하며 당의 기율을 엄명히 하고 전면적 종엄치당의 요구를 실현하는 것에 대해 중대하고 심원한 영향을 주게 될 것이다. "제도는 많은 것 보다 정밀하여 실무에 활용적이고 적확성과 지도성에서 부각되어야 한다. 공허하고 힘이 없으면 그 역할을 발휘할 수 없고 아무리 많은 제도가 있더라도 그저 형식에 그칠 것이다. 소 우리로 고양이를 가둘 수 없는 것이다! "[47]

다른 방면에서는, '지엽적인 것을 다스리는 것'과 '근본적인 것을 다스리는 것'의 침투 및 융합을 촉진해야 한다. '지엽적인 것을 다스리는' 방식으로 당의 기풍건설을 촉진하면 어느 정도 발전한 후에는 필연적으로 제도의 혁신을 가져온다. 권력을 가두는 제도의 울타리를 조이는 것은 바로 제도 혁신으로 제도의 울타리를 조이는 것을 통해 '지엽적인 것을 다스

47 시진핑: 「당의 대중노선 교육실천 활동 총결대회에서 한 연설」, 『18대 이후 중요문헌 선집』(중), 중앙문헌출판사, 2016, 95면.

리는 것'의 부족한 부분을 보완할 수 있고 '지엽적인 것을 다스리는 것'과 '근본적인 것을 다스리는 것'의 상호 촉진과 조화로운 발전 국면을 추구하여 기풍건설이 당과 인민이 모두 만족하는 성과를 거두도록 해야 한다. 시진핑 총서기는, 기풍건설은 '지엽적인 것을 다스리는 것'과 '근본적인 것을 다스리는 것' 모두가 필요한 데 '지엽적인 것을 다스리는 것'은 '4풍' 문제를 정조준하는 객관적 표현으로 시정할 것은 시정하고 금지할 것은 금지한다는 것이다. '근본적인 것을 다스린다는 것'은 문제가 발생한 심층적 원인을 색출하고 이상과 신념, 업무절차, 체제기제 등의 방면에 기울여 불량기풍을 억제하는 것이다. 또한 '지엽적인 것을 다스리는 것'과 '근본적인 것을 다스리는 것', 이 두가지 방법의 침투 및 융합 실현에 주의해야 하는데 즉, 이 두가지 방법을 운용하여 기풍문제를 '상시적, 반복적으로' 틀어잡아야 한다. 동시에 "대중에 봉사하고 대중업무의 제도화와 상시화, 그리고 장기화를 추진해야 한다" 즉, 대중의 반응이 강렬한 돌출된 문제부터 신속하게 해결하고 당원 간부의 위민과 실무, 그리고 청렴 이미지 또한 제도화, 상시화, 장기화해야 한다고 지적했다.

'근본적인 것을 다스리는 것'에 대한 실현의 관건은 철칙이 힘을 쓰고 금지령은 위력을 발휘하는 것이다. 제도와 제도건설에 직면하여 당원 간부는 반드시 이에 상응하는 정치적 책임을 감당해야 한다. '근본적인 것을 다스리는 것'은 제도에 의지하고 사람에 의지하여 집행해야 하며 각급 영도간부는 '4풍'의 '근본적인 것을 다스리는' 문제에 대해 중요한 정치적 책임을 짊어지고 있어 큰 것뿐만 아니라 작은 것도 틀어잡아야 하고 제도라는 울타리의 구속 권력을 조여 기풍건설이 당과 인민이 만족하는 효과를 거둘 수 있도록 해야 한다.

4. 인민의 입장은 중국공산당의 근본적 정치입장

기풍건설의 핵심은 당과 대중의 혈육 관계를 더욱 긴밀하게 하는 것이다. 당과 대중이 긴밀한 관계를 유지할 수 있는 지 여부는 당과 국가의 흥망성쇠와 직결된다. 시진핑 총서기는 현 단계의 중국 특색 사회주의 건설의 실제와 긴밀히 결합하여 일련의 집정당과 대중의 관계를 긴밀하게 하는 중요한 사상을 제기하여 당과 대중관계에 대한 이론을 풍부하게 심화하고 발전시켰다.

(가) 당과 대중의 관계건설을 고도로 중시

시진핑 총서기의 당과 대중 관계 사상은 유물사관의 기초위에 건립된 것이다. 시진핑 총서기는, 당과 대중이 밀접하게 연계하는 직접적 동력은 대중에게서 나오며 대중은 사회역사 발전의 주체이자 진정한 영웅으로 집정당이 인민대중과 혈육관계를 유지할 수 있는지 여부는 당 사업의 성패를 결정한다고 지적했다. 정당과 대중의 상호 관계 속에서 집정당은 주도적 역할을 발휘하여 어떠한 시점이나 상황을 막론하고 모두 인민 속에 뿌리를 내려 인민을 위해 봉사하고 인민과 같이 호흡하며 명운을 함께 해야 한다. 대중의 주체성과 참여성은 당과 대중이 조화로운 관계를 구축하는 핵심 요인이다. 시진핑 총서기는, 영도간부와 광범위한 대중의 두 가지 적극성을 동원하여 당의 이미지와 당 사업의 책임감에 대한 대중의 관심을 불러 일으켜야 하고 또한 당과 대중이란 두 가지 주체 요소의 적극적 호응을 통해 당의 주장을 대중의 자발적 행동으로 전환시켜야 한다고 강조했다.

시진핑 총서기의 당과 대중 관계 사상은 실천 문제에 대한 사고에서 비롯되었다. 당과 대중의 관계와 국정운영의 거시적 층면에서, 당과 대중 관계가 국가 및 민족 사업 발전속의 지위 역할, 당의 집정지위와의 관계에 대한 체계적 인식을 형성하고, 당의 분투목표와 인민대중의 근본이익의 일치성에 대한 관점을 제기하여 인민의 주체적 지위와 당의 영도가 상호 통일되는 관점을 견지하는 가운데 양호한 소통이 이루어지는 당과 대중 관계를 구축하여 대중노선을 국정운영의 전 과정에 관철시킬 것을 제기했다. 당원간부가 대중과 직접 연계하는 구체적 조치 층면에서, 새로운 형세 하에 당원간부가 직접 대중과 연계하는 경험과 방법을 총결하였는데 주로 당과 대중의 관계를 더욱 긴밀히 하기 위해 상부설계와 구체적 대중업무 경험을 상호 결합하는 것, 종엄치당과 쇠를 벼리기 위해 반드시 자신을 단련하는 노력과 대중을 이끄는 교육을 상호 결합할 것, 당원간부의 사상관념교육과 강철 같은 제도 및 규범을 상호 결합하고 대중업무를 대소사의 구분이 없이 모두 중요하게 다루는 것 등이 있다.

당과 대중의 긴밀한 연계를 강화하는 중요성과 실천 과정에서 당원간부의 대중 연계 방면에 존재하는 문제에 대한 인식을 바탕으로 중앙은 당 전체의 대중노선 교육실천 활동 전개를 결정했다. 시진핑 총서기는 연설을 통해 대중노선의 중요한 의의를 누차 강조했고 실천 활동 전개에 대한 구체적 요구를 제기했으며 대중노선을 국정운영의 활동 과정에 관통시킬 것을 제기했다. 실천이 증명하듯, 이와 같은 집중적 교육활동을 통해 광범위한 당원간부의 대중 관념은 더욱 깊어졌고 업무기풍은 뚜렷하게 변했으며 대중의 반응이 강렬했던 돌출 문제들이 효과적으로 억제되어 대중의 마음을 사로잡았다. 이는 시진핑 총서기의 당과 대중 관계 이론에 대한 집중적 검증이다.

(나) 대중의 입장과 위민의 마음을 시종 견지해야

시진핑 총서기의 당 건설에 관한 중요 논술에서 가장 선명한 품격은 인민성에 있다. 확고한 대중입장과 절실한 위민의 마음은 시진핑 총서기가 당과 대중 관계를 처리하는 중심에 시종일관 관통되어 있다.

첫째, 인민대중을 이익의 주체로 한다. "누구를 위할 것인가라는 문제는 근본적인 문제이자 원칙적 문제다."[48]이 근본적 문제에 대해 시진핑 총서기는 서슴없이 당의 국정운영에 있어 인민대중의 이익은 문제를 관찰하고 인식하며 처리하는 입각점이라고 분명하게 강조했다. 이에 시진핑 총서기는 당과 대중의 관계에 대한 새로운 문제를 관찰하고 분석하며 회답함에 있어 "인민의 입장은 중국공산당의 근본적 정치입장이다."고 시종일관 강조해 왔다. 시진핑 총서기는, "창당 시 중국 공산당원의 분투정신을 영원히 유지하고 인민에 대한 참된 마음을 영원히 유지해야 한다."[49]고 요구하며 인민을 중심으로 하는 발전사상을 제기하고 발전이념을 공유하는 것을 견지하며 "인민의 복지를 증진하고 사람의 전면적 발전 촉진을 발전의 출발점이자 입각점으로 삼아야 한다."[50]고 지적했다. 이익주체에 대한 문제에 있어, 인민의 이익은 일체의 모든 것보다 높다고 강조하는 것은

48 『마오쩌둥 선집(毛澤東選集)』제3권, 인민출판사, 1991, 857면.

49 시진핑: 『중국공산당 창당95주년 경축대회에서 한 연설(在慶祝中國共産黨成立95周年大會上的講話)』, 인민출판사, 2016, 7~8면.

50 『국민경제와 사회발전 제13차 5개년 계획에 대한 중공중앙의 건의(中共中央關於制定國民經濟和社會發展第十三個五年規劃的建議)』, 인민출판사, 2015, 5면.

공산당원이 이익문제를 처리하는 근본적 원칙으로 당은 자신만의 어떠한 특수이익이 없다는 것이다. 당원간부의 이익소구와 인민대중의 이익 관계에서 시진핑은, "당 간부로서 성심성의로 인민을 위해 봉사하고 정성을 다해 당과 인민의 사업을 위해 분투하며 공공을 위해 사심을 버리고 공사가 분명한 가운데 공적인 일을 우선하며 사적인 일은 잊어야 한다. 만약 이것조차 언급할 수 없으면서 우리 당이 과연 중국 노동자계급은 물론 중국인민과 중화민족의 선봉대라고 할 수 있겠는가? "[51]라고 지적했다. 이와 같은 기본인식을 바탕으로 시진핑 총서기는 강렬한 역사적 사명감과 책임감으로 "당 전체와 전 사회의 지혜를 최대한 집중시키고 일체의 적극적 요소를 최대한 동원하여 과감히 막중한 임무를 맡아 어렵고 힘든 일을 책임지며 보다 큰 결심으로 사상관념의 장애를 타파하고 이익 고착의 장벽을 돌파해야 한다."[52]고 지적했다.

둘째, 인민대중을 평판의 주체로 한다. 집정당과 대중의 관계 속에서 누가 집정활동의 평가주체로 되고 어떤 기준으로 집정 성과를 평가할 것인가는 당과 대중 관계의 발전방향에 영향을 미친다. 시진핑 총서기는 가치평가의 주체 문제에서, "인민은 우리 당의 업무에 대한 최고의 결재자이자 최종 평판자"[53]로 절대로 자신의 감정으로 인민대중의 평가를 대체할

---

51 중공중앙문헌연구실, 중앙 당의 대중노선 교육실천 활동 영도소조 판공실 편찬: 『당의 대중노선교육실천활동에 대한 시진핑의 논술 발췌』, 당건독물출판사, 중앙문헌출판사, 2014, 38면.

52 중공중앙문헌연구실 편찬: 「개혁 전면 심화에 대한 시진핑의 논술 발췌」, 중앙문헌출판사, 2014, 41면.

53 중공중앙문헌연구실, 중앙 당의 대중노선 교육실천 활동 영도소조 판공실 편찬: 『당의 대중노선교육실천활동에 대한 시진핑의 논술 발췌』, 당건독물출판사, 중앙문헌출판사,

수 없다고 명확히 지적했다. 시진핑은 쭌이(遵義)에 대한 현지 시찰 시, 대중의 옹호 여부는 업무를 검증하는 중요한 기준으로 제정된 정책의 좋고 나쁨은 "사람들이 울고 있는지 웃고 있는지를 봐야 하는데 웃고 있으면 정책이 좋은 것이고 누군가 울고 있다면 주의를 기울여 시정할 것은 시정하고 개선할 것은 개선해야 한다."[54]고 말했다. 중국공산당 창당 95주년 기념대회에서 시진핑 총서기는, "가장 광범위한 인민의 근본이익을 실현하여 지켜내고 발전시키는 가운데 인민의 옹호여부와 찬성여부, 그리고 기뻐하는 지 여부와 동의여부를 일체의 모든 업무에 대한 득실을 가늠하는 근본 기준으로 삼아야 한다."[55]고 재차 강조했다.

셋째, 대중의 생활에 관심을 기울여야 한다. 인민에 대한 진지한 감정은 시진핑 총서기의 중요 연설 시리즈에 관통되어 당과 대중 관계 사상의 바탕색을 구성하고 있다. 시진핑 총서기는 이전에 정판교(鄭板橋)의 "가지 하나 잎 하나에 마냥 마음이 쓰이네(一枝一葉總關情)"라는 시를 인용하여 인민의 안위와 질고에 대한 관심을 표현했고 각급 간부에게는 인민에 대해 깊은 애정을 갖고 인민생활에 관심을 기울일 것을 요구했다. 시진핑 총서기는, 공산당원은 인민생활의 질고에 대해 어진 마음과 아끼는 마음을 갖고 있어야 한다고 누차 강조했다. 당의 각급 간부는 "한마음 한뜻으로 백성을 위해 일하고 마음에는 곤란한 대중을 품고 급할 때 도움을 주는 일을 많이 해야 한다."[56] 또한 항상 스스로에게 우리가 하고 있는 일이 당의

2014, 9면.

54 「고위층의 목소리(高層聲音)」, 『농촌업무통신(農村工作通信)』, 2015년 12기.

55 시진핑: 『중국공산당 창당95주년 경축대회에서 한 연설』, 인민출판사, 2016, 18면.

56 시진핑: 『쟈오위루식의 현위서기가 되자』, 중앙문헌출판사, 2015, 24면.

근본 취지와 전혀 무관한 일은 아닌지, 한마음 한뜻으로 백성을 위해 일하고 있는지와 같은 질문을 던져야 한다. 시진핑 총서기는 당의 취지를 여러 차례 재천명하며 각급 영도간부는, "대중의 입장에서 문제를 사고하며 동질감을 느낄 것"[57]을 강조했다. 당의 18기 6중전회에서 통과된 『신 형세 하의 당내 정치생활에 대한 약간의 준칙』은 "당과 인민 대중의 혈육 관계를 유지"하는 것을 당내 법규 형식으로 명확히 규정하여 전체 당원에 향해 당의 대중노선을 관철할 것을 요구했다.

(다) 대중업무 능력을 제고하는 경로를 명확히 해야

당원간부의 대중업무 능력은 대중업무 효과에 직접적인 영향을 미치는 가운데, 특히 작금의 당과 대중 관계는 복잡다변한 형세와 문제에 직면하고 있어 당원간부의 대중업무 능력의 효과적 향상은 더욱 중요하게 부각되고 있다. 시진핑 총서기는 정확한 방식과 방법을 보장하여 대중업무 수준을 부단히 제고할 것을 강조했다.

첫째, 조사연구 능력을 강조했다. 시진핑 총서기는, "조사연구는 일을 도모하는 기초이자 일을 성사시키는 길이다. 조사가 없으면 발언권이 없고 정책 결정권은 더욱 없다."[58] "조사연구는 일종의 업무 방법일뿐더러 당과 인민 사업의 득실과 성패와 관계되는 큰 문제로", "영도업무를 잘 수

---

57 중공중앙문헌연구실, 중앙 당의 대중노선 교육실천 활동 영도소조 판공실 편찬: 『당의 대중노선교육실천활동에 대한 시진핑의 논술 발췌』, 당건독물출판사, 중앙문헌출판사, 2014, 36면.

58 중공중앙문헌연구실 편찬: 「개혁 전면 심화에 대한 시진핑의 논술 발췌」, 중앙문헌출판사, 2014, 37~38면.

행하는 하나의 기본능력이다."[59] 구체적 조사연구 방법에 있어 "대중 속에서 오고 대중 속으로 가며 대중의 의견을 널리 경청해야 한다." '조사'를 중시해야 할뿐더러 '연구'도 중시하여 "초보적이고 옅은 인식을 깊이 있는 인식으로 발전시켜 사물의 본질적 규율을 찾아내야 한다."[60]고 강조했다.

둘째, 과학적 정책결정 능력을 강조했다. 영도간부의 정책결정이 인민의 수요를 예측하고 정련하며 정확히 반영할 수 있느냐 여부는 대중의 만족도에 직접적으로 관계된다. 시진핑 총서기의 일련의 중요한 연설에 체현된 전략적 사유와 역사적 사유, 변증법적 사유, 그리고 혁신사유와 마지노선 사유 등 과학적 사상 방법은 영도간부의 과학적 정책결정 능력 제고를 위한 중요한 참고를 제공했다.

셋째, 효과적 소통능력을 강조했다. 시진핑 총서기는 연설에서, 신시대에는 대중과의 직접연계를 강화하고 "대중과 연계하는 최후의 1km를 뚫어야 한다"고 수 차례 강조했다. 당원간부는 당과 대중의 소통 주체로 주도적 역할을 발휘하고 있으나 대중 구성이 계층별로 구분되어 있고 이익 표현에 대한 다양화 등 현실 상황 속에서 당과 대중의 소통은 전례없는 어려움과 문제에 봉착하고 있어 당원간부와 대중이 소통하는 채널을 한층 더 확대하고 당원간부가 직접적으로 대중과 연계하는 능동성을 강화하여 소통의 실효성을 높이는 것이 필요하다.

넷째, 대중 연계의 제도건설을 강조했다. 시진핑 총서기는 제도건설의 중요성을 깊이 인식하고 엄밀한 업무제도 건립을 통해 제도로 하여금

---

59 시진핑: 「조사연구와 관하여(談談調査研究)」, 『학습시보(學習時報)』, 2011년 11월 21일, 제1면.

60 상동.

당원간부가 대중과 연계하여 봉사하는 강제적 구속이 되게 하고 이로써 대중을 위해 봉사하고 대중을 위해 일하는 것을 제도화, 상시화, 장기화 추동하도록 했다. 당과 대중의 긴밀한 연계를 실현하는 제도건설 과정에서 시진핑 총서기는, "입체식 및 전방위적 제도체계를 노력하여 건립하고 건전히 하며", 방법상에서는 체계성 및 편리성 원칙으로 "실체성 규범과 보장성 규범의 결합과 보조를 중시하고, 강한 목적성과 실천 가능성, 지도성을 확보해야 한다."[61]고 지적했다. 또한 제도체계건설의 내용상에서는 '강성의 제도적 구속과 엄격한 제도집행, 그리고 강력한 감독 및 검사와 엄중한 처벌기제'[62]로 각항 제도의 원활한 운행을 보장해야 한다.

(라) 당과 대중의 관계 강화 건설은 역사적 시각과 세계적 안목이 필요

한 방면에서 당과 대중의 관계를 처리함에 있어 시진핑 총서기는 강한 문제의식과 역사적 시각을 갖고 있다. 당과 대중의 관계에 대한 기본적 문제에 있어 시진핑 총서기는 중국의 역사문화 속의 '민유방본(民惟邦本, 백성은 나라의 근본)' 이념을 흡수하여 인민이 주체가 되는 것을 견지했다. "정책의 실패를 아는 자는 초야에 있다(知政失者在草野)"는 관점을 흡수하고 인민은 당 업무의 최고 결재권자임을 강조했다. 또한 "백성은 배를 띄울 수도 뒤집을 수도 있다(載舟覆舟)"는 것처럼 편안할 때 위기를 생각하는 우환의식을 거울로 삼아 종엄치당을 강조했다. 경세치용(經世致用)과 지행합일

---

61 시진핑: 「당의 대중노선 교육실천활동의 지도사상과 목표의 요구를 정확히 파악」, 『시진핑 국정운영을 논하다』, 외문출판사, 2014, 379면.

62 시진핑: 「근검절약을 실행하고 허례허식과 낭비를 반대하자(歷行勤儉節約, 反對鋪張浪費)」, 『시진핑 국정운영을 논하다』, 외문출판사, 2014, 364면.

(知行合一), 그리고 궁행실천(躬行實踐, 직접실천)의 사상을 흡수하여 당의 대중노선을 국정운영 전 과정에 관통시킬 것을 강조했다. "인자는 남을 사랑한다"는 사상을 흡수하여 당원 영도간부는 친민(親民), 애민(愛民)할 것을 강조했다. 이와 같은 사상은 시진핑 총서기가 전통문화에 대해 나쁜 것은 버리고 좋은 것은 취하며 거짓은 버리고 진실은 취하는 열린 마음을 충분히 체현했다.

발전 과정에서 존재하는 문제에 대해서도 시진핑 총서기는 명확한 인식을 가지고 "시기별로 그 시기에 해당된 문제가 있는데 발전수준이 높은 사회에는 발전수준이 높은 문제가 있고 발전수준이 높지 않은 사회에는 발전수준이 높지 않은 문제가 있다."[63]고 지적했다. 오늘날 발전의 새로운 단계에 서 있는 우리는 새로운 문제 및 모순을 피할 수 없어 사회관계와 이익모순의 깊은 곳까지 건드리고 기존의 이익구조 변화에 영향을 미치게 될 것인바 서로 다른 층면에서 당과 대중의 긴밀한 연계에 새로운 도전을 제기할 것이다. 이에 시진핑 총서기는 당 전체를 대상으로, 반드시 위기의식을 가져야 하며 인심의 향배가 매우 중요하다고 하면서 "현 단계에서 개혁을 추진하려면 반드시 상황을 파악하고 전체 국면을 장악하여 안정적으로 추진해 나가야 한다."[64]고 경고했다. 시진핑 총서기는 당과 대중의 관계에 대한 인식에 있어, 현실에 주목하고 전체 국면을 파악하며 실사구시와 현실을 직시하는 이성적 지혜와 용기로 새로운 형세 하의 당과 대

63 시진핑: 「당의 18기 3중 전회 정신으로 사상을 확실히 통일(切實把思想統一到的十八屆三中全會精神上來)」, 『시진핑 국정운영을 논하다』, 외문출판사, 2014, 96~97면.

64 중공중앙문헌연구실 편찬: 「개혁 전면 심화에 대한 시진핑의 논술 발췌(習近平關於全面深化改革論述摘編)」, 중앙문헌출판사, 2014, 42면.

중 관계에 대한 핵심문제에 답하며 당과 대중 관계 이론의 발전과 심화를 이루었다.

다른 방면에서, 당과 대중의 관계를 처리함에 있어 시진핑 총서기는 심오한 세계적 안목을 갖고 있다. 시진핑 총서기는, 인류의 문명성과를 마주할 때 중국의 실제수요에 입각해야 하며 우리가 부단히 개혁을 추진하는 것은 당과 인민의 사업을 더욱 발전시키기 위한 것이지 일부 사람의 '박수소리'[65]에 영합하려는 것이 아니다. 우선, 우리의 이념, 제도, 방법은 "장기적 발전과 점진적 개진, 그리고 내생적 진화의 결과"로, "서방의 이론 및 관점을 그대로 우리에게 적용할 수 없다."[66] 모든 국가와 민족마다 서로 다른 역사문화, 전통, 발전경로를 갖고 있어 타국의 모델을 그대로 가져오면 "범을 그리려다 개를 그리게 되어 실제문제를 해결할 수 없을뿐더러 기후 풍토에도 맞지 않아 심각한 결과를 초래하게 된다."[67] 다음, 타 정당의 경험을 거울로 삼아 실패의 교훈을 흡수할 것을 강조했다. 예로 세계의 일부 집정당이 대중과 괴리되고 민심을 상실한 경우, "일부 국가는 장기적으로 축적된 모순으로 인해 민중의 원망을 초래하여 사회가 흔들리고 정권이 무너졌다."[68]고 지적했다. 이와 같은 사상은 시진핑 총서기가 당과 대중

---

65 중공중앙문헌연구실 편찬: 「개혁 전면 심화에 대한 시진핑의 논술 발췌(習近平關於全面深化改革論述摘編)」, 중앙문헌출판사, 2014, 20면.

66 상동.

67 중공중앙문헌연구실 편찬: 「개혁 전면 심화에 대한 시진핑의 논술 발췌」, 중앙문헌출판사, 2014, 21면.

68 시진핑: 「중국 특색 사회주의 견지와 발전에 밀착하여 당의 18대 정신을 학습·선전·관철한다(緊緊圍繞堅持和發展中國特色社會主義學習宣傳貫徹黨的十八大精神)」, 『시진핑 국정운영을 논하다』, 외문출판사, 2014, 16면.

과의 관계를 처리할 시, 본국에 입각하여 타국의 경험을 유용하게 활용하는 넓은 시각과 개방된 태도를 나타낸 것이다.

결국 18차 당대회이후의 기풍건설은 특징이 선명하고 효과가 현저하며 당 건설규율의 새로운 탐색이자 전면적 종엄치당의 중요한 조치로 당의 창조력과 응집력, 그리고 전투력을 진일보 증강시켰다. 기풍건설은 책임은 무겁고 갈 길은 먼, 영원한 진행형이다.

제7장

기율건설을 전면에 세워야

기율을 중시하고 엄히 하는 것은 우리 당의 선명한 특징이자 우수한 전통이다. 18차 당대회 이후 시진핑을 핵심으로 한 당중앙은 이 같은 우수한 전통을 고양하여 보다 뚜렷하고 중요한 위치에 놓고 당의 기율건설을 고도로 중시하고 강화했다. 시진핑 총서기는, "당이 직면한 형세가 복잡할수록, 어깨에 짊어진 짐이 무거울수록 기율건설을 강화하고 당의 단결과 통일을 수호하며 하며 전체 당의 통일의지와 통일행동에 대한 보조를 맞추어 전진해 나가는 것을 확보해야 한다."[1]고 강조했다. 또한 '4가지 전면적'의 전략적 배치를 조화롭게 추진하는 것에 대한 요구에 따라 기율건설을 강화할 것을 제기했다. 시진핑 총서기는 19차 당대회 보고에서, 또다시 기율건설과 정치건설 등을 당 건설의 총체적 배치 속에 편입시켰다. 새로운 시대에 시진핑 총서기의 기율건설에 관한 중요한 논술을 학습하고 관철해야만 당의 기율건설을 깊이 추진할 수 있고 반부패 전쟁에서도 압도적인 승리를 쟁취할 수 있어 양호한 정치적 생태를 조성할 수 있다.

---

1 시진핑(習近平): 「정치기율을 엄명히 하고 당의 단결통일을 자각적으로 수호해야(嚴明政治紀律, 自覺維護黨的團結統一)」, 『18대 이후 중요 문헌선집(十八大以來重要文獻選編)』(상), 중앙문헌출판사, 2014, 131면.

1. 기율건설 강화는 전면적 종엄치당의 근본 책략

시진핑 총서기는, "당은 당을 관리해야 하고 엄히 다스려야 한다. 무엇에 의지해야 할 것인가? 이는 바로 엄명한 기율이다."[2]라고 지적했다. 우리 당의 8,900여 만 명 당원의 응집력과 전투력은 근본적으로 말해 기율의 강성(剛性)에서 오는 것이다. 우리 당은 면적이 광활하고 인구가 많은 개도국을 집정하고 있는데 만약 철의 기율이 없다면 당의 단결과 통일은 없을 것이고 당의 응집력과 전투력, 그리고 당의 영도력과 집정능력은 크게 약화될 것이다. 우리 당의 기율건설에 대한 기초가 튼튼하고 단단하지 못하면 영도의 핵심적 역할을 효과적으로 발휘할 수 없을 것이다.

(가) 엄명한 기율은 당의 영광스러운 전통이자 독특한 우세

시진핑 총서기는 야오닝(遼寧)성 시찰 시 각급 당조직과 당의 영도간부에게 성실신용과 기율준수, 그리고 규칙 이해에 대한 요구를 제기함과 동시에 "우리 당은 혁명이상과 강철기율로 조직된 마르크스주의 정당으로 엄명한 기율은 당의 영광스러운 전통이자 독특한 우세다."[3] 라고 지적했다.

중국의 혁명과 건설, 그리고 개혁의 역사적 진척 속에서 우리 당은 시종일관 기율을 중시하고 엄히 하는 우수한 전통을 지켜왔다. 중국공산당이 창당되었던1차 당대회의 당강령은 몇 가지 매우 중요한 기율을 명

---

2 시진핑: 「당 정치기율을 엄명히 하고 조직기율을 증강해야(嚴明黨的組織紀律, 增强組織紀律性)」, 『18대 이후 중요문헌선집』(상), 중앙문헌출판사, 2014, 764면.

3 시진핑: 「정치기율을 엄명히 하고 당의 단결통일을 자각적으로 수호해야」, 『18대 이후 중요문헌신집』(상), 중앙문헌출판사, 2014, 131면

확히 했다. 2차 당대회의 당장(黨章)에서는 처음으로 '기율'을 단독으로 한 장(章)에 할애했다. 혁명전쟁 시기에 당은 인민을 단결시켜 이끌고 중국혁명의 승리를 쟁취했는데 의탁한 것이 바로 철의 기율 보장이었다. '3대 기율, 8항 주의', "이전의 과오를 후일의 경계로 삼고, 병을 치료하여 사람을 구하는 것"등의 구체적 기율준칙은 오늘날 여전히 지도적 의의와 현실적 의의를 갖고 있다. 1964년 10월 저우언라이(周恩來)는 음악 무용 서사시인 『동방홍(東方紅)』연출진 회의에서 행한 보고를 통해, 마오쩌둥(毛澤東) 동지는 우리 당은 "기율이 있고 마르크스-레닌주의의 이론으로 무장했으며 자기비판 방법을 채택하여 인민대중과 연계하는 당이다"[4]라고 말했다고 하면서 "마오쩌둥 동지는 기율을 특히 가장 전면에 놓았는데 이는 우연이 아니다. 왜냐하면 이것은 당이 혁명을 견지하고 적을 이겨 승리를 쟁취하는 가장 중요한 조건을 결정하기 때문이다."[5]라고 말했다. 간부에게 문제가 생기는 것은 모두 기율을 벗어 났기 때문이다.[6] 덩샤오핑 동지는, "우리처럼 이렇게 큰 국가가 어떻게 해야 단합하고 조직할 수 있을가? 첫째는 이상에 의지하고, 둘째는 기율에 의지해야 한다. 조직을 일궈야만 역량이 생긴다. 이상과 기율이 없으면 구(舊) 중국처럼 흩어진 모래와 같이 될 것인데 이러고서야 우리의 혁명이 어떻게 성공할 수 있으며 우리의 건설이 어

---

4 저우언라이(周恩來): 「당의 기율을 지키고 당의 단결을 수호해야(遵守黨的紀律, 維護黨的團結)」, 『건국 후 중요문헌 선집(建國以來重要文獻選編)』(제19권), 중앙문헌출판사, 1998, 299면.

5 상동.

6 시진핑: 「당 정치기율을 엄명히 하고 조직기율을 증강해야」, 『18대 이후 중요문헌선집』(상), 중앙문헌출판사, 2014, 764면.

떻게 성공할 수 있겠는가?"[7] 혁명전쟁 시기, 당이 인민을 단결시켜 이끌며 극악무도한 적을 이기고 중국혁명의 승리를 쟁취할 수 있었던 것은 철의 기율이라는 보증이 있었기 때문이다. 새로운 역사적 조건 하에서 우리 당이 인민을 단결시켜 이끌어 전면적 샤오캉사회를 건설하고 나아가 전면적 사회주의현대화 강국을 건설하여 중화민족의 위대한 부흥을 실현하려면 역시 철의 기율 보장에 의지해야 한다. 당이 직면한 형세가 복잡할수록 어깨에 짊어진 임무가 막중할수록 기율건설을 강화하고 당의 단결과 통일을 수호하며 하며 전체 당의 통일의지와 통일행동에 대한 보조를 맞추어 전진하는 것을 확보해야 한다.[8]

18차 당대회 이후 시진핑을 핵심으로 한 당중앙은 기율건설을 고도로 중시하고 "기율을 전면에 내세워 인민대중의 반영이 가장 강렬하고 당의 집권기초에 대한 위협이 가장 큰 돌출된 문제를 해결하는 데 진력해야 한다."[9]고 제기했다. 18차 당대회가 끝난 후 중앙은 '8항 규정'을 발표했는데 '8항 규정' 발표 이후 당중앙 지도부의 솔선수범 하에 동 규정은 즉각적 효과를 보여 과거 고급소비와 식사낭비 기풍 등 겉치레 소비 현상이 억제되었다. 이와 함께 시진핑 총서기는 당장(黨章)의 역할을 강조하며, 당장은 곧 당의 근본적 대법으로 전체 당이 반드시 준수해야 하는 총 규칙이고 각

7 『덩샤오핑 선집(鄧小平文選)』제3권, 인민출판사, 1993, 111면.

8 시진핑: 「정치기율을 엄명히 하고 당의 단결통일을 자각적으로 수호해야」, 『18대 이후 중요문헌선집』(상), 중앙문헌출판사, 2014, 131면.

9 시진핑: 『샤오캉사회를 전면적으로 실현하는데서 결정적인 승리를 이룩하고 신시대 중국특색 사회주의의 위대한 승리를 이룩하자—중국공산당 제19차 전국대표대회에서 한 보고(決勝全面建成小康社會 奪取新時代中國特色社會主義偉大勝利—在中國共産黨第十九次全國代表大會上的報告)』, 인민출판사, 2017, 8면.

급 영도간부는 당장의 각항 규정을 앞장서서 준수할 것을 요구했다. 18차 당대회 이후 당은 기율건설을 고도로 중시했고 우리 당이 당의 정치기율을 엄숙히 하며 당의 단결과 통일을 수호하는 것에 대한 확고한 결심을 선명하게 드러냈다. 중국공산당은 철의 기율로 역량을 모으고 사상을 통일하며 민심을 응집하여 당의 집정기초와 능력이 부단히 공고화 되고 향상되는 가운데 엄한 기율은 당의 영광스러운 전통이자 독특한 우세로 되었다.

기율건설은 당 건설의 총체적 배치에 대한 중요한 구성부분이다. 장기 발전을 거쳐 당 건설은 차츰 정치건설, 사상건설, 조직건설, 기풍건설, 기율건설, 제도건설을 일체화 한 전략적 총체적 배치를 형성했다. 18차 당대회 이후 중앙은 기율건설을 당 건설의 중요한 내용으로 부각시켰고 기율건설을 당 건설의 전 과정과 각 방면에 융합시켰다. 기율건설은 이미 당을 관리하고 다스리는 중요한 버팀목이 되어 정치기율, 조직기율, 청렴기율, 대중기율, 업무기율, 생활기율을 포함한 새로운 기율체계를 형성했다. 『중국공산당 청렴자율준칙』, 『중국공산당 기율처분 조례』, 『중국공산당 순시업무 조례』등을 수정하여 반부패 청렴제창 건설 제도의 체계를 구축했다. 당 기율건설을 당 건설의 상시적 업무 내용으로 하고 전면적 종엄치당의 중대한 전략적 배치 추진을 위한 중요한 버팀목으로 삼았다. 이는 당 기율건설의 한 차례 중대한 향상이자 당 건설이론과 실천의 중대한 혁신이다.

(나) 당원으로 철의 기율을 반드시 집행

시진핑 총서기는 당의 18기 중앙기율위원회 2차 전체회의의 연설을 통해, "'위에 정책이 있고 아래에 대책이 있다는 것'을 절대 허용하지 않고,

명령을 집행하지 않고 금지에 멈추지 않는 것을 절대 허용하지 않고, 중앙의 정책결정과 배치를 관철하여 집행하는 데 에누리를 두거나 선택적으로 변통하는 것을 절대 허용하지 않는다."[10]고 지적했다. 이밖에 시진핑 총서기는, "만약 당의 정치기율이 장식에 불과하면 '깨진 유리창 이론'처럼 당장과 원칙, 그리고 제도 배치는 그 엄숙함과 권위성을 상실하게 되어 각자 필요한 것만 찾고 자신이 옳다고 생각하는 것만 행하는 '개인 클럽'으로 전락하고 말 것이다."[11]라고 지적했다. 시진핑 총서기의 연설은 당중앙의 선명한 태도를 반영한 것으로 전체 당원의 공통된 염원을 대표하고 있다. 전체 당원은 당원으로서 철의 기율은 반드시 집행해야 하며 이것에 대해서는 상의 및 선택의 여지도, 흥정도 할 수 없음을 경고했다.

중국혁명의 승리는 철의 기율이란 보증이 있었기 때문이다. 마오쩌둥(毛澤東)은 노선은 '왕도(王道)'이고 기율은 '패도(覇道)'이며 양자 모두 없어서는 안된다고 말한 바 있다. 마오쩌둥은 당의 기율성을 강화하는 문제를 줄곧 매우 중시해 왔다. 토지혁명시기 개인주의, 주관주의, 비조직관점 등 기율성이 부족한 잘못된 사상에 대한 비판이나 항일전쟁시기 공산당에 향해 '사상의 통일성, 기율의 엄격성'을 강조했던 등 에서 모두 이 점을 확인할 수 있다. 1942년 적후 항일근거지가 가장 어려웠던 시점에 마오쩌둥은 당원은 철의 기율을 집행해야 함을 중점 강조했다. 이는 마오쩌둥이 일관적인 주장이었던 동시에 어려움을 딛고 항전의 승리를 취득하기 위해

---

10 시진핑: 「권력을 제도의 울타리에 가두어야(把權力關進制度的籠子里)」, 『시진핑 국정운영을 논하다(習近平談治國理政)』, 외문출판사, 2014, 386면.

11 시진핑: 「정치기율을 엄명히 하고 당의 단결통일을 자각적으로 수호해야」, 『18대 이후 중요문헌신집』(상), 중앙문헌출판사, 2014, 134면.

내 놓은 좋은 방도였다. 1942년 4월 20일 마오쩌둥은 중앙학습조 회의에서 한 3풍(학풍, 당풍, 문풍) 정돈 보고에서 "당원은 당의 결정을 따를 의무가 있고 규정으로 필기를 결정했다면 필기를 적어야 한다."고 명확히 제출했다. 마오쩌둥이 정풍문건을 학습하기 위하여 반드시 '필기를 적어야'[12]한다는 세부적인 요구를 강조할 수 있었던 것은 중앙학습조의 고위급 간부들에게 "당원으로서 철의 기율은 반드시 집행해야 한다."[13]고 강조하기 위해서이다. 해방전쟁이 곧 전국적 승리를 취득할 즈음에도 "기율성을 강화하면 혁명은 실패하지 않는다."[14]라고 강조한 바 있다.

18차 당대회 이후 시진핑 총서기는 당원에게 기율의 관철 집행을 특히 강조했다. 시진핑 총서기는 중국공산당 19기 중앙기율검사위원회 3차 전체 회의의 연설에서, 당 기율 준수는 무조건이고 말하면 말하는대로 집행하고 어길 시에는 반드시 조사하며 기율을 무기력한 구속, 혹은 지상공문으로 내버려 두어서는 안 된다고 지적했다. 당의 각급 조직은 당원 및 간부를 대상으로 정치기율 준수에 대한 교육을 강화하고 당의 각급 기율검사기관은 당의 정치기율 준수를 수위에 놓아 전체 당이 사상과 정치, 그리고 행동 상에서 당중앙과 고도의 일치를 유지할 것을 확보해야 한다. 당 18기 중앙기율위원회 5차 전체회의에서 시진핑 총서기는, 기율건설을 강화하고 기율과 규칙을 준수하는 것을 보다 중요한 위치에 둘 것을 재차 강조했다. 이는 당중앙이 당과 국가의 생사존망 차원에서 강렬한 역사적 책

12 『마오쩌둥 문집(毛澤東文集)』 제2권, 인민출판사, 1993, 416면.

13 상동.

14 『마오쩌둥 문집』 제5권, 인민출판사, 1996, 194면.

임감과 깊은 사명감 및 우환의식, 그리고 완강한 의지의 품격을 전체 당원에게 제출하는 요구다. 기율을 지키고 규칙을 준수하는 것은 당원 및 간부의 당성에 대한 중요한 시험이자 당원 및 간부의 충성도에 대한 중요한 검증이다. 각급 영도간부는 기율과 규칙의식을 확고히 수립하고 기율을 지키고 규칙을 준수함에 있어 모범을 보여야 한다.

당의 단결과 통일은 당 역량의 원천으로 경제사회의 발전과 민족단결의 진보, 그리고 국가의 장기적 안정을 실현하는 근본 보증이다. 다시 말해 철의 기율이 없으면 당의 단결과 통일이 있을 수 없고 당의 응집력과 전투력은 크게 약화되어 당의 리더십과 집정능력은 크게 약화될 것이다. 당의 기율관념이 없고 당의 기율이 안중에도 없는 자는 합격 당원이 아니며 합격 영도간부도 아니다.

(다) 엄한 기율이 없는 종엄치당은 있을 수 없다

우리 당은 땅이 넓고 인구가 많은 발전 중의 대국에서 국정운영을 수행하는 만큼 철의 기율이 없으면 당의 단결과 통일이 없어 당의 응집력과 전투력은 크게 약화되어 당의 리더십과 집정능력도 약화되게 된다. 당 기율건설의 기초가 튼튼하지 못하면 영도의 핵심역할을 효과적으로 발휘할 수 없다. 우리 당이 직면한 엄준한 도전과 당내에서 시급히 해결해야 할 문제. 특히 일부 당원간부 속에 존재하는 '4풍' 문제에 대해 시진핑 총서기는 철의 기율건설을 강화하여 당 건설의 뚜렷한 위치에 두며 "전면적 종엄치당의 중점을 기율건설 강화에 둘 것"[15]을 선명하게 제출했다. 18기 중앙기

---

15 중공중앙기율검사위원회, 중공중앙문헌연구실 편찬: 『당의 기율과 규칙을 엄명히 할 데

율위원회 3차 전체 회의에서 시진핑 총서기는, "반드시 당의 기율을 엄히 하고 당의 각항 기율을 모두 엄격히 수행해야 한다"[16]고 진일보 지적했다. 또한 당의 대중노선교육실천 활동 총결 대회에서 시진핑은, "엄한 기율 없는 종엄치당은 있을 수 없다", "당의 각급 조직은 기율교육의 상시화와 제도화의 경로를 적극 탐색하고 이끌어 주고 바로잡아 주는 일을 많이 하며 당원 및 간부가 당의 기율은 전체 당이 반드시 준수해야 하는 행위준칙으로 기율을 엄격히 준수하고 결연히 수호하는 것은 합격 당원 및 간부의 기본 조건임을 진정으로 알게 해야 한다."[17]고 지적했다. 당중앙이 기율건설에 대해 채택한 일련의 조치는 당풍 쇄신과 인민의 진심어린 옹호, 그리고 국제사회의 보편적 지지를 이끌어 냈고 당 조직을 보다 건강하게 만들어 당의 결집력은 명확하게 강해졌고 당의 이미지는 최대한도로 향상되었다.

시진핑 총서기는 허난(河南)성 란카오(蘭考)현 당 상무위원회 지도부의 민주생활 회의에 참가한 후, 우리처럼 큰 정당이 무엇에 의지하여 자신의 대오를 관리하고, 무엇에 의지하여 위험과 도전을 이겨낼 것인가? 정확한 이론과 노선·방침·정책 외에 반드시 엄한 규범과 기율에 의지해야 한다. 우리가 수 많은 요구를 제기했고 여러 방법을 동시에 실시해야 하며 지엽적인 것과 근본적인 것을 함께 다루어야 하나 단지 각성에만 의지할 것이 아니라 반드시 강성 구속과 강제 추진이 있어야 하는 데 이것이 바로

대한 시진핑의 논술 발췌』, 중앙문헌출판사, 중국방정출판사, 2016, 9면.

16 시진핑: 「당 정치기율을 엄명히 하고 조직기율을 증강해야」, 『18대 이후 중요문헌선집』(상), 중앙문헌출판사, 2014, 764면.

17 시진핑: 「당의 대중노선 교육실천 활동 총결대회에서 한 연설(在黨的群衆路線教育實踐活動總結大會上的講話)」, 『18대 이후 중요문헌선집』(중), 중앙문헌출판사, 2016, 100면.

기율이다[18]고 말했다. 시진핑 총서기는, 8,900여 만 명의 당원을 가진 거대 정당으로 반드시 종엄치당이 필요하고 종엄치당은 우선 기율이 엄해야 한다며 자신의 관점을 아주 명확하게 표현했다. 또한 시진핑 총서기는, "현재 우리의 주요 도전은 당의 약화된 리더십과 느슨한 조직, 그리고 해이한 기율이다. 이 같은 국면을 바꾸지 못하면 당의 집정능력은 약화되고 집정기반은 흔들리게 될 것이며 심지어 당과 인민은 아름다운 미래를 상실할 수도 있다."[19]고 분명히 지적했다. 이와 같은 이해관계를 바탕으로 시진핑은, "현재 우리가 강조해야 할 것은 당 규칙과 당 기율의 울타리를 조이고 당의 기율을 전체 당원, 특히 당원 영도간부의 마음속에 각인시키는 것이다."[20]고 말했다.

전면적 종엄치당은 반드시 당내 규칙을 엄히 해야 한다. 규칙을 지키는 것은 당원 및 간부의 당성에 대한 중요한 시험이자 당원 및 간부의 당에 대한 충성도를 검증하는 중요한 기준이다. 당내 규칙은 당의 각급 조직과 전체 당원이 반드시 준수해야 하는 행위규범과 규칙이다. 모두 네가지 방면을 포함하고 있는데 각각 당장, 당의 기율, 국가 법률 그리고 당이 장기적 실천 속에서 형성하는 우수전통과 업무관례 등이 있다. 시진핑 총서기는 왜 당의 우수전통과 업무관례 역시 매우 중요한 당내 규칙인지를 특별히 해석했다. 시진핑은, "이는 우리 당처럼 큰 정당의 경우 당장과 기율

18 중공중앙기율검사위원회, 중공중앙문헌연구실 편찬: 『당의 기율과 규칙을 엄명히 할 데 대한 시진핑의 논술 발췌』, 중앙문헌출판사, 중국방정출판사, 2016, 5면.

19 중공중앙기율검사위원회, 중공중앙문헌연구실 편찬: 『당의 기율과 규칙을 엄명히 할 데 대한 시진핑의 논술 발췌』, 중앙문헌출판사, 중국방정출판사, 2016, 9면.

20 상동.

에 의지해야 할뿐더러 당의 우수전통과 업무관례에도 의지해야 하기 때문이다. 이와 같은 규칙은 비록 문서화된 규정은 없으나 모두 일종의 전통이자 방식, 그리고 요구라고 할 수 있다. 기율은 성문화된 규칙이고, 명문화되지 않은 채 기율에 삽입된 규칙은 성문화되지 않은 기율이다. 기율은 강성의 규칙이고 명문화되지 않은 채 기율에 삽입된 규칙은 자기구속의 기율이다. 당내의 많은 규칙은 장기적 실천 속에서 형성한 우수전통이자 업무관례로 실천의 검증을 거쳐 사회적으로 약속되고 실행 효과가 있으며 우리 당의 일부 문제에 대한 심각한 사고와 과학적 총결을 반영하고 있어 전체 당은 이를 장기적으로 견지하고 자발적으로 준수해야 한다."[21]고 말했다. 시진핑 총서기는 영도간부를 향한 명확한 요구를 제기했는데, "당내 규칙의 일부는 명문으로 규정되어 있고 일부는 그렇지 않으나 당의 간부, 특히 고위급 간부는 응당 이해해야 한다. 만약 이해하지 못한다면 간부, 특히 고위급 간부로서의 각오와 수준이 없는 것이다. 반드시 보고해야 한다고 명문으로 규정된 것이 없는 사안에 대한 보고 여부는 당의 관념이 강한지 여부와 당성의 강한 여부가 관건이다. 영도간부가 기율을 위반하는 것은 종종 규칙을 파괴하는 것으로부터 시작된다. 규칙을 세우지 못하고 엄격하지 못하면 많은 문제가 천천히 발생할 수 있다. 많은 사실이 이를 증명해 주었다."[22]고 말했다. 규칙을 지키는 것은 당원 및 간부의 당성에 대한 중요한 시험이자 당원 및 간부의 당에 대한 충성도를 검증하는 중요한 기준이라고 할 수 있다.

---

21 중공중앙기율검사위원회, 중공중앙문헌연구실 편찬: 『당의 기율과 규칙을 엄명히 할 데 대한 시진핑의 논술 발췌』, 중앙문헌출판사, 중국방정출판사, 2016, 7~8면.

22 같은 책, 8면.

(라) 법보다 엄격하고 법 앞에 있는 기율을 견지하여 기율과 법의 분리를 실현

시진핑 총서기는 18기 중앙기율위원회 6차 전체 회의에서, "기율건설을 보다 뚜렷한 위치에 두고 법보다 엄격한 기율과 법 앞에 있는 기율을 견지하며 제도를 건전하게 개선하고 기율교육을 심층적으로 전개하며 기율집행에 대한 감독을 엄히 하고 기율자각을 양성하며 기율로 전체 당원을 관리해야 한다."[23]고 강조했다.

"기율건설을 가장 뚜렷한 위치에 두고 법보다 엄격한 기율과 법 앞에 있는 기율을 견지하며 기율로 당원 전체를 관리해야 한다."는 것은 기율과 법의 분리를 강조한 것으로 전면적 종엄치당의 중요한 체현이자 당이 당을 관리하고 다스리는 이념의 혁신이다. 첫째, 이는 당의 선봉대 성격을 체현했다. 마르크스주의와 엥겔스는 프롤레타리아 정당의 창건 초기에, "우리는 반드시 절대적으로 당의 기율을 유지해야 하고 그렇지 못할 경우 한 가지 일도 이룰 수 없다."[24]고 말한 바 있다. 이는 우리에게, 당원은 특수한 정치적 직책을 가진 공민으로 엄격한 반드시 기율의 구속을 받아들여야 하고 본 계급과 본 민족을 위해 신성한 정치적 사명을 짊어져야 함을 알려준다. 법보다 앞에 있고 법보다 엄격한 기율을 견지하고 모범적 선행 속에서 우리 당의 선봉대 성격을 지켜야만 당원 전체의 마음을 응집하고 민심을 얻을 수 있어 시종일관 중국 특색 사회주의 사업의 굳건한 영도핵심을

---

23 「전면적인 종엄치당을 견지하고 규칙에 따라 당을 관리하며 체제기제를 혁신하고 당내 감독을 강화하자(堅持全面從嚴治黨依規治黨創新體制機制强化黨內監督)」, 『인민일보』, 2016년 1월 13일, 제1면.

24 『마르크스엥겔스전집(馬克思恩格斯全集)』 제29권, 인민출판사, 1972, 413면.

확보할 수 있다. 둘째, 당을 관리하고 다스리는 필연적 요구를 체현했다. 현재 일부 당 조직과 당원 영도간부는 당을 관리하고 다스리는 것에 대해 무시할 수 없는 문제를 갖고 있는데, 책임과 책무를 포기하여 당장을 위반하는 행위를 제지하지 않고 시정하지 않으며 일에 부딪치면 피해가고 문제에 봉착하면 숨어버리며, 법을 어긴 당원간부에 대해 당 기율 처분이 없이 사법 이송을 하여 당의 리더십은 약화되고 조직은 느슨해 지며 기율은 해이해 졌다. 이와 같은 문제를 해결하는 근본은 바로 기율을 내세우고 기율로 전체 당원을 관리해야 하며, 특히 '관건적 소수'를 통제해야 한다. 셋째, 의법치국의 근본적 요구를 반영했다. 당 기율은 당의 이상과 신념, 그리고 취지를 반영한 것으로 공산당원의 마지노선이다. 법률은 국가의 의지를 반영한 것으로 전체 공민의 마지노선이다. 양자는 제정기구와 조정범위, 그리고 처벌방식과 효력등급 등의 방면에서 서로 같지 않다. 그러므로 기율 위반이 반드시 위법이라고 할 수는 없으나 위법은 반드시 기율을 어긴 것으로 당 기율과 법률을 혼돈해서는 안 된다. 이에 우선 당 기율과 법률의 경계선을 규명해야 하는데 이것이 바로 기율과 법의 분리다.

기율이 법보다 엄하고 법 앞에 있다는 것은 기율과 법을 분리하지 않고 법률을 마지노선으로 간주하는 잘못과 비교한 것으로 이는 전면적 의법치국의 조건 하에 집정하고 있는 중국공산당이 규칙에 따라 당을 관리하고 다스리는 규율을 인식하고 파악하며 취득한 필연적 결론이다. 당은 신성한 사명을 어깨에 짊어지고 있는 정치조직으로 당의 성격과 취지는 국법에 우선하고 국법보다 엄격한 당 기율을 결정했고 규칙에 따라 당을 관리하고 다스리며 건설하는 것은 의법치국의 중요한 전제이자 정치적 보장이다. 법 앞에 있는 기율은 기율과 규칙을 전면에 내세우는 것으로 '눈속에 모래를 넣고 비빌수 없듯' 엄숙함과 진지한 태도로 기율집행의 느슨함과 해이함, 그리고 무력함에서 비롯되는 문제를 확실히 해결하고 불량기풍과 부패가 자생하는 것을 원천적으로 방지한다. 법보다 엄격한 기율은 기율 위반에 따른 처벌의 기준이 법률에 비해 엄격해야 하고 당원이 기율의 구속을 받는 강제력은 법률에 비해 엄해야 하는데 당원의 범죄 정도가 경미하여 사법기관의 형사적 추궁을 받지 않는다 하더라도 당 기율의 처분을 받아야 한다. 기율과 법의 분리에 있어 당 기율과 법률의 경계선은 모호해서는 안되며 반드시 각자 맡은 바 소임을 다해야 한다. 무릇 당 기율을 위반한 경우에는 기율검사위원회의 처분을 받아야 한다. 법률을 위반한 경우는 사법기관의 재판을 받아야 한다. 동시에 기율과 법을 모두 위반한 경우에는 이중처벌을 받아야 한다. 법 앞에 있는 기율을 견지해야만 기율로 대다수를 관리할 수 있고 당원 영도간부의 작은 잘못이 큰 화를 초래하는 것을 방지할 수 있다. 또한 법보다 엄격한 기율을 견지해야만 당원과 당조직이 보통 공민과 구별되는 정치적 책임을 강조할 수 있고 당 전체, 특히 당원 영도간부의 당장과 당규, 그리고 당 기율 의식을 각성시킬 수 있다. 그리고 기율과 법의 분리를 견지해야만 당규 및 당 기율과 국가의 법률이 각자 맡은 바 소임을 다하여 업무 분담 및 협조가 이루어지고 상호 연동하며 시너지 효과를 거둘 수 있다.

오랜 시간 동안 당의 기율과 국가의 법률은 상당할 정도로 경계선이 모호하고 심지어 뒤섞여 분명하지 않았다. 2015년에 새로 수정된 『중국공산당기율처분조례』를 사례로 들면, 원 조례 중에는 70여 조항이 형법 등 국가법률 규정과 중복되어 있었다. 실천 중의 무수한 사례도, "기율 위반은 사소한 일에 지나지 않고 법률을 위반한 경우에만 처리"한다는 것을 표명하고 있는데 그 결과는 필연코 '좋은 동지가 아니면 죄인이 되는' 꼴이 되고, 만약에 법률의 마지노선까지 물러나 지키고 기율과 법을 심각하게 어긴 사례만 처벌을 받는 다면 대다수 당원은 기율과 규칙을 아무렇지도 않게 생각하여 전면적 종엄치당은 결국 빈말에 그치고 만다. 이와 같은 기율과 법을 분리하지 못하는 돌출 문제에 대해 조례를 수정하는 과정에서 기율과 법을 분리하는 사고에 따라 기존의 시장경제질서를 파괴하는 것 등을 위주로 10가지 기율 위반 행위를 정치기율, 조직기율, 청렴기율, 대중기율, 업무기율, 생활기율 등 '6대 기율'로 통합 및 규범화시켜 조례의 내용을 진정으로 당 기율에 분류시키고 법과 분리되게 했다. 수정된 조례는 총 3편, 11장, 133조로 구성되었으며 광범위한 당원들을 위해 '네거티브 리스트'를 제시하였다. 이는 당원에게 어떤 유형의 행위는 할 수 없다고 경고했을뿐더러 처분의 근거를 분명히 제시하여 기율집행의 특색을 부각시켰고 당의 기율이 국법에 비해 엄격하다는 것을 체현하며 당을 관리하고 다스리는 한 자루의 계척이 되었다. 동시에 기존의 법 조항 내용은 중복하여 규정하지 않고 총칙에서 당 조직과 당원은 반드시 법률과 법규를 모범적으로 준수하여 당 기율과 국법의 접속실현을 거듭 천명했다. 이와 같은 기율과 법을 분리하는 인식과 실천은 시진핑을 핵심으로 한 당중앙이 규칙에 따라 당을 관리하고 다스리는 내재적 규율에 대한 분명한 장악을 체현한 것으로 전면적 종엄치당과 기율을 전면에 내세우는 요구와 완전히 일치하고 당 기율의 특색이 보다 선명하여 당을 관리하고 다스리는 제도 혁신의 중요한 성과가 되도록 했다.

2. 당 기율을 엄명히 하려면 우선 정치기율을 엄명히 해야

시진핑 총서기는, "당의 기율을 엄명히 하려면 우선 정치기율을 엄명히 해야 한다. 당 기율은 여러 방면에 관련되지만 정치기율은 가장 중요하고 근본적이며 관건적인 기율이다. 당의 정치기율을 준수하는 것은 당의 모든 기율을 준수하는 중요한 기초다."[25]라고 지적했다. 정치기율이 당의 기율체계 속에서 중요한 위치에 있음을 알 수 있다.

(가) 정치기율은 가장 중요하고 근본적이며 관건적인 기율

시진핑 총서기는 19차 당대회 보고에서, "정치기율과 조직기율을 중점 강화하여 청렴기율과 대중기율, 그리고 업무기율과 생활기율을 엄수할 수 있도록 이끌어야 한다."[26]고 강조했다. 이중에서 정치기율은 가장 중요하고 근본적이며 관건적인 기율이다. 시진핑 총서기는, "정치기율은 각급 당 조직과 당원 전체가 정치방향과 정치입장, 그리고 정치언론과 정치행위 방면에서 반드시 준수해야 할 규칙으로 당의 단결과 통일을 수호하는 근본적 보증이다."[27]라고 지적했다. 당 18기 6중전회에서 통과된『신 형세 하의 당내 정치생활에 관한 약간의 준칙』도 "정치기율은 당의 가장 근

---

25 시진핑:「정치기율을 엄명히 하고 당의 단결통일을 자각적으로 수호해야」,『18대 이후 중요문헌선집』(상), 중앙문헌출판사, 2014, 131~132면.

26 시진핑:『샤오캉사회를 전면적으로 실현하는데서 결정적인 승리를 이룩하고 신시대 중국특색 사회주의의 위대한 승리를 이룩하자—중국공산당 제19차 전국대표대회에서 한 보고』, 인민출판사, 2017, 66면.

27 시진핑:「정치기율을 엄명히 하고 당의 단결통일을 자각적으로 수호해야」,『18대 이후 중요문헌선집』(상), 중앙문헌출판사, 2014, 132면.

본적이자 중요한 기율로 당의 정치기율을 준수하는 것은 당의 모든 기율을 준수하는 기초다."[28] 라고 명확히 제시했다.

정치기율이 왜 가장 중요하고 근본적이며 관건적인 기율인가?

우선 정치기율은 당의 단결과 통일을 수호하는 근본적 보증이다. 시진핑 총서기는, 마르크스주의 정당으로서 우리가 정치를 토론하는 것은 돌출한 특징과 우세라고 할 수 있고 강력한 정치보증이 없으면 당의 단결과 통일은 공염불에 불과하다고 말했다. 비록 중국은 정치우선과 '계급투쟁 중점'을 과열 주창하던 잘못된 시기가 있었지만 그렇다하더라도 정치를 말하지 않고 적게 언급할 수는 없다. 공산당이 정치를 얘기하지 않으면 공산당이라고 할 수 있을까? "기강이 무너지면 어떤 일도 생길 수 있지 않겠는가?."[29] 이와 같은 기초 상에서 시진핑 총서기는, 현대 정당은 모두 정치기율을 요구하는 바 정치적 규칙이 없으면 정당이 될 수가 없다. 서방국가의 경우 주요 정당은 정치분야에 역시 엄격한 구속이 있어 정당의 주요 구성원은 반드시 본 당의 이데올로기를 포함한 정치주장과 정책주장을 옹호해야 한다. 정치와 행동에서 본 정당과 불협화음을 야기한 당원에 대해 서방국가의 정당 역시 기율을 집행하고 심지어 제명 처분을 내린다. 그러므로 한 정당의 정치기율이 엄명하지 못하면 사분오열 하는 것[30]이라고 강

---

28 『신 형세하 당내 정치생활에 대한 약간의 준칙 중국공산당 당내 감독조례(關於新形勢下黨內政治生活的若干準則 中國共産黨黨內監督條例)』, 인민출판사, 2016, 16면.

29 중공중앙기율검사위원회, 중공중앙문헌연구실 편찬: 『당의 기율과 규칙을 엄명히 할 데 대한 시진핑의 논술 발췌(習近平關於嚴明黨的紀律和規則論述摘編)』, 중앙문헌출판사, 중국방정출판사, 2016, 23면.

30 시진핑: 「정치기율을 엄명히 하고 당의 단결통일을 자각적으로 수호해야」, 『18대 이후 중요문헌선집』(상), 중앙문헌출판사, 2014, 133면.

조하며 지적했다.

다음, 정치기율은 당의 생명력과 전투력의 근본적 보증이다. 시진핑 총서기는, 한 정당이 만약 정치기율의 구속이 없이 당의 조직 및 중요간부의 정치주장과 정책주장 등이 각자 달라 제멋대로 행하고 광범위한 당원이 정치나 행동에서 당과 괴리되어 마음대로 한다면 이 같은 정당은 호소력과 영향력, 그리고 전투력도 있을 수 없고 정치적으로도 성과를 이룰 수 없다고 지적했다. 정치기율이 엄명하고 당 전체가 정치 상에서 고도로 통일되고 행동에서 보조를 맞출 수 있어야만 전국의 인민을 이끌어 전면적 샤오캉사회를 건설하고 중국 특색 사회주의의 새로운 승리를 거둘 수 있다.

마지막으로, 정치기율 또한 당의 기타 기율을 근본적으로 인도한다. 당 18기 중앙정치국 상무위원회 119차 회의의 중국공산당 염정(廉政)준칙과 당의 기율처분 조례에 관한 수정안 심의에서 행한 연설을 통해 시진핑 총서기는, "당의 기율건설을 강화하려면, 현 단계의 당 기율에 존재하는 주요 문제에 대해 정치기율과 정치규칙을 더욱 강조해야 한다. 이번에 수정된 조례는 기율을 정치기율, 조직기율, 청렴기율, 대중기율, 업무기율, 생활기율로 통합하였고 이중에서 정치기율이 제일 앞에서 전체를 관리한다. 실제 어떠한 기율을 위반하던 최종적으로 당의 집정기반을 침식하여 결국 당의 정치기율을 파괴한다."[31]라고 지적했다. 시진핑 총서기의 연설에서, 정치기율은 방향과 입장, 그리고 근본을 관리하는 요구로서 당 조직 및 당원을 근본적으로 인도하고 다른 기율을 근본적으로 인솔하는 역할을 일으

---

31 중공중앙기율검사위원회, 중공중앙문헌연구실 편찬: 『당의 기율과 규칙을 엄명히 할 데 대한 시진핑의 논술 발췌』, 중앙문헌출판사, 중국방정출판사, 2016, 30면.

킨다는 것을 알 수 있다.

정치기율의 중요성으로 말미암아 시진핑 총서기는 정치규칙의 위반 문제를 엄하게 조사하고 처리할 것을 제기했다. 2015년, 중앙의 2라운드 특별 순시 상황 보고 시 시진핑 총서기는, “정치기율을 위반하고 정치규칙을 파괴하는 문제를 순시에서 발견하였는데 중앙이 정치기율을 강조하는 것은 결코 표적이 없는 난사가 아니다. 정치적 예리함은 이데올로기 영역에 대한 가장 기본적 요구로 이 방면의 잘못은 절대 범해서는 안 된다. 정치기율과 정치규칙을 공공연히 위반하는 문제는 반드시 엄히 조사하고 처리해야 한다.”[32]고 지적했다.

(나) 마음속에 당이 있는 것은 추상적이 아니라 구체적인 것이다

시진핑 총서기는, 중앙의 권위를 자각적으로 수호하는 것은 공허한 구호가 아니고 마음속에 당이 있는 것은 추상적이 아닌 구체적인 것으로 당에 대한 절대적 충성의 핵심은 ‘절대’라는 두 글자에 있다고 하면서 ‘절대적 충성’은 유일하고 철저하며 무조건적이고 어떠한 이물질과 수분도 섞이지 않은 충성으로 당원 및 간부는 이와 같은 표준으로 자신에게 요구하고 자발적으로 사상과 정치, 그리고 행동에서 당중앙과 고도로 일치하여 당의 지시를 결연히 수행하고 당이 불허하는 것은 절대 하지 말아야 한다[33]고 수 차례 강조하여 지적해 왔다.

---

32 중공중앙기율검사위원회, 중공중앙문헌연구실 편찬: 『당의 기율과 규칙을 엄명히 할 데 대한 시진핑의 논술 발췌』, 중앙문헌출판사, 중국방정출판사, 2016, 30면.

33 중공중앙기율검사위원회, 중공중앙문헌연구실 편찬『당의 기율과 규칙을 엄명히 할 데 대한 시진핑의 논술 발췌』, 중앙문헌출판사, 중국방정출판사, 2016, 24면.

시진핑 총서기의 당에 대한 절대 충성을 강조하는 것에는 명확한 타깃성이 있다. 18기 중앙기율위원회 2차 전체회의에서 시진핑 총서기는, "현재 정치기율 준수와 수호 방면에서 절대 다수의 당 조직과 당원간부는 이를 잘 수행하고 있다. 그러나 일부 당원강부의 정치기율 의식이 약해 원칙적 문제와 근본적 시비 앞에서 입장이 동요되고 일부는 당의 이론과 노선·방침·정책 등 중대 정치문제에 대해 공개적으로 반대의견을 내고 있다. 또한 일부 지방 및 부문은 당의 정치기율의 수호에 대한 중시 정도가 미흡하고 개별적으로는 심지어 중앙의 방침정책과 중대 정책결정 배치에 대해 면종복배한다. 일부 당원간부는 말하고 싶은 데로 말하고 하고 싶은 데로 하고 있다. 또한 일부는 이미 당에서 명확히 규정한 정치원칙을 끄집어 내어 거침없이 운운하며 자신의 '능력'을 과시하여 적대세력의 성원을 받기도 하는데 이에 대해 부끄러움이 없이 오히려 영광스럽게 생각하기도 한다. 이와 같은 문제는 당내와 사회에 악영향을 미치고 당의 사업에 엄중한 피해를 가져다 주었다."고 지적했다.[34] 이에 당내에서는 당의 기율과 국법의 구속을 벗어나거나 심지어 당장과 당 조직 위에 군림하는 특수당원을 절대 허용하지 않는다.

시진핑 총서기는 당내 '줄서기' 문제를 특별히 비판하고 당에 대한 충성은 결코 영도간부 개인에 대한 충성이 아님을 제기했다. 2014년 1월 14일, 시진핑 총서기는 당 18기 중앙기율검사위원회 3차 전체 회의의 연설을 통해, 당 조직 등을 영도간부 개인과 동일시해서는 안되고 당에 대한 충

34 시진핑: 「정치기율을 엄명히 하고 당의 단결통일을 자각적으로 수호해야」, 『18대 이후 중요문헌선집』(상), 중앙문헌출판사, 2014, 133면.

성은 영도간부 개인에게 충성하는 것이 아닌데 간부는 당의 간부이지 어느 개인의 가신이 아니기 때문이다고 지적했다. 또한 시진핑은, "당내에 봉건적 예속 관계가 있어서는 안되고 파벌, 집단, 조직은 물론 문객 및 문관 같은 것도 절대 만들어서는 안될 것인바, 이런 것들을 만들면 언젠가는 문제가 생긴다. 또한 어떤 사안은 조사만 하면 마치 무우를 뽑아내면 흙이 딸려 나오듯 많은 사람들이 연결되는데 그 중요한 원인 중의 하나가 바로 예속 관계다. 당내의 모든 당원은 평등하게 대하고 모든 권리를 평등하게 향유하며 이행해야 할 의무를 모두 이행해야 한다."[35]고 지적했다. 18기 중앙기율검사위원회 5차 전체 회의의 연설을 통해 시진핑 총서기는 또다시, "당내에서 소집단을 결성하고 작당하여 사리사욕을 꾀하며 패거리 정치를 하는 것을 절대로 용납하지 않을 것이며 만약 그렇게 한다면 이는 정치기율을 위반하는 것이다."[36] 라고 지적했다.

마음속에 당이 있어야 한다는 요구에서 출발하여 시진핑 총서기는, "각자의 공산당원, 특히 영도간부는 확고한 당장의식을 수립해하고 자발적으로 당장을 활용해 자신의 언행을 규범하며 어떠한 상황에서도 정치적 신앙에 변함이 없고 정치적 입장은 확고하며 정치적 방향도 틀어지지 않는 가운데 어떤 책무나 업무를 막론하고 우선적으로 자신이 당의 깃발 아래서 선서했던 공산당원임을 명심하여 입당 선서로 스스로를 구속해야 한다. 절차에 대한 인식을 강화하여 보고할 것은 반드시 보고하고 알릴 것은

35 시진핑: 「정치기율을 엄명히 하고 당의 단결통일을 자각적으로 수호해야」, 『18대 이후 중요문헌선집』(상), 중앙문헌출판사, 2014, 770면.

36 『'두가지 학습을 통해 우수한 공산당원 되기' 학습 교육 편람('兩學一做'學習教育手冊)』, 인민출판사, 2016, 265면.

알리며 이행해야 할 직책은 반드시 이행하고 책임져야 할 것은 반드시 책임지며 '규칙을 어기고 지름 길로 가는' 방식과 '행차 뒤 나팔 불기'식의 행위를 줄여야 한다. 담당의식을 갖고 일에 대해 책임전가와 도피, 그리고 거짓말을 하지 않고 조직에 진실을 알리며 용감하게 책임을 져야 한다."[37]고 지적했다. 시진핑 총서기는 이밖에, "마음속에 당이 있다는 것은 추상적인 것이 아닌 구체적인 것이다. 당 간부로서 어떤 곳과 어떤 자리에서 일하던 모두 바람과 파도의 시련을 견디고 잘못된 정치방향으로 가서는 안 된다. 자발적으로 당중앙과 고도의 일치를 유지하며 당중앙의 권위를 지키고 당중앙이 제창하는 것에 결연히 호응하며 당중앙이 결정한 것을 결연히 따르고 당중앙이 금지한 것은 결연히 근절해야 한다."[38]고 지적했다.

현위서기 집체에 대해 시진핑 총서기는 마음속에 당이 있어야 한다는 요구를 특히 강조했는데 시진핑은, "현급(縣級) 진영은 반드시 마음속에 당이 있고 당에 충성하는 사람이 지켜야 한다. 현위서기는 자신이 중국공산당의 현위서기로 당이 자신을 이곳으로 파견하였음을 기억해야 한다. 이는 아주 간단한 이치이나 항상 마음속에 담아두고 있기는 쉽지 않다. 확고한 정치방향과 강화된 조직의식을 갖추려면 시시각각 자신이 당의 사람임을 기억하고 당에 대한 의무와 책임을 잊지 말아야 하며 조직을 믿고 의지하고 복종하며 자발적으로 당의 단결과 통일을 수호해야 한다."[39]고 지

---

37 시진핑: 「정치기율을 엄명히 하고 당의 단결통일을 자각적으로 수호해야」, 『18대 이후 중요문헌선집』(상), 중앙문헌출판사, 2014, 132~133면.

38 인민일보사 논평부 편찬: 『'4가지 전면적' 학습독본("四個全面"學習讀本)』, 인민출판사, 2015, 277면.

39 시진핑: 『자오위루식의 현위서기가 되자(做焦裕祿式的縣委書記)』, 중앙문헌출판사, 2015, 4면.

적했다. 시진핑 총서기는 그들에게 "정치를 아는 사람이 되어야 한다…… 당에 절대 충성하고 시종일관 당중앙과 사상과 정치, 그리고 행동에서 고도의 일치를 유지하며 이상과 신념을 굳건히 하고 공산당원의 정신적 정원을 수호하며 자발적으로 사회주의 핵심가치관을 실천하고 자발적으로 당의 기율과 규칙을 집행하며 항상 맑고 명석한 두뇌로 굳건한 입장을 실천해야 한다."[40]는 주의를 주었다.

(다) 영도간부는 정치기율과 정치규칙을 엄수해야

18차 당대회 이후 시진핑 총서기는 많은 중요한 장소에서 수 차례 정치기율과 정치규칙을 언급했다. 당은 관리해야만 잘 관리할 수 있고 종엄치당만이 당을 잘 다스려 낼 수 있다. 당을 관리하고 다스리는 것은 엄명한 정치기율과 정치규칙에 의지해야 하고 정치기율과 정치규칙을 엄수하는 목표는 당의 창조력과 응집력, 그리고 전투력과 생명력을 제고하여 당의 장기집정 지위를 공공히 하고 당의 숭고한 역사적 사명을 실현하는 것에 있다.

시진핑 총서기는 정치기율과 정치규칙의 엄수를 첫 자리에 놓았는데 매우 강한 현실적 타깃성을 갖고 있다. 18차 당대회 이후의 많은 사례가 보여주듯, 일부 당원이 기율과 법을 위반하고 심지어 부패의 나락으로 떨어지는 가장 근본적 원인은 바로 정치적 변질과 이상 및 신념의 동요, 그리고 주지의식의 퇴화 등에 있는데 이는 모두 정치적 변질의 표현이다. 일부

---

40 시진핑: 『쟈오위루식의 현위서기가 되자(做焦裕祿式的縣委書記)』, 중앙문헌출판사, 2015, 67면.

지방과 기관에서 붕괴적 부패가 발생하는 원인 역시 정치생태가 악화되었기 때문으로 정치기율과 정치규칙이 파괴되어 비롯되는 위해성은 경제 방면에서의 부패보다 훨씬 더 심각하다.

시진핑 총서기는 과거 일부 지방에서 부패 문제의 발견과 처벌에만 집중하고 정치적 문제와 정치기율 및 정치규칙을 준수하지 않는 문제에 대해서는 소홀했던 현상을 매섭게 비판했다. 시진핑은, "최근 몇 년 동안 간부의 감독 상에서 상당한 일부 당 조직이 습관적으로 방어선을 부패 척결에만 설치하여 간부에게 부패문제만 없다면 다른 문제는 모두 무시하며 추궁할 필요가 없고 추궁하는 것을 원하지도 않았다. 일부 간부 또한 자신에게 부패문제만 없으면 되고 다른 문제는 대수롭지 않아 무서울 것이 없다고 생각했다."[41]라고 명확히 지적했다. 시진핑 총서기는 이와 같은 현상이 초래하는 결과에 대해, "이 같은 관념의 지배 하에 일부는 당의 정치기율과 정치규칙을 무시하여 자신의 벼슬길과 영향력을 위해 코드인사를 하고, 견해가 다른 사람을 배척하는 것, 패거리 정치와 소집단을 결성하는 것, 익명으로 사람을 무고하거나 유언비어를 퍼뜨리는 것, 인심을 매수하여 지지표를 확보하는 것, 명리와 지위를 약속하고 탄관상경(彈冠相慶)하는 것, 제멋대로 하거나 면종복배하는 것, 하부가 비대해져 통제가 어려워 지고 중앙의 배치를 엉터리로 논하는 것 등이 있다. 특히 일부는 방자함이 거리낌 없어 함부로 날뛰는 지경에 이르렀다!"[42]고 지적했다. 또한 시진핑 총

41 중공중앙문헌연구실 편찬: 『시진핑의 '4가지 전면적'전략배치를 조화롭게 추진할 데 대한 논술 발췌(習近平關於協調推進"四個全面"戰略布局論述摘編)』, 중앙문헌출판사, 2015, 143면.

42 중공중앙기율검사위원회, 중공중앙문헌연구실 편찬: 『당의 기율과 규칙을 엄명히 할 데 대한 시진핑의 논술 발췌』, 중앙문헌출판사, 중국방정출판사, 2016, 22면.

서기는, “이와 같은 문제는 종종 일부 지방과 부문 당 조직의 주의를 불러 일으키지 못했고 문제를 발견했다 할지라도 당 기율과 국법의 차원에서 인식하여 처리하지 못했다. 이는 잘못된 것으로 반드시 시정해야 한다.”[43] 고 말했다.

이밖에 시진핑 총서기는, “부패문제와 정치문제는 흔히는 동반해서 발생한다. 파벌정치와 인심매수 등이 물질적 수단이 없이 가능할가? 불가능하다. 그러면 부정적 수단으로 돈을 마련하게 된다. 반대로 만약 부패행위가 있다면 자신을 위한 안전통로와 보호막을 찾게 되어 패거리 정치를 하게 되고 심지어 개인의 이익을 위해 조직 상에서 영도지도부 배치에 대한 결정에 영향을 미치기까지 한다.”[44]고 분석하여 지적했다. 이처럼 부패문제와 정치문제가 동반해서 발생한다는 분석은 문제의 정곡을 찌른 것이라 할 수 있다.

정치문제와 부패문제 간의 밀접한 연관에 대한 분석을 바탕으로 시진핑 총서기는, “정치기율과 정치규칙이라는 끈을 느슨하게 해서는 안되며 부패문제는 부패문제이고 정치문제는 정치문제로, 부패문제만 운운하고 정치문제를 얘기하지 않아서는 안 된다. 간부의 정치문제가 생길 경우 당에 끼치는 위해는 부패문제에 못지 않고 심지어 부패문제보다 더 심각하다. 정치문제에 있어서는 누구도 붉은 경계선을 넘어설 수 없으며 넘어선다면 그의 정치적 책임을 엄히 추궁해야 한다. 이 같은 일은 정치상에서 절대 해서는 안되며 일단 발생하면 그 대가를 치러야 하고 누구도 정치기

43 중공중앙기율검사위원회, 중공중앙문헌연구실 편찬: 『당의 기율과 규칙을 엄명히 할 데 대한 시진핑의 논술 발췌』, 중앙문헌출판사, 중국방정출판사, 2016, 22면.

44 같은 책, 23면.

율과 정치규칙을 아이들 장난으로 생각해서는 안 된다."[45]고 강조했다.

시진핑 총서기는 당원간부가 정치기율과 정치규칙을 준수하는 것에 대해 몇 가지 방면의 구체적 요구를 제출했다. "첫째, 반드시 당중앙의 권위를 수호하고 당중앙의 요구를 벗어난 행동은 절대 용납하지 않으며 전체 당원, 특히 각급 영도간부는 어떤 시기 및 상황에서도 반드시 사상과 정치, 그리고 행동에서 당중앙과 고도로 일치하는 보조를 유지하고 당중앙의 지휘에 따르며 면종복배나 독단적 행동을 해서는 안되며 당중앙의 전체 방침에 대해 왈가왈부해서는 안되고 중앙정신에 위배되는 관점을 공개적으로 발표해서는 안 된다. 둘째, 반드시 당의 단결을 수호하고 당내에서 사적 세력을 키우는 것을 절대 허용하지 않으며 광범위한 단결을 견지하고 당에 충실한 동지들과 단결하며 대다수와 힘을 합치고 인맥정치와 어떤 형식의 파벌정치도 해서는 안 된다. 셋째, 반드시 조직절차를 준수하고 독단적 주장과 자신만의 행동을 절대 허용하지 않으며 중요 문제에 대해 지시 받을 것은 지시 받고 보고해야 할 것은 보고하는 가운데 월권행위와 사후보고는 용납되지 않는다. 넷째, 반드시 조직의 결정에 복종하고 비조직 활동은 절대 허용하지 않으며 조직과 흥정하거나 조직의 결정을 위배하는 것을 것을 해서는 안되고 문제에 직면하면 조직을 찾아 의지해야지 조직을 기만하거나 대항해서는 안 된다. 다섯째, 반드시 친족과 주변 실무자에 대한 관리를 잘하고 이들이 정치에 간섭하거나 사익을 도모하는 것을 절대 용납하지 않으며 또한 이들이 정책제정과 인사문제에 영향을 미

45 중공중앙기율검사위원회, 중공중앙문헌연구실 편찬: 『당의 기율과 규칙을 엄명히 할 데 대한 시진핑의 논술 발췌』, 중앙문헌출판사, 중국방정출판사, 2016, 23~24면.

치거나 정상적 업무운영을 간섭하는 것을 방임해서는 안되고 특수 신분을 이용해 불법이익을 도모하는 것을 묵인해서는 안 된다."[46] 이밖에 군대 기율 엄수와 관련하여 시진핑 총서기는 특별히 엄격한 요구를 제기 했는바, "군대가 기율을 지킴에 있어 우선은 정치기율을 준수하는 것이고 규칙을 지킴에 있어 우선되는 것은 정치규칙 준수이며 아울러 그 기준은 보다 높고 엄해야 한다. 어떤 사람도 정치기율과 정치규칙의 붉은 경계선을 넘어서는 안되며 넘어선다는 것은 바로 금기를 범하는 것으로 그 대가를 치루어야 한다."[47]고 지적했다.

3. 당 조직 기율을 엄명히 하고 조직의 기율성을 증강해야

18기 중앙기율검사위원회 3차 전체 회의에서 시진핑 총서기는 당의 조직 기율을 엄명히 하고 조직 기율성을 강화하는 것에 대한 중요 명제를 심도있게 논술했고 당 전체는 조직을 믿고 의지하여 복종하며 자발적으로 조직의 배치와 기율 구속을 접수하고 당의 단결과 통일을 자발적으로 수호해야 한다고 강조했다. 앞서 서술한 것처럼 조직기율은 기율체계 속에서 매우 중요한 위치를 차지하고 있다.

---

46 중공중앙기율검사위원회, 중공중앙문헌연구실 편찬: 『당의 기율과 규칙을 엄명히 할 데 대한 시진핑의 논술 발췌』, 중앙문헌출판사, 중국방정출판사, 2016, 27~28면.

47 같은 책, 24면.

(가) 당원간부는 당 조직에 충성하고 성실해야

시진핑 총서기는 18기 중앙기율위원회 3차 전체 회의에서, "당원 및 간부는 조직을 정확히 대하며 당 조직에 충성하고 성실해야 한다."[48]고 말했다. 2016년 10월 27일, 중국공산당 18기 중앙위원회 6차 전체 회의에서 다시 한번, 당의 각급 조직과 전체 당원은 반드시 당에 충성하고 성실해야 하며 정정당당하고 성실하게 말하고 일하는 사람이 되어야 한다고 제기했다.

당원은 당 조직에 충성하고 성실해야 한다고 강조하는 것은 당의 성질과 역사전통과 갈라 놓을 수 없다. 시진핑 총서기는, "당의 역량은 조직에서 오고 조직은 그 역량을 배가한다. 우리 당은 마르크스주의 창당 원칙에 따라 건립된 정당으로 민주집중제를 근본적 조직제도와 영도제도로 하고 잘 짜인 조직은 당의 영광스러운 전통과 독특한 우세다. 지난 90여년간 당은 갖은 고통과 어려움을 극복하고 부단히 승리를 거듭하며 세계 최대의 집정 정당으로 성장했고 잘 짜인 조직은 중요한 보증이었다."[49]라고 지적했다. 중국공산당은 창당일로부터 잘 짜인 조직을 가진 정당이었음을 말할 수 있고 당 조직의 구성원인 당원은 반드시 시종일관 당에 충성하고 성실해야 한다.

계획경제 시기, 사회자원 배치는 각급 조직에 의해 완성되었고 조직의 역할은 층차별 및 영역별로 매우 뚜렷했으며 개인이 조직에 대한 의존성과 귀속감은 아주 강했다. 개혁개방과 사회주의 시장경제 발전은 기존의 자원배치 방식과 조직관리 방식에 변화를 불러왔고 갈수록 많은 공직

48 시진핑: 「당 정치기율을 엄명히 하고 조직기율을 증강해야」, 『18대 이후 중요문헌선집』(상), 중앙문헌출판사, 2014, 769면.

49 같은 책, 765면.

자들이 사회인으로 전향했으며 각종 복잡한 인간관계와 이익관계가 당내 생활에 무시할 수 없는 영향을 끼쳐 각종 문제를 유발하였는데 조직관념이 박약해지고 조직이 느슨해 진 것은 그중에서도 엄하게 대할 필요가 있는 문제가 되었다. 예로, 일부의 개인주의와 자유주의가 엄중하여 조직기율이 안중에도 없고 조직과 흥정을 하려 들고 조직의 배치에 불복종 한다. 일부 당 조직과 영도간부는 중앙과 상급조직이 통일 결정한 중요 사안을 처리할 시 사전에 지시를 구하지 않고 사후보고 하거나 처리하며 보고하거나 심지어 사후보고 조차 없는 경우도 있다. 일부는 갖은 방법으로 완정되게 보고해야 할 큰 사안을, 보고하지 않아도 되는 작은 사안으로 일일이 분해하여 조직의 절차를 공회전 상태로 만들어 버린다. 또한 일부 영도 지도부는 민주적 인식이 부족하여 개인이 독단적으로 결정하고 집중이 부족하며 지도부 내부에서 각자 제멋대로 처리하고 분장 영역을 '개인 영지'로 생각하여 상호 승복하지 않고 인정하지 않아 내적 소모가 심각하다. 일부는 영도 개인에 책임지고 조직에 책임지지 않으며 상하급 관계를 예속관계로 만들어 버린다. 일부는 업무 추진에 있어 조직이 아닌 지인과 지연에 의지하고 형형색색의 다양한 인적 네트워크가 갈수록 촘촘해 지며 각 방면의 잠재규칙은 갈수록 '효력'을 보인다. 일부 당 조직은 당원 및 간부에 대한 관리가 소홀하여 엄숙하고 진지한 조직생활이 미흡하다. 이에 시진핑 총서기는, "느슨한 조직기율은 이미 당의 큰 우환이 되었다. 조직관념과 조직절차, 그리고 조직기율 모두 엄히 해야 한다. 엄하지 않으면 흩어진 모래와 같다. 새로운 형세 속에서 당 전체의 조직기율을 어떻게 강화할 것인가 하는 것은 우리가 진지하게 사고하고 대답해야 할 중대한 과제다."[50] 라고 제기했다.

그러면 당에 대한 충성과 성실을 어떻게 할 것인가? 우선 당 조직 앞에서 당원 및 간부는 자신을 감추거나 말을 함부로 해서도 안 된다. 시진핑 총서기는, "당원 및 간부 사이에서도 반드시 언행이 일치하고 안팎이 같으며 진실을 말하고 속마음을 얘기하고 마음의 말을 해야 한다."[51]고 지적했다. 시진핑 총서기가 제기한 '3엄3실' 중 한 가지가 '성실한 처신'이 있는 데 이 역시 같은 관점을 표현한 것이다. 다음, 어떤 시기 및 상황에서도 자발적으로 개인이 조직 위에 군림하는 것을 방지해야 한다. 시진핑 총서기는, "조직의 의도와 영도 개인의 의도에는 연관이 있지만 구별도 있는데 조직의도는 조직이 민주집중제를 통해 형성된 의견이고 영도 개인의 의도는 영도간부 개인의 의견이다. 조직의도와 영도개인의 의도는 일치할 수도 있고 일치하지 않을 수도 있으며 혹은 완전히 일치하지 않을 수도 있다. 주요 책임자를 포함한 영도간부는 조직의 의도와 개인의 의도를 명확히 표현하고 조직의 명의로 나서야지 개인의 명의로 나서서는 안되며, 개인의 명의로 나서야 할 경우에는 조직의 명의로 나서서는 안되고 집체 연구가 필요하면 마음대로 태도를 표명해서는 안되며 의견을 구해야 할 경우에는 절차를 생략하지 말고 개인의 의견을 집체와 조직에 강요해서는 안

---

50 시진핑: 「당 정치기율을 엄명히 하고 조직기율을 증강해야」, 『18대 이후 중요문헌선집』(상), 중앙문헌출판사, 2014, 765~766면.

51 중공중앙기율검사위원회, 중공중앙문헌연구실 편찬: 『당의 기율과 규칙을 엄명히 할 데 대한 시진핑의 논술 발췌』, 중앙문헌출판사, 중국방정출판사, 2016, 44면.

되며 개인의 결정으로 조직의 결정을 대체해서는 안 된다."[52]고 지적했다. 그 다음, 어떤 이유를 막론하고 조직 결정의 집행을 막거나 지연시키는 것을 용납하지 않는다. 시진핑 총서기는, "당 조직의 결정에 대해 당원 및 간부는 어떠한 흥정이나 에누리가 없어야 한다. 만약 조직의 결정에 타당하지 못한 부분이 있다고 생각되면 조직의 절차에 따라 의견과 건의를 제출할 수 있으나 조직이 결정을 변경하기 전에는 반드시 추호의 보류도 없이 집행해야 하며 어떤 이유를 막론하고 조직 결정의 집행을 방해하거나 지연시켜서는 안 된다. 모든 당원 및 간부는 당령(党龄)의 길고 짧음과 직무의 높고 낮음을 막론하고 반드시 당 조직의 교육과 감독을 접수해야 한다. 당령이 길수록, 직무가 높을수록, 실적이 클수록 겸허하고 신중하고 교만과 조급함을 경계해야지 공로를 빌미로 교만해서는 안되며 업적과 기여를 조직과 흥정하는 자본으로 삼아서는 더욱 안 된다."[53]고 지적했다. 마지막으로, 시진핑 총서기는, "당의 규칙에 대해 당 조직과 당원 및 간부는 반드시 당의 규칙을 따르고 집행해야지 이를 특수화, 예외화해서는 안 된다."[54]고 지적했다.

(나) 조직의 기율성을 강화하려면 반드시 당성을 증강해야

당성은 정당 고유의 본성이자 계급성이 가장 높고 집중된 표현이다. 당성은 또한 선명한 시대적 특징을 갖고 있으며 수많은 공산당원이 당의

52 시진핑: 「당 정치기율을 엄명히 하고 조직기율을 증강해야」, 『18대 이후 중요문헌선집』(상), 중앙문헌출판사, 2014, 768~769면.

53 같은 책, 769면.

54 같은 책, 770면.

시기별 임무를 완성하기 위해 분투하고 헌신하며 개척하고 진취적으로 실천하며 이룩한 승화된 결과다. 시진핑 총서기는, "당성은 결국 입장과 관련된 이슈다. 공산당원이 사고하고 연구하던, 정책결정을 하거나 업무를 추진하던 반드시 당과 인민의 입장에 서고 개인의 이익을 첫 자리에 놓아서는 안 된다. 이는 공산당원의 당성 원칙이다."[55]라고 지적했다

조직 기율성을 강화하려면 반드시 당성을 증강해야 한다. 시진핑 총서기는, "입체식, 전방위적 제도체계를 적극 건립하고 건전히 해야 한다"[56], "조직 기율성은 당성 수양의 중요한 내용이다"[57]라고 지적했다. 당성 수양과 관련하여 시진핑 총서기는, 우선 공산당원, 특히 영도간부는 넓은 흉금에 큰 뜻을 품고 시종일관 당과 인민, 그리고 국가를 생각하며 자발적으로 당성원칙을 견지해야 한다고 지적했다. 또한, "당성원칙을 견지하면 개인이 조직에 군림하거나 혹은 조직과 괴리되지 않게 해 준다. 당의 조직 기율을 준수하고 조직에 보고하며 조직의 의견을 들으면 많은 문제가 발생하지 않는다. 사람은 자신이 모든 것을 갖추었고 모든 것이 잘 풀린다고 생각하는 시점에 가장 쉽게 잘못을 저지른다. 마음먹은 대로 된다는 것은 하고 싶은 대로 행하는 것을 초래하고, 하고 싶은 대로 행하면 규칙을 범하지 않을 수가 없다. 달은 차면 기울고 물은 차면 넘친다. 한 사람이 어떠한 고위 간부가 되던 조직 기율성이 있어야 하고 직위가 높을수록 조직 기율

---

55 시진핑: 「당 정치기율을 엄명히 하고 조직기율을 증강해야」, 『18대 이후 중요문헌선집』 (상), 중앙문헌출판사, 2014, 766면.

56 시진핑: 「근검절약을 실행하고 허례허식과 낭비를 반대하자(歷行勤儉節約, 反對鋪張浪費)」, 『시진핑 국정운영을 논하다』, 외문출판사, 2014, 364면.

57 시진핑: 「당 정치기율을 엄명히 하고 조직기율을 증강해야」, 『18대 이후 중요문헌선집』 (상), 중앙문헌출판사, 2014, 766면

성도 더욱 높아야 하며 나쁜 일이 경미할 때 더 이상 커지지 못하게 방지해야 문제가 발생하지 않는다."[58]고 지적했다.

다음, 엄격한 당내 생활 속에서 당성을 단련해야 한다. 시진핑 총서기는, "사실이 표명하듯, 당내 생활이 한치 느슨하면 당원대오는 한자 해이해 진다. 당원 및 간부는 엄격한 당내 생활 속에서 반복적 단련을 해야만 굳건한 당성으로 오래 담금질한 강철이 될 수 있다. 비판과 자기비판을 '자신을 지키고 병을 치료'하는 유력한 무기로 삼고 적극적이고 건강한 사상투쟁을 통해 부단히 각 당원 및 간부의 사상과 영혼을 정화해야 한다. 당내 생활의 정치성과 원칙성, 그리고 전투성을 부단히 증강하고 당내 생활의 저속화를 결연히 반대하며 당내 생활의 자유주의와 호인주의를 결연히 반대하여 당원 및 간부가 당내 생활 속에서 매번 깨달음과 얻은 바가 있어야 한다."[59]고 지적했다. 당 18기 6중전회에서 심의 통과된, 『신 형세 하의 당내 정치생활에 관한 약간의 준칙』은 12개 방면에서 당내 정치생활을 강화하고 규범화 하는 것에 대한 명확한 요구를 제출하고 구체적 규정을 만들었다. 이는 모든 당원간부가 당성을 수련하는 근본적 준수 사항이다.

마지막으로, '4가지 복종'(당원 개인은 당 조직에 복종, 소수는 다수에 복종, 하급조직은 상급조직에 복종, 당 전체의 각 조직과 전체 당원은 전국대표대회와 중앙위원회에 복종)을 견지하는 과정에서 당성을 체현해야 한다. 당장으로 규정한 '4가지 복종'은 당의 가장 기본적 조직원칙이자 조직기율이다. 조직을 신

58 시진핑: 「당 정치기율을 엄명히 하고 조직기율을 증강해야」, 『18대 이후 중요문헌선집』(상), 중앙문헌출판사, 2014, 766면.

59 중공중앙기율검사위원회, 중공중앙문헌연구실 편찬: 『당의 기율과 규칙을 엄명히 할 데 대한 시진핑의 논술 발췌』, 중앙문헌출판사, 중국방정출판사, 2016, 45면.

뢰한다는 것은 당내 오랜 동지들의 가장 귀중한 품격으로, 그들은 조직신뢰와 조직복종을 목숨처럼 여기는데 이는 또한 그들의 당성을 가장 집중적으로 표현한 것이다. 시진핑 총서기는, "당원 전체는 당적 의식을 강화하고 시종일관 당을 마음속의 가장 높은 위치에 놓아 자신의 첫 번째 신분이 공산당원이고 첫 번째 직책이 당을 위해 일하는 것이며 조직에 충성하고 어떤 시점에서도 당과 한 마음 한 뜻이 될 것임을 명심해야 한다. 당 전체는 조직의식을 강화하고 시시각각 자신이 당의 사람과 조직의 일원임을 생각하며 자신의 의무와 책임을 다해야 한다는 것을 잊어서는 안되고 조직을 신뢰하고 조직에 의지하며 조직에 복종하여 자발적으로 조직배치와 기율구속을 접수하며 당의 단결과 통일을 수호해야 한다."[60]고 지적했다.

(다) 보고제도는 당의 중요한 제도 중 하나

보고제도는 당의 중요한 제도 중 하나로 당의 민주집중제를 집행하는 효과적 업무기제이자 조직기율의 중요한 방면 중 하나다. 1948년 9월, 당중앙은 시바아포(西柏坡)에서 정치국 확대회의를 소집하였는데 보고제도의 건립을 주요 의제로 다루었다. 본 제도의 건립과 집행은 당의 기풍과 기율건설을 힘껏 추진했고 정령 및 군령의 창달을 보증하여 해방전쟁의 승리를 위한 중요한 보장으로 되었다. 시진핑 총서기는, "우리 당과 같은 거대 정당과 수 많은 조직 및 당원을 보유하고 있는 정당에서 만약 모두가 제멋대로 자신의 주장만 내세우고 하고 싶은 것은 하고, 하고 싶지 않은 것

60 시진핑: 「당 정치기율을 엄명히 하고 조직기율을 증강해야」, 『18대 이후 중요문헌선집』(상), 중앙문헌출판사, 2014, 766~767면.

을 하지 않는다면 깨질 수 밖에 없다."[61]고 지적했다.

간부, 특히 영도간부로서 중대한 문제와 중요 사안에 관련되면 규정에 따라 조직에 지시요청 보고를 해야 하는데 이는 반드시 준수해야 할 규칙이자 그 간부의 합격 여부를 점검하는 시금석이기도 하다. 시진핑 총서기는, "만약 이것조차 할 수 없다면 어찌 합격의 영도간부라 할 수 있겠는가? 영도간부는 조직관념과 절차관념이 있어야 하고 지시요청할 것은 반드시 지시요청하며 보고해야 할 것은 반드시 보고해야지 자기 식으로 하거나 쉬쉬하고 심지어 숨기고 보고하지 않는 행위는 절대 안 된다. 지시요청보고는 작은 일이 아니기 때문에 대수롭지 않게 여겨서는 안되는데 최근 몇 년 동안 일부 간부들에게 발생한 문제가 바로 이와 관련된 것들이었다. 지시요청보고를 해야 하나 하지 않았거나 사실대로 지시요청보고를 하지 않은 것은 기율을 위반한 것으로 엄히 처리하고 사안이 심각한 경우에는 영도간부를 맡을 수 없다."[62]고 말했다.

현재 보고제도 방면에는 적지 않은 문제점이 존재한다. 일부 간부는 조직이 안중에 없고 뭘 하고 있고 사람은 어디로 갔는지 조차 조직이 모르고 있다. 이에 대해 시진핑 총서기는, '진흙으로 만든 소가 바다로 들어간 것처럼 소식이 없다', '뭇사람들 속에서 천백번을 찾으며 많은 우여곡절을 겪었다'는 등으로 이를 형상적으로 비유하였다. 시진핑 총서기는, 공자께서는 '유필유방(遊必有方)'라고 말했다고 하면서 영도간부, 특히 고위급 간

---

61 시진핑: 「당 정치기율을 엄명히 하고 조직기율을 증강해야」, 『18대 이후 중요문헌선집』(상), 중앙문헌출판사, 2014, 767면.

62 시진핑: 「당 정치기율을 엄명히 하고 조직기율을 증강해야」, 『18대 이후 중요문헌선집』(상), 중앙문헌출판사, 2014, 767~768면.

부는 반드시 이 점을 지켜야 한다고 강조했다. 만약 이것조차 할 수 없다면 문제가 될 수 밖에 없다. 말하자면 이는 문제를 일으키는 전조다. 시진핑 총서기는 일부 간부가 조직기율을 무시하는 행위를 너무나 잘 알고 있었고 다음과 같이 언급했다. 일부 영도간부는 신통방통하여 여러 개의 신분증을 만들었는가 하면 규칙을 어기고 개인 비자를 만들고 심지어 외국의 그린카드까지 갖고 있으며 일부는 홍콩 및 마카오 통행증도 몇 개 갖고 있다. 일부는 부인과 자녀를 모두 외국으로 보냈고 조직에는 보고조차 하지 않으면서 조직이 안중에도 없다! 이에 대해 시진핑은 총서기는, "천마가 하늘을 날아 다니는것처럼 마음대로 행동하는 간부는 언제인가 문제를 일으킨다."[63]고 경고했다. 또한 일부 개인이 중대사안에 대해 상황을 숨기고 보고하지 않는 것과 관련하여, "규칙을 모를 수도 있고 남에 얘기할 수 없는 은밀한 사정이 있을 수도 있다."[64]고 분석했다. 이와 같은 문제는 모두 조사하고 색출하여 처리하며 한번은 봐주는 식이 되어서는 안 된다.

보고제도에 존재하는 문제의 엄중함을 감안하여 시진핑 총서기는 영도간부의 개인사안 보고 제도를 수립하여 엄격히 집행할 것을 제기했다. 시진핑은, "영도간부 개인의사안 보고제도는 보고제도의 중요한 구성부분으로 일정 비율 가운데 추출 검사하고 만약 기입한 것과 실제상황이 다를 경우 그 원인을 명확히 설명해야지 당 조직을 속여서는 안 된다. 성·부급 간부가 이혼 혹은 재혼 시 보고를 해야 하는지? 주변에 중대 문제가 생

---

63 시진핑: 「당 정치기율을 엄명히 하고 조직기율을 증강해야」, 『18대 이후 중요문헌선집』(상), 중앙문헌출판사, 2014, 768면.

64 중공중앙기율검사위원회, 중공중앙문헌연구실 편찬: 『당의 기율과 규칙을 엄명히 할 데 대한 시진핑의 논술 발췌』, 중앙문헌출판사, 중국방정출판사, 2016, 47면.

졌을 때 보고해야 하는지? 이는 당연히 보고해야 한다. 즉시 보고하여 무슨 일이 발생했고 원인이 무엇인지를 보고해야 한다. 아무 보고도 없다가 갑자기 인터넷에서 터졌는데 우리는 진실 여부를 알 수 없어 급기야 확인하고 있다면 이미 늦은 것이다. 보고하지 않은 것만 알아서는 안되고 무엇 때문에 보고하지 않았는지도 알아야 하며 사안이 일정 수위에 이르렀다면 기율위원회를 파견하여 상황을 파악해야 한다."[65]고 지적했다.

65 시진핑: 「당 정치기율을 엄명히 하고 조직기율을 증강해야」, 『18대 이후 중요문헌선집』(상), 중앙문헌출판사, 2014, 768면.

제8장

제도건설을 당 건설에 시종일관 관통시켜야

시진핑 총서기는 종엄치당(從嚴治黨)에서 '제도적 치당(治黨)'을 더욱 강조하고 제도건설과 관련된 중요 논술을 다수 발표했다. 시진핑 총서기는 "권력을 제도의 울타리 속에 가두고", "제도는 체계성과 편리성을 추구"하여 제도로 하여금 진정으로 강한 구속이 되어 "제도의 엄숙성과 권위성을 확고히 수호"하며 권력운행에 대한 제약과 감독을 강화하고 권력을 제도의 울타리 속에 가두어 부패를 감히 저지르지 못하는 징계기제와 부패를 할 수 없는 방법기제, 그리고 쉽게 부패할 없는 보장기제 등을 형성해야 한다고 강조했다. 이는 제도건설의 이념이 백성을 위하고 관리를 다스리기 위한 제도로 전환되고 있음을 상징한다.

1. 사상적 당 건설과 제도적 치당의 긴밀한 결합을 견지해야

시진핑 총서기는, 새로운 형세 하의 종엄치당은 사상적 당 건설과 제도적 치당을 긴밀히 결합하는 것을 견지하여 제도적 치당을 강화하는 과정이 사상적 당 건설을 강화하는 과정으로 되게 하고, 사상적 당 건설 과정이 당의 제도적 치당 과정이 되도록 해야 한다고 말했다. 종엄치당은 "사상적 당 건설과 제도적 치당을 긴밀히 결합하는 것을 굳건히 견지해야 한다. 종엄치당은 교육은 물론 제도에도 의지해야 한다. 양자 중에서 하나는 유연하고 다른 하나는 단단한 것인데 이를 같은 방향으로 동시에 힘을 주어야 한다."[1]고 지적했다. 해당 논술은 사상적 당 건설과 제도적 치당의 변증법적 관계를 과학적으로 천명하고 있는데 이는 새로운 형세 속에서 종엄치당의 내재적 규율을 심도있게 게시하여 당 건설의 과학화 수준 제고와 당 건설의 새로운 위대한 공정을 완성함에 있어 중요한 의의가 된다.

(가) 사상적 당 건설은 전제

사상건설 중시는 중국공산당의 특색이자 우세이고 중국공산당이 기타 정당과 구별되는 근본 특징이다. 혁명과 건설, 그리고 개혁의 역사적 시기별로 무수한 공산당원이 당과 인민의 사업을 위해 사심없이 공헌하고 용감하게 희생했는데. 그들을 지탱한 것은 하늘보다 높은 이상의 정신적 역량이었다. 중국공산당은 탄생 때부터 마르크스주의를 자신의 깃발에 적었고 공산주의 확립 실현을 최고의 이상으로 간주했다. 사상적 당 건설을 견지해야만 우리 당은 마르크스주의라는 강력한 사상무기를 장악할 수 있어 당내에 존재하는 각종 비 무산계급 사상을 효과적으로 극복할 수 있었다. 이는 시진핑 총서기가 마르크스 탄생 200주년 기념 대회에서 지적한 것 처럼, "중국공산당이 수많은 난관을 겪으면서도 부단히 발전하고 장대할 수 있었던 아주 중요한 원인 중의 하나가 바로 우리 당이 시종일관 사

---

1 시진핑(習近平): 「당의 대중노선 교육실천 활동 총결대회에서 한 연설(在黨的群衆路線教育實踐活動總結大會上的講話)」, 『18대 이후 중요문헌선집(十八大以來重要文獻選編)』(중), 중앙문헌출판사, 2016, 94면.

상적인 당 건설과 이론적 당 강화를 중시하여 당 전체가 통일된 사상과 확고한 의지, 그리고 협조적 행동과 강력한 전투력을 유지한 것이다."[2]

사상건설의 최고 핵심 문제는 이상과 신념 문제다. 시진핑 총서기는, "이상과 신념을 굳건히 하고 공산당원의 정신적 추구를 고수하는 것은 공산당원이 안신입명하는 근본이다. 마르크스주의 신앙과 사회주의 및 공산주의 신념은 공산당원의 정치적 영혼이자 공산당원이 어떠한 시련도 이겨낼 수 있는 정신적 지주다."[3]고 지적했다. 그러므로 공산당원, 특히 당원 영도간부는 공산주의의 원대한 이상과 중국 특색 사회주의 공동이상의 굳건한 신앙자와 충실한 실천자가 되어야 한다. 현실 속에서 당원간부가 부패하고 타락하는 근본 원인은 바로 이상과 신념에 문제가 생겼기 때문이다. 사실이 표명하듯, 이상과 신념의 동요는 가장 위험한 동요이고, 이상과 신념의 내리막 길은 가장 위험한 내리막 길이다. 사상적 당 건설 강화는 주로 이론무장과 사상교육을 통해 당원이 단지 조직에 입당만 하는 것이 아니라 사상적 입당도 이루어져 당의 선진성과 순결성을 영원히 간직하도록 하는 것이다.

공산당원이 정신적 '칼슘'을 보충하는 것은 사상적 단단함을 실현하기 위한 우선적 임무다. 시진핑 총서기는, "이상과 신념을 확고히 하고 공산당원의 정신 추구를 고수하는 것은 시종일관 공산당원이 안신입명하는

---

2 시진핑: 「마르크스 탄신 200주년 기념대회에서 한 연설(在紀念馬克思誕辰200周年大會上的講話)」, 『인민일보』, 2018년 5월 5일, 제2면.

3 시진핑: 「중국 특색 사회주의를 견지하고 발전시키는 것을 중심으로 당의 18대 정신을 학습선전하고 관철하자—18기 중공중앙정치국 제1차 집체학습에서 한 연설(緊緊圍繞堅持和發展中國特色社會主義 學習宣傳貫徹黨的十八大精神—在十八屆中共中央政治局第一次集體學習時的講話)」, 『18대 이후 중요문헌선집』(상), 중앙문헌출판사, 2014, 80면.

근본이다. 마르크스주의 신앙과 사회주의 및 공산주의 신념은 공산당원의 정치적 영혼이자 공산당원이 모든 시련을 이겨낼 수 있는 정신적 지주다."[4]라고 명확히 지적했다. 이상과 신념은 공산당원의 정신적 '칼슘'으로 이상과 신념이 확고하면 기골이 강해지고 이상과 신념이 없거나 확고하지 못하면 정신적 '칼슘 결핍'으로 '골연화증'에 걸리게 된다. '칼슘 보충'은 광범위한 당원간부에 대해 마르크스-레닌주의와 마오쩌둥사상, 그리고 중국 특색 사회주의 이론 체계에 대한 학습교육을 강화하여 과학적 이론으로 두뇌를 무장하고 정확한 이상과 신념을 굳건히 할 것을 요구하는 것이다. 시진핑 총서기는, "영도간부, 특히 고위급 간부는 마르크스주의 기본이론을 체계적으로 장악하는 것을 비장의 무기로 삼아 마르크스-레닌주의와 마오쩌둥사상, 특히 덩샤오핑 이론과 '3개 대표' 중요사상, 그리고 과학적 발전관을 착실하게 처음부터 끝까지 학습해야 한다."[5]고 재삼 강조했다. 즉, 당원간부가 자발적으로 마르크스-레닌주의와 마오쩌둥사상, 그리고 중국 특색 사회주의 이론으로 사상을 무장하고 부단히 자신의 당성 자각을 증강시키며 사상적으로 당중앙과 일치하여 시종일관 공산주의를 위해 분투하는 신앙을 확고히 견지하며 중국 특색 사회주의의 길을 따라 동요없이 전진할 것을 요구한 것이다.

교육과 학습 강화는 '칼슘 보충'의 중요한 수단이다. 우리 당은 전체

---

4 시진핑: 「중국 특색 사회주의를 견지하고 발전시키는 것을 중심으로 당의 18대 정신을 학습선전하고 관철하자—18기 중공중앙정치국 제1차 집체학습에서 한 연설(緊緊圍繞堅持和發展中國特色社會主義 學習宣傳貫徹黨的十八大精神—在十八屆中共中央政治局第一次集體學習時的講話)」, 『18대 이후 중요문헌선집』(상), 중앙문헌출판사, 2014, 80면.

5 시진핑: 「사상 선전 업무를 더 잘해야(把宣傳思想工作做得更好)」, 『시진핑 국정운영을 논하다(習近平談治國理政)』, 외문출판사, 2014, 153~154면.

당, 특히 영도간부의 학습을 중시해 왔는데 이는 당과 인민 사업 발전을 추진해온 하나의 성공적 경험이다. 금강불괴지신(金剛不壞之身)을 단련하려면 반드시 과학적 이론으로 사상을 무장하고 부단히 우리의 정신 정원을 가꾸며 끊임없는 학습으로 이상과 신념의 뿌리를 튼튼히 다져야 한다. 우선, 마르크스주의 이론을 진지하게 학습해야 하는데 이는 우리가 일체의 업무를 수행하기 위한 비장의 무기로 영도간부가 반드시 장악해야 하는 업무 승리의 비장의 무기다. 다음, 당의 노선·방침·정책과 국가의 법률법규를 학습해야 하는데 이는 영도간부가 업무를 전개하기 위한 기본적 준비이자 아주 중요한 정치적 소양이다. 그 다음, 각급 영도간부는 당과 나라의 역사를 학습하며 이해하고 그로 하여 나라를 더욱 사랑해야 한다. 이는 당의 정황과 국정을 정확히 인식하는 데 아주 필요하고 미래를 개척하는 데 매우 필요한데, 이는 역사가 가장 좋은 교과서이기 때문이다. 마지막으로, 업무의 필요성과 결합하여 학습하며 부단히 자신의 지식과 전문성 수준을 제고해야 한다.

(나) 제도적 치당은 보증

제도에 의지하여 당을 관리하고 다스리는 것(치당, 治黨)은 우리 당이 자체 건설을 강화하는 우량 전통이다. 90여년의 당 건설 실천 과정에서 우리의 당은 당장을 근본으로, 민주집중제를 핵심으로 한 당의 제도체계를 부단히 건립 및 개선하며 당 건설과 당 사업 추진을 위한 유력한 제도적 보장을 제공했다. 개혁개방 이후, 당 제도건설은 패스트 트랙에 들어섰고 사상적 당 건설의 성과는 부단히 제도로 응축되어 고착되었으며 사상적 당 건설의 심화와 지속성 또한 제도에 의지하여 보장되고 수호되었다. 18

차 당대회 이후 당의 제도건설은 빠르게 추진되었고 당 건설의 법치화 수준도 부단히 제고되었다. 제도적 치당 강화는 이미 당을 다스리는 방식에 대한 혁신의 중요한 작용점이 되었다.

제도는 근본성과 전체 국면성, 그리고 안정성과 장기성의 속성을 갖고 있다. 시진핑 총서기는 중공중앙정치국 24차 집체 학습에서, "법규제도는 근본성, 전체 국면성, 안정성, 장기성을 갖고 있다. 전면적 심화 개혁과 전면적 의법치국의 요구를 관철하고 반부패 청렴제창 관련 법규제도의 건설에 보다 더 큰 힘을 들여야 한다."[6]고 지적했다. 당의 집정수준이 어떠한 지, 집정의 리더십과 영향력, 그리고 통제는 어떠한 지 여부는 주로 당의 분야별 건설에 대한 조율, 특히 제도건설에 의지하여 유지 및 제고된다. 과학적이고 강력한 구속력을 갖춘 제도 수립은 당 건설 과정에서 정확한 조치를 취해 제도 건설 중에 존재하는 돌출된 문제를 해결하고 근본적, 전체 국면적, 안정적, 장기적인 제도를 건설하며 부단히 제도건설의 과학화 수준과 민주화, 그리고 법치화 수준의 제고를 요구한다. 당의 제도건설은 당과 국가제도, 그리고 체제의 각 방면에 관련되어 반드시 강력하고도 강한 구속력을 갖춘 제도체계를 건립하고 부단히 당의 제도 개혁을 추진해야 한다. 당 건설 중의 제도건설과 개혁의 효과와 진척이 어떠한 지를 막론하고 작금의 전면적 심화 개혁이라는 총목표 실현과 직접적으로 관계된다. 당의 제도건설은 당과 국가 전체의 영도체제와 영도제도와 관련되어 반드시 강력한 제도체계를 건립해야 하며 부단히 당의 제도개혁을 추진하

6 중공중앙문헌연구실 편찬: 『시진핑의 '4가지 전면적' 전략배치를 조화롭게 추진할 데 대한 논술 발췌(習近平關於協調推進"四個全面"戰略布局論述摘編)』, 중앙문헌출판사, 2015, 150면.

고 제도건설과 개혁방향을 장악하여 당의 영도에 대한 강화 및 개선과 당의 집정능력 제고, 그리고 당의 집정지위 공고화에 이롭게 해야 한다.

당의 제도건설은 당 사상건설의 근본적 보장으로 당 전체의 사상을 고도로 통일하려면 당 제도의 규범 및 제약 하에서만 실현할 수 있다. 당내 제도가 건전할 수록 조직 또한 더욱 건전하다. 일정한 조건 하에서 제도는 조직의 보호 역량이다. 더욱 중요한 것은 제도의 건전함은 조직에 생기와 활력을 불러온다. 18차 당대회 이후, 당중앙은 당의 제도건설을 고도로 중시했고 전면적 제도개혁을 견지하며 일련의 중요한 배치와 중요한 당내 제도법규를 차례로 출범시켜 반포하고 대중의 보편적 관심 사안에 대해 적극 피드백하며 제도의 엄숙성과 권위성을 수호하고 제도의 집행력을 제고하였다.

(다) 사상적 당 건설과 제도적 치당을 함께 견지하며 같은 방향으로 힘을 써야

시진핑 총서기는, "제도적 치당 과정의 강화를 사상적 당 건설 강화가 되도록 하고, 사상적 당 건설 강화 과정을 제도적 치당 강화 과정으로도 되게 해야 한다."[7]고 지적했다. 이 중요한 논술은 사상적 당 건설과 제도적 치당의 변증법적 관계를 과학적으로 천명했고 새로운 형세에 따른 종엄치당의 중요한 규율을 심층적으로 제시했으며 당을 건설하고 다스리는 목표와 방향을 분명히 하여 우리 당의 마르크스주의 집정당 건설규율에 대한

7 시진핑: 「당의 대중노선 교육실천 활동 총결대회에서 한 연설」, 『18대 이후 중요문헌선집』(중), 중앙문헌출판사, 2016, 95면.

인식을 깊게 하고 당 건설이론의 선진성과 시대성을 유지하며 발전시키기 위한 새로운 활력소를 주입했으며 마르크스주의 집정당 건설이론과 치당 방식에 대한 중요한 혁신을 명시하여 강한 현실성과 타깃성, 그리고 장기성의 지도적 의의를 갖고 있다.

당 건설 업무 중에 상호 연관성이 없이 따로 논다는 '양장피'(两张皮: Two skin phenomenon) 문제가 확실히 존재한다는 것과 관련하여 반드시 사상적 당 건설의 제도화와 제도적 치당의 사상화 강화를 동시에 병행해야 한다. 현재 당 내에 존재하는 당의 사상적 건설과 제도적 건설에 대해 어느 정도의 경시와 심지어 소홀히 하는 현상이 있는데 이는 전면적 종엄치당이 함축하고 있는 높은 기준과 엄격한 요구와 상호 엄중히 괴리된다. 이에 시진핑 총서기는, "사상적으로 조금 태만해지면 행동에서는 많이 느슨해진다. 사상인식 문제가 일시적 해결을 보았다 하여 영원히 해결되었다고 보면 안된다. 마치 방을 자주 청소해야 하는 것처럼 사상의 먼지도 자주 닦아내야 하고 자주 거울을 비추고 의관을 수시로 바로 잡는 가운데 먼지가 있으면 씻어 내고 병이 생기면 치료해야 한다."[8]고 지적했다. 이처럼 사상적 당 건설과 제도적 치당을 긴밀히 결합하는 이같이 중요한 사상은 우리 당이 세정(世情)과 국정, 그리고 당정을 과학적으로 파악하는 시대적 배경 하에, 부단히 자체 건설의 과학화 수준을 제고하는 위대한 실천 과정에서 당 건설 규율에 대해 진행하는 이론적 탐색이자 새로운 형세 하의 당 건설 속에 존재하는 돌출된 문제와 관련하여 내린 중대 조치로, 우리 당의 종엄

8 시진핑: 「당의 대중노선 교육실천 활동 총결대회에서 한 연설」, 『18대 이후 중요문헌선집』(중), 중앙문헌출판사, 2016, 95면.

치당 규율에 대한 인식이 새로운 고도에 이르렀음을 명시하는 것이다.

사상적 당 건설과 제도적 치당은 상호 조건이 되며 양호하게 호응한다. 사상적 당 건설이 해결하는 것은 당원의 이성적 인식과 이상 및 신념, 그리고 가치추구 등이고 제도적 치당이 해결하는 것은 당원의 행위규범과 감독추궁 등이다. 사상적 당 건설은 설복 교육 등의 방식에 많이 의지하여 광범위한 당원의 정치적 자각을 제고하여 자율적 역할을 발휘하게 하는 것이고 제도적 치당은 강제적 수단을 많이 취해 당원의 행위를 규범화하여 타율적 역할을 발휘하도록 하는 것인데 양자는 긴밀히 결합되고 강함과 유연함이 병행하는 관계다. 사상적 당 건설과 제도적 치당이 긴밀하게 결합될 수 있는 근원은 양자가 종엄치당이란 동일한 방향 목표에서 통일되고, 종엄치당의 체계적 공정에서 양자가 변증법적 통일의 관계이기 때문이다. 요컨대 "사상적 당 건설은 제도적 치당의 전제이자 기초로 제도 건설의 성격과 방향에 영향을 주고 규정하여 사상과 교육이 선행되어야만 제도적 치당을 위한 기반을 다질 수 있다. 제도적 치당은 사상적 당 건설의 유력한 보장으로 사상적 당 건설의 경험과 성과는 오직 제도에 의해 공고히 하고 확장해야만 착근과 안정된 발전이 가능하다. 결국, 사상적 당 건설과 제도적 치당의 목적은 모두 당 전체가 사상을 통일하고 일치된 보조로 당의 사명과 임무를 완성하는 것이다."[9] 사상적 당 건설을 떠난 제도적 치당은 기초와 방향을 잃어버리고, 제도적 치당을 떠난 사상적 당 건설은 보장을 잃어 효과를 보기 힘들다. 오직 사상적 당 건설과 제도적 치당을 긴밀

---

9 중공중앙 조직부 당건설 연구소, 「사상으로 당을 건설하고 제도로 당을 관리하는 것을 긴밀히 결합하는 것을 견지(堅持思想建黨和制度治黨緊密結合)」, 『인민일보』, 2016년 6월 28일, 제6면.

히 결합해야만 전면적 종엄치당의 구체적 규율을 준수할 수 있고 당 건설과 치당의 종합효과를 발휘할 수 있어 진정으로 전면적 종엄치당의 체계적 공정을 추진할 수 있다.

사상적 당 건설과 제도적 치당의 결합은 신시대 당 건설 업무를 위한 신동력을 주입했다. 과연 당 건설 업무를 어떻게 추진하여 효과를 볼 것인가 하는 것은 각급 당 조직을 장기적으로 괴롭히는 문제가 될 것이다. 사상적 당 건설과 제도적 치당을 상호 결합하는 것에 관한 시진핑 총서기의 중요 논술은 신시대 당 건설 업무에 대한 방향을 제시하고 신동력을 주입하였다. 사상적 당 건설을 통해 광범위한 당원간부가 정치사상의 자각을 제고하고 이상과 신념을 확고히 하며 당성수양을 높이고 도덕양성을 강화하여 한결같이 중화민족의 위대한 부흥 중국몽을 실현하기 위한 분투의 자각성을 강화했다. 제도적 치당을 통해 당 활동의 제도화, 규범화, 절차화를 실현하여 당원 영도간부의 권력사용을 규범화하고 광범위한 당원이 당장 규정의 의무와 권리를 정확히 이행하도록 했다. 신시대의 형세 변화가 맹렬한 가운데 당 건설 업무는 복잡하게 이루어지고 있다. 가장 짧은 시간 내에 가장 좋은 성과를 도출하기 위한 관건은 효과적 방법을 채택하는 것이다. 사상적 당 건설과 제도적 치당의 상호 결합은 엄할 '엄(嚴)' 자를 돋보이게 하여 신시대 당 건설 업무를 위한 새로운 사고와 방법을 제공했다.

사상적 당 건설과 제도적 치당을 같은 방향으로 동시에 힘을 쓰는 기본원칙을 견지해야 한다. 시진핑 총서기는, 종엄치당은 "사상적 당 건설과 제도적 치당을 긴밀히 결합해야 한다. 종엄치당은 교육뿐만 아니라 제도에도 의지해야 하는데 하나는 유연하고 다른 하나는 강하다. 두가지를 같은 방향으로 동시에 힘을 쓰도록 하는 것이 필요하다."[10]고 지적했다. 사상적 당 건설과 제도적 치당의 긴밀한 결합은 반드시 이 같이 강하고 유연한 것을 치당의 두 가지 수단과 두개의 날개로 삼아 동일 방향으로 동시에 힘을 발휘하여 사상적 당 건설과 제도적 치당의 총체적 힘을 형성하며 사상적 당 건설과 제도적 치당이 상호 보완하고 상부상조하며 상호 시너지 효과를 낼 수 있는 공생적 태세를 구축해야 한다. 첫째, 사상적 당 건설과 제도적 치당을 한 방향으로 동시에 힘을 쓰는 것을 견지해야 한다. 같은 방향의 동시 추진은 종엄치당의 공동목표에 착안하여 당의 자기정화와 자기개선, 그리고 자기혁신과 자기향상 능력을 적극 강화하고 당의 리더십과 집정능력을 제고하며 당의 선진성과 순결성을 유지하고 발전시킨다. 엄한 교육, 기준, 기율집행, 처벌, 제도에 착안한 공동 요구를 견지하고 당원간부 자질의 제고와 당 건설의 각종 배치 등을 관철하고 실행해야 한다. 당이 시종일관 중국 특색 사회주의 사업의 굳건한 영도핵심이 되는 것을 확보하는 것에 착안한 총체적 임무를 견지하며 양자는 당 건설의 총체적 임무를 긴밀히 둘러싸고 구체적으로 진행해야 한다. 둘째, 사상적 당 건설과 제도적 치당의 동시적 역량 발휘를 견지해야 한다. 동시 추진에 있어, 사상적 당 건설과 제도적 치당의 동시적 계획과 총체적 배치, 그리고 일체화 실시를 견지하고 정확한 결합점과 착안점을 찾아 동일 주파의 공진을 일으켜 시너지 효과를 거두어야 한다. 사상적 당 건설과 제도적 치당 조치의 상호 연결을 견지하여 제도규정과 사상교육을 결합하여 시행함과 동시에 제도

---

10 시진핑: 「당의 대중노선 교육실천 활동 총결대회에서 한 연설」, 『18대 이후 중요문헌선집』(중), 중앙문헌출판사, 2016, 94면.

적 치당과 사상적 당 건설의 목표취향과 가치추구를 통일시켜야 한다. 사상적 당 건설과 제도적 치당 조치의 상호 촉진을 견지하여 사상교육의 성공 노하우를 즉시 제도로 승화하여 고착시키고, 제도의 시행을 광범위한 공감대와 고도의 자각의식 기반 위에 건립해야 한다.

(라) 당 건설에서 제도개혁이 관건

전면적 심화 개혁의 성공 여부는 당과 사람에게 있다. 당 건설의 제도개혁은 전면적 심화 개혁의 중요한 내용일뿐더러 전면적 심화 개혁이 성공을 거둘 수 있는 중요한 보증으로 당이 종엄치당의 조건 하에 제도로 당과 간부, 그리고 권력을 다스리는 관건적 일환이다. 18차 당대회 이후, 시진핑을 핵심으로 한 당중앙은 당을 엄격히 관리하고 다스리는 것을 견지하고 당 건설의 제도개혁을 전면적 심화 개혁의 중요한 내용 및 보증으로 삼아 경제체제, 정치체제, 문화체제, 사회체제, 생태문명체제의 개혁과 함께 배치하고 추진하여 당 건설은 부단히 새로운 국면을 창조했다.

당 18기 3중전회 이후, 중앙의 전면심화개혁영도소조의 배치와 요구에 따라 당건설제도개혁특별소조는 계획 강화와 치밀한 조직으로 개혁을 손에 틀어쥐고 당 건설의 중점과 문제점을 해결하는 데 진력하며 개혁을 확실하게 추진했다. 2014년 1월 22일, 시진핑 총서기는 중앙의 전면심화개혁영도소조 1차 회의를 소집하고 전면적 심화 개혁은 "중점과 표면상의 문제를 모두 잘 틀어잡고 현재와 장기적 측면도 모두 살펴야 한다", "서둘러 시공 방안을 내고 방안에 따라 각종 개혁조치가 시행되도록 추진해야 한다"[11]고 요구하며 개혁시행방안 제정에 대한 임무를 명확히 제출했다. 당의 18기 3중전회가 제기한 당 건설 제도개혁에 대한 중요 조치를 실행하기 위해 시진핑을 핵심으로 한 당중앙의 영도 하에 당 건설의 제도개혁특별소조는 임무분담 방안 등을 제정했다. 특별소조가 제정하고 중앙의 심의를 거쳐 통과된 『당 건설의 제도개혁 심화 실시 방안』은 향후 수년간 당 건설의 제도개혁의 로드맵과 시간표를 보다 명확히 한 것으로 당 건설의 제도개혁 심화를 위한 기본 준거를 제공했다. 『당 건설의 제도개혁 심화 실시 방안』은 18차 당대회와 당 18기 3중전회의 전면적 심화 개혁에 관한 총체적 배치와 전면적 계획을 관철하고 시행하는 것으로 당 건설의 제도개혁에 대한 중요한 조치다. 그 주요한 목적은 전면적 심화 개혁의 총체적 목표 하에 당 건설의 제도개혁 영역에서 무엇을, 어떻게 개혁하고 어떤 성과를 거둘지에 대한 문제에 답한 것이다. 총체적 원칙은, 정확한 정치방향을 파악하고 중국공산당의 영도를 견지하며 당의 과학적 집정과 민주집정, 그리고 의법집정의 수준 제고를 둘러싸고 중국 특색 사회주의의 위대한 사업을 계획하고 실행하는 것을 추진하는 것이다.

당 건설 제도개혁의 기본 목표는 4개의 '지속적 개선'으로 체현된다. 즉 당의 조직제도를 지속적으로 개선하여 민주집중제를 효과적으로 실행하며 당내 생활을 엄격하게 규범화하고 당이 사상과 정치, 그리고 행동에서 고도로 일치하게 한다. 간부인사제도를 지속적으로 개선하고 인재의 선발등용 기제가 과학성 및 효과성을 갖추어 부동의 신념이 있고, 인민을

11 중공중앙문헌연구실 편찬:『개혁 전면 심화에 대한 시진핑의 논술 발췌(習近平關於全面深化改革論述摘編)』, 중앙문헌출판사, 2014, 149면.

위해 봉사하며, 근면하고 충실하게 정무에 힘쓰고, 과감히 감당하며, 청렴정직한 분야별 우수 간부를 충분히 배출한다. 당의 기층조직 건설 제도를 부단히 개선하여 기층조직체계가 보다 치밀하고 기층 당 조직의 전투보루 역할과 당원의 선봉모범 역할을 효과적으로 발휘하도록 한다. 인재발전 체제기제를 부단히 개선하여 인재의 유동 배치와 평가 및 격려 등의 제도를 기본적으로 건전히 하고 국제경쟁력을 구비한 인재제도의 우세를 형성한다.

당 건설 제도개혁 효과는 전면적 심화 개혁의 총체적 목표 실현에 직결된다. 한 방면에서, 중국 특색 사회주의 제도를 개선하여 발전시키고 국가 거버넌스의 체계와 능력의 현대화를 추진하는 과정에서 내재적으로 당의 영도체제와 집정방식의 개선, 그리고 당 건설 제도의 성숙과 정형화가 포함된다. 다른 방면에서, 작금의 복잡한 국내외 환경에 직면하여 '4대 시련'에 대응하고 '4가지 위험'(정신적 해이로 인한 위험, 능력부족으로 인한 위험, 인민과 괴리되는 위험 소극적 부패로 인한 위험)을 풀려면 당 건설 제도개혁을 추진하고 제도건설의 정체 현상과 제도집행의 미흡함 등의 문제 해결이 필요하며 부단히 당의 자기정화와 자기개선, 그리고 자기혁신과 자기향상의 능력을 증강하는 것이 시급하다.

당 18기 3중전회 이후, 중앙의 전면심화개혁영도소조의 배치와 요구에 따라 당건설제도개혁특별소조는 계획 강화와 치밀한 조직으로 개혁을 손에 틀어쥐고 당 건설에 존재하는 중점 및 어려운 문제 해결에 진력하며 견실하고 효과적으로 개혁을 추진했다. 당 건설 제도개혁은 내실있는 추진으로 인해 초보적인 성과를 거두었다. 당 건설 제도개혁의 심층 추진과 더불어 당의 영도체제와 집정방식은 부단히 개선될 것이며 당의 창조력과 응집력, 그리고 전투력 또한 부단히 증강될 것인 바, 이는 전면적 심화 개혁의 성공과 중화민족 부흥의 꿈을 실현하는데 굳건한 보증이 된다.

2. 권력을 제도의 울타리에 가두어야

시진핑 총서기는, “건전한 제도가 없고 권력을 제도의 울타리 속에 가두지 못하면 부패현상을 통제할 수 없다.”[12]고 강조했다. 권력 행사에 대한 제약과 감독을 강화하고 권력을 제도의 울타리 속에 가두어 두어야 한다. 권력을 제도의 울타리 속에 가두어 두는 것은 “법에 따라 권력을 설정하고 규범화하며 제약하고 감독하는 것”[13]이다. 18차 당대회 이후 당중앙은 당풍을 바로잡고 기율을 엄숙히 했으며 강력한 수단으로 부패를 척결하여 기존의 부패를 효과적으로 줄이고 부패 증가를 억제하는 고무적인 성과를 거두었다. 하지만 반부패 투쟁의 결정적 승리는 아직 멀었고 더욱이 부패척결의 제도화와 노멀화는 그 책임이 무겁고 갈 길은 멀다.

(가) 강제 구속력을 갖춘 제도체계 건립

과학적이고 강력한 구속력을 갖춘 제도건립은 당의 건설 과정에서

---

12 중공중앙기율검사위원회, 중공중앙문헌연구실 편찬: 『당풍 염정건설과 반부패 투쟁에 대한 시진핑의 논술 발췌자료 (習近平關於黨風廉政建設和反腐敗鬪爭論述摘編)』, 중앙문헌출판사, 중국방정출판사, 2015, 125면.

13 중공중앙기율검사위원회, 중공중앙문헌연구실 편찬: 『당의 기율과 규칙을 엄명히 할 데 대한 시진핑의 논술 발췌(習近平關於嚴明黨的紀律和規則論述摘編)』, 중앙문헌출판사, 중국방정출판사, 2016, 59면.

타깃성 조치를 취해 제도건설 중에 존재하는 돌출된 문제를 해결하기 위한 것이다. 이에 반드시 근본성과 전체 국면성, 그리고 안정성과 장기성을 갖춘 제도체계를 건설하여 부단히 제도건설의 과학화, 민주화, 법치화 수준을 제고해야 한다. 시진핑 총서기는 제도에 존재하는 문제를 "소우리는 고양이를 가둘 수 없다"는 것에 형상적으로 비유한 적이 있다. 이 같은 문제가 존재하는 원인 중의 하나는 바로 제도의 체계성 부족이다. 사실이 증명하듯, 권력을 제도의 울타리 속에 가두려면 반드시 과학적이고 효과적인 권력운영과 관련된 제약 및 감독의 제도체계가 필요하다. 18차 당대회 이후 당중앙은 당의 제도건설을 고도로 중시하여 전면적 제도개혁을 견지하고 일련의 중요한 배치와 일련의 중요한 당내 제도 법규를 차례로 출범시켜 공포했으며 대중이 보편적으로 관심하는 문제에 대해 적극적으로 피드백하고 제도의 엄숙성과 권위성을 수호하고 제도의 집행력을 제고했다. 이에 작금의 전면적 종엄치당은 반드시 규범화, 표준화, 과학화를 목표로, 각종 제도를 전면적으로 건설하고 과학적이고 강력하며 구속력을 갖춘 제도체계를 형성하고 건립해야 한다. 이와 함께 제도건설은 체계성을 중시해야 하나 과도하게 장황해서는 안되며 타깃성과 실행가능성이 있어야 한다.

제도건설의 관건은 집행에 있으며 제도가 진정으로 관철되어 집행되고 정확하게 실시되어야만 집행력과 공신력, 그리고 생명력을 갖는데 그렇지 못하면 지상공문에 불과하다. 이에 시진핑 총서기는, 반드시 "제도 앞에서는 모두가 평등하고 제도의 집행에는 예외가 없다는 것을 견지하고 '비밀문'을 두지 않고 '하늘창'도 열어 놓지 않으며 제도의 엄숙성과 권위성을 결연히 수호하고 명령을 이행하지 않고 금지했음에도 그치지 않는 행위를 결연히 시정시켜 제도가 고무줄 같은 것이 아닌 강력한 구속력이 되도록 해야 한다."[14]고 강조했다. 이는 제도집행에는 강성 요구가 있어야 하고 제도앞에서는 모두가 평등하고 특권이 없으며 제도의 구속에는 예외가 없다는 관념을 확고히 수립하여 제도를 진지하게 학습하고 엄격하게 집행하며 자발적으로 수호해야 한다. 권력을 제도의 울타리 속에 가두는 것을 진정으로 실현하기 위해 제도건설의 질을 제고하고 18차 당대회 이후 일련의 중요한 당내 제도법규를 차례로 출범시키며 일련의 조치가 적극 실시되었다. 예로, 당 18기 3중전회는 기풍개선 상시화 제도를 건전히 하고 영도간부가 앞장서서 기풍을 개진하며 기층조사연구 기제를 심화시켜 대중과 직접 연계하고 대중을 위해 봉사하는 제도 개선을 제출했다. 또한 회의공문제도 개혁과 엄격한 재무예산과 승인, 그리고 감사 제도의 건전화, 그리고 인재의 선발 및 등용에 관한 특별검사와 책임추궁제도 개선 등을 제출했다.

(나) 종엄치당의 관건은 종엄치리(從嚴治吏)

시진핑 총서기는, "엄한 기준으로 간부에게 요구하고 엄한 조치로 간부를 관리하며 엄한 기율로 간부를 구속하여 간부로 하여금 경외심이 있고 언행에서는 절제가 있도록 해야 한다"[15]고 강조했다. 말하자면 '엄한 기준과 엄한 조치, 그리고 엄한 기율'은 간부를 엄격히 관리하는 '3가지 바뀔 수 없는 기준'으로, 이를 견지해야만 당 정치노선의 정확한 관철과 실행을

14 시진핑: 「당의 대중노선 교육실천 활동 총결대회에서 한 연설」, 『18대 이후 중요문헌선집』(중), 중앙문헌출판사, 2016, 95면.

15 시진핑: 「당의 대중노선 교육실천 활동 총결대회에서 한 연설」, 『18대 이후 중요문헌선집』(중), 중앙문헌출판사, 2016, 97~98면.

보증할 수 있다. 당 18기 3중전회 『결정』은, "간부대오의 엄격한 관리제도 체계 개선"에 관한 요구를 제출했다. 시진핑 총서기는 간부문제와 관련하여 일련의 새로운 사상, 요구, 조치를 제출했고 전면적 종엄치당과 종엄치리를 위한 강력한 사상무기를 제공했다. 이는 신시대에 당정(黨情)이 새로운 변화에 보다 훌륭하게 적응하며 종엄치당을 견지하고 당 건설을 위한 제도개혁을 심화하며 높은 자질을 갖춘 집정 간부대오를 육성하여 당 건설의 과학화 수준에 대한 수요를 제고한다.

치당의 핵심은 치리(治吏)에 있다. 정치노선 확정 후 간부는 결정적 요소다. 시진핑 총서기는, "간부는 각 방면의 권력을 장악하고 있고 당의 이론과 노선방침 정책의 구체적 집행자다. 만약 간부대오의 자질이 미흡하고 기풍이 바르지 못하면 당 건설은 잘 될 수가 없다."[16]라고 지적했다. 전국조직업무 회의에서 시진핑 총서기는, 당을 관리하려면 우선 간부를 잘 관리해야 하고 종엄치당의 관건은 종엄치리(從嚴治吏, 엄격한 간부관리)라고 강조했다. 우리는 반드시 영도간부라는 '관건적 소수'를 단단히 틀어잡고 엄함을 앞세워 진정으로 엄한 기준, 조치, 기율을 간부대열 건설의 전 과정에 관철시켜야 한다. 현재 우리는 당 조직 약화와 기율 해이, 그리고 반부패 투쟁 형세의 엄준함 등 많은 도전에 직면하고 있다. 이와 같은 문제들은 당의 순결성과 선진성에 심각한 영향을 미치고 있다. '2개의 100년' 분투 목표에 근접할수록, 사명은 더욱 무겁고 종엄치당과 종엄치리가 더

16 시진핑: 「당의 대중노선 교육실천 활동 총결대회에서 한 연설」, 『18대 이후 중요문헌선집』(중), 중앙문헌출판사, 2016, 97면.

욱 필요하다. 오직 뛰어난 자질을 갖춘 간부대열을 건설해야만 비로소 광범위한 대중을 이끌고 전면적 샤오캉사회의 청사진을 조금씩 현실로 만들 수 있다.

종엄치리는 중화민족의 위대한 부흥 중국몽을 실현하기 위한 조직적 보증이다. 급변하는 국제형세와 어렵고 과중한 국내개혁 및 발전임무를 앞에 두고 18차 당대회가 확정한 각종 목표임무를 실현할 수 있는 관건은 당과 사람에 있다. 사람이 관건이라면 높은 자질을 갖춘 방대한 간부대오 양성이 필요하다. 간부는 당 사업의 골간이자 당이 인민과 연계하는 다리와 연결체로 영도간부의 상태는 당 사업의 발전과 인민의 행복한 생활과 직결되며 중국몽의 최종 실현과도 관계된다. 엄격한 교육과 감독, 그리고 관리와 조사 및 처분을 통해 부동의 신념이 있고, 인민을 위해 봉사하며, 근면하고 충실하게 정무에 힘쓰고, 과감히 감당하며, 청렴정직한 간부대오를 육성하는 것은 중화민족의 위대한 부흥 중국몽을 실현하는 조직적 보증이 된다.

종엄치리는 신시대 당 건설 업무의 중요 내용이다. 당 간부는 시종일관 혁명과 건설, 그리고 개혁개방의 골간 역량이다. 간부에 대해 엄격히 요구하고 관리하는 것은 우리 당이 직면한 중대 실천 과제이자 중요한 당 건설 임무다. 우리 당은 90여년의 탐색과 실천 속에서 중국 특색의 간부관리 이론과 제도체계를 형성하였다. 역사적으로 볼 때 당의 간부에 대한 엄격한 관리제도 구축과 개선을 위한 노력은 시기별, 단계별로 역사적 임무에 부응하며 부단히 관리 내용을 풍부히 하고 제도를 건전히 하며 관리기제를 개선하여 시대와 함께 나아가는 탐색과 혁신의 과정이었다. 개혁개방 시기에는 사회의 발전변화와 함께 간부에 대한 엄격한 관리 또한 새로운 형세와 도전에 직면하여 '4대 시련'에 대응하고 '4대 위험'을 헤쳐나오며 '3가지 능력 건설'(국가건설 봉사능력, 금융위험 방범능력, 국제경쟁 참여능력)을 제고하고 집정수준 제고와 영도방식 개선 등의 방면에서 모두 간부에 대한 보다 새롭고, 보다 높고, 보다 절박한 요구를 제시했다.

(다) 제도의 '철제 울타리'를 단단히 조여 간부를 엄격히 관리

새로운 역사 시기, 시진핑 총서기는 엄한 조치로 간부를 관리하고 간부관리업무와 관련하여 '관리의 전면적, 기준의 엄격함, 단계의 연결성, 조치의 조합성, 책임의 명확성'이라는 5가지 요구를 체계적으로 설명하고 '엄한 요구, 엄한 조치, 상급에 대한 엄격함, 하급에 대한 엄격함, 일에 대한 엄격함, 사람에 대한 엄격함' 등 '6가지 엄격함'을 제출했다. 이는 간부 관리에 있어 누가, 무엇을, 어떻게 관리할 것인가에 대한 답을 준 것으로 간부관리의 긴밀한 사슬을 구성하고 간부대오의 건설 규율을 깊이 파악하며 종엄치리에 대한 인식을 새로운 수준으로 끌어올려 전면적 종엄치당과 종엄치리를 위한 중요한 준수 지침을 제공했다.

제도로 간부를 관리하는 것은 신시대 당 건설 업무의 수요다. 제도로 간부를 관리해야만 깨끗하고 바른 기풍을 조성할 수 있다. 영도간부를 포함한 간부는 모두 단일한 인간 개체로 주관성이 있기 마련인데 만약 제도적으로 근본적 구속을 진행하지 않으면 집정 과정에서 비교적 큰 임의성이 존재할 수 있다. 그러므로 제도의 구속이 있는 가운데 제도로 사람을 관리하고 써야만 장기간 지속되었던 인치(人治) 이념을 근본적으로 타파하고 집정의 과학성을 제고할 수 있다. 제도로 간부를 관리해야만 간부를 효과적으로 감독하고 간부대오의 자질을 높일 수 있다. 당원간부, 특히 영도간부의 수중에는 정도의 차이는 있지만 모두 일정한 권력을 쥐고 있어 제도적 구속이 없다면, 무엇을 해야 하는 지, 무엇을 하지 말아야 하는 지, 어떻게 해야 하는 지에 대해 영도간부 스스로도 정확한 인식이 부족할 수 있다.

당이 간부를 관리하는 원칙을 견지해야 한다. 간부 관리는 반드시 당이 간부를 관리한다는 원칙을 견지하고 간부의 인사제도 개혁을 심화하며 효과적이라 쓸모 있고 편리하여 이행이 쉬운 인재선발 및 등용기제를 구축하여 각 분야별로 우수간부가 충분히 배출되도록 해야 한다. 이는 간부 인사제도 개혁를 심화하는 원칙과 목표, 그리고 주지다. 당이 간부를 관리하는 원칙을 부각하는 것은 중국공산당 집정의 가장 중요한 체현으로 당 영도를 실현하는 조직적 보장이며 간부대오 건설의 가장 기본적 원칙이자 중국 특색 사회주의 건설의 가장 중요한 원칙이다. 시진핑 총서기는, 당 조직은 간부선발 임용 업무에서 득표수 통계자 역할이 아닌 영도 및 점검 역할을 해야 한다고 하면서 당위원회(당조)와 분관(分管)영도, 그리고 조직부문의 간부선발 임용에서의 가중치를 높이고 당조직과 간부부문이 간부를 고찰하고 식별하는 책임을 강화해야 하고 또한 당의 영도 강화와 민주를 충분히 고양하는 것을 결합시켜야 한다고 지적했다. 이 같은 요구는 관건을 틀어잡아 사상을 흐리게 했던 안개를 일소하고 명확한 방향을 알려준 것이다.

엄격한 배양은 간부건설의 기초 공정이다. 시진핑 총서기는, 형세가 변하고 당과 인민의 사업이 발전할수록 간부배양을 더욱 중시해야 한다고 지적했다. 당의 집정능력 제고를 중심으로 각급 간부와 각 방면 관리자의 사상정치와 과학문화, 그리고 업무기능에 대한 자질을 하루속히 제고해야 한다. 훌륭한 간부로 성장하려면 자신의 노력에 의지하고 조직의 배양에 의지해야 한다. 조직 배양을 강화함에 있어서는 반드시 엄한 기준을 간부에게 요구하고 엄한 조치로 간부를 관리하며 엄한 기율로 간부를 구속하고 기층간부의 육성선발제도를 건립하고 개선하며 일선에서 간부를 배양하고 일선에서 간부를 선발하는 것을 간부 성장과 완성을 추진하는 주요 경로로 삼아야 한다. 수 많은 각급 간부 교육, 특히 중요하고 관건적 자리에 있는 간부교육을 확실히 해야 하고 실천 및 단련 경로의 확장으로 간부의 단련 및 성장을 위해 제도적 플랫폼을 적극 구축하며 간부가 기층과 실천, 그리고 대중 속으로 깊이 들어갈 수 있도록 인도하여 개혁발전의 주요 전장에서 안정한 일선 현장을 수호하고 대중을 위해 봉사하는 최전방에서 품성을 연마하며 능력을 제고해야 한다.

엄격한 기준으로 선발하여 깨끗하고 바른 기풍을 갖춘 간부임용기제를 형성한다. 어떤 간부가 좋은 간부인가? 시진핑 총서기는 2013년 6월에 열린 전국조직업무 회의에서 당과 인민이 필요로 하는 좋은 간부의 적극적 배양 및 선발에 관한 20자 기준을 제기했다. 당 18기 3중전회는, "부동의 신념이 있고(信念堅定), 인민을 위해 봉사하며(爲民服務), 근면하고 충실하게 정무에 힘쓰고(勤政務實), 과감히 감당하며(敢於擔當), 청렴정직(清正廉潔)한 좋은 간부를 진정으로 선발해야 한다."[17]고 더욱 명확히 제기했다. 20자 기준은 부동의 신념을 특별히 강조하며 첫 번째 요구로 삼았다. 만약 이상과 신념이 굳건하지 못해 정치적으로 불합격이라면 다른 조건이 아무리 뛰어나도 중용할 수 없다. 이렇게 해야만 각급의 영도권력이 시종일관

17 『개혁의 전면적 심화 관련 약간의 중대한 문제에 대한 중공중앙 결정(中共中央關於全面深化改革若干重大問題的決定)』, 인민출판사, 2013, 71~72면.

당과 인민, 그리고 마르크스주의에 충성하는 사람들 수중에 장악되는 것을 확보할 수 있다. 간부의 선발과 임용 시, 상기 기준을 엄격히 따르고 제도건설을 강화하며 좋은 간부를 선발하여 사용하고 당의 간부관리 원칙과 정확한 인재사용 지침을 견지하며 당 조직의 인재 선발과 등용에 대한 영도와 점검 역할을 충분히 발휘하도록 하여 현명하고 능력 있는 인재를 제때 활용하기 위해 노력하고 능력을 잘 파악하여 적재적소에 사용하여 자신의 재능을 충분히 보여줄 수 있도록 해야 한다. 덕행 및 재능과 일에 대한 성실함, 그리고 실적을 중시하여 기치가 선명하게 과감히 책무를 짊어지고 능력 있고 원칙을 견지하며 착실하고 건실하게 일하는 간부를 지지하고 사용해야 한다. 사실과 일치하지 않는 고찰과 문제있는 간부의 발탁, 혹은 문제 있는 간부의 업무 투입을 결연히 방지해야 한다. 간부 선발임용 감독기제를 건전히 하고 공공규칙을 강화하며 잠재규칙을 억제하고 꽌시(關係) 네트워크를 타파하여 인재 선발과 등용의 불량기풍을 확고히 방지하고 시정하며 깨끗하고 바른 기풍과 과학적이고 효과적인 간부선발임용 기제를 형성해야 한다.

엄한 고과 기준은 간부관리의 중요한 일환이다. 고과 평가는 인재 선발과 사용의 중요한 기초로 간부 선발과 임용은 물론 간부의 격려, 관리, 퇴출에 있어서도 고과평가 제도 및 기제의 개선을 떠날 수 없다. 시진핑 총서기의 간부업무에 대한 중요 논술에서도 관련 내용은 큰 비중을 차지하고 있다. 시진핑은, 과학적 발전에 유리한 목표체계와 고과방법, 그리고 상벌기제를 서둘러 건전히 하고 간부영도의 과학적 발전 자질과 능력에 대한 명확한 지표와 강성 구속력을 제출해야 한다고 하면서, 경제사회발전에 대한 고과평가체계를 개선하여 질적으로 우수하고 효과적이며 지속가능한 경제발전과 민생개선, 사회진보, 문화건설, 생태효과, 당 건설 등의 지표와 실적을 중요한 고과 내용으로 삼고 더 이상 간단한 GDP와 성장률로 영웅을 논해서는 안된다고 강조했다. 과학적이고 규범화된 간부 고과평가체계를 건립을 통해 간부가 기초를 많이 닦고 장기적 이익에 유리한 일을 많이 할 수 있도록 인도하고 '못 박는 정신'을 고양하며 하나의 청사진을 끝까지 이행하여 역사와 인민에게 책임질 수 있도록 해야 한다. 일부 과학적 발전을 위배하고 엄중한 결과를 초래한 간부에 대해서는 종신책임 추궁을 실행해야 한다.

엄하게 감독하고 간부의 일상 감독관리 제도를 규범화 한다. 엄격함은 사랑이고 느슨함은 해악이다. 영도간부에 대한 엄격한 관리와 감독 강화는 그들에 대한 최대의 도움이자 보호다. 간부의 단점이나 문제를 보고도 못본 척, 들어도 못들은 척 하며 일깨워주거나 교육하거나 비판을 하지 않으면 당의 사업을 그르치고 간부 본인에게도 해를 준다. 모든 간부, 특히 영도간부는 습관적으로 감독 하에 권력을 사용하고 감독 하에 일하고 생활해야 하며 자발적으로 조직의 감독, 여론의 감독, 사회의 감독을 접수하여 부단히 면역력을 증강해야 한다. 그러므로 종엄치리의 관건은 간부에 대한 감독의 강조를 높여 간부로 하여금 조직의 감독, 여론의 감독, 대중의 감독을 관심과 사랑으로 여기도록 해야 한다. 당 18기 3중전회는, 영도간부의 개인상황 보고제도를 진지하게 집행할 것을 명확히 제출하고 표본조사와 확인 작업을 전개했다. 만약 보고된 내용이 실제와 다를 경우에는 사실을 분명하게 하고 당 조직을 기만해서는 안된다. 중앙의 정책결정 배치를 진지하게 관철하여 실시하기 위해 중앙조직부는 영도간부의 개인사항 보고에 대한 표본조사와 확인하는 업무를 정식으로 가동했는데 이는 당

건설제도개혁을 심화하는 하나의 중요한 임무이자 새로운 형세 하의 영도간부에 대한 관리감독을 강화하는 혁신적 조치였다.

(라) 감독 강화로 권력이 양지에서 운행되도록 해야

권력은 '양날의 검'으로, 인민의 이익을 도모하는 일에 쓰일 수도, 사익의 도모나 부패의 자생에 남용될 수도 있다. 새로운 역사 시기, 제도체제의 미개선으로 말미암아 개혁의 심층발전과 체제의 전환시기에 일부 영역에서 부패현상이 쉽게 발생하고 일부는 매우 엄중한 상황이다. 결국 이 같은 현상은 권력행사가 유효한 감독과 제약을 받지 못하는 것과 직접적으로 관계된다.

권력 행사가 인민의 감독을 받는 것은 유효한 '방부제'가 된다. '투명성'은 부패의 천적으로 투명성이 높을수록 반부패 효과도 크다. 최근, 중국의 권력 운행에 대한 투명성은 뚜렷이 제고되었으나 동시에 자의성이 커천차만별이고 제도적 보장이 부족하다는 것 등의 문제도 존재한다. 그러므로 반드시 투명성을 더욱 높이고, "공개 원칙과 비공개 예외" 요구에 따라 제도개혁과 혁신을 가속하며 정보공개제도를 건전히 하고 공개적 공청회 제도와 이유설명제도, 그리고 공시제도와 기자회견제도를 실시하여 공공 서비스 사항, 정부구매, 입찰, 요금 및 과태료 등 사회가 보편적으로 주목하는 사안을 모두 공개해야 한다. 또한 신문 매체의 역할이 충분히 발휘되도록 하고 공직자 재산신고 제도를 개선하며 정무 공개에 대한 국가법률을 서둘러 제정하여 투명성 강화를 위한 법적 보장을 제고해야 한다. 2013년 7월 12일, 시진핑 총서기는 허베이(河北)성 민정(民政)청을 시찰하고 실무자의 업무분장도를 자세히 살펴본 후, "성 직속기관의 처(處)라면 각자 모두 일정한 권력을 수중에 갖고 있다. 단, 권력은 인민이 부여한 것으로 인민을 위해 사용하여 권력이 양지에서 운행되도록 해야 함을 명심해야 한다."[18]고 말했다.

부실한 감독은 반드시 권력의 부패를 초래한다. 현실에서 일부 영도간부는 수중의 권력에 대한 감독을 원치 않고 일부러 기피하거나 간섭하고 심지어 대항하기도 한다. 일부 영도간부와 직능부문은 책임을 포기하고 책무를 맡으려 하지 않은 채 아무런 성과도 내지 못하고 있다. 감독은 최고의 '방부제'다. 감독체계를 개선하고 당내 감독과 민주감독, 그리고 사법감독과 여론감독 체계를 심화하며 순시와 감사의 양대 감독 수단을 적절히 사용하고 인터넷 감독, 대중감독, 매체감독 등의 형식을 강화하여 감독이 폐쇄식에서 개방식으로, 단편적 감독에서 전방위적 감독으로 전환되도록 해야 한다. 감독의 중점을 부각하고 당의 정치기율 및 정치규칙 엄수와 당의 노선·방침·정책을 관철하여 집행하는 것을 감독의 최우선 임무로 삼아 각급 영도간부라는 이들 '관건적 소수'를 잡고 '4풍' 문제와 인사관리, 그리고 자금관리와 물자관리 등 부패 다발 영역을 주시하며 기율검사 감찰체제 개혁을 심화하고 감독의 실효성을 제고해야 한다. 감독에 대한 두려움 효과를 형성하는 가운데, 전면순시와 특별순시의 전면실시, 영도간부 이임 감사와 중대공정 특별항목 감사의 전면실시, 그리고 영도간부의 개인상황 보고에 대한 전면실시를 지속적으로 견지하여 권력이 시종일관 양지에서 운행되고 문제는 즉시 발견하고 조사하여 처리되도록 해야

---

18 『'3엄 3실' 특수교육을 심층적으로 추진(深入開展"三嚴三實"專題教育)』, 인민출판사, 2015, 247면.

한다.

반드시 법치에 의지하여 권력을 제약해야 한다. 당 18기 4중 전회는 전면적 의법치국에 대한 전략적 정책결정을 배치했는데 이는 의법치군(依法治軍, 법에 의한 군대 관리)을 전면 추진하고 권력을 잘 관리하여 사용하기 위한 유리한 계기를 제공했다. 의법치국의 전제 하에 국가기관과 공무원은 법정 권한과 절차에 따라 권력을 행사할 수 있고, 권력을 남용하는 부패행위가 나타날 경우에는 법률 수단으로 유효하게 중지하고 시정하며 제재할 수 있다. 이 같은 권력제약기제는 권력행사의 규범성과 위반 불가성을 대대적으로 증강시켜 권력제약이 현실적 힘의 원천을 얻게 되고 권력이 '강성' 제도의 울타리 속에서 작동되는 것을 확보하여 부패를 효과적으로 방지할 수 있다. 전체 당원영도 간부는 법치관념을 수립하고 법치신앙을 확고히 하며 법과 권력에 경외심을 갖고 법치기초를 든든히 다져야 한다. 법에 따라 권력을 정하고 직권범위를 확정하며 권력 리스트를 열거하여 권력이 과도하게 소수 영도간부와 부문에 집중되는 것을 방지하고, 법이 부여한 권한이 아니면 사용하지 않는 것을 견지하며 권력이 시종일관 제약을 받아 통제를 벗어나지 않는 것을 확보하여 권력의 확장과 남용을 방지해야 한다. 또한 법에 따라 권력을 사용하는 가운데 진정으로 민주집중제를 실행하여 당위원회 의사 일정에 따라 정책을 결정하고 업무를 처리하며 당무 시행과 사무를 공개하고, 권력 운행에 대한 역추적이 가능하고 간부 사용을 위한 추천과 대형 공정의 정책결정 등에 대해서는 평생책임제를 실행해야 한다.

제9장

반부패 투쟁의 심화 추진

시진핑 총서기는 19차 당대회 보고에서, "인민 대중은 부패를 극도로 혐오하고 부패는 우리 당이 직면한 최대의 위협이다. 오직 반부패 투쟁이 영원한 진행형이라는 강인함과 집요함을 갖고 지엽과 근본을 함께 다스리는 것을 심화시키며 깨끗한 간부와 청렴한 정부, 그리고 청명한 정치가 보증되어야만 역사의 주기율을 벗어날 수 있고 당과 국가의 장기적 안정을 보장할 수 있다."[1]고 지적했다. 18차 당대회 이후, 시진핑 총서기는, 반부패 청렴제창 건설과 반부패 투쟁을 고도로 중시했다. 시진핑은, 반드시 "확고한 결심으로 부정부패를 척결"하고 강경하게 당 기율을 수호하며 철의 기율로 부패를 징벌하고 부정부패자에 대해서는 '호랑이'와 '파리'를 함께 때리며 부패를 징벌하는 고압적 태세를 형성해야 한다고 수 차례 강조했다. 당 18기 5중전회와 18기 중앙기율위원회 5차 회의는 차례로, 부패를 감히 하지도, 할 수도, 생각도 못하는 기제를 배치했다. 19기 중앙기율위원회 2차 전체 회의에서 시진핑 총서기는, "지엽과 근본을 함께 다스리는 것

1 시진핑(習近平): 『샤오캉사회를 전면적으로 실현하는데서 결정적인 승리를 이룩하고 신시대 중국특색의 사회주의의 위대한 승리를 이룩하자—중국공산당 제19차 전국대표대회에서 한 보고(決勝全面建成小康社會 奪取新時代中國特色社會主義偉大勝利—在中國共産黨第十九次全國代表大會上的報告)』, 인민출판사, 2017, 66~67면.

을 심화하는 것"에 대한 업무방향을 더욱 명확히 하고 다시 한번 동원령을 내려 전체 당이 "반부패 투쟁에서 압도적 승리를 획득할 것"을 독려했다. 19기 중앙기율위원회 3차 전체 회의에서 시진핑은, "전면적 종엄치당의 보다 큰 전략적 성과를 획득하고 반부패 투쟁의 압도적 승리를 공고히 하고 발전시킬 것"을 재차 강조했다. 18차 당대회 이후 시진핑을 핵심으로 한 당중앙의 당풍염정(黨風廉政)건설과 반부패 투쟁에 대한 새로운 판단과 사고방향, 그리고 조치와 요구 등은 반부패 청렴제창 업무를 새로운 고도로 끌어올려 중앙의 부패척결에 대한 굳건한 결심과 확고한 의지를 분명히 했고 당풍 및 정풍 건설의 깨끗하고 바른 문을 열어 당내 생활에 새로운 기상이 나타났다.

1. 반부패 청렴제창에 항시 긴장을 늦추지 말아야

시진핑 총서기는, "부패는 사회의 암적 존재다. 만약 부패문제가 날로 심해지는 것을 수수방관한다면 결국 당과 국가는 망하게 될 것이다."[2] 고 지적했다. 부패현상이 중국공산당이 집정 이후에 나타난 것은 아니지만 당은 집정의 조건 하에서 반드시 반부패 청렴제창 업무를 보다 뚜렷하고 중요한 위치에 놓아야 한다. 중국공산당의 성격과 주지는 당과 각종 소극적 부패현상이 물과 불처럼 양립할 수 없음을 결정하고 부패 현상과의

2 중공중앙 기율검사위원회, 중공중앙문헌연구실 편찬, 『당풍 염정건설과 반부패 투쟁에 대한 시진핑의 논술 발췌자료 (習近平關於黨風廉政建設和反腐敗鬪爭論述摘編)』, 중앙문헌출판사, 중국방정출판사, 2015, 5면.

투쟁은 당 건설의 전체 과정을 관통하는 역사적 과정에 있다.

(가) 반부패 청렴제창 업무는 당과 국가의 생사존망에 관계

시진핑 총서기는, "당의 기풍은 당의 이미지와 인심의 향배, 그리고 당의 생사존망과 관계된다. 영도간부, 특히 고위직 간부의 기풍은 당풍과 정풍, 나아가 전체 사회풍기의 방향에 중요한 영향을 미친다."[3]고 지적했다. 시진핑은 당 전체를 대상으로, 역사 속에서 통치집단의 엄중한 부패로 인해 집정자가 무너지고 그가 추진하던 정사도 폐지되었던 사례가 즐비하고, 작금의 세계에서도 집정당의 부패와 타락으로 인민이 이탈하며 정권을 잃은 사례 또한 일일이 열거조차 할 수 없을 정도로 많다고 훈계했다. 만약 날로 심각해지는 부패문제를 그대로 수수방관 한다면 결국 당과 국가는 망할 것이다. 중국공산당의 집정 기반과 지위를 공고히 하려면 반드시 반부패 투쟁을 결연히 추진하고 부패를 징벌하는 고압적 태세를 유지하여 광범위한 인민대중의 옹호와 지지를 획득하며 집정 리스크를 방지해야 하는 바, 이는 우리 당이 반드시 중시해야 할 중대한 정치 임무다.

당풍 염정건설과 반부패 투쟁을 전례없는 전략적 높이로 제고해야 한다. 시진핑 총서기는, "최근 당내에서 발생한 기율과 법에 대한 엄중한 위반 사건들은 정상이 아주 나쁘고 정치적 영향도 극히 좋지 않아 보기만 해도 몸서리 치게 한다."[4], "새로운 형세 하에 우리 당은 수 많은 도전에 직

---

3 중앙 당의 대중노선교육실천활동 영도소조 판공실 편찬, 『당의 대중노선 교육실천활동 학습문건 선집(黨的群衆路線教育實踐活動學習文件選編)』, 당건독물출판사, 2013, 17면.

4 시진핑: 「중국 특색 사회주의를 견지하고 발전시키는 것을 중심으로 당의 18대 정신을 학습선전하고 관철하자—18기 중공중앙정치국 제1차 집체학습에서 한 연설(緊緊圍繞堅持和

면하여 당내에는 시급히 해결해야 할 문제들이 존재하고 있다. 특히 일부 당원간부에게 발생하는 부정부패와 인민대중과의 괴리, 그리고 형식주의, 관료주의 등의 문제는 반드시 큰 노력을 기울여 해결해야 한다. 전당은 반드시 각성해야 한다."[5]고 강조했다. 당풍 염정건설과 반부패 투쟁은 당 건설의 중대한 임무로 당이 반드시 시종일관 고도로 주목하고 잘 틀어쥐고 놓지 말아야 할 중대 업무다. 오직 부패를 확고히 반대해야만 당의 선진성과 순결성을 계속해서 유지할 수 있다. 또한 당을 관리하고 엄히 다스리며 당 건설을 더욱 강하고 힘있게 추진해야만 전국의 각 민족 인민들을 단결시키고 이끌며 '2개의 100년'의 분투 목표를 실현할 수 있고 중화민족의 위대한 부흥 중국몽을 실현할 수 있다.

이와 같은 인식을 기반으로 18차 당대회 이후, 당중앙은 강력한 수단을 채택하여 부패를 반대해 왔는데 한 방면으로, 각종 특권 현상을 반대하여 각급 영도간부가 염정(廉政)준칙을 엄수하며 인민의 이익을 수위에 놓고 초지일관 인민을 위한 집정을 마음속에 둘 것을 요구했다. 다른 방면에서는, 엄격한 법과 기율에 의거하여 각종 부패 사안을 조사 및 처벌하고 한 무리의 '호랑이'와 '파리'를 때려잡아 부패의 기세가 만연하는 것을 유력하게 억제했으며 부패자로 하여금 두려움에 떨게 하고 당심과 민심을 진작시켜 거대한 반부패 성과를 거두었다. 또한 당풍 염정건설과 반부패 투쟁을 통해 인민대중의 당과 정부에 대한 신임과 신뢰를 획득함과 동시에

發展中國特色社會主義 學習宣傳貫徹黨的十八大精神—在十八屆中共中央政治局第一次集體學習時的講話)」, 『18대 이후 중요문헌선집(十八大以來重要文獻選編)』(상), 중앙문헌출판사, 2014, 81면.

5 시진핑: 「아름다운 생활에 대한 인민의 소망은 곧 우리의 분투목표이다(人民對美好生活的向往, 就是我們的奮鬪目標)」, 『18대 이후 중요문헌선집』(상), 중앙문헌출판사, 2014, 70면.

당 집정의 정치기반을 진일보 공고히 했다.

(나) 부패 반대는 당이 일관되게 견지하는 선명한 정치적 입장

우리 당은 줄곧 '반부패 청렴제창'을 고도로 중시했고, 특히 혁명과 건설, 그리고 개혁의 중대한 역사적 고비와 관건적 발전 단계에서 더욱 자발적으로 반부패 업무를 매우 중요한 위치에 두었다. 18차 당대회 이후 시진핑 총서기는, "부패를 반대하고 청렴정치를 건설하며 당 조직을 건강하게 유지하는 것은 우리 당이 일관되게 견지했던 선명한 정치적 입장이다."[6]라고 지적했다. '반부패 청렴제창' 강화는 '반부패 청렴제창'을 전당적이고 전국적인 중대 임무로 삼아 완성하는 것이다. 만약 당이 일이관지(一以貫之)하게 당풍염정(黨風廉政)건설을 고도로 중시하여 부패를 결연히 반대하지 않았다면 우리의 경제사회 발전은 이처럼 큰 성과를 거둘 수 없었고 개혁과 발전의 안정적 국면 또한 공고히 할 수 없었다.

부패 반대와 청렴정치 건설은 당이 일관되게 견지하는 선명한 정치적 입장으로 인민이 지속적으로 주목하는 중대한 정치 문제다. 반부패 청렴제창의 목표가 요구하는 것은 간부의 청렴정직과 정부의 청렴함, 그리고 정치의 청명함을 이행하는 것이다. '간부의 청렴정직'이란, 공직자의 품행이 단정하고, 공정하고 정직하며, 기율과 법을 엄수하며 멸사봉공할 것에 대한 요구다. '정부의 청렴함'이란, 당과 국가기관의 운영이 규범적으로 작동하고, 공개적이고 투명하며, 근검절약하며 무실과 효율을 모두 갖추는

6 시진핑: 「중국 특색 사회주의를 견지하고 발전시키는 것을 중심으로 당의 18대 정신을 학습선전하고 관철하자—18기 중공중앙정치국 제1차 집체학습에서 한 연설」, 『18대 이후 중요문헌선집』(상), 중앙문헌출판사, 2014, 81면.

것에 대한 요구다. '정치의 청명함'이란, 국가와 사회가 법치질서와 공정정의, 그리고 어진 정치로 백성이 화목하고, 악폐를 일소시켜 사회 풍기 정화를 실현하는 것에 대한 요구다. 이들 3자는 상호 연계되고 서로 구별되는 유기적 총체로, 청렴정치를 건설하는 역사적 과정속에서 통일된다. 말하자면 청렴정치 건설은 당풍 염정건설과 반부패 투쟁의 지속적 견지를 통해 점진적으로 부패를 억제하고 제거하는 과정이라고 할 수 있으며 또한 한 걸음씩 청렴정직한 간부와 청렴한 정부, 그리고 청명한 정치를 실현해 나가는 점진적 과정이다.

반부패 투쟁을 전개하고 당풍 염정건설을 잘 추진하는 것은 중대한 정치적 임무다. 현재 일부 영역에서는 여전히 소극적 부패현상이 쉽게 다발적으로 발생하고 있고 기율과 법률에 저촉되는 일부 중대한 사안은 큰 악영향을 끼쳐 반부패 투쟁 형세는 여전히 엄준하여 인민대중이 불만스러워 하는 부분이 아직도 많이 있다. 부패현상은 당과 국가, 그리고 인민과 가정에 해를 끼치고 부패자 자신에게도 해를 가져다 준다. 각종 부패현상을 징벌하고 반부패 청렴제창 업무를 잘 수행하는 것은 우리가 시급히 해결해야 할 중요 임무다. 시진핑 총서기는 당 18기 중앙정치국 1차 집체 학습 시 행한 연설을 통해, "부패를 반대하고 청렴한 정치를 건설하여 당의 신체를 건강하게 유지하는 것은 시종일관 당이 견지한 선명한 정치적 입장이다. 당풍 염정건설은 광범위한 간부 및 대중이 계속해서 주목하는 중대한 정치문제이다."[7]라고 지적했다. 또한 시진핑은, "일부 국가는 장기적

7 시진핑: 「중국 특색 사회주의를 견지하고 발전시키는 것을 중심으로 당의 18대 정신을 학습선전하고 관철하자—18기 중공중앙정치국 제1차 집체학습에서 한 연설」, 『18대 이후 중요문헌선집』(상), 중앙문헌출판사, 2014, 81면.

으로 축적된 모순으로 인해 민중의 원망을 사고 사회가 흔들리며 정권이 무너지는 것을 초래하고 있는데, 이중 부정부패가 아주 중요한 원인 중의 하나다. 수 많은 사실이, 부패문제의 가열은 결국 당과 나라를 멸망시킬 것임을 말해주고 있어 우리는 반드시 각성해야 한다!"[8]고 훈계했다. '2개의 100년'의 분투 목표를 실현하고 중화민족의 위대한 부흥 중국몽을 실현하려면 반드시 당을 관리하고 엄히 다스려야 하며 중국역사 속의 우수한 염정(廉政)문화를 적극 참고하여 부단히 당의 영도수준과 집정수준을 제고하는 가운데 썩고 변질되는 것을 예방하고 리스크를 억제하는 능력을 제고해야 한다. 그러므로 우리 당은 반드시 이 같이 중대한 정치적 임무를 잘 틀어쥐고 부패 현상을 결연히 반대하며 당이 장기집정 하는 상황 속에서 부패하고 변질되는 것을 방지해야 한다.

(다) 반부패의 관건은 상시적, 장기적 추진

시진핑 총서기는 18기 중앙기율위원회 2차 전체 회의에서, "썩고 변질되는 것을 예방하려면 반드시 경종을 오래 울리고 그 관건 중의 하나는 상시적으로 틀어쥐고 다른 하나는 장기적으로 틀어잡는 것이다."[9]고 지적했다. 시진핑은, 반부패에 대한 고압적 태세를 지속적으로 유지하고 무관용 처벌의 태도를 견지해야 한다고 강조했을뿐더러 당이 직면한 과제를

---

8 시진핑: 「중국 특색 사회주의를 견지하고 발전시키는 것을 중심으로 당의 18대 정신을 학습선전하고 관철하자—18기 중공중앙정치국 제1차 집체학습에서 한 연설」, 『18대 이후 중요문헌선집』(상), 중앙문헌출판사, 2014, 81면.

9 중공중앙 기율검사위원회, 중공중앙문헌연구실 편찬: 『당풍 염정건설과 반부패 투쟁에 대한 시진핑의 논술 발췌자료』, 중앙문헌출판사, 중국방정출판사, 2015, 93~94면.

끝내려면 아직 멀어, 반부패 청렴제창 업무는 반드시 상시적, 장기적으로 틀어쥐고 확고한 결심으로 부정부패를 처벌하며 실제 효과를 통해 인민의 신뢰를 획득해야 한다고 강조했다.

소위 '상시적'으로 틀어쥔다는 것은 일정 시기동안 당과 국가의 반부패 업무를 절대 느슨하게 하지 않고 시시각각으로 반부패 업무에 대한 고압적 태세를 유지하며 인민대중의 불만이 강렬한 부패문제를 즉시 처리하고 부패문제의 조사 및 처벌을 통해 대중과 이미 잃었던 당과 정부의 부분적 공신력을 되찾아 오는 것이다. 광범위한 당원간부는 각종 유혹 앞에서 부패에 대한 천연적 면역력이 없어 만약 사상적 방어선을 지켜내지 못해 재물과 미색의 유혹을 이겨내지 못하면 아주 쉽게 부패 바이러스에 감염되고 심지어 부패의 심연에 빠지게 될 것이다. 그러므로 '상시적'으로 잡는다는 것을 강조하는 것은 주로 단기간 내에 부패현상을 엄히 처벌하는 것과 같은 '지엽적 관리' 방식을 통하여 당과 정부의 부패로 인해 대중 속에 발생하는 악영향을 빠르게 만회하고 대중이 직접 느낄 수 있는 단기적 성과로 당과 정부의 공신력을 높이며 차후의 '근본적 관리'를 위한 유리한 조건을 쟁취하는 것이다.

소위 '장기적'으로 잡는다는 것은 반부패 투쟁 전개는 장기적이고 복잡하며 막중함을 가리킨다. 새로운 형세 하에 당이 직면하는 집정 시련과 개혁개방 시련, 그리고 시장경쟁 시련과 외부환경 시련은 모두 장기적이고 복잡하며 엄준하다. 그러므로 "당풍 염정건설과 반부패 투쟁은 하나의 장기적이고 복잡하며 막중한 임무로 한꺼번에 일을 다 해치울 수 있는 것이 아니다."[10] 시진핑 총서기는 사회에 존재하는 반부패 투쟁에 대한 부정확한 인식에 대해, "일각에서는 반부패가 한차례의 바람처럼 잠간 불다가 지나갈 것인 바, 지금은 잠시 머리를 숙여 총알을 피해야 한다고 생각한다. 또다른 일부는 반부패 조사의 강도가 세지면 경제발전에 영향을 미쳐 소비수요 위축을 초래할 것이라 인식하고 심지어 작금의 경제불황으로 인한 압력 증가를 부패 척결 강화이슈에 연결시키고 있다. 그리고 또다른 일부는 반부패로 인해 간부들이 손발이 묶여 보신주의에 급급하고 업무를 보지 않으려 한다고 인식한다."[11]고 지적했다. 이 같은 인식들은 모두 완전히 잘못된 것이다.

반부패의 상시적, 장기적 관리를 강조하는 것은 시진핑 총서기의 반부패 청렴제창 사상의 변증법적 논리를 선명하게 드러낸 것이다. 부패문제와 관련하여 항상 냉철한 두뇌를 유지하고 당풍 염정건설과 반부패 투쟁을 큰 힘으로 틀어잡는 가운데 이를 상시적으로 틀어쥘 결심이 있어야 할뿐더러 느슨함 없이 장기적으로 틀어잡는 끈기도 있어야 한다. 반부패 투쟁에 적극 참여하고 당의 반부패 투쟁 승리에 대한 자신감을 믿으며 부패 현상과의 장기적 투쟁을 위한 인내심을 가져야 한다. 또한 반부패 청렴제창을 하나의 장기적 임무로 삼아 개혁개방과 현대화건설, 그리고 전면적 샤오캉사회 건설의 전 과정에 관통시켜야 한다. 단계적 임무와 전략적 목표를 결합하여 계획적으로 절차에 따라 층층이 추진하고, 꾸준하게 한시도 놓치지 않고 작은 승리를 거듭하여 큰 승리를 이룩하며 부단히 부패

10 중공중앙 기율검사위원회, 중공중앙문헌연구실 편찬: 『당풍 염정건설과 반부패 투쟁에 대한 시진핑의 논술 발췌자료』, 중앙문헌출판사, 중국방정출판사, 2015, 13면.

11 같은 책, 25면.

활동의 생존 공간을 압축하고 부단히 부패 현상이 자생하여 만연하는 토양을 제거해야 한다. 반부패 청렴제창을 하나의 상시적 업무로 삼아 당위원회와 정부업무의 총체적 배치 속에 포함시키고 경제건설, 정치건설, 문화건설, 사회건설, 생태문명건설과 기타 각종 업무와 긴밀히 결합시켜 함께 배치하고 실천하며 함께 검사하고 평가하여 반부패 청렴제창의 각종 요구와 책임을 일상화하고 공백이나 사각지대, 그리고 빈틈을 남기지 않는다.

2. 부패 징벌과 예방체계를 부단히 건전히 해야

부패 처벌 및 예방 체계의 구축은 우리 당의 반부패 청렴제창 이론과 실천의 풍부화와 발전이다. 시진핑 총서기는 18기 중앙기율위원회 2차 전체 회의에서, "권력 운행에 대한 제약과 감독을 강화하고 권력을 제도의 울타리 속에 가두어 감히 부패하지 못하는 징계기제와 부패할 수 없는 방범기제, 그리고 쉽게 부패할 수 없는 보장기제를 형성해야 한다."[12]고 지적했다. 18기 중앙기율위원회 3차 전체 회의에서 시진핑 총서기는, "부패 처벌 및 예방 체계를 건립하고 건전히 하는 것은 국가전략과 상부 설계"[13]로,

---

12 시진핑: 「법에 따라 부패를 엄격히 징벌하고 대중이 강하게 반영하는 돌출한 문제를 해결하는 데 진력한다(依紀依法嚴懲腐敗, 着力解決群衆反映强烈的突出問題)」, 『18대 이후 중요문헌 선집』(상), 중앙문헌출판사, 2014, 136면.

13 중공중앙 기율검사위원회, 중공중앙문헌연구실 편찬, 『당풍 염정건설과 반부패 투쟁에 대한 시진핑의 논술 발췌자료』, 중앙문헌출판사, 중국방정출판사, 2015, 58면.

기율과 법 위반에 대한 조사 및 처리 강도를 높이고 고압적 부패처벌 태세를 유지하여 감히 부패도, 할 수도, 생각도 없게 하는 유효한 기제를 형성해야 한다고 지적했다. 당의 18기 4중전회는 '삼불부(三不腐)' 표현 방법에 대한 미세 조정을 통해 "감히 부패도, 할 수도, 생각도 없게 하는 유효한 기제를 형성하여 부패를 결연히 억제하고 예방할 것"을 제출했다. 19기 중앙기율위원회 3차 전체 회의에서 시진핑 총서기는, "감히 부패도, 할 수도, 생각도 없게 하는 것을 일체적으로 추진과 당과 국가의 감독체계를 건전히 할 것"을 요구했다. 요컨대 18차 당대회 이후 당중앙은 강하게 부패를 처벌하고 고압적으로 부패를 척결하는 동시에 제도건설을 더욱 중시하며 내용은 과학적이고 절차는 엄밀하며 부대적 조치가 완비된 실효성이 있는 부패 처벌 및 예방 체계를 초보적으로 건립했다.

(가) 감히 부패를 저지르지 못하는 징계기제

'감히 부패를 저지르지 못하는' 징계기제는 부패의 시간, 기회, 처벌 등 각종 비용의 상승 강화를 통해 조직 내부에 개선된 징계기제를 설립하고 당조직 내부 부패의 조사 및 처벌 강도를 높여 조직 내 구성원의 부패 범죄에 대한 생각을 단념하도록 하는 것이다. 18차 당대회 이후 시진핑을 핵심으로 한 당중앙은 반부패 투쟁을 새로운 정치적 고도로 제고하고 부패 징벌을 틀어쥐고 놓지 않고, 성역없는 무관용을 견지해 왔다. 당은 당의 기율을 엄숙히 하고 정비 실행을 강화하며 권력의 지대추구를 엄격히 처벌하고, 법 앞에서 사익을 도모하지 않고 특권을 누리지 않으며 부정부패는 반드시 즉시 척결하는 가운데 공공의 이익을 해치며 개인의 잇속을 차리거나 공적 이름으로 사복을 채우는 행위는 큰 대가를 지불하게 하고 중점 영역에 대한 처벌 강도를 강화해 감히 부패를 저지를 수 없는 징계기제를 초보적으로 형성했다.

첫째, 사안 조사 강도를 강화하고 기율과 법에 따라 엄격히 처리한다. 18차 당대회 이후 중앙은 부패현상이 자생하여 만연되는 것을 결연히 억제하고 감히 부패를 저지르는 자는 반드시 대가를 치르게 했다. 시진핑 총서기는, "사안을 확고히 조사 및 처리하는 것은 어느 누구와 싸우려는 것이 아닌 법과 기율을 엄숙히 하기 위함이다"[14], "사안은 반드시 수사하고 부패가 있으면 반드시 징계해야 하며 어떤 누구도 당 기율과 국법을 범하면 기율과 법에 따라 엄숙히 조사 처벌하고 절대로 관용을 베풀지 않으며 당내에 부패자가 숨을 수 있는 곳이 있어서는 안된다."[15]고 제기했다. 부패자에 대해 어떤 사람과 지위고하, 그리고 권력의 크기를 막론하고 발견 즉시 조사 처벌하며 사정을 봐주어서는 안되고 '호랑이'와 '파리'를 함께 때려잡으며 무관용의 태도로 부패를 처벌해야 한다. 대중의 의견이 비교적 많고 강렬하며 현재 중요한 요직에 있어 앞으로도 발탁해 임용할 영도간부에 대해서는 중점적으로 조사하고 처벌해야 한다. 부패 사안의 조사 처리 과정에서 "조사하려 하지 않고, 감히 조사하지 못하며, 조사할 수가 없고 조사 결과가 없는" 금기 구역을 허물어 '성역' 없는 반부패 이념을 수립하고 부정부패는 반드시 척결하는 것을 견지해야 한다. 18차 당대회 이후 기율감찰 기관은 부패사안의 원천 경로에 대한 유효 기제를 확장하고 대중 고발과 회계감사 단서, 그리고 매체 네트워크 등의 경로를 통해 사안의

14 중공중앙 기율검사위원회, 중공중앙문헌연구실 편찬: 『당풍 염정건설과 반부패 투쟁에 대한 시진핑의 논술 발췌자료』, 중앙문헌출판사, 중국방정출판사, 2015, 96면.

15 같은 책, 93면.

단서를 발견하고 전체 인민이 반부패 행열에 동참하여 부패자가 인민의 지탄을 받고 부패자의 요행심리가 자연스럽게 소실되도록 했다. 이와 함께 당위원회의 주체적 책임과 기율위원회의 감독책임을 진지하게 실행하고 기율검사, 심판, 검찰, 공안, 감사 등 기율과 법집행기관 간의 협조 및 조율기제를 구축하며 전체 협력을 형성하여 기율과 법율의 엄숙성을 결연히 수호하고 있다.

둘째, 부패비용을 높여 영도간부가 경외심을 갖도록 해야 한다. 시진핑 총서기는, 부패척결에 있어 "초기 단계와 작은 것부터 틀어잡고 병이 있으면 즉시 치료하며 문제가 발견되면 제때 처리하여 후환을 남겨서는 안된다", "간부마다 '손을 내밀지 말아야 하고 손을 내밀면 반드시 잡힌다'는 도리를 명심하도록 해야 한다", "영도간부는 경외심이 갖고 요행심리를 가져서는 안된다."[16]고 지적했다. 부패동기는 부패로 인해 얻을 수 있는 이익과 부패비용의 비교 관계에서 시작된다. 만약 부패비용이 그다지 높지 않지만 이익공간이 아주 크다면 세상 무서울 것이 없다는 요행심리가 발동한다. 말하자면 부패자는 반드시 독한 약으로 중증을 치료하고 엄한 징벌로 부단히 부패비용을 높여 부패수익을 줄인다면 부패자는 득보다 실이 많다고 판단할 것이다. 부패비용을 높이면 부패자가 정치적으로 지위와 명예을 잃게 되고 경제적으로 가산을 탕진하며 심리적으로 후회막급하게 될 것인 바, 기율과 법을 어긴 자를 정치, 경제, 정신적으로 응분의 대가를 치르게 하고 각종 경미한 기율 위반자는 이를 멈추게 하며 '부패'를 보면

---

16 중공중앙 기율검사위원회, 중공중앙문헌연구실 편찬: 『당풍 염정건설과 반부패 투쟁에 대한 시진핑의 논술 발췌자료』, 중앙문헌출판사, 중국방정출판사, 2015, 98면.

무섭고 부패를 말하면 얼굴색이 변하는 정도가 되야 두려움을 불러일으켜 부패를 효과적으로 억제할 수 있다.

셋째, 해외로 도주한 부패자와 장물에 대한 추적을 강화하여 부패자의 퇴로를 차단해야 한다. 시진핑 총서기는, "도주범과 장물에 대한 추적 업무의 강화는 부패자에게 뒷길을 차단할 것이라는 신호를 강하게 보내는 것으로, 그들에게 두려움의 효과를 형성하여 부패현상이 만연하는 것을 억제할 수 있다."[17], "도주범과 장물에 대한 추적 업무를 당풍 염정건설과 반부패 투쟁의 전체 과정에 포함시켜 반부패 투쟁을 더욱 심화 해야 한다."[18]고 지적했다. 최근에 부패자가 돈을 갖고 해외로 도주하는 현상이 상당히 부각되어 새로운 형세 하에서 부패범죄의 뚜렷한 특징으로 나타나 전 사회적 주목을 받고 있다. 그러므로 반부패는 국내의 '호랑이와 파리를 때려잡는 것'이 아니라 해외의 '여우 사냥'도 중시해야 한다. 부패자의 해외 도주는 법률에 대한 두려움을 축소시켰을뿐더러 국가의 사법주권을 손상하여 부패범죄를 효과적으로 징벌하는 것에 큰 장애가 되어 필연코 더욱 많은 부패자가 모험을 마다 않고 해외로 도주하는 것을 자극하는 악순환을 형성할 것이다. 이 같은 탐관에 대한 추적을 강화하는 것은 당이 기율의 존엄과 법률의 권위를 수호하려는 결심을 선명하게 보여줄 수 있다. 법과 기율이라는 붉은 경계선을 넘어서는 안된다는 것을 분명히 하는 가운데, 이를 넘으서면 법과 기율의 엄숙한 처벌을 받게 될 것임을 알도록 해야 한다. 도주범과 장물의 추적은 반부패 업무의 중점 임무 중의 하나로 부패

---

17 중공중앙 기율검사위원회, 중공중앙문헌연구실 편찬: 『당풍 염정건설과 반부패 투쟁에 대한 시진핑의 논술 발췌자료』, 중앙문헌출판사, 중국방정출판사, 2015, 100면.

18 상동.

의 만연을 억제하는 중요한 수단이자 당심과 민심, 그리고 국가 이미지와 관계된다. 18차 당대회 이후 우리는 다자협정의 국제협력을 강화했고 중대한 특별 행동을 실시하여 부패척결을 위한 촘촘한 그물을 세계로 던져 이미 도주한 부패자가 숨을 곳이 없도록 했고 해외 도주를 기도하는 환상을 버리게끔 했다.

(나) 부패할 수 없는 방범기제

'부패할 수 없는' 것이란, 권력 운영의 규범화를 첫 자리에 놓고 관리 감독을 강화하며 기율을 엄숙히 하고 공개제도를 통해 권력의 음지 조작을 근절하는 것이다. 특히 '책임자(一把手)'에 대한 관리 감독 및 부패 리스크가 비교적 높은 '3중 1대(중대 사안 결정, 중요 간부 임면, 중대 항목투자 결정, 대규모 자금 사용)' 사무에 있어서는 대중의 참여를 통해 투명도와 공신력을 제고하고 부패발생 리스크 확률을 낮추어야 한다. 이와 같은 감독체제는 당내부의 감독기제뿐만 아니라 당외부의 감독기제도 포함한다. 우리 당을 놓고 볼 때 외부의 감독이 필요하지만 근본적으로는 자체 감독을 강화하는 데 있다. 시진핑 총서기는, 당내 감독을 강화하려면 반드시 민주집중제를 견지하고 개선하며 실천하여 당내 감독이 실질적으로 진행되고 실효를 거두어야 한다. 감독제도를 개선하고 감독체계의 상부 설계를 잘 하려면 당의 자아감독을 강화해야 할 뿐더러 국가기구에 대한 감독도 강화해야 한다.[19] 이는 감독제도의 개선으로부터 감독방식의 혁신을, '관건적 소

19 시진핑: 「제18기 중앙기율검사위원회 제6차 전체회의에서 한 연설(在第十八屆中央紀律檢查委員會第六次全體會議上的講話)」, 인민출판사, 2016, 22~23면.

수'를 틀어잡는 것에서 정치생태 정화로 전환을 실현하여 당내 감독의 박약한 부분에 대한 '처방전'을 내놓았을뿐더러 전면적 종엄치당의 제도화를 위한 중요한 기준을 제공했다.

첫째, 민주집중제를 견지하는 것은 당내 감독을 강화하는 핵심이다. 시진핑 총서기는, "당내 감독을 강화하려면 반드시 민주집중제를 견지하고 개선하며 실천하여 민주를 기반으로 하는 집중과 집중의 지도하의 민주를 유기적으로 결합하고 상급이 하급에, 동급 간에, 하급이 상급에 대한 감독을 충분히 동원하여 당내 감독이 실질적으로 실행되는 가운데 실질적 효과를 볼 수 있어야 한다."[20]고 지적했다. 민주집중제는 공산당원의 법보(法寶)이자 적에게 승리하는 유력한 제도적 무기로 효과적이고 과학적이며 근본적인 영도제도 및 조직제도다. 이를 잃어버리거나 이탈하거나 배반할 경우, 당은 변질하여 생기와 활력을 잃고 실패를 초래할 것이다. 민주집중제의 충분한 보장이 없다는 것은 건전하고 유력하게 제약하는 당내 감독이 없다는 것이다. 작금의 당내에는 집중이 부족하고 민주가 부족한 문제가 동시에 존재하고 있다. 일부 당 조직은 연약하고 산만하며 자기 식, 자기 생각대로 하고 있어 당의 노선·방침·정책이 제대로 이행되지 못하고 있다. 일부 영도간부는 독단 및 독선적이며 가부장적이고 개인이 조직 위에 군림하여 당내 민주가 충분히 보장 받지 못하고 영도간부, 특히 책임자의 권력이 효과적으로 제약받지 못하고 있다. 전당적 민주집중제의 관철 및 집행 방면에 존재하는 돌출 문제에 대해 우리는 시진핑 총서기의 요구

20 시진핑: 「제18기 중앙기율검사위원회 제6차 전체회의에서 한 연설」, 인민출판사, 2016, 22면.

에 따라 18차 당대회 이후의 새로운 실천이 제공하는 새로운 경험을 총결하고 당장을 근본으로, 민주집중제를 핵심으로 하여 민주집중제의 운행체제와 기제를 건전히 하고 개선했다.

둘째, 당내 감독제도를 건전히 하는 데 진력하고 감독체계의 상부 설계를 잘해야 한다. 우리 당은 집정당으로 국정운영의 중임을 짊어지고 있어 당이 자아감독을 잘해야만 당을 관리하고 다스리며 국정을 운영하는 각종 임무를 실질적으로 실행할 수 있다. 당은 당을 관리하고 엄격히 다스려야 하며 '관리'와 '다스림'에는 모두 감독을 포함하고 있다. 당내 감독을 강화함에 있어 건전하고 개선된 제도는 보장이 된다. 시진핑 총서기는, 당내 감독을 강화하려면 가장 먼저 당위원회에 대한 감독을 강화해야 한다고 하면서 당위원회의 감독은 전방위적 감독으로 당원에 대한 비판과 교육, 조직처리, 기율처분 등을 포함하고, 당위원회는 간부를 임명해야 할뿐더러 간부를 감독해야 하고 감독이라는 말만 나오면 바로 기율위원회를 생각하거나 혹은 기율위원회에 떠맡기면 안된다[21]고 지적했다. 이와 함께 시진핑은, 감독체계의 상부 설계를 잘하려면 당의 자아감독을 잘해야 할뿐더러 국가기구에 대한 감독도 잘해야 한다고 강조했다. 현행 당내 감독조례는 감독주체가 분산되어 있고 감독의 책임이 불명확하여 감독제도의 시행성 및 실효성이 강하지 못하다. 18차 당대회 이후 우리 당은 당내 감독제도를 건전히 하고 개선하며 당원영도간부의 청렴정치에 관한 약간의 준칙과 중국공산당 기율처분조례, 그리고 순시업무조례 등의 조치를 수정하

21 시진핑: 「제18기 중앙기율검사위원회 제6차 전체회의에서 한 연설」, 인민출판사, 2016, 22면.

여 당내 감독제도의 주요내용을 명확히 하고 건전히 했을뿐더러 당내 감독제도의 건전화는 반드시 중점 돌파와 시대적 병폐에 대한 타깃성을 갖추어야 함을 강조했다.

셋째, 책임자에 대한 감독을 강화해야 한다. 책임자는 지도부에서 핵심적 지위에 있고 특수한 영향력을 갖고 있을뿐더러 정책결정 및 집행에 대해 관건적 역할을 하며 전면적 책임을 지고 있다. 영도간부의 책임이 막중할수록 지위가 중요할수록 감독을 강화해야 한다. 시진핑 총서기는, "각급 지도부의 책임자는 '관건적 소수' 중의 '관건적 소수'다. 책임자의 기율과 법률의 위반행위는 촉매작용과 연쇄반응을 쉽게 불러오고 심지어 지역적, 시스템적, 붕괴적 부패를 가져올 수 있다."[22]라고 지적했다. 많은 부패사안에서 드러나다시피 책임자에 대한 관리 감독이 항시 박약한 부분으로 시급히 해결해야 한다. 책임자 부패의 원인은 아주 복잡한데 이중 중요한 원인은 감독의 미흡함에 있다. 현재, 각급 책임자에 대한 감독은 효과적 기제와 방법이 부족하여 일부 지역과 부문의 책임자는 장기적으로 감독의 '진공지대'에 처해 있다. 책임자에 대한 감독이 어려운 원인은 권력의 지나친 집중에 있다. 18차 당대회와 18기 3중전회, 그리고 18기 4중전회는 정책결정의 과학성과 집행의 결연함, 그리고 유력한 감독의 권력운행체계를 구축하는 것에 대한 명확한 요구를 제출했다. 시진핑 총서기는 각급 당조직에, "감독을 위한 '감시 카메라'를 많이 설치하여 책임자가 당조직, 당원, 대중의 감독 하에 있도록 해야 한다"[23]고 요구했다. 상급이 하급에게, 특히

22 시진핑: 「제18기 중앙기율검사위원회 제6차 전체회의에서 한 연설」, 인민출판사, 2016, 27면.

23 시진핑: 「제18기 중앙기율검사위원회 제6차 전체회의에서 한 연설」, 인민출판사, 2016,

상급 책임자의 하급 책임자에 대한 감독이 가장 실효성 있다. 상급 당조직은 하급 책임자의 일상적 사상과 업무, 그리고 생활상황을 이해하고 간부와 대중의 하급 책임자 문제에 대한 반응에 유념하며 하급 지도부 구성원의 하급 책임자에 대한 의견을 많이 경청해야 한다. 당원 및 간부는 당의 회의와 간부발탁, 그리고 영도간부의 사상 및 업무 실태와 당풍 염정건설 등의 부분에서 책임자에 대한 감독을 실시해야 한다.

넷째, 순시제도의 역할을 발휘한다. 시진핑 총서기는, "순시는 당장이 부여한 중요 직책으로 당건설을 강화하는 중요한 조치이자 종엄치당과 당 기율 수호를 위한 중요한 수단으로 당내 감독을 강화하는 중요한 형식이다."[24]라고 지적했다. 순시업무는 당풍 염정건설과 반부패 투쟁을 중심으로 진행하며 그 목적은 문제를 발견하고 반영하는 것이다. "순시에서 발견된 문제와 단서를 분류 및 처리하고 전면적 계획을 중시하며 모든 사안에 귀결이 있도록 힘을 집중해야 한다."[25] 18차 당대회 이후 당중앙은 순시업무를 고도로 중시했고 시진핑 총서기는 차례로 10여 차례의 중요한 연설을 통해 순시업무의 강화와 개선에 대한 일련의 중요한 정책결정 및 배치를 하고 당풍 염정건설과 반부패 투쟁에 집중하여 '4가지 진력'(순시대상 감독에서 집중하는 네가지 분야)을 중심으로 문제를 발견하고 두려움 효과를 형성하며 전면적 순시를 통해 "전국이 하나의 장기판"과 같은 중앙순시업

28면.

24 중공중앙 기율검사위원회, 중공중앙문헌연구실 편찬: 『당풍 염정건설과 반부패 투쟁에 대한 시진핑의 논술 발췌자료』, 중앙문헌출판사, 중국방정출판사, 2015, 107면.

25 시진핑: 「제18기 중앙기율검사위원회 제6차 전체회의에서 한 연설」, 인민출판사, 2016, 25면.

무방침을 실시했다. 순시의 포지션, 내용, 방식, 책임, 성과운용, 정비개선, 체제기제 등의 방면에서 순시업무의 심층적 전개를 효과적으로 추진하여 순시효과가 뚜렷이 향상되었다. 순시는 이미 당풍 염정건설과 반부패 투쟁의 중요한 플랫폼이 되었고 당내 감독과 대중감독을 결합한 중요한 방식이자 상급 당조직이 하급 당조직을 감독하는 중요한 수단이 되어 전면적 종엄치당을 위한 튼튼한 버팀목을 제공했다.

다섯째, 권력운행에 대한 제약과 감독을 강화하고 권력이 양지에서 운행될 수 있는 것을 보증해야 한다. 시진핑 총서기는, “햇빛은 가장 좋은 방부제다. 권력운행이 햇빛을 보지 못하거나 선택적으로 본다면 공신력은 수립될 수 없다.”[26] 왜냐하면 “영도간부 수중에 있는 권력은 모두 당과 인민이 부여한 것으로 영도간부의 권력사용과 정확성 여부, 그리고 잘 사용하는 지에 대한 여부는 당연히 당과 인민의 감독을 받아야 하기 때문이다.”[27]라고 지적했다. 모든 공직자는 “공중의 감독 하에서 일해야만” 승진과 치부, 그리고 개인의 특수이익을 추구하는 것을 효과적으로 방지할 수 있다. 권력이 양지에서 운행되도록 하는 것은 권력의 남용으로 부패가 자생하는 것을 방지하기 위함이다. 이는 개혁을 통해 부단히 부패척결의 체제기제를 혁신하는 것이 필요하다. 오직 제도가 명확해야만 집행자가 따르고 감독자는 근거를 가질 수 있으며 과학적 제도만이 권력의 남용을 방지하는 제도적 보장을 형성할 수 있다. 18차 당대회 이후 당중앙은 권력운

---

26 시진핑: 『엄격한 집법, 공정한 사법(嚴格執法, 公正司法)』, 『18대 이후 중요문헌선집』(상), 중앙문헌출판사, 2014, 720면.

27 시진핑: 「법에 따라 부패를 엄격히 징벌하고 대중이 강하게 반영하는 돌출한 문제를 해결하는 데 진력한다」, 『18대 이후 중요문헌선집』(상), 중앙문헌출판사, 2014, 136면.

행에 대한 제약과 감독체계 문제를 강화하는 것과 관련된 일련의 규정을 제정하고 요구를 제출하며 조치를 채택했는데 이는 우리 당이 장기적 탐색 과정에서 축적한 최신의 성과로 시대적 특징과 중국특색을 갖춘, 권력운행에 대한 제약 및 감독의 총체적 사고를 체현한 것이다. 이중 제도로 권력과 업무, 그리고 사람을 관리하는 것은 근본이고 인민이 권력을 감독하는 것은 감독주체에 대한 명확한 재천명이며 권력이 햇빛 아래에서 운행되는 것은 인민이 권력을 감독하고 제도가 권력을 단속하는 전제이다.

(다) 부패할 생각이 없도록 하는 자율기제

"부패할 생각이 없게 하는" 것은 부패를 원천적으로 예방하고 처벌하는 것으로 사상과 의식에서 영도간부의 자율교육을 강화하고 행위를 규범화하며 부패행위의 발생을 근절하는 것으로 염정건설 추진의 관건이다. 이는 영도간부를 '감히 부패하지 않고', '부패할 수 없는 것'에서 '부패할 생각이 없는 것'으로 변화시키는 것으로 반부패 투쟁 속에서 영도간부가 확고한 이상과 신념을 수립하고 주지의식을 증강하며 부단히 개인적 수양을 제고하고 청렴과 자율의 도덕적 지조를 준수하여 마음속 깊은 곳에서 부터 부패할 생각이 없도록 하는 것이다. 시진핑 총서기는, "이상과 신념을 확고히 하고 공산당원의 정신적 추구를 견지하는 것은 시종일관 공산당원이 근심없이 생활할 수 있는 근본이다. 마르크스주의에 대한 신앙과 사회주의 및 공산주의에 대한 신념은 공산당원의 정치적 영혼이자 공산당원이 어떠한 시련도 이겨낼 수 있는 정신적 지주다."[28]라고 지적했다.

28 시진핑::「중국 특색 사회주의를 견지하고 발전시키는 것을 중심으로 당의 18대 정신을

공산당원이 '금강불괴지신(金剛不壞之身)'을 단련하려면 반드시 자신의 정신적 정원을 부단히 가꾸고 세계관과 인생관, 그리고 가치관 문제를 잘 해결하며 사상의 방어선을 튼튼히 축조해야 한다. 반부패 청렴제창 건설의 추진은 반드시 당원간부의 사상적 자질과 도덕적 수양을 부단히 제고하고 썩고 변질되는 것을 막을 수 있는 자율의 기석을 튼튼히 축조하여 사상의 '제방'으로 부정부패의 침입을 막아야 한다.

첫째, 공산주의의 이상과 신념에 대한 교육을 강화해야 한다. 시진핑 총서기는, "이상과 신념은 공산당원의 정신적 '칼슘'으로 이상과 신념이 없거나 확고하지 못하면 정신적 '칼슘 결핍'으로 인해 '골연화증'에 걸릴 것이다."[29]고 지적했다. 이상과 신념을 확고히 하고 공산당원의 정신적 추구를 견지하는 것은 시종일관 공산당원이 안신입명하는 근본이다. 당원간부가 진정으로 '부패할 생각이 없는 것'을 실현하려면 신앙의 확고함이 가장 중요하다. 영도간부가 당의 목표에 반신반의하고 당의 주지에 면종복배한다면 입당은 당의 지도사상과 이론기초에 대한 인정을 기반으로 한 것이 아니기 때문에 관료의 마지노선을 확고히 지켜낼 수가 없다. 각종 유혹이 닥쳐올 때, '달콤한 유혹을 입은 폭탄' 앞에 쓰러지게 되는 것이다. 정력(定力)은 확고한 의지와 헌신적 마음, 그리고 희생정신에서만 비롯되고 이 모든 것은 신앙이라는 버팀목을 필요로 한다. 그러므로 이상과 신념은 영도간부의 정신적 '칼슘'이자 사상과 행동의 '마스터 밸브', '주개폐기'와 같고 이상과 신념이 확고하지 못하거나 이상과 신념이란 버팀목이 없다면

학습선전하고 관철하자—18기 중공중앙정치국 제1차 집체학습에서 한 연설」, 『18대 이후 중요문헌선집』(상), 중앙문헌출판사, 2014, 80면.

29 상동.

정신은 '칼슘 결핍'으로 인해 '골연화증'에 걸려 사상적으로 부패하려는 생각이 자생하게 된다. 오직 이상과 신념을 확고히 하고 '금강불괴지신'을 단련해야만 영도간부는 근본적 시비와 선악의 판단에서 기치를 분명히 하며 격랑의 시련과 각종 유혹의 앞에서도 두려움 없이 확고한 입장을 견지하여 관건적인 시각에 의지할 수 있고 믿을 수 있으며 마음 놓을 수 있다.

둘째, 주지의식을 강화하고 수중의 권력을 정확히 사용해야 한다. 시진핑 총서기는, "하나의 정당과 정권의 전도와 명운은 결국 인심의 향배에 달려있다."[30]고 지적했다. 시종일관 전심전력으로 인민을 위해 봉사하는 근본주지를 견지하는 것은 지속적으로 인민의 옹호와 추대를 받을 수 있는 근본적 원인이다. 전심전력으로 인민을 위해 봉사하는 것은 우리 당이 집정하는 출발점과 입각점이다. 집정 과정에서 당의 권력은 인민이 부여한 것으로 각 간부는 모두 권력의 행사자이지 권력의 소유자가 아니며 단지 인민대중의 이익을 대표하여 일부 구체적 권리를 관리하고 사용할 뿐으로 그 근본적 목적은 광범위한 인민대중을 위해 이익을 도모하는 것이다. 잘못된 권력의 행사 여부를 가늠하는 근본의 기준은 권력 사용이 인민의 염원에 부합되는지 여부와 인민의 근본적 이익을 대표하는지 여부를 살펴 보아야 한다. 그러므로 당원 영도간부는 반드시 인민을 위해 봉사하고 헌신하는 것을 자신의 선명한 정치 입장으로 삼고 인민복지 실현과 발전을 모든 업무효과를 점검하는 첫 번째 기준으로 삼아야만 당의 집정지위가 보다 광범위하고 탄탄한 대중기초를 획득할 수 있다. 당성교육과 당

---

30 중공중앙 기율검사위원회, 중공중앙문헌연구실 편찬: 『당풍 염정건설과 반부패 투쟁에 대한 시진핑의 논술 발췌자료』, 중앙문헌출판사, 중국방정출판사, 2015, 6면.

성수양을 잘 틀어잡고 광범위한 당원 및 간부를 교육하고 인도하며 정확한 세계관과 권력관, 그리고 사업관을 확고히 수립하도록 하여 시종일관 정치적 입장이 굳건하고 부단히 주지의식을 증강하며 당의 영광스러운 전통과 우수한 기풍을 고양하여 권력과 금전, 그리고 미색의 유혹을 이겨낼 수 있도록 해야 한다.

셋째, 사상도덕건설을 강화하고 사상의 방어선을 든든히 구축해야 한다. 시진핑 총서기는, "청렴하고 자율적이 되려면 반드시 사상의 방어선을 축조하고 주관적 세계에 대한 개조를 강화하며 정확한 세계관, 인생관, 가치관을 수립하고 당성수양을 강화하여 밝은 거울로 수양하고 이를 신조로 승화해야 한다. 적막함을 이기고 청빈을 감내할 수 있어야 한다."[31]고 지적했다. 사상도덕건설은 종래로 당이 당원간부의 도덕적 수양을 제고하고 당원간부대열 건설을 추진하는 중요한 경로로 당 업무의 중요한 구성 부분이다. 작금의 복잡한 사회환경 속에서 당원간부는 오직 자신의 사상도덕 수양을 중시하고 정확한 세계관, 인생관, 도덕관을 확정해야만 각종 사상과 관념, 그리고 사조와 문화 충격을 이겨낼 수 있고 형형색색의 각종 유혹 앞에서도 불패의 자리를 지킬 수 있으며 민심을 얻고 사업의 성과를 취득하여 공산당원의 정치적 본색을 지속적으로 유지할 수 있다. 당원간부의 청렴정치에 대한 사상도덕의 기반을 다지고 썩고 변질되는 것을 막는 사상도덕의 방어선을 구축하려면 반드시 도덕건설을 틀어잡고, 광범위한 당원 및 간부가 모범을 보이며 사회주의 가치관을 실천하도록 교육하여

31 중공중앙 기율검사위원회, 중공중앙문헌연구실 편찬: 『당풍 염정건설과 반부패 투쟁에 대한 시진핑의 논술 발췌자료』, 중앙문헌출판사, 중국방정출판사, 2015, 146면.

인도하고 양호한 도덕기풍을 수립하여 사회주의 도덕의 시범인과 성실한 기풍의 인솔자, 그리고 공평 정의의 수호자가 되어 공산당원의 고상한 품격과 청렴한 지조를 유지할 수 있도록 해야 한다.

3. '호랑이'와 '파리'를 함께 때려잡는 것을 견지해야

개혁의 심화와 시장경제발전과 함께 경제체제와 사상관념, 그리고 이익구도 등에서 거대한 변혁이 발생하여. 반부패 투쟁은 더욱 복잡하고 부패현상은 일부 중점 영역과 관건적 단계에서 여전히 빈발하고 있으며 '호랑이'는 물론 '파리'도 출현하고 있다. 시진핑 총서기는, "'호랑이'와 '파리'를 함께 때려 잡는 것을 견지하고 영도간부의 기율 및 법에 대한 위반사안을 결연히 조사하고 처벌해야 할뿐더러 대중 신변에서 발생하는 불량기풍과 부패문제도 확실히 해결해야 한다. 당 기율과 국법 앞에서는 예외가 있을 수 없고 어떤 인물과 관련되던 모두 끝까지 수사하고 절대 관용을 베풀지 말아야 한다."[32]고 지적했다. 18차 당대회 이후 시진핑 총서기는 '호랑이'와 '파리'를 함께 때려 잡을 것을 제출하고 반부패 강도를 부단히 강화하여 부패징벌의 고압적 태세를 유지하며 당의 신체 건강에 해를 끼치는 악성종양을 제거하고 당심과 민심을 진작시키며 당의 대오를 순결히 하여 당 전체와 전국인민의 일치된 호응을 이끌어 냈다. '호랑이'와 '파리'

32 시진핑: 「법에 따라 부패를 엄격히 징벌하고 대중이 강하게 반영하는 돌출한 문제를 해결하는 데 진력한다」, 『18대 이후 중요문헌선집』(상), 중앙문헌출판사, 2014, 135면.

를 함께 때려 잡는 것은 신시대 반부패 투쟁의 필연적, 전략적 선택으로 부패가 빈발하는 시기를 벗어나는 가장 최적의 경로 선택이자 깊은 내포와 전략적 의의를 갖고 있다.

(가) 무관용 태도로 부패를 징벌해야

무관용은 부패현상에 대해 추호의 인내와 관용도 없이 반드시 척결하는 것을 가리킨다. 시진핑 총서기는 18기 중앙기율위원회 3차 전체 회의에서 행한 연설을 통해, 반부패에 대한 고압적 태세를 계속해서 유지하고 무관용의 태도로 부패를 징벌해야 한다고 지적했다. 또한 시진핑은 당 18기 4중전회 2차 전체 회의에서, 반부패 투쟁을 심층적으로 추진하고 고압적 태세를 계속 유지하며 무관용의 태도와 독한 약으로 병을 치료하는 결심은 변함이 없어야 하고 뼈를 깍아 독을 치료하는 용기를 버리지 않으며 엄격한 처벌의 척도를 늦추지 않는 가운데 포착 즉시 모두 조사하여 처벌하고 목표치와 상한선 등을 설정하지 않은 채 부정부패를 철저히 제거해야 한다고 다시 한번 지적했다. 이는 중앙의 반부패 문제에 대한 굳건한 의지와 확고한 결심을 충분히 표명한 것이자 무관용의 태도는 부패를 예방하는 필요조건임을 설명한 것이다.

부패에 대한 무관용은 우리 당의 성격과 주지에서 비롯되었다. 시진핑 총서기는, "'호랑이'와 '파리'를 함께 때리고 부정부패는 반드시 척결하는 것을 견지하며 최대한의 힘을 들여 부패문제를 해결하여 깨끗하고 바른 당풍과 정풍, 그리고 사회기풍을 적극 조성하며 부단히 반부패 청렴제창의 새로운 성과로 인민의 신임을 득해야 한다."[33]고 지적했다. 당의 '2개의 선봉대' (노동자 계급의 선봉대, 중국인민과 중화민족의 선봉대)속성과 전심전력으로 인민을 위해 봉사하는 근본적 주지는 당이 어떠한 부패에 대해서도 무관용 할 것임을 결정했다. 부패문제와 관련하여 시진핑 총서기는, 부정부패는 반드시 척결하고 종엄치당의 입장을 견지하며 각급 영도간부의 기율 및 법에 대한 위반 사안에 대해 엄히 조사하여 처벌하고 대중 신변에서 발생하는 부정기풍을 철저히 해결하며 실제 행동과 실질적 조치를 통해 '호랑이'와 '파리'를 함께 때려 잡는 것을 견지해야 한다고 수차례 강조했다.

부패에 대한 무관용은 당조직에 대한 기본적 요구다. 무관용의 태도로 부패를 징벌하는 것은 각급 당위원회와 기율위원회에 대한 기본적 요구다. 각급 당조직은 부패 만연을 결연히 억제하는 것을 중요 임무로 삼아 반부패 업무에 대한 영도를 더욱 강화해야 한다. 이와 함께 모든 당원간부가 자신에게 요구하는 무관용 태도에 따라 "청렴결백의 의지를 확고히 하여 부패의 마음이 전혀 없어야만" 부패를 멀리할 수 있다.

18차 당대회 이후 우리 당은 부패문제 징벌에 있어 태도가 결연했고 계속해서 무관용의 태도로 반부패 업무를 견지했으며 부정부패는 반드시 척결했다. 어떤 사람이나 지위고하와 권력의 크기를 막론하고 국가 법률과 당 기율을 건드렸다면 철저하게 수사하고 절대 봐주지 않았다. 부패에 대한 무관용은 18차 당대회 이후 반부패 업무의 성공 경험을 과학적으로

33 중공중앙 기율검사위원회, 중공중앙문헌연구실 편찬: 『당풍 염정건설과 반부패 투쟁에 대한 시진핑의 논술 발췌자료』, 중앙문헌출판사, 중국방정출판사, 2015, 130면.

총결한 것이다.

(나) '호랑이'와 '파리'를 함께 때리는 것은 반부패 투쟁의 전략적 선택

'호랑이'는 권세와 높은 지위를 누리며 부패를 저지르고 악영향을 미치는 영도간부를 가리킨다, '파리'는 기층에서 대중의 이익에 해를 끼치는 일반 간부를 말한다. 부패 징벌에서 우선 공격 대상은 '호랑이' 이지만 대중이 '파리'로 인한 직접적인 고통 또한 무시할 수 없다. 이 때문에 시진핑 총서기는, '호랑이'와 '파리'를 함께 때려 잡는 것을 강조했는데 이는 대중이 바라는 바이고 반부패의 긍정적 에너지를 효과적으로 보여주는 것이다.

'호랑이'와 '파리'를 함께 때리는 것은 새로운 반부패 투쟁의 전략적 선택으로 지속적으로 꾸준히 견지해야 한다. 만약 '호랑이'를 때리는 것에만 집중하고 '파리'를 때려 잡는 것에 소홀하면 '파리'가 자생하고 기승을 부리며 당풍과 정풍에 엄중한 손상을 입히고 사회적 기풍도 오염시킨다. 또한 '파리' 때리기만 집중하고 '호랑이' 때리기를 소홀히 한다면 병을 키우는 꼴이 되어 결국 일부 지역 및 부문의 법률과 제도의 중요한 관문이 무너지고 엄중하면 당 집정의 기초까지 흔들수 있다. 실제로 대다수의 '호랑이'와 '파리'는 각자 따로 존재하는 것이 아니고 종종 상호 밀접한 이익의 교환 및 송출 관계에 있다. 한 마리의 '호랑이' 주변에는 반드시 한 무리의 '파리'가 있고 '파리'는 '호랑이'이라는 후원자를 필요로 한다. '호랑이'와 '파리'는 늘 패거리를 만들어 작당하는 이익공동체다. 그러므로 '호랑이'와 '파리'를 함께 때려 잡아야 '호랑이'와 '파리'의 공생관계를 타파하여 연동효과를 거둘 수 있다.

'호랑이'를 때려 잡으려는 결심이 있어야 한다. 시진핑 총서기는, "우

리 당은 고위급 간부를 포함한 일부 당원간부의 엄중한 기율 위반 문제를 조사하고 처벌하는 것에 대한 굳건한 결심과 선명한 태도를 보였는데 이는 전체 당과 사회에 어떤 사람이나 직위고하를 막론하고 당 기율과 국법을 어겼다면 반드시 엄한 추궁과 엄격한 처벌을 받고 이는 절대 빈말이 아님을 표명한 것이다."[34]라고 지적했다. '호랑이' 등 중대· 중요사안은 비록 관련 범위가 좁지만 그 영향은 극히 나빠 당과 국가에 지대한 손실을 초래하고 사회가 고도로 주목하며 대중의 반향은 강렬해 '호랑이'를 때릴 것인가, 감히 때릴 수 있겠는가, 그리고 중대·중요 사안을 조사할 것인가 여부는 반부패 결심을 검증하는 중요한 척도가 된다.

'파리'를 없애는 역량과 박력을 유지해야 한다. '파리'소멸이란, 대중 신변에서 발생하는 불량기풍과 부패문제를 엄격히 처벌하는 것으로, 소소한 부정부패와 겉치레 낭비, 그리고 공공의 이름으로 사복을 채우는 것 등의 현상을 포함한다. 이 같은 문제들은 대부분 대중의 지척에서 발생하여 그 영향이 깊고 범위도 커, 당과 국가의 이미지에 먹칠을 하고 인민에게 손해를 끼치고 있는데 이를 단호히 바로잡고 조사하여 처리하지 않으면 대중의 반부패에 대한 믿음과 지지, 그리고 참여 열정을 잃어 버려 반부패 업무는 대중기초를 상실하게 된다. 대중의 이익에 손해를 끼치는 불량기풍과 돌출된 문제에 대해 엄격히 조사하여 처벌하며 문책하고 직접적 책임자를 엄숙히 처리하며 영도의 책임을 추궁하여 '파리'가 얻을 이익도, 이익을 얻을 방법도 없게 만들어 명리를 위해 수단과 방법을 가리지 않는 자들

---

34 시진핑: 「법에 따라 부패를 엄격히 징벌하고 대중이 강하게 반영하는 돌출한 문제를 해결하는 데 진력한다」, 『18대 이후 중요문헌선집』(상), 중앙문헌출판사, 2014, 135면.

이 은신처가 없도록 해야 한다.

(다) '호랑이', '파리'를 함께 때리는 관건은 제도건설의 강화

'호랑이'와 '파리'를 함께 때리는 것에 제도건설은 보증이 된다. 현재 부패문제가 빈발하는 중요한 원인은 제도가 완전치 않고 관리가 엄하지 않아 부패가 자생할 수 있는 틈을 남기는 허점을 제공한 데 있다. 이에 '호랑이'와 '파리'를 함께 때리는 과정에서 제도의 충분히 관철과 시행의 확보가 바로 관건이다. 우선, 제도건설의 핵심은 실효성에 있다. 아무리 완비된 제도라도 징벌과 두려움 효과를 발휘할 수 없다면 그것은 종이 호랑이와 허수아비에 불과하다. 다음, '호랑이', '파리'를 함께 때리는 것을 견지해야만 제도의 작동 속에서 기존 제도의 결함과 허점을 발견할 수 있어 타깃성 개선과 혁신으로 제도의 울타리를 단단히 조일 수 있다. 마지막으로, '호랑이', '파리'를 함께 때리는 것은 새로운 제도건립에 유리하다. '때리기' 과정과 제도건설은 상호 보완적이자 통일된 것이다. '호랑이', '파리'를 함께 때리는 과정에서 새로운 제도의 건립과 개선을 촉진할 수 있다. 이를 통해 각 방면의 제도는 총체적, 전면적 추진을 실현하고 제도의 울타리를 단단히 옭아매어 권력을 제도의 울타리에 더욱 잘 가둘 수 있다.

'호랑이'와 '파리'를 함께 때리는 것을 반드시 법률의 틀에 포함시켜 법에 따라 진행해야 한다. '호랑이'와 '파리'를 함께 때리려면 반드시 법률 규정에 따라 전개하고 법률규범에 따라 반부패 책략과 방식을 추진해야 한다. 법률의 시각에서 볼 때, 큰 탐관과 작은 탐관은 범죄의 성격상 본질적 구분이 없어 모두 상응하는 법률 제재와 처벌을 받아야 한다. 그러므로 '호랑이'와 '파리'를 함께 때리는 것은 반드시 법률을 근거로 해야 하고 부패에 대한 무관용 태도로 조기에 작을 때부터 틀어 잡아야 하며 '파리'의 요행심리와 편승심리를 철저히 없애 부패를 맹아 상태에서 소멸해야 한다. 반부패 과정에서 법률의 위협력과 존엄을 체현하여 법률이 어떤 권력도 넘어설 수 없는 마지노선이자 어떤 자도 건드릴 수 없는 고압선이 되도록 해야 한다.

'호랑이'와 '파리'를 함께 때리는 데 있어 책임을 실행하는 것은 관건적 단계다. 반부패 체제와 기제에 대한 개혁과 혁신도 중요하지만 책임을 명확히 하고 책임을 실행하는 것은 더욱 중요하다. 책임을 논하지 않고 책임추궁이 없다면 아무리 좋은 제도라도 결국 종이 호랑이와 허수아비에 지나지 않는다. 당풍 염정건설의 책임제를 이행하려면 당위원회가 주체책임을 지고 기율위원회가 감독책임을 져야 한다. 이중 당위원회의 주체책임 이행 여부는 반부패 투쟁의 전반적 국면에 영향을 주는 관건이다. 당위원회가 반부패에 대한 주체책임을 지고 기율위원회의 감독책임이 이행되는 가운데 무관용 태도로 부패를 징벌하는 업무를 장기적으로 견지해야만 우리 당은 인민에게 합격된 집정 답안지를 제출할 수 있다.

4. 반부패 청렴제창 교육과 염정문화 건설 강화

시진핑 총서기는 18기 중앙기율검사위원회 2차 전체 회의의 연설을 통해, "반부패 청렴제창 교육과 염정문화 건설을 강화하여 영도간부가 이상과 신념을 확고히 하도록 독려하고 공산당원의 고상한 품격과 청렴결백한 지조를 유지하며 썩고 변질되는 것을 방지하는 능력을 제고하고 전

사회적으로 깨끗하고 청렴정직한 가치이념을 배양하여 맑고 바른 기풍이 고양되도록 해야 한다."[35]고 강조했다. 18기 중앙정치국 5차 집체 학습에서 시진핑은, "우리 나라의 반부패 청렴제창 역사를 연구하고 중국 고대의 염정문화를 이해하며 역사 속의 반부패 청렴제창의 성과와 득실을 고찰해 보면 깊은 깨우침을 얻을 수 있어 역사의 지혜를 통해 반부패 청렴제창을 추진하는 데 유리하다."[36]고 다시 한번 강조했다. 이 같은 방면에서 중국 역사상 형성되고 보존된 대량의 사상적 유산은 비록 봉건사회의 찌꺼기도 남아 있지만 수 많은 관점에서 오늘날까지 여전히 풍부한 계몽적 의의를 주고 있다. 중국 역사 속의 우수한 염정문화를 적극 참조하여 반부패 청렴제창 교육과 염정문화 건설을 적극적으로 강화하는 것은 반부패 투쟁을 심층적으로 추동하는 데 유리하다.

(가) 반부패 청렴제창 교육은 반부패의 기초적 업무

반부패 청렴제창 교육은 당의 사상 및 정치 업무의 중요한 구성부분으로 반부패 청렴제창의 기초 업무이자 부패 징벌과 예방체계의 중요한 내용으로 부패를 효과적으로 예방하는 중요 수단이다. 반부패 청렴제창 교육 강화는 당원간부의 정치사상적 각오를 제고하고 당원간부가 썩고 변질되는 것을 예방하는 능력을 증강시켜 부패를 원천적으로 예방하고 다스리는 것에 있어 매우 중요한 의미를 갖는다. 반부패 청렴제창의 선전교육

---

35 시진핑: 「법에 따라 부패를 엄격히 징벌하고 대중이 강하게 반영하는 돌출한 문제를 해결하는 데 진력한다」, 『18대 이후 중요문헌선집』(상), 중앙문헌출판사, 2014, 135면.

36 시진핑: 「역사의 지혜로 반부패 청렴제창 건설을 추진(運用歷史智慧 推進反腐倡廉建設)」, 『시진핑 국정운영을 논하다(習近平談治國理政)』, 외문출판사, 2014, 390면.

은 일종의 체계적 공정으로 사회 각 방면의 역량이 공동으로 노력하는 것이 필요하다. 우리 당은 실천과 탐색을 근거로 반부패 청렴제창의 선전교육은 반드시 당위원회가 통일적 영도를 견지한다는 것을 제출하고, 당과 정부가 함께 틀어쥐고 관리하며 기율위원회는 조직적으로 조율하고 관련 부서는 긴밀히 협력하며 각자의 능력을 다하고 광범위한 간부와 대중이 다양한 형식으로 적극 참여하여 전체적으로 힘을 합치는 선전교육 업무 구도를 형성했다.

이상과 신념에 대한 교육 강화는 관건이다. 시진핑 총서기는, "마르크스주의에 대한 신앙과 사회주의 및 공산주의에 대한 신념은 공산당원의 정치적 영혼이자 공산당원이 모든 시련을 이겨낼 수 있는 정신적 지주다."[37]라고 지적했다. 이상과 신념은 우리 당과 민족을 지탱하는 영혼으로 정치하는 관료가 되고 덕을 세워 처신하려면 이상과 신념이 근본적 지침이 된다. 영도간부는 부지런히 수양하고 '칼슘'을 항상 보충하며 굳건한 신념으로 당에 충성하고 시시각각으로 냉철한 두뇌와 확고한 정치적 입장, 그리고 정치적 정력(定力)을 유지해야만 반부패 청렴제창의 사상적 방어선을 든든히 구축할 수 있다.

법제와 기율에 대한 교육 중시는 중점이다. 2015년 6월 26일, 중공중앙정치국 24차 집체 학습에서 시진핑 총서기는, "법규제도 의식을 강화하고 당 전체에서 법규제도 선전교육을 전개하며 광범위한 당원 및 간부가 확고한 법치의식과 제도의식, 그리고 기율의식을 수립할 수 있도록 이끌

37 시진핑: 「중국 특색 사회주의를 견지하고 발전시키는 것을 중심으로 당의 18대 정신을 학습선전하고 관철하자—18기 중공중앙정치국 제1차 집체학습에서 한 연설」, 『18대 이후 중요문헌선집』(상), 중앙문헌출판사, 2014, 80면.

어야 한다."[38]고 지적했다. 기율과 법을 준수하는 것은 정치 참여자의 기본적 자질이다. 법제와 기율 교육은 모든 당원간부가 자신의 법률관념과 기율관념을 형성하는 필수적 경로로 양호한 법제기율교육은 엄격하게 법에 따라 일하는 능력을 증강하고 시비를 명백히 판단하는 능력을 제고하며 면역력을 증강시켜 부패와 타락의 함정을 멀리하는 가운데 법률무기를 활용하여 부패 현상과 투쟁하는 것을 배우고 사회의 공정과 정의를 수호할 수 있도록 한다. 당 18기 4중전회는, 의법치국을 중국의 기본적 치국(治國) 방략으로 확정하고 의법 행정을 당원간부가 직책을 이행하는 기본 능력이 되도록 할 것을 강조했다. 당원간부의 법치의식에 대한 지속적 강화를 통해 당원간부의 법치관념을 강화하고 당원간부의 법치사유를 배양하여 당원간부가 "자발적으로 법을 수호하고 일에 부딪치면 관련 법을 찾고 문제해결은 법에 의지하는 것"[39]을 이행하도록 해야 한다.

전통미덕에 대한 교육 강화는 중요한 임무다. 중국의 전통미덕, 특히 청렴·자율에 관한 도덕규범 방면에서 풍부한 내포와 심원한 영향력을 갖고 있어 중화민족의 생존과 발전의 정신적 부와 문화적 원천을 형성했다. 현재 사람들의 정신생활이 날로 다원화되는 가운데 오직 우수한 전통도덕이 일상의 학습과 생활 속에 관통되고 그것이 현실적 가치와 교육적 의의를 최대한 발휘해야만 정확한 인생관과 가치관을 수립할 수 있고 진선미와 허위·악함·추함을 판별할 수 있는 능력을 제고하며 양호한 행위규범을 양성하여 한명의 합격된 인민의 공복(公僕)이 될 수 있다.

---

38 『합격된 공산당원으로(做合格共産黨員)』, 인민출판사, 2016, 109면.

39 『중국공산당 제18기 중앙위원회 제4차 전체회의 문건 총집(中國共産黨第十八屆中央委員會第四次全體會議文件滙編)』, 인민출판사, 2014, 49면

(나) 염정문화의 건설을 강화하고 맑고 바른 기풍을 고양

시진핑 총서기는 18기 중앙기율검사위원회 2차 전체 회의의 연설을 통해, "반부패 청렴제창 교육과 염정문화 건설을 강화하고 영도간부가 이상과 신념을 확고히 하도록 독려하며 공산당원의 고상한 품격과 깨끗한 지조를 유지하고 썩고 변질되는 것을 방지하는 능력을 제고하며 전사회적으로 깨끗하고 청렴한 가치이념을 배양하여 맑고 바른 기풍이 고양될 수 있도록 해야 한다."[40]고 강조했다. 그러므로 반부패는 중국 역사 속의 우수한 염정문화를 참조하여 반부패 청렴제창 교육과 염정문화의 건설을 적극 강화해야 한다.

염정문화 건설의 목적은 교육과 배양에 있다. 시진핑 총서기는, 평화시대에 개인의 이익과 집체 및 국가의 이익 관계를 어떻게 처리하고, 어떻게 승급, 발탁, 임금, 대우, 이동 등의 문제에 대처할 것인가는 당원에게 있어 가장 현실적 시련이라고 하면서 청렴문화를 건설하는 것은 바로 우리의 당원간부를 교육하고 배양하는 것으로 당원에게 보다 높고 보다 엄격한 요구를 제기하는 것이라고 강조했다.

염정문화를 건설하려면 관념을 전환하고 인식을 제고해야 한다. 염정문화 건설의 중요한 의의를 충분히 인식하고 염정문화 건설에 대한 자각성을 제고해야 한다. 염정문화의 건설은 하나의 복잡하고 체계적인 공정으로 인력과 물력, 그리고 재력의 지원이 필요하고 과학적 총괄기획이 필요하여 탁상공론은 절대 안된다. 염정문화의 건설을 지방의 경제, 정치,

40 시진핑: 「법에 따라 부패를 엄격히 징벌하고 대중이 강하게 반영하는 돌출한 문제를 해결하는 데 진력한다」, 『18대 이후 중요문헌선집』(상), 중앙문헌출판사, 2014, 135면.

문화, 사회, 생태문명, 당 건설의 전체 국면에 놓고 전반적으로 고려하며 통일적으로 배치하고 당의 중대한 전략적 배치에 융합시켜 염정문화 건설의 당풍 염정건설 속 위치를 명확히 하며 지방이 경제성장에 편중되어 단편적 정치실적관을 추구하는 경향을 바꾸고, 물질문명을 중시하고 정신문명을 경시하는 폐단을 극복하며 염정문화의 건설을 위한 광활한 발전 공간을 제공해야 한다.

염정문화의 건설은 반드시 대중의 참여도를 부단히 제고해야 한다. 시진핑 총서기는, 반부패 청렴제창의 핵심은 당이 시종일관 인민에 의지하고 인민대중과의 혈육 관계를 이어가며 한시도 인민대중과 괴리되지 않는 것이라고 했다. 염정문화는 사회주의의 선진문화이자 인민의 대중문화로 염정문화의 건설은 광범위한 대중의 참여와 지지를 떠날 수 없다. 오직 인민대중의 적극적인 참여 하에 건설된 염정문화만이 전사회적인 공감대를 이끌어 내 장기적으로 견지할 수 있는 정신적 추구와 행위의 준칙을 형성하여 지속적으로 왕성한 생명력을 유지할 수 있다. 그러므로 양호한 사회기풍을 조성하고 사회문명에 대한 홍보력을 높이며 염정문화 건설을 위한 비옥한 토양을 제공하여 염정문화가 인민대중 속에서 생장의 기반을 얻도록 해야 한다고 강조했다.

염정문화의 건설은 반드시 역사적 자원을 충분히 발굴해야 한다. 시진핑 총서기는, "옛 것을 발전 계승하여 오늘에 적용하고 낡은 것을 없애 새 것을 창조하여 새로운 형세 하의 반부패 청렴제창 교육과 염정문화 건설의 중요한 자원이 되도록 해야 한다."[41]고 말한 바 있다. 중국의 청렴문화

41 중공중앙 기율검사위원회, 중공중앙문헌연구실 편찬: 『당풍 염정건설과 반부패 투쟁에

건설은 반드시 염정문화의 역사적 자원을 충분히 발굴해야 한다. 각 시기별, 지역별로 자고이래로 많이 있었던 청렴관리와 인민공복 등 전형적 인물을 사진 및 문자 등의 각종 형식으로 구현해야 한다. 최근 일부 지방에서는 현지 특색과 자원을 결합한 풍부한 염정문화의 전파 매개체 개발 등의 방면에서 탁월한 효과를 거둔 시도를 하고 또 다른 일부 지방에서는 전국적 염정교육기지 건설을 계기로 홍색자원을 심층적으로 발굴하고 혁명전통교육을 진행하며 부단히 염정문화의 사회적 영향력을 확대했다.

(다) 반부패 청렴제창 교육과 염정문화 건설의 장기적 체제와 기제를 건립

시진핑 총서기는 제도건설을 고도로 중시하며 말하길, "어떻게 제도에 의지하여 효과적으로 부패를 예방할 것인가는 여전히 우리가 직면하고 있는 하나의 중대 과제다."[42] 규정과 제도를 만들고 제도건설을 강화하는 것은 부패를 철저히 척결하는 근본적 조치다. 그러므로 염정문화 건설은 반드시 양호한 운행기제를 갖고 있어야 하고 염정문화 건설의 각종 업무 및 활동의 제도화, 규범화와 염정문화 건설의 장기기제를 형성해야만 각 지역의 염정문화 건설의 실천 과정에서 당정 영도 직무의 변동과 영도의 취향, 그리고 주의력의 변화에 따라 청렴정치 문화 건설이 온도 차이를 보이고 체계성과 지속성을 위한 추진 동력이 부족해지는 현상이 나타나지 않는 것을 보증할 수 있다. 이와 같은 기제는 다음 몇 가지 방면을 포함한다.

대한 시진핑의 논술 발췌자료』, 중앙문헌출판사, 중국방정출판사, 2015, 140면.

42 중공중앙 기율검사위원회, 중공중앙문헌연구실 편찬: 『당풍 염정건설과 반부패 투쟁에 대한 시진핑의 논술 발췌자료』, 중앙문헌출판사, 중국방정출판사, 2015, 124면.

첫째, 청렴정치 교육과 문화건설의 보장기제를 건립해야 한다. 각급 당위원회는 재정자금과 인력 등 염정문화 건설에 대한 투입을 강화하고 경비 상에서 염정문화 건설을 위한 각종 업무의 실시 및 활동의 전개를 보장해야 한다.

둘째, 청렴정치 교육의 조율과 협력기제를 건립하고 개선하며 기율검사감찰기관의 건립 및 조직, 인사, 선전, 교육, 문화, 관광 등 직능 부서의 업무조율기제를 강화하고 소통과 연계를 강화하며 염정문화 건설을 공동으로 추진해야 한다.

셋째, 염정문화 건설의 상벌기제를 건립해야 한다. 업무 중 성과를 내면 제때 표창하여 장려하며 혁신을 독려해야 한다. 반면에 업무를 완성하지 못하거나 업무가 부진할 시에는 적절한 징계로 그들이 주의하도록 해야 한다.

넷째, 염정문화 건설의 행위감독기제를 건립해야 한다. 도덕적 편달과 법률규범을 상호 결합하여 부단히 인민대중과 당정간부의 도덕 양심을 환기하고 염정문화 건설과 관련된 법률 및 법규를 건전히 하며 이와 같은 강제적 수단을 통해 그들로 하여금 해야 할 것과 하지 말아야 할 것을 알도록 해야 한다. 염정문화를 사회관리에 포함시키고 염정문화의 덕행규범을 출범시켜 강성 제약으로 염정문화를 제창하는 선진 사상을 수호해야 한다.

5. 반부패 체제기제의 혁신을 추진

당 18기 3중전회는 반부패 체제기제의 혁신과 제도 보장 강화를 제기했다. 시진핑 총서기는, "전체 회의는 반부패 체제기제의 혁신과 제도 보장을 강화하기 위한 중요 배치를 결정했다. 주로 당의 당풍 염정건설과 반부패 업무에 대한 통일 영도를 강화하고 당위원회가 주체책임을 지고 기율위원회가 감독책임을 지는 것을 명확히 하며 실행 가능한 책임추궁제도를 제정하고 실시한다. 반부패 영도체제와 업무기제를 건전히 하고 각급 반부패협조소조의 직능을 개혁하고 개선하며 상급 기율위원회 영도를 위주로 부패사안을 조사하고 처리할 것을 규정한다. 상급 기율위원회의 하급 기율위원회에 대한 영도를 체현하여 단서 처리와 사안 조사를 동급 당위원회에 보고함과 동시에 반드시 상급 기율위원회에 보고할 것을 규정한다. 중앙기율위원회의 중앙 일급 당과 국가 기관에 대한 기율검사기구 파견을 전면 실시하고 중앙과 성(省)·구(區)·시(市) 순시제도를 개진하며 지방과 부문, 그리고 기업 및 사업 기구를 모두 이에 포함시킨다."[43] 라고 지적했다. 뒤이어 중앙은 『부패징벌과 예방체계 건립과 건전화를 위한 2013-2017년 업무계획』을 발표했다. 또한 당 18기 4중전회의 『전면적 의법치국 추진에 관한 약간의 중대문제에 대한 중공중앙의 결정』은 법치중국의 새로운 청사진에 대한 윤곽을 그렸고 당내 법규체계를 국가법치체계 건설 속에 포함시켰다. 이어서 중앙기율위원회는 내부 기구 개혁을 진행하고

---

43 시진핑: 「「전면적 심화 개혁의 약간의 문제에 대한 중공중앙 결정」관련 설명(關於〈中共中央關於全面深化改革若干重大問題的決定〉的說明)」, 『18대 이후 중요문헌선집』(상), 중앙문헌출판사, 2014, 505~506면.

각급 기율위원회도 이에 상응하는 조정을 실시하여 개선된 반부패 체제기제를 구축하고 쫌쫌한 반부패 그물을 짰다.

(가) 당풍 염정건설의 두개 책임제 개선과 실시

당 18기 3중전회는 당풍 염정건설 책임제를 시행함에 있어 당위원회가 주체책임을, 기율위원회가 감독책임을 진다는 것을 명확히 제출했다. '두개 책임'을 잘 이행하는 것은 당풍 염정건설의 '소 코뚜레'를 잡은 것으로 전당 및 전체 사회가 반부패에 참여하는 강력한 합력(合力)을 얻을 수 있다. '두개 책임'의 제출은 신임 중앙영도집체가 당풍 염정건설과 반부패 투쟁에서 획득한 경험을 새로이 개괄한 것으로 반부패 청렴제창 이론과 실천의 중대한 혁신이다.

당위원회가 주체책임을 진다. 시진핑 총서기는, "왜 당위원회의 주체책임을 강조하는가? 이는 당위원회의 주체책임에 대한 이행 여부는 당풍 염정건설의 효과와 직결되기 때문이다."[44]고 하면서 당위원회의 주체책임은 주로 "영도를 강화하고 간부를 잘 선발하여 사용하며 인사임용과 관련되어 발생하는 불량기풍과 부패문제를 방지하고, 대중의 이익에 해를 끼치는 행위를 단호히 시정하며, 권력운행에 대한 제약과 감독을 강화하여 원천적으로 부패를 예방하고, 기율과 법 집행 기관이 기율 및 법률 위반 행위를 조사하여 처리하는 것을 영도하고 지지하며, 당위원회 주요 책임자가 지도부를 잘 관리하고 대오를 인솔하며 자신을 잘 다스려 청렴정치의

44 중공중앙 기율검사위원회, 중공중앙문헌연구실 편찬: 『당풍 염정건설과 반부패 투쟁에 대한 시진핑의 논술 발췌자료』, 중앙문헌출판사, 중국방정출판사, 2015, 60면.

모범이 되는 것이다. 각급 당위원회, 특히 주요 책임자는 반드시 당풍 염정건설을 틀어잡지 않는 것이 엄중한 실직이라는 의식을 수립하고 항상 연구하여 배치하고 영도의 책임을 다하며 영도의 책임체계를 구축하고 구체적 규정과 구체적 조치를 통해 자신의 책임진 부분을 잘 관리해야 한다."[45]고 지적했다. 중국공산당은 중국 특색 사회주의 건설 사업의 영도핵심으로 중국의 일을 잘 처리하는 관건은 당에 있다. 새로운 역사적 조건 하에서 당은 '4대 시련'과 '4대 위험'에 직면하고 있는 가운데 당풍 염정건설과 반부패 투쟁은 당과 국가의 생사존망과 관계되고 당의 정치적 사명이 순조롭게 실현되는 여부와 관계되는 바, 당풍 염정건설의 관건은 당위원회의 주체책임을 실천하는 데 있다.

기율위원회는 감독의 책임을 진다. 시진핑 총서기는, "각급 기율위원회는 감독책임을 잘 이행해야 하는데, 당위원회를 도와 당풍건설 강화와 반부패 업무에 협조하고 관련 부서의 부패 징벌과 예방 업무 실시를 독촉검사하고 상시적으로 검사 및 감독을 진행하며 부패문제를 엄히 조사하여 처벌해야 한다."[46]고 지적했다. 기율위원회의 감독의 책임은 기율위원회의 지위와 역할에 의하여 결정된 것이다. 당장(黨章)은 기율위원회의 지위와 설치, 그리고 임무를 명확히 규정하고 있는데, 역사 시기별로 기율검사기관의 주요 임무와 업무 중점은 조금씩 다르지만 가장 근본적 직책은 기율집행을 감독하는 것이라는 점은 시종일관 변함이 없었다. 당풍 염정건설의 책임제 시행에서 기율위원회는 감독 책임을 지고 있는데, 이는 신임 중

45 중공중앙 기율검사위원회, 중공중앙문헌연구실 편찬: 『당풍 염정건설과 반부패 투쟁에 대한 시진핑의 논술 발췌자료』, 중앙문헌출판사, 중국방정출판사, 2015, 61면.

46 같은 책, 61~62면.

앙영도집체가 정치와 전반적 국면의 고도에서 기율위원회에 대한 지위와 역할을 명확히 규정하고 제출한 요구로, 각급 기율위원회를 지도하여 당장이 부여한 직책과 사명을 이행하는 것에 대해 중대한 의의를 갖는다. 각급 기율위원회는 반드시 직능과 방식, 그리고 기풍을 전환하여 수많은 구체적 사무에서 벗어나 당위원회가 당풍 염정건설 강화하는 것을 돕고 반부패 업무에 협조하며, 관련 부서가 부패를 징벌하고 예방하는 업무를 실시하도록 독촉 및 검사하며, 부패척결에 대한 책임을 보다 많이 짊어지고, 관련 역량을 조직하여 사안처리 업무를 강화하며 부패의 만연 추세를 단호히 억제해야 한다.

실직책임추궁제도를 개선한다. 시진핑 총서기는, "당위원회나 기율위원회를 막론하고 책임이 있다면 모두 그 책임을 추궁해야 한다."[47]고 지적했다. 당위원회나 기율위원회 혹은 기타 관련 직능 부문도 상응하는 당풍 염정건설에 대한 책임을 담당하고 문제가 있으면 책임을 추궁해야 한다. 책임을 진일보 명확히 하는 가운데 책임을 실행하고 추궁하며 '두개의 책임'을 실제로 이행해야만 당풍 염정건설에 대한 책임제가 더 이상 '종이 호랑이'와 '허수아비'가 되지 않고 당풍 염정건설과 반부패 업무가 든든한 제도적 보장을 가질 수 있다. 책임추궁기제를 건립하고 개선하는 것은 반부패체계를 실행함에 있어 시급히 해결해야 할 사안으로 책임추궁을 엄히 실행하는 것은 당풍 염정건설 책임제를 관철하여 시행하는 관건적 일환이다.

47 중공중앙 기율검사위원회, 중공중앙문헌연구실 편찬: 『당풍 염정건설과 반부패 투쟁에 대한 시진핑의 논술 발췌자료』, 중앙문헌출판사, 중국방정출판사, 2015, 63면.

(나) '2개의 위주'의 혁신업무기제 실행

당의 18기 3중전회는, '2개의 위주'의 개혁사고를 제기했는데 하나는 "부패사안의 조사 및 처리는 상급 기율위원회 영도 위주"로 하는 것이고, 다른 하나는 "각급 기율위원회의 서기 및 부서기에 대한 지명과 고찰을 상급 기율위원회와 조직부문 위주"로 한다는 것이다.[48]

당 기율검사 업무의 이중영도체제의 구체화, 절차화, 제도화를 추진한다. 기율위원회의 기율감독검사를 통한 반부패는 중국공산당의 반부패 체제기제의 한가지 특징이다. 당 18기 3중전회는 부패조사처리 사안은 상급 기율위원회의 영도 위주로 하고 단서처리와 사안의 조사처리는 동급 당위원회에 보고함과 동시에 반드시 상급 기율위원회에 보고할 것을 제출했는데 이는 사안 처리 과정에서 상급 기율위원회의 영도를 강화한 것이다. 사안의 단서를 장악하고 부패사안을 조사하여 처리하는 것은 반부패 업무의 중요한 내용이자 억제력의 관건이다. 기존의 습관성 절차 과정에서 적지 않은 지방의 기율위원회가 현지의 중대 사안의 단서 혹은 중대한 부패사안 발견 시 반드시 동급 당위원회에 보고하고 주요 영도의 동의를 득한 후에야 일차적 확인 혹은 조사처벌을 진행할 수 있었다. 만약 사안의 단서 처리와 조사 처벌을 반드시 동시에 상급 기율위원회에 보고하면 상급 기율위원회도 상황을 동시에 알게 되고 지방 당위원회를 제약하여 사안에 대한 조사와 처벌을 쉽게 포기할 수 없게 되는데 이는 부패사안을 조사하여 처벌하는 것을 추동하고 부패범죄를 단죄하는 데 이롭다.

---

48 중공중앙기율검사위원회, 중공중앙문헌연구실 편찬: 『당풍 염정건설과 반부패 투쟁에 대한 시진핑의 논술 발췌자료』, 중앙문헌출판사, 중국방정출판사, 2015, 59~60면.

각급 기율위원회의 서기 및 부서기에 대한 지명과 고찰은 상급 기율위원회와 조직부문의 회동을 위주로 하여 인사업무 측면에서 상급 기율위원회의 영도를 강화한다. 기율위원회의 서기 및 부서기는 1급 기율위원회의 주요 책임자로 이들의 지명과 고찰을 상급 기율위원회가 조직부와 회동하여 함께 하는 것은 이들이 상급 기율위원회와 소통 및 연계를 강화하는 데 이롭고, 보다 과감히 감독직책을 이행하는 데 이롭다. 각급 기율위원회의 서기 및 부서기의 지명권과 고찰권의 '상향 이전'은 동급 당위원회를 감독하는 것에 따른 뒷걱정을 없애고 기율위원회가 동급 당위원회, 특히 상무위원회 구성원에 대한 감독책임의 실행을 보장하는 것에도 이롭다.

이 '2개의 위주'의 요구는 반부패 업무기제를 혁신하는 효과적 방법으로 반부패 업무에 대한 당의 영도와 당이 간부를 관리하는 원칙을 견지하는 것일뿐더러 기율위원회의 감독권 행사도 보장하여 반부패 업무력을 강화하는 데 이롭다.

(다) '2개의 전면 커버' 실현으로 감독기제를 개선

시진핑 총서기는 당 18기 중앙정치국 5차 집체 학습에서, "반부패 청렴제창의 핵심은 권력을 제약하고 감독하는 데 있다."[49]고 지적했다. 권력에 대한 감독을 강화하고 효과적으로 통제하기 위해 당 18기 3중전회는, '2개의 전면 커버'의 필수 실시를 명확히 제기했다. 하나는, "중앙기율위원회가 중앙1급 당과 국가 기관에 기율검사 기구를 파견하는 것을 전면 실시

49 중공중앙 기율검사위원회, 중공중앙문헌연구실 편찬: 『당풍 염정건설과 반부패 투쟁에 대한 시진핑의 논술 발췌자료』, 중앙문헌출판사, 중국방정출판사, 2015, 124면.

하고 통일된 명칭과 통일된 관리를 실행한다.” 다른 하나는, “중앙과 성·구·시 순시제도를 개진하여 지방과 부서, 그리고 기업·사업 단체를 전면 커버한다.”는 것이다. 이 ‘2개의 전면 커버’ 목적은 감독기제를 개선하고 권력규범의 운행을 촉진하는 데 있다.

첫번째 전면 커버는 파견 감독에 대한 전면 커버다. 파견기구는 기율검사감찰부서가 각 기관단체까지 뻗어 나가는 촉각으로, 권력을 감독하고 부패를 예방하는 효과적 형식이다. 현행 기율검사감찰 파견기구의 관리 모델은 2004-2005년에 형성된 것이다. 현재 당장의 규정과 반부패 투쟁 형세 임무의 수요에 따라 파견업무에 대한 새로운 요구가 제기되었다. 첫째, 전면적 파견 주재다. 기존의 중앙기율위원회는 주로 정부부문에 파견주재 기구를 설치하였는데 향후는 중앙기율위원회가 중앙 1급의 당과 국가기관에 기율검사 기구를 파견하는 것으로 점차 추진한다. 둘째, 파견주재 기구는 파출기관에 대한 책임을 진다. 파견주재 기율검사 팀장은 계속해서 주재 부문의 당조직 구성원을 담임하여 감독책임을 전면 이행하고 당조직 내에서는 기타 업무를 분담하지 않는다. 셋째, 각종 업무보장은 주재부서가 책임지고 업무경비는 주재부서의 예산에 편입된다. 파견주재 기구의 전면 커버를 통해 파견주재 기구의 관리체제기제를 조절하여 기율위원회의 감독이 보다 전면적, 적시적, 그리고 정확하게 이행되도록 한다. 이는 각 파견주재 기구가 주요 정력을 감독에 업무에 집중하여 무원칙하게 타협하지 않고 엄격하게 기율을 집행하여 감독의 실효성을 확보할 수 있다.

두번째 전면 커버는 순시감독의 전면 커버다. 순시업무는 영도간부에 대한 감독 강화에 적극적인 역할을 발휘했다. 18차 당대회 이후 중앙과 중앙기율위원회는 순시업무를 더욱 중시하고 순시기구가 당중앙의 ‘천리

안' 역할을 충실히 이행하여 '호랑이'와 '파리'를 색출할 것을 요구했다. 18차 당대회 이후 중앙은 이미 3라운드의 순시를 전개하여 총 22개 지방과 12개 단체를 순시했으며 향후 새로운 라운드의 순시를 시작하게 된다. 순시했던 지방과 기관 단체에서 모두 일부 문제들이 포착되었고 이중 이전 두차례 순시에서 기율검사감찰기관에 이첩된 기율 및 법 위반 문제의 단서는 1879개에 달해 문제 발견의 '전위군'이 되었다. 『중앙기율위원회 중앙조직부의 순시업무 진일보 강화에 관한 의견』과 『중앙순시업무 2013-2017년 계획』은 그 범위를 한층 확대하고 역량을 강화하며 속도에 박차를 가해 순시업무의 지방과 부서, 그리고 기업·사업 단체를 전면 커버하는 것을 실현했다. 조직제도와 방식, 그리고 방법을 혁신하고 시간, 지점, 인원에 구애받지 않고 특별항목 순시를 기동적으로 원활하게 전개했으며 포착한 문제를 부각시켜 두려움을 주는 역할을 강화했다. 순시업무에 대한 책임추궁을 강화하고, 포착해야 하나 포착하지 못한 경우, 문제는 발견했으나 보고하지 않은 경우는 모두 상응하는 순시책임을 추궁했다. 순시감독의 전면 커버를 실현하는 목적은 바로 순시범위를 확대하여 순시업무가 감독강화와 문제발견, 그리고 두려움 형성 등의 방면에서 그 우세와 역할을 더욱 훌륭히 발휘하도록 하는 것이다.

요지

전면적 종엄치당의 근본 지침

당 건설에 대한 시진핑 총서기의 논술은 새로운 역사의 조건하에서 당 건설과 전면적 종엄치당을 강화하는 근본적 지침으로 선명한 실천적 특색과 독특한 정치적 품격, 그리고 과학적 방법이 지탱하는 중대한 실천 의의를 갖고 있다.

1. 시진핑 총서기의 당 건설에 대한 중요 논술과 선명한 실천 특색

시진핑 총서기의 당 건설에 대한 중요 논술은 실천 속에서 매우 선명한 실천적 특색을 체현하고 있다.

문제중심을 견지하고 있다. 시진핑 총서기가 전면적 종엄치당 과정에서 문제를 두려워하지 않고 모순에 직접 대응하는 이론적 용기와 실천적 기백은 강렬한 문제의식과 문제중심적 사고를 보여주었다. 18차 당대회 이후 시진핑을 핵심으로 한 당중앙은 당 기풍 건설을 전면적 종엄치당의 돌파구로 삼는 것을 결정했다. 중앙 8항 규정 등 일련의 조치를 제정하고 엄격히 실시하는 것을 통해 중점 돌파를 실현하여 당의 기풍 건설은 거대한 향상을 득했으며 나아가 당의 건설과 발전을 촉진하고 출중한 정치적 지혜를 체현했다. 문제중심의 전면적 종엄치당 추진으로 그 지향은 명확하고 표적은 정확하여 문제해결은 제때 이루어졌다. 정치건설에서 '4가지 의식' 수립과 '4가지 자신감' 견지, 그리고 '2개의 수호'를 강조하고, 사상건설에서 각급 영도간부에게 이상과 신념 문제를 철저히 해결할 것을 요구했으며, 조직건설에서 '5가지 유일'(학력, 논문, 직함, 수상, 관모를 지극히 중시하는 현상) 현상을 타파하여 '좋은 간부' 대열을 건설하고, 기풍건설에서 '4풍'에 초점을 맞추어 영도간부의 기풍을 집중 정돈하며, 기율건설에서 정치기율과 정치규칙이 가장 중요하고 핵심적 기율 요구임을 강조하고, 반부패 투쟁에서 '호랑이'와 '파리'를 함께 때려 잡는 것을 견지하여 반부패의 실제 성과로 인민의 신뢰를 얻었으며, 제도건설에서 당 건설 제도 개혁을 통해 제도의 체계성과 집행력, 그리고 유효성을 제고했다.

당을 관리하고 다스리는 것과 국정운영을 상호 통일했다. 한 방면에서, 당을 관리하고 다스리며 종엄치당하는 것을 국정운영 이념의 핵심 내용으로 삼아 "나라를 다스리려면 우선 당을 엄격하게 다스려야 한다", "쇠를 벼리려면 쇠메가 단단해야 한다."고 반복해서 강조하여 당을 관리하고 다스리는 것을 전례 없는 고도로 끌어 올렸다. 다른 방면에서, 당 건설은 시종일관 국정운영의 이론과 실천을 위해 봉사했다. '5위1체'의 총체적 배치나 '4가지 전면적'의 전략적 배치는 물론, 정체되고 폐쇄적인 옛길과 기치를 바꾸는 그릇된 길도 걷지 않는 것, 중국 특색 사회주의제도를 개선 발전시키는 것, 국가관리체계와 관리능력의 현대화 목표를 추진하는 것 모두 시진핑을 핵심으로 한 당중앙의 영도수준과 집정능력을 향상시키려는 결심을 체현했다. 특히 '4가지 전면적'의 전략적 배치를 통해 전면적 종엄치당을 국정운영의 전략목표에 융합시켜 전면적 샤오캉사회 건설과 전면적 심화 개혁, 그리고 전면적 의법치국의 중요한 보장으로 삼고 당을 관리하고 다스리는 것과 종엄치당이 상호 촉진되고 상호 보완되는 생동한 국면을 실현했다.

지엽적인 것과 근본적인 것이 상호 결합된 당 관리 경로를 적극 탐색했다. 18차 당대회 이후 전면적 종엄치당의 부단한 심화와 함께 지엽적인 것과 근본적인 것을 결합하여 당을 다스리는 방식은 이미 시진핑 총서기가 종엄치당하는 뉴노멀이 되었다. 한 방면에서, 지엽적인 것을 다스리는 것을 당 관리의 돌파구로 삼았다. 당 기풍에 존재하는 '4풍' 문제와 관련하여 중앙 8항 규정을 출범했고 대중노선교육 실천활동 전개를 통해 지엽적인 것을 다스리는 행동에 힘을 집중했다. 다른 방면에서, 근본적인 것을 다스리는 것을 당 관리의 입각점으로 했다. "총량 통제와 구조 개선, 그리고 질적 제고와 역할 발휘"를 당원 발전에 대한 요구로 삼아 당원의 증가속도를 적절하게 통제했고 당원의 전체적 자질을 향상시켰다. "부동의 신념으로 인민을 위해 봉사하고 근면하고 충실하게 정무에 힘쓰며 과감히 감당하고 청렴정직한" 간부를 좋은 간부의 선발 기준으로 삼고 과학적이고 합리적으로 사용할 것을 요구했다. 감독체제에서 상급 기율위원회와 동급의 당위원회가 이중으로 영도하는 기율검사체제 건립을 강조했다. 정책결정 기제에서는 법에 따른 정책결정 기제를 건전히 하고 중대 행정 정책결정에 대한 평생책임추궁제도와 책임의 역추적 기제를 건립했다. 당내 정치생활의 규범을 통해 일련의 당내 법규를 제정하여 발표하거나 수정하여 근본적인 것을 다스리기 위한 제도적 지원을 제공했다.

엄격하고 내실있는 종엄치당의 기풍이 반영되었다. 시진핑은 총서기로 당선된 후, “우리 책임은 당 전체와 함께 당을 관리하고 종엄치당을 견지하는 것이다.”[1]라고 명확히 표시했다. 시진핑은, 8,900여만명의 당원을 보유하고 13억이 넘는 인구 대국의 장기 집정정당으로 당을 관리하고 다스리는 것은 일각도 느슨해 질 수 없다고 지적했다. 이에 18차 당대회 이후 시진핑 총서기는, 당 전체에게 당 건설을 잘 틀어 잡는 것을 최대의 정치 업적으로 간주하고 전면적 엄격함을 당 관리의 기조로 삼을 것을 요구했다. 전면적 종엄치당은 당의 정치, 사상, 조직, 기풍, 기율, 제도, 반부패 투쟁의 각 방면을 포함한 전방위적, 전체 영역을 커버한다. 진리를 추구하고 내실있는 업무기풍을 당 관리의 근본으로 삼았다. 시진핑 총서기는, “엄격한 기풍은 일체의 업무를 잘 수행하는 중요한 보장이다. 공산당원은 진지함을 가장 중시하는데 이를 위해 엄격함을 앞에 내세워야 한다. 업무를 건성으로 하지 말고 처신도 대충해서는 안되며 진지함을 모든 업무 중에 관철해야 한다. 기풍건설과 당 건설, 그리고 당과 국가의 모든 업무가 모두 그러하다.”[2]고 강조했다. 공금으로 먹고 마시고 월병이나 연하장을 보내는 것 등의 구체적 문제부터 시작하여 효과를 거두어 위민(爲民), 무실, 청렴함을 충실히 실천했다.

전승과 혁신의 특징이 뚜렷하다. 시진핑 총서기는 당의 우수한 전통을 고도로 중시하고, 역사 속에서 에너지를 얻어 역량을 증강하고 경험을

---

1 시진핑(習近平): 「아름다운 생활에 대한 인민의 소망은 곧 우리의 분투목표이다(人民對美好生活的向往, 就是我們的奮鬪目標)」, 『18대 이후 중요문헌선집(十八大以來重要文獻選編)』(상), 중앙문헌출판사, 2014, 70면.

2 시진핑: 「당의 대중노선 교육실천 활동 총결대회에서 한 연설(在黨的群衆路線教育實踐活動總結大會上的講話)」, 『18대 이후 중요문헌선집』(중), 중앙문헌출판사, 2016, 93면.

총결하며 영양분을 흡수할 것을 강조하여 당 건설이 자체적 특색을 갖추고 스스로의 우세를 발휘하도록 했다. 이와 함께 시진핑 총서기의 당 건설에 대한 중요 논술 또한 독창적 혁신성을 갖추고 있으며 집정당의 건설목표와 내용, 그리고 방법 등의 방면에서 일련의 혁신적 개념을 제출하여 중국화된 마르크스주의 당 건설 이론에 대한 혁신과 발전을 실현했다.

2. 시진핑 총서기의 당 건설에 대한 중요 논술과 독특한 정치 품격

시진핑 총서기의 당 건설에 대한 중요논술은 독특한 정치적 품격을 갖고 있어 진지하게 학습하면 풍부한 이론적 자양분은 물론 강대한 정신적 구동력을 얻을 수 있다.

마르크스주의의 전략적 정력(定力)을 부각했다. 시진핑 총서기는 당의 정치건설을 맨 앞자리에 둘 것을 강조했다. 우선, 이 같은 전략적 정력은 정치적 냉철함을 체현하고 있다. 시진핑 총서기는 중국의 혁명과 건설, 그리고 개혁의 역사를 과학적으로 평가하고 개혁개방 전후의 역사시기를 정확히 인식해야 한다고 강조했다. 중국의 국가 거버넌스 시스템을 개진하고 개선해야 하나 그 방법에 대해서는 우리의 주장과 정력이 있어야 한다. 다음, 이 같은 전략적 정력은 부동의 이상과 신념으로 체현된다. 시진핑 총서기는, 어떠한 상황에서도 정치적 신앙에 변함이 없고 정치적 입장은 확고하며 정치적 방향도 틀어지지 않는 가운데 반드시 마르크스주의에 대한 확고한 신앙과 공산주의 및 중국 특색 사회주의에 대한 확고한 신념을 견지하고 정치적 정력과 정치적 민감성을 증강해야 한다고 지적했다. 마지막으로, 이 같은 전략적 정력은 당에 대한 충성으로 체현된다. 시진핑 총서기는, 당 전체는 당 의식을 강화하고 "당에 대한 절대 충성을 견지하며 반드시 당을 고도로 신뢰하여 당을 사랑하고 옹호하며 영원히 당을 따라야 한다."[3]고 요구했다.

'인민 중심'의 위민(爲民) 정서를 강조했다. 시진핑 총서기는 19차 당대회 보고에서, "인민은 역사의 창조자로 당과 국가의 전도와 명운을 결정하는 근본적 역량이다. 그러므로 반드시 인민의 주체 지위를 견지하고 공익을 위한 당 건설과 인민을 위한 집정을 견지하며 전심전력으로 인민을 위해 봉사하는 것을 근본 주지로 하여 당의 대중노선을 국정운영의 전체 활동에 관철시키고 인민이 아름다운 생활에 대한 동경을 분투목표로 삼아 인민에 의지하며 역사의 위업을 창조해야 한다."[4]고 지적했다. '인민 중심'의 사상이 뚜렷이 반영된 이 지적은 시진핑 총서기의 인민에 대한 진지한 감정을 나타낸 것으로 당 건설 사상의 진한 바탕색이 된다. 우선, 유물사관은 '인민 중심'의 이론적 기초다. 시진핑 총서기는 인민의 역사적 지위를 반복하여 강조했고 "하나의 정당과 정권, 그리고 전도와 명운은 결국 인심의 향배에 따라 결정된다. 만약 인민과 괴리되고 인민의 옹호와 지지를 잃

---

3 시진핑: 「판공청의 업무는 '5개 견지'를(辦公廳工作要做到 "五個堅持")」, 『비서업무(秘書工作)』, 2014년 6기.

4 시진핑: 『샤오캉사회를 전면적으로 실현하는데서 결정적인 승리를 이룩하고 신시대 중국특색의 사회주의의 위대한 승리를 이룩하자—중국공산당 제19차 전국대표대회에서 한 보고(決勝全面建成小康社會 奪取新時代中國特色社會主義偉大勝利—在中國共産黨第十九次全國代表大會上的報告)』, 인민출판사, 2017, 21면.

게 된다면 결국 실패하고 말 것이다."[5]라고 거듭 강조했다. 다음, 나라의 부강과 민족의 진흥, 그리고 인민의 행복을 실현하는 것은 '인민 중심'의 가치 추구이다. 시진핑 총서기는, "인민의 아름다운 생활에 대한 동경은 바로 우리의 분투목표이다."[6]라고 말했다. 시진핑은, "위대한 조국과 위대한 시대에 살고 있는 중국인민이 인생을 빛낼 기회와 꿈을 이룰 수 있는 기회, 그리고 조국 및 시대와 더불어 성장하여 성장하고 진보하는 기회를 함께 나누도록 해야 한다."[7]고 지적했다. 시진핑은, 사회의 취약 계층과 어려움을 겪는 계층의 합법적 권익을 특히 주목하고 2020년까지 농촌빈곤인구가 모두 빈곤에서 벗어나는 목표를 제출했다. 마지막으로, 대중업무를 잘 수행하는 것을 '인민 중심'의 중요한 보증이다. 시진핑을 핵심으로 한 당중앙은, 전당적으로 반드시 대중업무에 대한 능력을 제고하여 대중을 이끌고 당의 말을 따르며 당과 함께 나아갈 것을 강조한다.

주요 모순을 잘 포착하는 지략과 지혜를 체현했다. 시진핑 총서기는, "사물을 파악함에 있어 두 가지 측면을 모두 살피는 양점론(两点论)도 논하지만 중점론(重点论)도 중시해야 하는 바, 주가 되는 것과 부차적인 것을 구분하지 않고 한꺼번에 처리하려 한다면 업무를 잘 할 수가 없다."[8]고 강조

---

5 시진핑: 「중국 특색 사회주의를 견지하고 발전시키는 것을 중심으로 당의 18대 정신을 학습선전하고 관철하자—18기 중공중앙정치국 제1차 집체학습에서 한 연설(緊緊圍繞堅持和發展中國特色社會主義 學習宣傳貫徹黨的十八大精神—在十八屆中共中央政治局第一次集體學習時的講話)」, 『18대 이후 중요문헌선집』(상), 중앙문헌출판사, 2014, 81면.

6 시진핑: 「아름다운 생활에 대한 인민의 소망은 곧 우리의 분투목표이다」, 『18대 이후 중요문헌선집』(상), 중앙문헌출판사, 2014, 70면.

7 시진핑: 『제12기 전국인민대표대회 제1차 회의에서 한 연설(在十二屆全國人民代表大會弟一次會議上的講話)』, 『18대 이후 중요문헌선집』(상), 중앙문헌출판사, 2014, 235면.

8 중공중앙선전부 편찬: 『시진핑 총서기 일련의 중요 연설 독본(2016년판)[習近平叢書記系

했다. 역사적으로 보면 당내 문제들은 '4풍'에 집중되었다. 18차 당대회 이후 시진핑 총서기는 형세를 전면 분석하고 기풍건설이라는 관건적 일환을 틀어쥐며 당 건설의 총체적 배치를 진행했다. 이를 위해 시진핑을 핵심으로 한 당중앙은, 중앙 8항 규정을 관철하여 시행하는 것을 착안점으로 삼아 '4풍' 문제를 집중 해결할 것을 결정하고 당 건설의 주요 모순을 틀어 잡았다. 이를 기반으로 시진핑 총서기는, "업무 기풍을 개진하는 임무는 매우 무겁고, 중앙 8항 규정은 일체의 착안점이자 동원령이다. 중앙8항 규정은 최고 기준도, 최종목적도 아니며 단지 우리가 기풍을 개선하는 발걸음으로 공산당원으로서 응당 실천해야 하는 기본 요구다."[9]라고 지적했다. 추석과 국경절 기간 공금으로 선물을 보내는 것 등의 불량기풍 정비에서 '개인클럽 풍조'를 다스리고, '연회 낭비'의 정비에서 호화 파티를 금하는 것에 이르기까지 당풍과 정풍은 크게 일신했고 당심(黨心)과 민심은 크게 진작되어 전면적 종엄치당을 부단히 심층적으로 발전시켰다.

과감히 책임지는 책임정신을 숭상했다. 시진핑 총서기는, "책임은 태산보다 중하며 짐은 무겁고 갈 길은 멀다. 우리는 반드시 시종일관 인민과 이심전심으로 고락을 함께 하며 단결하여 분투하고 밤낮으로 공무를 수행하여 역사와 인민에게 합격된 답안지를 제출해야 한다."[10]고 강조했다. 기풍 건설을 잘하기 위해 시진핑 총서기는, 반드시 진실되고 실효성 있게 일

列重要講話讀本(2016年版)』, 학습출판사, 인민출판사, 2016, 48면.

9 중공중앙기율검사위원회, 중공중앙문헌연구실 편찬: 『당풍 청렴정치건설과 반부패 투쟁에 대한 시진핑의 논술 발췌자료 (習近平關於黨風廉政建設和反腐敗鬪爭論述摘編)』, 중앙문헌출판사, 중국방정출판사, 2015, 71면.

10 시진핑: 「아름다운 생활에 대한 인민의 소망은 곧 우리의 분투목표이다」, 『18대 이후 중요문헌선집』(상), 중앙문헌출판사, 2014, 71면.

하며 집중적인 문제 해결을 강조했다. 18차 당대회 이후 시진핑 총서기는, 말한 것은 반드시 끝까지 실행한다는 것을 견지하고 인민에게 당 건설의 군령장을 내놓으며 당의 기풍에 존재하는 돌출된 문제를 근본적으로 바로 잡아 놓았다. 당중앙이 추진하는 기풍 건설과 관련해서는 당초 당내외에서 서로 다른 목소리가 있었다. 시진핑 총서기는, 인민이 박수를 보내는 것은 당이 대중 노선을 정확하게 틀어 쥐었다고 생각하기 때문이다. 인민은 문제가 실제로 해결되는 것을 기대한다. 인민은 문제가 과연 확실히 해결될 수 있을 지, 철저한 형식주의는 아닐지, 결국 해결하지 못해 문제가 잠깐 잦아들었다가 또다시 나타나는 것은 아닌 지를 염려하고 의심한다고 지적했다.

영도간부부터 틀어잡는 것을 견지했다. 시진핑 총서기는, "기풍 건설은 우선 중앙정치국부터 시작해야 한다."[11]고 지적했다. 당의 핵심영도기구로 중앙정치국의 솔선수범은 거대한 영향력과 선도력을 갖는다. 중앙 8항 규정 출범 이후 중앙정치국의 구성원은 자발적으로 진지하게 집행하여 당 전체와 사회 전체의 기풍 전환에 큰 영향을 주었다. 이와 함께 시진핑 총서기는, '중앙정치국은 본인부터 시작'할 것임을 정중하게 약속했다. 시진핑 총서기는 처음 총서기 신분으로 광저우(廣州)와 선전(深圳) 등지에서 조사연구를 진행한 기간 동안에 중앙 8항 규정을 엄격히 준수하여 도로 봉쇄와 에스코트, 그리고 현장 출입 제한 등을 실시하지 않았고 이후에도 중앙8항 규정을 엄수하는 모범을 보였다. 시진핑 총서기의 솔선수범은 중앙

---

11 중공중앙선전부 편찬: 『시진핑 총서기 일련의 중요 연설 독본(2016년판)』, 학습출판사, 인민출판사, 2016, 114면.

8항 규정의 실시를 효과적으로 추진하고 각급 당원간부에게도 지대한 시범 효과를 불러 일으켰다.

3. 시진핑 총서기의 당 건설에 대한 중요 논술과 과학적 방법론

시진핑 총서기는 마르크스주의 철학에 정통하여 마르크스주의의 철학 사유를 전면적 종엄치당의 실천 과정에 운용했다. 첫째, 전면적 연계 관점을 견지했다. 전면적 종엄치당을 '4가지 전면적'의 전략적 배치에 포함시키고 전면적 종엄치당의 핵심, 기초, 관건, 정곡을 명확히 제시하여 위대한 공정과 위대한 사업에 대해 총괄적 장악을 체현하고 전체 국면 사유와 전략적 사유, 그리고 시스템적 사유와 변증법적 사유의 요구를 체현했다. 둘째, 모순분석방법을 견지했다. 주요모순과 모순의 주요 방면을 잘 틀어쥐고 모순의 인식과 해결, 문제의 발견과 해결을 국면 타파의 돌파구로 삼는데 능하여 전면적 종엄치당이 문제를 정조준하고 문제를 정비하는 것을 시작으로, 문제 정비를 통해 동력을 주입하고 문제를 정비하며 민심을 얻었다. 셋째, '양점론(兩点論)'과 '중점론(重點論)'의 통일을 견지했다. 전면적 종엄치당에 있어 총체적 계획을 중시했을뿐더러 '소 코뚜레'를 잡는 것도 중시했고, 일련의 요구를 제출함과 동시에 기풍 건설을 돌파구로 삼았다. '4가지 자아' 능력의 증강과 관련하여 당 스스로의 역량에 의지해야 할뿐더러 당과 인민대중이 결합하는 역량에도 의지했다. 당을 관리하고 다스리는 방시과 관련하여 사상정치건설을 가장 앞에 놓았을뿐더러 규율에 따라 다스리는 것을 강조하여 사상적 당 건설과 제도적 당 건설을 밀접하게 결합했다. 간부에 대한 엄격한 관리 감독과 관련하여 영도간부라는 '관건적 소수'를 틀어 쥐었을뿐더러 전체 당원간부를 틀어 잡아 엄격한 요구와 따뜻한 배려를 병행했다. 당 건설제도의 개혁과 관련하여 상부설계를 중시했을뿐더러 기층의 최초 혁신 정신을 발휘하도록 하여 총체적으로 추진하며 중점적으로 돌파했다. 넷째, 실천 제일의 기준을 견지했다. 지행합일과 행동을 강조하고 실천을 존중하여 부단히 실천하며 견지할 것을 요구하고 '못 박는 정신'을 고양하여 처음부터 끝까지 잘 마무리 하며 좋은 성과를 거두어 당 전체가 마르크스주의의 실천 관념을 실행하고 진리를 좇으며 무실을 추구하는 기풍을 선양하는 모범을 보였다.

전면적 종엄치당을 실시하는 과정에서 시진핑을 핵심으로 한 당중앙은 원칙을 중시하는 확고성과 전략적 유연함을 상호 결합하여 하나의 완정된 당 건설의 과학적 방법론을 형성했다.

당의 영도와 인민에 대한 의지를 유기적으로 결합했다. 한 방면에서, 전면적 종엄치당을 견지하는 주체는 각급 당위원회다. 당 전체는 당을 관리하고 다스리는 의식을 증강하고 이를 이행하는 책임이 있으며 각급의 각 부문 당위원회(당조)는 반드시 당 건설을 잘 틀어 잡는 것을 최대의 정치 실적으로 삼고 종엄치당의 책임을 수행하며 당 건설 업무와 중심업무를 함께 기획하고 배치하여 평가하고 각급 기율위원회는 감독책임을 지고 과감하게 기율을 집행하며 문책해야 한다. 각급 당조직과 영도간부는 '4가지 의식'을 증강하여 느슨한 당 관리를 엄격한 것으로 전환해야 한다. 다른 방면에서, 전면적 종엄치당을 견지하는 것은 반드시 인민에게 의지해야 한다. 국가 거버넌스 현대화의 내재적 요구는 사회역량의 발휘인데 이를 위해서는 반드시 인민을 믿고 의지하여 인민의 감독 채널이 원활하게 작동되도록 해야 한다. 18차 당대회 이후 우리 당은 인민이 당을 감독하는 것을 적극 격려했는데 이는 인민대중이 집정당을 감독하고 우리가 당의 업무를 개진하는 채널을 원활하게 해 주는 큰 역할을 했다.

문제 중심과 마지노선 사유의 두 가지 무기를 능숙하게 활용했다. 당을 엄격히 관리하고 다스리려면 반드시 무엇을 관리하고 무엇을 다스려야 하는지를 명확히 하고 당 관리에 존재하는 중요한 난점을 정확히 포착해서 분명히 알아야 한다. 이를 기초로 문제중심을 견지하고 돌출된 문제를 해결하며 문제를 직시해야만 경혈을 찾아내고 정곡을 짚어낼 수 있다. 문제중심을 견지함과 동시에 마지노선 사유가 있어야 한다. 예로, 문제 중심적 사고가 '산을 깎는 도끼'라면 '산을 깎는 도끼'를 잘 쓰면서 실천 중에 정진하고 대담하게 탐색할 수 있다. 그리고 마지노선 사유는 최소한의 안정망으로 이를 잘 활용하면 타당하게 파악하고 신중하게 배치할 수 있다. 전체 사회가 모두 '마지노선'을 지키는 습관을 양성하려면 우선 당원간부가 마지노선 사유를 갖고 있어야 한다. 마지노선을 지키지 못하면서 전면적 종엄치당의 실행을 운운하기는 어렵다.

중앙 8항 규정과 '3엄3실'의 병행을 중시했다. 만약 중앙 8항 규정이 기초이자 금지령이며 '고압선'이고 해서는 안 되는 것이라면 '3엄 3실'은 제창하여 응당 이행해야 하는 것인데 이는 당원이 어떻게 선진성을 지속적으로 유지할 것인가에 대한 새로운 요구다. 중앙8항 규정부터 '3엄3실'에 이르기까지 기풍 건설은 '타율'에서 '자율'로의 향상을 가져오고 '먼저 허물고 다시 세우는' 필연적 과정을 거칠 것이다. '3엄 3실'은 '자율'에다 '구속'까지 요구하는 가치이념적 인도로 당성은 물론 위정자의 길에 대한 해석과 설명일뿐더러 인간의 도리, 처세의 도리에 대한 심도있는 논술을 진행한 공산당원의 가치 지침이다. 전면적 종엄치당의 관건적 시점에 '3엄 3실'을 제출한 것은 불량기풍이 또다시 대두되는 것을 방지하기 위함이자 영도간부의 모범역할 발휘를 통해 업무 처리와 개척역량을 응집하기 위함이다.

제도를 통해 당을 다스리는 것과 사상을 통한 당 건설을 동시에 추진한다. 시진핑 총서기의 요구에 따라 사상을 통한 당 건설의 자각성과 확고함을 소홀히 해서는 안될뿐더러 당 조직 자체의 제도화, 규범화, 절차화 건설을 소홀리 해서도 안 되는데, 양자는 강함과 부드러움이 공존하는 근본을 다스리는 대책이다. 사상적 당 건설을 통해 이상과 신념 그리고 가치추구를 굳건히 하고 당원의 당성수양과 정치적 각성을 제고해야만 당내 규범제도가 역할을 발휘할 수 있는 주체적 전제를 갖는다. 또한 제도를 통해 당을 다스리고 당내 생활을 규범화하며 부단히 당 건설의 과학화 수준을 제고해야만 당원의 당성수양과 단련이 객관적 전제와 지구력을 갖는다. 시진핑 총서기가 지적한 것처럼 "종엄치당은 교육에 의지하고 제도에도 의지해야 하며 양자 중에서 하나는 부드럽고 하나는 강해 이를 같은 방향으로 동시에 힘을 주어야 한다."[12]

---

12 시진핑: 「당의 대중노선 교육실천 활동 총결대회에서 한 연설」, 『18대 이후 중요문헌선집』(중), 중앙문헌출판사, 2016, 94면.

4. 과학적 사상의 지도 하에 위대한 사업을 추진

시진핑 총서기의 당 건설에 대한 중요 논술을 학습하고 이해하는 관건은 실천을지도하고 업무를 추동하는 것이다.

시진핑 총서기의 당 건설에 대한 중요 논술은 당이 직면하고 있는 각종 위험과 도전에 맞서는 지도사상이다. 18차 당대회 이후 우리 당은 시진핑 총서기의 전면적 종엄치당에 대한 요구에 따라 당내 정치생활을 규범화하는 것으로 당의 정치건설을 강화했고 '4가지 의식'을 튼튼히 수립하여 '4가지 자신감'을 확고히 했으며 '2가지 수호'를 이행했다. 이상 및 신념과 당성 교육으로 당원간부의 정신적 '칼슘'을 보충하고 '관건적 소수'와 '기층조직 건설'을 중점적으로 틀어잡아 당의 조직건설을 강화했다. "바위를 밟으면 족적을, 철을 잡으면 손자국을 남기는" 의욕으로 대중노선교육 실천활동과 '3엄3실'의 특별 교육을 전개하며 기풍건설을 멈추지 않고 추진했다. 철의 기율로 당의 단결과 통일을 수호하고 무관용 태도로 반부패 투쟁을 진행했는데, 특히 당 기율과 법에 따라 저우융캉(周永康), 보시라이(薄熙來), 궈보슝(郭伯雄), 쉬차이허우(徐才厚), 링지화(令計劃) 등을 조사하고 처벌하여 당장(黨章)을 보위하고 조직을 순결히 했으며 숨겨진 우환을 제거했다. 실천이 증명하듯, 당 건설에 대한 시진핑 총서기의 중요 논술이라는 강력한 무기를 장악하고 운용해야만 우리는 입장을 분명히 할 수 있고 시종일관 정확한 정치 방향을 유지할 수 있으며, 집정과 개혁개방, 그리고 시장경제와 외부환경의 시련을 이겨내, 정신적 해이와 능력부족, 그리고 인민과 괴리되고 소극적 부패로 인한 위험을 극복할 수 있고, 부단히 진리를 견지하며 잘못을 바로잡고 당 건설에 정신을 집중하며 한마음 한 뜻으로 발전을 모색하여 중국 특색 사회주의의 위대한 사업을 전진 시킬 수 있다.

시진핑 총서기의 당 건설에 대한 중요 논술은 당 건설을 전면 추진하는 새로운 위대한 공정을 위한 지도사상이다. 당 건설의 목표와 관련하여 시진핑 총서기는 당이 시종일관 시대를 앞서 가며 인민의 진심어린 옹호를 받고 과감한 자아혁명은 물론 각종 풍랑과 시련을 이겨내며 생기가 넘쳐흐르는 마르크스주의 집정당이 될 것을 제기했다. 당을 관리하고 다스리는 방략에 있어서는 "당은 당을 관리해야 하고 전면적으로 종엄치당하고" 종엄치당을 당 건설의 각 방면에 관철시킬 것을 강조했다. 당 건설 사고에 있어서는 당 정치건설의 통령 하에 이상 및 신념의 주지를 견지하는 것을 기초로, 당 전체의 적극성, 능동성, 창조성 동원을 작용점으로 삼아 당의 정치건설, 사상건설, 조직건설, 기풍건설, 기율건설을 전면 추진하며 제도건설을 관철시키고 반부패 투쟁을 심층적으로 추진하며 부단히 당 건설의 질을 제고했다. 당 건설의 경로에 있어서는 위대한 공정 추진과 함께 위대한 투쟁과 위대한 사업, 그리고 위대한 꿈을 결합한 실천으로 진행하고 인민을 위한 집정과 국가를 흥하게 하는 집정의 역사적 사명을 이행하는 과정에서 당 건설을 강화하고 개진할 것을 제출했다. 당 건설의 동력 원천에 있어서는 당이 인민대중과 함께 호흡하고 명운을 함께 하며 시종일관 인민대중과 혈육적 연계를 유지해야 할 것을 제출했다. 18차 당대회 이후 시진핑 총서기의 당 건설에 대한 중요 논술을 지도사상으로 삼아 우리는 당 건설에서 현저한 성과를 거두었고 앞으로도 계속해서 당 건설의 새로운 국면을 부단히 개척하는 것을 인도해 나갈 것이다.

시진핑 총서기의 당 건설에 대한 중요 논술은 당의 역사적 사명과 현실적 임무에 대한 인식을 심화시켰고 당 건설과 국정운영의 내재적 통일을 깊게 명시했으며 당의 집정이념을 승화하고 당의 집정방략을 풍부히 하며 당 전체와 전국 인민의 분발과 단결의 역량을 응집시켰다. 18차 당대회 이후 전면적 샤오캉사회 건설의 발걸음은 더욱 견고해 졌고 경제사회 발전은 안정 속에서 앞으로 걸어갔다. 전면적 심화개혁의 종심 발전을 추진하여 일부 중요한 영역과 관건적 단계의 개혁은 돌파를 이루었고, 전면적 의법치국을 전면 추진하여 중국특색 사회주의 법률체계를 부단히 개선했다. 실천이 증명하듯, 시진핑 총서기의 당 건설에 대한 중요 논술은 당 건설 강화와 당과 국가의 각종 업무 추진을 위한 행동지침과 무한한 동력을 제공하여 반드시 당이 인민을 단결시켜 이끌고 신시대 중국 특색 사회주의의 위대한 길을 견지하며 발전하는 과정에서 더욱 아름다운 글을 써 내려 갈 것이다.

마르크스주의 고전 저서 및 중국 국가 지도자 저서

『마르크스엥겔스문집(馬克思恩格思文集)』 제1~10권, 인민출판사, 2009.

『마르크스엥겔스전집(馬克思恩格思全集)』 제29권, 인민출판사, 1972.

『마오쩌둥문집(毛澤東文集) 』 제2권, 인민출판사, 1993.

『마오쩌둥문집』 제5권, 인민출판사, 1996.

《마오쩌둥선집(毛澤東選集)》 제1~4권, 인민출판사, 1991.

『덩샤오핑선집(鄧小平文選)』 제3권, 인민출판사, 1993.

『후진타오선집(胡錦濤文選)』 제1~3권, 인민출판사, 2016.

시진핑(習近平), 『실제에 적용하고 앞장서 발전-저장성의 새로운 발전에 대한 사고와 실천(干在實處 走在前列-推進浙江新發展的思考與實踐)』, 중공중앙당교출판사, 2006.

시진핑: 『시진핑 국정운영을 논하다(習近平談治國理政)』 제1권, 제2권, 외문출판사, 2014, 2017.

시진핑: 『전국인민대표대회 성립 60주년 경축대회에서 한 연설(在慶祝全國人民代表大會成立60周年大會上的講話)』, 인민출판사, 2014.

시진핑: 『허베이성 대중노선 교육실천활동의 현지조사 및 지도시의 연설(在河北調研指導黨的群衆路線教育實踐活動時的講話)』, 중국방정출판사, 2015.

시진핑: 『성·부급 주요 영도간부 당 18기 5중전회 정신 학습관철 연구토론반에서 한 연설(在省部級主要領導幹部學習貫徹黨的十八屆五中全會精神專題硏討班上的講話)』, 인민출판사, 2016.

시진핑: 『전국 당 간부 학교 업무회의에서 한 연설(在全國黨校工作會議上的講話)』, 인민출판사, 2016.

시진핑: 『중국공산당 창당95주년 경축대회에서 한 연설(在慶祝

中國共産黨成立95周年大會上的講話)』, 인민출판사, 2016.

시진핑: 『철학사회과학 업무좌담회에서 한 연설(在哲學社會科學工作座談會上的講話)』, 인민출판사, 2016.

시진핑: 『인터넷 안보와 정보화 사업 좌담회에서 한 연설(在網絡安全和信息化工作座談會上的講話)』, 인민출판사, 2016.

시진핑: 「제18기 중앙기율검사위원회 제6차 전원회의에서 한 연설(在第十八屆中央紀律檢查委員會第六次全體會議上的講話)」, 인민출판사, 2016.

시진핑: 『샤오캉사회를 전면적으로 실현하는데서 결정적인 승리를 이룩하고 신시대 중국 특색 사회주의의 위대한 승리를 이룩하자-중국공산당 제19차 전국대표대회에서 한 보고(決勝全面建成小康社會 奪取新時代中國特色社會主義偉大勝利-在中國共産黨第十九次全國代表大會上的報告)』, 인민출판사, 2017.

당과 국가의 중요문헌

중공중앙 문헌 연구실 편찬, 『18대 이후 중요문헌 선집(十八大以來重要文獻選編)』(상), 중앙문헌출판사, 2014.

중공중앙 문헌 연구실 편찬, 『18대 이후 중요문헌 선집(十八大以來重要文獻選編)』(중), 중앙문헌출판사, 2016.

『중국공산당 당장(中國共産黨章程)』, 인민출판사, 2017.

인민일보사 이론부 편찬: 『시진핑의 시리즈 연설 정신을 심층 학습하자(深入學習習近平同志系列講話精神)』, 인민출판사, 2013.

중공중앙 문헌 연구실 편찬: 『중화민족의 위대한 부흥을 실현할 데 대한 시진핑의 중국몽 논술 발췌(習近平關於實現中華民族偉大復興的中國夢論述摘編)』, 중앙문헌출판사, 2013.

인민일보사 이론부 편찬, 『시진핑 총서기의 중요 연설 정신을 심층 학습하자(深入學習習近平同志系列講話精神)』(상, 하), 인민출판사, 2014.

중공중앙문헌 연구실, 중앙 당의 군중노선 교육실천 활동 영도소조 판공실 편찬, 『당의 대중노선교육실천활동에 대한 시진핑의 논술 발췌(習近平關於黨的群衆路線教育實踐活動論述摘編)』, 당건독물출판사, 중앙문헌출판사, 2014.

중공중앙 문헌 연구실 편찬, 『전면 심화개혁에 대한 시진핑의 논술 발췌(習近平關於全面深化改革論述摘編)』, 중앙문헌출판사, 2014.

중공중앙 문헌 연구실 편찬, 『시진핑의 전면적 의법치국에 대한 논술 발췌(習近平關於全面依法治國論述摘編)』, 중앙문헌출판사, 2015.

중공중앙기율검사위원회, 중공중앙 문헌 연구실 편찬, 『시진핑의 '4가지 전면적'전략배치를 조화롭게 추진할 데 대한 논술 발췌(習近平關於協調推進"四個全面"戰略布局論述摘編)』, 중앙문헌출판사, 중국방정출판사, 2015.

중공중앙 선전부 편찬, 『시진핑 총서기 일련의 중요 연설 독본(2016년판)[習近平叢書記系列重要講話讀本(2016年版)]』, 학습출판사, 인민출판사, 2016.

중공중앙기율검사위원회, 중공중앙 문헌 연구실 편찬, 『당의 기율과 규칙을 엄명히 할 데 대한 시진핑의 논술 발췌(習近平關於嚴明黨的紀律和規則論述摘編)』, 중앙문헌출판사, 중국방정출판사, 2016.

중앙당군중노선교육실천활동영도소조판공실 편찬: 『당의 대중노선 교육실천활동 학습문건 선집(黨的群衆路線教育實踐活動學習文件選編)』, 당건독물출판사, 2013.

『시진핑 총서기 일련의 연설 정신 학습 독본(習近平叢書記系列講話精神學習讀本)』, 중공중앙당교출판사, 2013.

신화사 중앙 뉴스 인터뷰 센터, 『비판과 자기 비판의 유력한 무기를 대담하게 사용-시진핑 총서기가 허베이성 당위원회 상무위원회 지도부 주제 민주생활회의 현장기록(大膽使用批評和自我批評有力武器-

신문

시진핑:「조사연구와 관하여(談談調查研究)」,『학습시보(學習時報)』, 2011. 11. 21, 제1면.

시진핑:「당장을 진지하게 학습하고 엄격히 준수하자(認眞學習黨章 嚴格遵守黨章)」,『인민일보』, 2012.11.20, 제1면.

「비판과 자기비판의 무기를 계속 활용하여 지도부의 자기 문제 해결력 향상(堅持用好批評和自我批評的武器 提高領導班子解決自身問題能力)」,『인민일보』, 2013.9.26, 제1면.

「전당적인 역사유물주의 습득을 추진하고 법칙을 보다 훌륭하게 인식하여 보다 능동적으로 업무를 추진한다(推動全黨學習和掌握歷史唯物主義, 更好認識規律更加能動地推進工作)」,『인민일보』, 2013.12.5, 제1면.

「반부패체제기제의 혁신과 제도 보장을 강화, 당 기풍 청렴정치 건설과 반부패 투쟁을 심층 추진(强化反腐敗體制機制創新和制度堡障 深入推進黨風廉政建設和反腐敗鬪爭)」,『인민일보』, 2013.1.15, 제1면.

「인재업무에 대한 시진핑 총서기의 지시 정신 시리즈 해독2-법칙을 따라 인재업무의 과학화 수준 향상(習近平總書記對人才工作重要指示精神系列解讀之二-遵循規律提高人才工作科學化水平)」,『중국조직인사보(中國組織人事報)』, 2014.7.23, 제1면.

「변증유물주의 세계관 방법론의 운용을 견지하여 우리나라 개혁발전의 기본문제를 해결하는 능력을 높인다(堅持運用辯證唯物主義世界觀方法論 提高解決我國改革發展基本問題本領)」,『인민일보』, 2015.1.25, 제1면.

「형세를 정확히 파악하고 추세에 적응하며 우세를 발휘하면서 변증법적 사고를 잘 사용하여 발전을 도모(看清形勢適應趨勢發揮優勢 善於運營辨證思維謀劃發展)」,『인민일보』, 2015.6.19, 제1면.

「정치성·선진성·군중성을 확실히 유지하고 강화하면서 신형세 하 당의 군중단체 업무의 새로운 국면을 개척(切實保持和增强政治性先進性群衆性開創新形勢下黨的群團工作新局面)」,『인민일보』, 2015.7.8, 제1면.

「당내 정치생활을 엄숙히 하고 당내 정치생태를 정화시켜 전면적 종엄치당을 위한 중요한 정치적 기반을 마련(嚴肅黨內政治生活淨化黨內政治生態 爲全面從嚴治黨打下重要政治基礎)」,『인민일보』, 2016.6.30, 제1면.

찾아보기

숫자

'3엄3실' 300, 400-402

'4가지 의식' 21, 28, 36, 57-61, 69-70, 81, 92, 390, 399, 402

'4가지 전면적' 49, 62, 100, 152, 175, 242, 271, 390, 398, 407

8항 규정 18, 87, 228-231, 236, 245, 247-248, 274, 389, 391, 396-398, 400

ㄱ

간고분투 90, 243, 248-249

공산주의 23, 61, 83, 88, 95, 105-116, 118-127, 129, 133, 135-136, 206, 312-314, 361-362, 373, 393

국정운영 30, 35-37, 49, 59, 65, 77, 81, 132, 162, 164, 258-259, 265, 278, 357, 390-391, 394, 403, 405

기층 당조직 17, 45-46, 92, 142, 153, 237

ㄷ

당 건설 7, 9-13, 15-17, 20-30, 42-44, 46, 49-50, 58-60, 65, 68, 73-79, 81-88, 90, 92-93, 96, 98-101, 153, 155, 231-232, 259, 267, 271, 275, 278, 309, 311-313, 315-324, 328-330, 333-334, 343-344, 376, 389-390, 392-394, 396-399, 401-404

당과 대중관계 257

당내 감독 75, 255, 336, 355-360

당내 정치생활 60, 69, 75, 79, 81, 85, 87-92, 101, 142, 146, 236, 245, 262, 286, 303, 391, 402, 408

당원간부 61, 121, 161, 165, 234, 242, 245-246, 248, 250, 253, 256, 258, 260, 262-264, 278, 283, 290, 296, 298, 303, 313-314, 320-321, 330, 344, 348, 362, 364, 367, 369, 372, 374-375, 398-400, 402

당원교육관리 242

당원 발전 391

당의 기율 75, 84-85, 98, 255, 271-272, 276, 278-280, 282, 284-285, 286, 288, 290, 293, 351, 407

당의 기풍 건설 389

당의 단결통일 59

당의 사상적 건설 318

당의 선진성과 순결성 26-27, 35, 42-46, 58, 60, 81, 87, 95, 100, 227, 231, 313, 321, 344

당의 영도체제 324

당의 집정능력 건설 44-45

당장 47, 58, 61, 69-70, 81, 89, 114, 116, 149, 151, 161, 229, 241, 245, 255, 273-276, 280, 283-284, 290-291, 303, 315, 320, 357, 359, 381-382,

385, 402, 406, 408
당중앙의 권위 18, 58, 67-70, 79-81, 165, 292, 296
대중노선 교육실천 활동 231, 234, 258, 407
대중단체업무 164
'두 가지 학습을 통한 합격 당원 되기' 155, 239, 241-243

ㅁ

마지노선 사유 248-250, 263, 400
민주집중제 91, 141-149, 298, 300, 304, 315, 323, 337, 355-357

ㅂ

반부패 청렴제창 교육 19, 29, 371-372, 375-377
부패 처벌 19, 350-351
부패처벌 351
비판과 자기비판 90-91, 98, 236, 245, 303, 408

ㅅ

사상적 당 건설과 제도적 치당 311-312, 317-321
시진핑 9-10, 12-23, 26-30, 37-39, 41, 44-45, 49, 51-52, 54-65, 67-70, 73-76, 79-85, 87-89, 91, 93, 100-102, 105-113, 115, 117, 119-124, 126, 128-129, 131-132, 134-135, 137, 141-170, 175-195, 197-211, 213-221, 225-234, 238-241, 243-253, 256-267, 271-272, 274-282, 285-306, 311-314, 316-318, 320, 322, 323, 325-328, 330-333, 335, 341-343, 345-347, 349-369, 371-373, 375-377, 379-382, 384, 389-399, 401-408
실천특색 27

ㅇ

염정문화 건설 29, 371-372, 375-378
영도핵심 63, 70, 97, 141, 282, 321, 381
우수한 청년인재 206
위민·무실·청렴 232
이데올로기 업무 105
인재 13, 18, 24, 92, 142, 168, 175-181, 183-220, 254, 323-324, 327, 331, 333, 408
인재관리기제 190

ㅈ

자율기제 361
전면적 종엄치당 9, 12, 14-15, 20-22, 24, 26-30, 45, 47-51, 57-58, 60, 73-75, 79, 81, 85, 87, 90, 100, 102, 134, 153-155, 164, 171, 225, 255, 267, 272, 275, 278, 280, 282, 285, 318-319, 326, 328, 330, 342, 356, 360, 387, 389-392, 396, 398-402, 408
중국 특색 사회주의 9-12, 18, 23, 26-27, 30, 35-36, 38-39, 41-46, 48, 52-53, 57-58, 61-66, 68-70, 77, 81-84, 88, 99-102, 105, 109-116, 118, 120, 122-123, 125-126, 129, 131, 136-137, 143, 163-164, 166-167, 196, 228, 231, 257, 282, 288, 313-314,

321, 323-324, 331, 381, 390, 393, 403-404, 406
중화민족의 위대한 부흥 중국몽 176, 178, 320, 329, 344, 347
집정방식 39, 52, 54, 56-57, 324
집정사명 44-45, 60

ㅊ

최고강령 115-116
최저강령 115

ㅎ

학습형 사회 219
혁신형 과학기술 인재 198, 202, 205

18차 당대회 이후, 시진핑을 핵심으로 한 당중앙은 당 전체와 전국의 각 민족 인민을 이끌며 '4가지 위대한'을 총괄했고 중국 특색 사회주의의 위대한 사업을 견지하고 발전시켰으며 당 건설의 새로운 위대한 공정을 전면 추진했다. 이 같은 위대한 새로운 장정의 길에서 시진핑 총서기는 전면적 종엄치당을 둘러싼 선명한 주제로 당 건설에 대한 일련의 중요 논술을 발표했고 당 건설에 대한 새로운 이념과 새로운 사상, 그리고 새로운 전략을 형성하며 마르크스주의 당 건설에 대한 학설을 풍부하게 발전시켰는데 이는 중국화된 마르크스주의 당 건설 이론의 최신 성과다.

시진핑 총서기의 당 건설에 대한 중요 논술은 당 건설을 강화하고 당과 국가의 각종 업무를 추진함에 있어 행동 지침과 무한한 동력을 제공했으며 당이 각종 위험과 도전에 대응하고 시종일관 불패의 지위를 유지하는 것에 대한 강력한 사상적 무기를 제공하여 새로운 형세 속에서 당을 건설하기 위한 정확한 방향을 제시했다. 현재 우리는 지대한 정치적 열정과 역사적 사명감으로 시진핑을 핵심으로 한 당중앙 주변에 긴밀히 단결하여 시진핑 총서기의 당 건설에 대한 중요 논술을 심층적으로 연구하고 관철해야 하며 전면적 종엄치당이라는 주제를 확고히 파악하여 당 건설의 새로운 위대한 공정을 전면 추진하고 부단히 당

건설의 새로운 국면을 개척해 나가야 한다.

시진핑 총서기의 당 건설에 대한 중요 논술을 심층적으로 학습하고 연구하여 선전하기 위해 우리는 중국사회과학원 당 조직의 통일적 배치 하에, 『신 시대 당 건설의 새로운 위대한 공정의 심층적 추진』이라는 책을 쓰게 되었다. 본서는 중국사회과학원 부원장 겸 당 조직 부서기인 왕징칭(王京清) 동지가 주도하는 책임을 지고 중국사회과학원 마르크스주의 연구원 진민칭(金民卿), 다이리싱(戴立興), 류하이페이(劉海飛), 위샤오레이(於曉雷) 등 네 명이 참가했다. 왕징칭이 책의 총체적 사고를 제출했고 진민칭, 다이리싱 동지가 왕징칭을 도와 요점을 잡았다. 본서 초고는 서론(왕징칭, 진민칭), 1장(진민칭, 다이리싱), 2장, 8장, 9장(위샤오레이), 3장(진밍칭), 4장, 5장, 7장(류하이페이), 6장(다이리싱), 요지(왕징칭, 다이리싱)로 나누어 쓰고 초고 완성 후 진민칭, 다이리싱이 원고를 통일하고 두 번째 원고가 완성된 후 왕징칭, 진민칭이 원고를 통일했으며 세 번째 검토가 끝난 후 왕징칭이 원고를 통일하는 가운데 진민칭, 다이리싱이 협조했다. 마지막으로 왕징칭이 원고를 탈고했다.

본서의 두 번째 원고 통일이 끝난 후 전문가의 원고 심사 회의를 열었다. 심사 회의에 참가하여 귀한 의견을 제출한 전문가로, 중공중앙조직부 당 건설 연구소 부소장 겸 『당건연구(黨建研究)』잡지사 펑리빙(彭立兵) 주필, 중공중앙조직부 당 건설 연구소 부소장 겸 전국 당 건설 연구회 자오신루(趙新茹) 부 사무국장, 중공중앙조직부 당 건설 연구소 류다슈(劉大秀) 부순시관, 중공중앙당교 당 건설부의 전 부주임 다이옌쥔(戴焰軍) 교수, 중앙사회주의학원 전 부원장 전샤오잉(甄小英) 교수, 중공 베이징시 당위원회 당교 야오헝(姚恒) 교수, 베이징 연합대학 마르크스주의학원 한창(韓强) 교수 등이 있다. 본서를 쓰는 과정에서 중국사회과학출판사의 자오젠잉(趙劍英) 사장과 왕인(王茵) 편집장 보조, 그리고 쑨핑(孫萍) 주임 보조가 많은 도움과 지지를 해 주었다. 과제 소조의 리장룽(李張容)와 리쉐(李雪) 비서는 많은 업무를 짊어졌다. 상기 동지들에게 감사의 말씀을 드린다.

본서는 시진핑 총서기의 당 건설에 대한 중요 논술을 학습하고 연구한 초보 성과로, 비록 여러모로 노력을 했음에도 아직까지 부족한 점이 많으니 독자들의 많은 지도 편달을 바란다.

왕징칭

2019년 2월

지은이 소개

왕징칭(王京清)

1956년 출생, 중국 산둥(山東)성 옌타이(烟臺)시 출신. 중국 공산당 19기 중앙위원회 후보위원, 중국사회과학원 전 부원장, 당조직 부서기(장관급), 현 정협 교육·과학·보건·체육 위원회 부주임, 중국사회과학원 신시대 당건설 연구센터 이사장

옮긴이 소개

최경화(崔京花)

중국번역가협회 전문가 회원

감수자 소개

우진훈

북경외국어대학교 국제상학원 객원교수

시진핑 신시대 중국 특색 사회주의 사상 학습 총서

새롭고 위대한 신시대 당 건설 프로젝트 심층 추진
深入推進新時代黨的建設新的偉大工程

초판1쇄 인쇄 2022년 6월 20일
초판1쇄 발행 2022년 7월 2일

지은이 왕징칭(王京清)
옮긴이 최경화(崔京花)
감수 우진훈
펴낸이 이대현
편집 이태곤 권분옥 임애정 강윤경
디자인 안혜진 최선주 이경진
마케팅 박태훈

펴낸곳 도서출판 역락
출판등록 1999년 4월 19일 제303-2002-000014호
주소 서울시 서초구 동광로 46길 6-6 문창빌딩 2층 (우06589)
전화 02-3409-2060
팩스 02-3409-2059
홈페이지 www.youkrackbooks.com
이메일 youkrack@hanmail.net

ISBN 979-11-6742-214-9 94300
ISBN 979-11-6742-041-1 94300(세트)

정가는 뒤표지에 있습니다.
잘못된 책은 바꿔드립니다.